Fifteen Lectures on the Design and

IMPLEMENTATION
OF IDEOLOGICAL

and Political Education in Secondary Schools

中学思想政治教学
设计与实施十五讲

主　编　◎任　靖
副主编　◎赵正存　艾佳兴

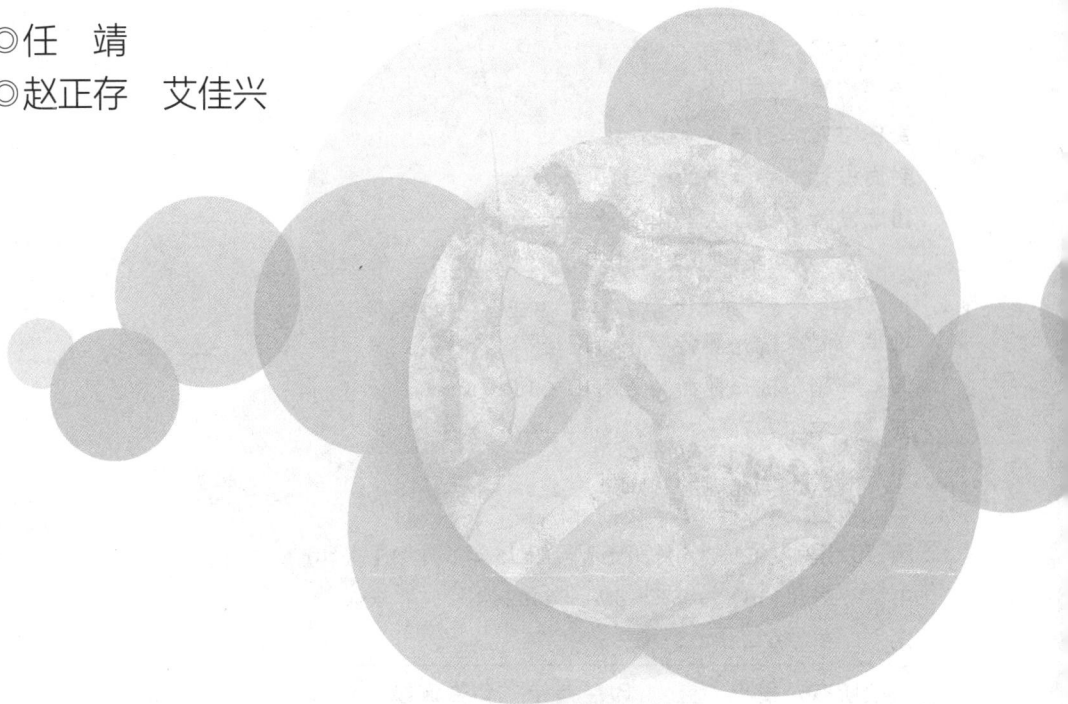

ZHEJIANG UNIVERSITY PRESS
浙江大学出版社
·杭州·

图书在版编目（CIP）数据

中学思想政治教学设计与实施十五讲 / 任靖主编 .
杭州 : 浙江大学出版社，2025. 6. -- ISBN 978-7-308
-26462-4

Ⅰ. G633.202

中国国家版本馆 CIP 数据核字第 2025Y89A46 号

中学思想政治教学设计与实施十五讲
ZHONGXUE SIXIANG ZHENGZHI JIAOXUE SHEJI YU SHISHI SHIWU JIANG
任　靖　主编

策划编辑	柯华杰
责任编辑	高士吟
责任校对	胡佩瑶
封面设计	春天书装
出版发行	浙江大学出版社
	（杭州市天目山路 148 号　邮政编码 310007）
	（网址：http://www.zjupress.com）
排　　版	杭州晨特广告有限公司
印　　刷	杭州捷派印务有限公司
开　　本	787mm×1092mm　1/16
印　　张	20
字　　数	462 千
版 印 次	2025 年 6 月第 1 版　2025 年 6 月第 1 次印刷
书　　号	ISBN 978-7-308-26462-4
定　　价	62.80 元

本教材为"湖州师范学院研究生教材建设项目"研究成果(项目编号:YJGX24035),获湖州师范学院资助出版。

内容简介

　　本教材阐述有目的的教学设计与实施,旨在推动中学思想政治课的有效学习。本教材共分为十五讲,主要内容包括中学思想政治课的性质与特点、地位与任务、理念与目标、内容与结构、教师与学生、教学设计概述、教学方案设计、微课教学方案设计、教学目标设计、教学过程要素设计、教学环节设计、教学结构设计、教学实施设计、说课方案设计以及教学评价设计等。本教材力求体现中学思想政治课教学设计与实施的理论逻辑与实践逻辑,反映新时代中学思想政治课教学改革成果和学科发展的新动向,构建新时代中学思想政治学科特色教学设计与实施的理论框架和操作模式。

　　本教材既可作为普通高等学校教育硕士(思政)专业、思想政治教育本科专业相关课程的教材,也可作为中学思想政治课教师在职培训的研修教材,还可作为中学思想政治课教师在职培训、自主学习的参考读物。

前　言 PREFACE

　　教育硕士是一种培养中小学教师的专业学位，它以培养应用型高层次专门人才为目标，具有明显的实践性特征。教学设计与实施是教育科学体系中的一门新兴分支学科，起着连接学习理论、教学理论、系统科学、传播与信息理论等多学科的作用，同时教学设计与实施又注重把教与学的理论和传播学的理论应用于教学实践。因此，教学设计与实施是一门应用性很强的桥梁性学科，在我国教育硕士培养中已经得到普遍重视。

　　教学设计的思想渊源悠久，但其科学化研究的系统性发展则是在20世纪以后。1910年，约翰·杜威（John Dewey）在《我们怎样思维》一书中设想把心理学研究与教学实践连接起来建立"连接科学"，这种"连接科学"就是研究教学设计的科学。1911年，爱德华·桑代克（Edward Thorndike）在《动物智慧》一书中提出联结主义学习理论可以运用于教学过程，建立教学设计体系。1954年，伯尔赫斯·斯金纳（Burrhus Skinner）在论文《学习科学和教学艺术》中提出了"小步骤、循序渐进、序列化、学习者参与、强化、自定步调"等六项教学设计原则，确立了行为主义教学设计的理论基础。随后，拉尔夫·泰勒（Ralph Tyler）、罗伯特·马杰（Robert Mager）等提出并阐述了研究"行为目标"的重要性及其描述方法，对后来教学设计产生了深远影响。1965年，罗伯特·加涅（Robert Gagné）在《学习的条件》一书中阐述了学习成果的五个领域、促进学习成果达成的九种教学现象以及认知技能领域的学习阶层，成为认知主义教学设计理论的代表性成果。20世纪80年代后，北美的教学设计理论呈现出把不同的教学设计理论与认知科学、教育技术学的发展综合起来的基本趋势，教学设计逐渐成为一门独立的学科。20世纪90年代开始，建构主义把设计真实性课题的学习视为重要课题，主张学习课题应当反映学习者所处现实环境的复杂性。进入21世纪，电子化学习与非正式学习空前发展，戴维·梅里尔（David Merrill）倡导的"E^3学习"［有效果（effective）、有效率（efficient）、有魅力（engaging）］的教学设计理念对教学设计的理论与实践产生了巨大影响。

20世纪80年代中后期,我国学者开始研究教学设计。20世纪90年代后,随着教学论、教育心理学等学科的发展以及我国基础教育改革的推进,教学设计的研究得到了一定的发展。与此同时,一些从事中学思想政治教学研究的学者开始探讨中学思想政治教学设计问题,并形成了一批相关的研究成果,中学思想政治学科教学设计逐步由经验型逐步转向科学化,中学思想政治教学设计与实施也逐渐成为高校思想政治教育专业的重要课程。党的二十大报告提出"加快建设教育强国"[①],党的二十届三中全会进一步提出"加快建设高质量教育体系"[②]。教育强国依赖高质量教育体系,高质量教育体系离不开高质量教学体系,高质量教学体系离不开中学思想政治学科内涵式发展。同时,中学思想政治学科教学改革与发展出现的新情况、新挑战,对中学思想政治课教师如何开展有效的教学设计与实施提出了新要求。

"中学思想政治学科教学设计与实施"是教育硕士学科教学(思政)专业硕士点的专业学位课。本教材的编写坚持以习近平新时代中国特色社会主义思想为指导,以促进中学思想政治教师的专业发展为目标,旨在通过描述学习原理,指导针对有目的教学的有效教学的设计与实施,着力解决"理论下不去,实践上不来"的问题。教材在编写过程中,吸收了以往中学思想政治学科教学设计的实践经验和理论成果,反映了新时代中学思想政治教学改革的新理念、新经验、新思路和新成果,力求构建新时代中学思想政治教学设计理论框架和实践模式,具有时代性、系统性、针对性、实用性等特征。

第一,与时俱进,彰显时代性。本教材探讨的是一个与时俱进的课题,必须在继承的基础上有所创新,为此在继承以加涅等人为代表的"以教为主"教学设计理论优点的同时,吸收了建构主义"以学为主"教学设计理论的长处,摒弃了各自的不足与缺陷,力求建构具有中国特色的"学教并重"学科教学设计理论。特别注重吸收新时代中学思想政治新课程教学改革的新理念、新经验和新成果,突出新时代中学思想政治课活动型教学设计与实施。

第二,着眼整体,增强系统性。本教材按照中学思想政治教学设计与实施的理论逻辑与实践逻辑进行编排。首先回答中学思想政治教学设计与实施的依据,即中学思想政治课的性质、特点、地位、功能、结构、内容等,解决"设计什么"的问题。其次回答中学思想政治教学设计与实施的主体,即中学思想政治课教师与学生,回应中学思想政治课变革的需求,解决"为什么设计"的问题。然后回答中学思想政治教学设计与实施的追求,即中学思想政治课教学目标设计,回答"设计成什么样"的问题。最后重点回答中学思想政治教学设计与实施的策略,即中学思想政治教学目标、教学方案、教学要素、教学环节、教学实施、教学艺术、教学评价等方面设计,进一步回答"怎么设计""如何实施""设计与实施得如何"等问题,力求构建系统的中学思想政治教学设计与实施的理论与实践框架。

第三,突出重点,强调针对性。本教材在追求内容结构系统完整的同时,注重对中学思想政治教学设计与实施中的重点内容、热点问题进行深入探讨。例如,课程性质、教学

① 习近平.高举中国特色社会主义伟大旗帜 为全面建设社会主义现代化国家而团结奋斗:在中国共产党第二十次全国代表大会上的报告[N].人民日报,2022-10-26(1).

② 中共中央关于进一步全面深化改革 推进中国式现代化的决定[EB/OL].(2024-07-21)[2024-12-27].https://www.gov.cn/zhengce/202407/content-6963770.htm?slb=true.

过程、教学评价等都是中学思想政治教学设计与实施的重点问题,本教材在对这些问题进行讨论的基础上作出明确的阐释。另外,对于以素养目标为导向的教学与评价、议题式教学与评价、大单元教学与评价等教学改革中的热点问题,本教材在相关部分作出了回应并作出更为翔实的论述。

第四,实践导向,注重实用性。本教材以实践应用为导向,以专业人才需求为目标,以提高综合素养和理论应用能力为核心,坚持为一线教师教学服务、为教师专业发展服务,重视理论性与实践性相结合,着重解决中学思想政治教学设计与实施中的真实问题,帮助中学思想政治课一线教师探讨有效教学设计与实施方案。此外,教材中还设置了案例、资料卡、课后思考、资源拓展等栏目,以帮助读者开阔视野,深化对有关理论问题和实践难题的探讨与研究。

建设好该教材是开展学科教学设计与实施的理论研究和实践探索的重要课题,也是提高这一课程教学质量的必要手段。学好本课程是提高思想政治课教育专业素养的重要保证,也是促进中学思想政治课教师专业发展的重要途径。

本教材由任靖担任主编,赵正存、艾佳兴担任副主编,参与本书编写的还有石熠静、林静文、周晗、方水冰、毛艺静等。在编写过程中,我们吸纳了相关领域众多研究成果和实践案例,这些内容都为本教材的编写提供了有益的借鉴和有价值的素材。在教材编写过程中,我们得到了浙江大学出版社和编者所在学院的大力支持,还得到了浙江省教育厅教研室教研员王国芳老师的真诚帮助。在此,我们一并表示衷心的感谢!由于编者学识有限,书中难免有不足之处,敬请读者批评指正。

编　者
2025年3月于湖州

目　录 CONTENTS

第一讲

中学思想政治课性质与特点

　　有目的的学习离不开有目的的教学,有目的的教学离不开有目的的教学设计与实施。帮助和促进学生有效、高效地学习是教学系统、教学设计与实施的功能与目的。而正确认识和把握课程的性质与特点是开展有目的的教学设计与实施的首要问题和逻辑起点,也就是说正确认识和把握课程的性质和特点,回答"我是谁?",是回答"我要做什么?""我是为了谁?""我要达成什么目标?"等问题的首要前提。因此,本讲首先探讨中学思想政治课的性质和特点。

学习要点

1.中学思想政治课是德育性质的课程。

2.新时代中学思想政治课性质的定位。

3.新时代中学思想政治课的主要特点。

　　实现有效果、有效率、有魅力的教学,切实提高学生学习的有效性、针对性和实效性是教师的职业追求,也是教学设计与实施的功能与目的。而课程性质与特点是制约课程教学设计与实施的关键因素。因此要确立课程教学设计与实施的正确理念,选择课程教学设计与实施的有效策略就必须充分了解和深入研究课程性质和特点。那么,新时代,中学思想政治课的课程性质是什么? 初中道德与法治和高中思想政治的课程性质是如何界定的? 中学思想政治课的特点有哪些? 如何把握新时代初中道德与法治和高中思想政治的课程特点? 这些都是需要首先探讨的问题。

一、中学思想政治课是德育性质的课程

　　凡事物都有属性。事物的诸多属性,都是以不同的方式反映事物的性质和相互关系,其中能够区别于其他事物的独有属性,即构成该事物的本质规定性。课程性质,是指学科本质的规定性。从课程意义上看,中学思想政治课的性质,体现为该课程区别于其

他学科的内部规定性。这种规定性决定了课程的价值取向、育人目标及其发展方向等。

长期以来,理论界学者、课程设计者和决策者对中学思想政治课性质始终存在着不同的观点。比如,中学思想政治课是属于"德育课"还是"智育课"的问题,有人把它归为"智育课",也有人把它归为"德育课"。事实上,学校的课程都具有智育和德育等功能,都承担着落实立德树人根本任务的功能,从这个意义上看,学校所有课程都是智育课程或德育课程。中学思想政治课具有较强的兼容性,具有德、智共生性。但从根本上说,中学思想政治课程是实现立德树人根本任务的关键课程,是"专门性德育课程"或"显性德育课程"中的"学科德育课程"。这一课程不是仅指道德教育的"小德育"课程,而是指包括思想教育、政治教育、道德教育、法纪教育、心理教育等的"大德育"课程。①

(一)从课程的特殊性看,中学思想政治课是育德的关键课程

从本课程自身来看,作为实现立德树人根本任务的关键课程,中学思想政治课教学要解决知与不知的矛盾和是与非、正确思想与错误思想这两类矛盾。前者表明,中学思想政治课要向学生传授比较系统的马克思主义科学知识,具有知识性或智育性;后者表明,中学思想政治课要对学生进行马克思主义的思想政治教育,具有教育性或德育性。知识性和德育性是思想政治课两种不可分割的属性。其中,知识性服务于德育性,知与不知矛盾的解决服务于是与非、正确思想与错误思想矛盾的解决,其着眼点和落脚点在于培育全体学生的学科核心素养,追求"全员发展"与"全面发展"。德育性是中学思想政治课的根本任务和最高目的。可见,德育性是中学思想政治课的根本属性。中学思想政治课本质上是一门德育课程。

从本课程与中学其他学科的课程比较来看,尽管其他学科的课程中也有思政元素和德育功能,但是中学思想政治课系统传授马克思主义立场、观点和方法,是学校德育工作的主渠道,对其他学科教学"渗透德育"具有重要的指导意义。习近平总书记在中国人民大学考察时指出:"思政课的本质是讲道理,要注重方式方法,把道理讲深、讲透、讲活,老师要用心教,学生要用心悟,达到沟通心灵、启智润心、激扬斗志。"②这一重要论述,深刻揭示了思想政治课的本质属性,为新时代发挥思政课落实立德树人根本任务提供了根本遵循。可见,中学思想政治课具有其他学科不能替代的德育功能,是育德的关键课程。

(二)从课程的发展历程看,中学思想政治课德育性一脉相承

学校课程性质是课程设计与编制的首要问题和根本问题。中华人民共和国成立以后,我国各级各类学校普遍开设政治课。1950年,教育部颁发的《中学暂行教学计划(草案)》规定,中学各年级都要开设政治课,以加强安全教育、爱国教育、公民道德教育、法治教育、心理健康教育等。1959年,教育部第一次制定并颁发的《中等学校政治课教学大纲(试行草案)》规定,政治课是思想政治教育和道德教育的重要课程。1986年,国家教育委

---

① 高青兰,张建文,郑瑜.中学思想政治课教学论[M].北京:人民出版社,2013:38-40.此处有改动.
② 习近平在中国人民大学考察时强调 坚持党的领导传承红色基因扎根中国大地 走出一条建设中国特色世界一流大学新路 王沪宁陪同考察[N].人民日报,2022-04-26(2).

员会制定的《中学思想政治课改革实验教学大纲(初稿)》规定,中学思想政治课,是在马克思主义指导下对学生进行思想品德和社会科学基础知识教育的重要课程。1988年,国家教育委员会在总结新教材试点经验的基础上颁布"公民""社会发展简史""中国社会主义建设常识""科学人生观""经济常识""政治常识"六门课的改革实验教学大纲(试行草案),对初级中学、高级中学思想政治课分别提出教学目的和要求。1992年,国家教育委员会颁布的《全日制中学思想政治课教学大纲(试用稿)》规定,中学各年级思想政治课是对学生进行马列主义毛泽东思想基本常识和社会主义政治思想道德教育的课程。1996年、1997年,国家教育委员会先后颁布了《全日制普通高级中学思想政治课课程标准(试行)》《九年义务教育小学思想品德课和初中思想政治课课程标准(试行)》,并指出高级中学思想政治课是对中学生系统进行公民品德教育和马克思主义常识教育的必修课程,是中学德育工作的主要途径;小学思想品德课和初中思想政治课是对学生系统进行公民的品德教育和初步的马克思主义基本常识教育,以及有关社会科学常识教育的必修课程,是学校德育工作的主要途径。

2003年,教育部印发的全日制义务教育《思想品德课程标准(实验稿)》规定,该课程是为初中学生思想品德健康发展奠基的一门综合性必修课程。2004年,教育部印发的《普通高中思想政治课程标准(实验)》规定,高中思想政治课是为终身发展奠定思想政治素质基础的必修课程。2011年,教育部颁布的《义务教育思想品德课程标准(2011年版)》指出,思想品德课程是一门以引导和促进初中学生思想品德发展为根本目的的综合性课程。2022年,教育部制定的《义务教育道德与法治课程标准(2022年版)》(也称为义务教育道德与法治新课标)规定,道德与法治课程是落实立德树人的关键课程,是义务教育阶段的思政课。2017年教育部制定、2020年修订的《普通高中思想政治课程标准》(也称为普通高中思想政治新课标)规定,高中思想政治课是落实立德树人的关键课程。由此可见,我国中学思想政治课的德育性是一脉相承的。

(三)从课程的主要内容看,中学思想政治课集中体现德育性

课程性质规定课程内容,而课程内容又体现课程性质。新中国成立70多年来,为服务于国家政治、经济、文化和教育发展的需要,在党的教育方针政策指引下,我国中小学德育课程历经多轮改革,建立了具有中国特色的中小学德育课程体系。党的十一届三中全会以来,中小学德育课程的育人功能不断受到重视。21世纪以来,我国新一轮中小学德育课程改革确立了"回归生活世界"的基本理念,从以往过于政治化逐渐回归学生的生活,使中小学德育课程更加贴近时代、贴近生活、贴近学生个体,"育人为本、德育为先""立德树人"等成为贯穿整个德育课程改革的核心理念,德育课程在注重国家、社会发展需求的同时更注重学生作为"人"的发展。①

党的十八大以来,为落实立德树人根本任务,习近平总书记在全国教育大会、学校思想政治理论课教师座谈会、庆祝中国共产党成立100周年大会、党的十九届六中全会等重

---

① 彭泽平,杨启慧,罗珣.新中国中小学德育课程改革70年:历程、经验与展望[J].教育学术月刊,2019(11):3-7.

要会议上发表一系列重要讲话,中共中央办公厅、国务院办公厅印发了《关于深化新时代学校思想政治理论课改革创新的若干意见》,国家教材委员会印发了《习近平新时代中国特色社会主义思想进课程教材指南》《"党的领导"相关内容进大中小学课程教材指南》,这些政策文本对思想政治课程内容提出了新要求。《义务教育道德与法治课程标准(2022年版)》强调,"道德与法治课程以马克思列宁主义、毛泽东思想、邓小平理论、'三个代表'重要思想、科学发展观、习近平新时代中国特色社会主义思想为指导",全面落实培养"有理想、有本领、有担当"的时代新人的要求;①《普通高中思想政治课程标准(2017年版2020年修订)》强调,高中思想政治课程要"讲授马克思主义基本原理,讲授马克思主义中国化时代化成果特别是习近平新时代中国特色社会主义思想",培养德智体美劳全面发展的社会主义建设者和接班人。②

二、新时代中学思想政治课程性质的定位

新时代,面对世界百年未有之大变局和实现中华民族伟大复兴的战略全局,面对经济、科技的迅猛发展和社会生活的深刻变化,面对社会主要矛盾的转化,面对提高全体国民素质和人才培养质量的新要求,面对我国中学阶段教育基本普及的新形势,中学思想政治课程与时俱进,课程性质有了科学定位。

(一)初中思想政治课程性质的定位

《义务教育道德与法治课程标准(2022版)》明确规定:"思政课是落实立德树人根本任务的关键课程,道德与法治课程是义务教育阶段的思政课,旨在提升学生思想政治素质、道德修养、法治素养和人格修养等,增强学生做中国人的志气、骨气、底气,为培养以实现中华民族伟大复兴为己任的有理想、有本领、有担当的时代新人打下牢固的思想根基。课程具有政治性、思想性和综合性、实践性。"③

由此可见,初中阶段道德与法治课程是思政课,在性质上是落实立德树人根本任务的关键课程。这一定性的法理依据是道德与法治确保人格的健全发展,现实依据是培养社会主义建设者和接班人的必然要求。从其宗旨看,道德与法治课程旨在提升学生思想政治素质、道德修养、法治素养和人格修养等,增强做中国人的志气、骨气、底气,为培养以实现中华民族伟大复兴为己任的有理想、有本领、有担当的时代新人打下牢固的思想根基。政治性、思想性凸显道德与法治作为思政课的性质与要求,综合性、实践性体现道德与法治作为综合性、活动型课程的特点。④

---

① 中华人民共和国教育部.义务教育道德与法治课程标准(2022年版)[M].北京:北京师范大学出版社,2022:1-2.

② 中华人民共和国教育部.普通高中思想政治课程标准(2017年版2020年修订)[M].北京:人民教育出版社,2020:1-3.

③ 中华人民共和国教育部.义务教育道德与法治课程标准(2022年版)[M].北京:北京师范大学出版社,2022:1.

④ 韩震,万俊人.义务教育道德与法治课程标准(2022年版)解读[M].北京:高等教育出版社,2022:46-50.

案例1-1　"滋养心灵"教学设计[①]

一、教学内容分析

"滋养心灵"是统编新教材初中《道德与法治(七年级上册)》第三单元"珍爱我们的生命"第十课"保持身心健康"第二框题。本框题内容承接上一框题"爱护身体"的内容,强调良好的生命状态不仅依赖于健康的身体,更离不开健康的心理和丰富的精神世界;同时本框题内容也是对第三单元的总结与深化,进一步阐释了珍爱生命、敬畏生命、守护生命,要求我们保持身体和心灵的健康、和谐,这是追求美好人生的基础。因此,本课的学习为第四单元"追求美好人生"学习起到铺垫作用,在整本教材中具有承上启下的作用。通过本课内容的学习,有利于引导学生科学审视自身心理状况,掌握自我调节的方法,拥有健康的心理品质和丰富的精神世界,进而提高生命质量,培育健全人格、责任意识和道德修养,助力学生拥有幸福生活。

二、学情分析

本课时的授课对象为七年级学生。经过小学阶段的学习,学生已初步了解要用恰当的方式化解消极情绪,学会悦纳自己,正确对待挫折。这为本课的学习奠定了基础。

近年来,青少年因学习、网络、交友、亲子关系等引发的心理健康问题频发,亟须教师有针对性地给予引导,帮助他们健康成长。

此外,七年级学生的认知多停留在感性层面,尚未达到素养层面。本课的知识内容虽不繁多,让学生记住知识点并非难事,但让学生从内心深处认同健康心理和丰富精神的重要性,并在面临心理问题时自觉运用多种方法进行自我调节,保持心理健康,仍存在一定难度。

三、教学目标

1.通过分析苏轼的诗词,探究苏轼深受人们喜爱的原因,让学生理解滋养心灵的重要性,培养坚韧、乐观的心理素质,增强文化自信,培育政治认同。

2.通过描述苏轼被贬黄州时的生命状态,归纳其实现逆境突围的做法,使学生懂得心理健康的表现,学会滋养心灵的方法,提高适应社会、应对挫折的能力,培育健全人格,增强责任意识和家国情怀。

3.通过撰写并分享给苏轼的一封信,引导学生尝试解决自己的心理困惑,提升自我反思能力,学会发现生活和生命中的美好,懂得发掘自身优势,进而珍爱生命、热爱生活,养成积极的心理品质。

---

① 方冬梅,孟炳忠."滋养心灵"教学设计[J].思想政治课教学,2024(10):54-57.

四、教学重难点

1.教学重点:掌握滋养心灵的方法是本节课的学习重点,因为这是培育正确生命观、落实健全人格的重要抓手。

2.教学难点:保持心理健康是本节课的学习难点,因为心理健康问题具有隐蔽性、复杂性、长期性等特点。

五、教学过程

课前准备

1.教师制作前测问卷,旨在了解学生在心理方面存在的困惑。

2.学生阅读苏轼的诗词,摘抄自己喜欢的1~2首,以便在课堂上进行分享。

导入新课

播放歌曲《但愿人长久》,同时呈现苏轼的肖像画。

导语:同学们,纵观中国五千年历史,名人辈出,如繁星闪耀。今天,让我们一起走近苏东坡的世界。他不仅是大诗人、大词人,还是书法家、画家、工程师、美食家。他既有极高的文学艺术成就,又有乐观洒脱的人格魅力。让我们从他的人生经历和诗词作品中,探寻滋养心灵之道。

设计意图:以《但愿人长久》和苏东坡的肖像画为导入,通过视听结合的方式激发学生学习兴趣和情感共鸣,让学生初步感受苏轼在当代的影响力,为本节课以苏东坡为情境主线的教学做好铺垫。

教师:这节课,我们将以"走进苏东坡,探滋养心灵之道"为总议题,围绕"何以东坡,悟心灵之力""何能东坡,探滋养之道""何止东坡,绽生命之花"三个子议题展开探究。

环节一:何以东坡,悟心灵之力

教师:历史上的文豪众多,为何苏东坡却能深受众人喜爱?

[议学情境]北宋时期,苏东坡拥有庞大的"粉丝"群体,上至皇上太后,下至平民百姓,无论男女老少,甚至包括友人和政敌,都对他倾慕有加。

2000年,法国《世界报》在全球范围内评选出12位"千年英雄",苏东坡是亚洲唯一的入选者。

[议学任务]是什么铸就了苏东坡的独特魅力,让人们对他咏叹不息、追随不止?

[议学要求]请同学们结合课前对苏东坡某首诗词的深入理解,进行组内讨论,然后自由发言。

教师小结:苏东坡留下了无数脍炙人口的诗词。喝茶时,他写下"且将新火试新茶""诗酒趁年华";吃饭时,有感于"人间有味是清欢";读书时,深知"腹有诗书气自华";旅行时,更能发出"一蓑烟雨任平生"的感慨。苏东坡总能在平凡的生活中发现不平凡的美好。正如林语堂所说:苏轼的伟大之处,在于他用心灵之光来点亮人生之道。

[议学成果]只有拥有健康的心理和丰富的精神世界,才能保持积极的生活态度,拥有良好的人际关系,看到生命中更多的希望和光彩。健康、和谐的内心世界,是我们幸福生活的重要支撑。

设计意图:文章是心灵的映照、灵魂的洞察。通过让学生结合诗词及创作背景感悟心灵对人的影响,有助于培育健全人格,增强文化自信。本环节的前置学习活动以及课堂展示活动,能够培养学生筛选搜集资料、语言表达和交流合作的能力。

环节二:何能东坡,探滋养之道

教师:苏东坡难道天生就内核稳定、内心强大吗?很多人评价他:前半生是苏轼,后半生是苏东坡。他的前半生顺风顺水,21岁中进士,25岁制科考试获"百年第一",然而在43岁时,却从天之骄子沦为阶下囚,甚至几次产生轻生的念头。那么他是如何实现转变的呢?

[议学情境]播放视频:苏东坡的黄州突围。

[议学任务]1.简要描述黄州时期苏东坡的生命状态。

2.苏东坡是如何从"失意"中提炼出"诗意"的?

[议学要求]结合视频内容和对苏东坡的了解,组内讨论后派代表发言。

教师小结议学任务1:历经磨难,苏东坡实现了心灵的突围。在黄州,他的生命状态是松弛的,他适应了黄州的生活,找到了生活的乐趣。这一时期,他创作颇丰,《念奴娇·赤壁怀古》、前后《赤壁赋》,还有我们很熟悉的"小舟从此逝,江海寄余生""一点浩然气,千里快哉风""归去,也无风雨也无晴",这些名篇名句皆作于此。

一场失意之行,数篇千古名作。在人生最狼狈的低谷,苏轼攀上了一个千年来历代文人都无法企及的文学艺术高峰。

从苏东坡的身上,同学们能否总结出一个人心理健康的表现?

[议学成果]心理健康是一种良好而持续的心理状态,表现为个人具有生命活力、积极的内心体验、良好的社会适应能力,并能有效激发个人潜能。

教师小结议学任务2:苏东坡一生多次被贬,半生漂泊。后半生屡遭排挤,越贬越远,59岁被贬惠州,62岁被贬到蛮荒之地儋州,但他始终将生活过得充满生趣。面对人生逆境,他通过游山玩水、制作美食来保持心理健康;他通过吟诗作赋、写字画画、手不释卷来滋养精神。即使报国无门,他依然忧国爱民。

播放视频:苏东坡的家国情怀。

从苏东坡的身上,同学们能不能总结出滋养心灵的做法?

[议学成果]1.滋养心灵要保持心理健康:要掌握调节方法;要磨砺意志,增强生命韧性;要学习心理健康知识,必要时寻求专业帮助。

2.滋养心灵要丰富精神世界:学知识、长见识、练胆识;在生活实践中拓展人生阅历,提升人生境界。

设计意图:被贬黄州是苏轼人生中最重要的一个转折点。通过描述苏轼黄州时期的生命状态、归纳"黄州突围"的做法,旨在引导学生科学判断自身心理状态,探寻滋养心灵的方法,学会从平凡生活中发现生命的美好,培养家国情怀,保持积极乐观的生活态度,增强社会责任感。

环节三：何止东坡，绽生命之花

教师："生活以痛吻我，我却报之以歌。"这是苏东坡的人生态度，但又何止苏东坡是这样。

[议学情境]李一冰，原名李振华，56岁时遭人暗算入狱。在狱中4年，他潜心学习苏东坡平生事迹及文集，从中获得心灵慰藉。出狱后，他耗时8年撰写苏东坡传，从1971年到1979年，完成了70余万字的著作，字里行间皆是对苏东坡的赤诚之情。从苏东坡到李一冰，可见每个人都有自己的艰难时刻。

同学们，你们在生活中一定也有过焦虑、恐惧、愤怒、失意等心理感受，未来可能会遭遇"黄州时刻"。你们将如何滋养心灵，保持身心和谐，更好地实现生命的价值，绽放生命之花呢？

[议学任务]给苏东坡写一封信，来一场跨越时空的心灵对话。

[议学要求]结合自身实际和本节课的学习感悟，独立撰写信件，然后上台进行交流。

设计意图：七年级学生在成长过程中会面临特有的心理困惑和问题，未来也难免会遇到挫折和困境。该环节旨在引导学生关注自身，学会反思自身的问题，并根据所学知识积极寻求适合自己的滋养心灵的方法，从而将本课所学内化于心、外化于行，实现知行合一。

课后作业：

1.苏轼一生曾11次经过镇江，留下20多首诗词。请选择一个周末，探寻苏轼在镇江的踪迹，制作一个"寻访东坡"的vlog(视频日志)。

2.推荐阅读李一冰著的《苏东坡新传》，并绘制一张"邂逅东坡"手抄报。

任选一项作业完成，两周后在课堂上进行展示。

设计意图：1.根据新课标的要求，设计了实践作业，旨在把"思政小课堂"和"社会大课堂"相结合，实现思政育人的知行合一。(苏轼与江苏缘分颇深，曾在扬州、徐州等地为官，到过南京、苏州、无锡、镇江、连云港、淮安等地，病逝于常州。相关地点均可设计类似作业。)

2.对苏东坡相关内容的学习不应局限于课堂，教师应鼓励学生利用课余时间继续走近苏东坡，从他的智慧和精神中汲取力量。

结语：一个人的外在命运，往往是内在心灵长期向外投射的结果，希望同学们都能像苏东坡一样，拥有强大的心灵。同时请大家谨记，我们学习苏东坡，并非要成为苏东坡，而是要成为更好的自己！

六、板书设计

七、教学反思

初中学生学习思政课长期存在知行脱节的问题,存在"学而不信、信而不笃"的困境。比如学生虽能知晓心理健康的重要性,但在遇到实际问题时,却难以合理调节,这也是当下青少年心理问题频发甚至引发家庭悲剧的原因之一。本节课以理论与实践相结合为路径,以开展课堂思学活动和课后实践活动为载体,让学生在"思政小课堂"中以思促学,在"社会大课堂"中以行促知,努力实现知行合一。

习近平总书记强调:"要把优秀传统文化的精神标识提炼出来、展示出来,把优秀传统文化中具有当代价值、世界意义的文化精髓提炼出来、展示出来。"[1]苏东坡作为北宋中期文坛领袖,在诗、词、散文、书、画等方面成就斐然,后半生虽身处逆境,却能将生活过得生趣盎然。本节课充分挖掘了苏东坡三起三落的人生故事、脍炙人口的经典诗词,将相关素材有机融入各个子议题的探究活动中,既传承了优秀传统文化,又实现了思政育人的目标。

活动型课堂强调学生是课堂的主体,以"学"为中心,以"思"为核心,以"素养"为旨归。本节课基于学生已有的知识和生活经验,设计出资料搜集、课堂展示、分组探究、撰写信件等贴近学生认知发展水平的不同类型活动,充分发挥学生的优势,激发学生参与课堂活动的热情和兴趣,提升了课堂的育人价值。

[讨论与交流]从初中道德与法治课程性质角度,谈谈该教学设计案例带给我们的启示。

(二)高中思想政治课程性质的定位

《普通高中思想政治课程标准(2017年版2020年修订)》提出,高中思想政治课程是落实立德树人根本任务的关键课程。[2]从三个视角阐述高中思想政治课程的科学本质:

---

① 习近平:举旗帜聚民心育新人兴文化展形象　更好完成新形势下宣传思想工作使命任务　王沪宁主持[N].人民日报,2018-08-23(1).

② 中华人民共和国教育部.普通高中思想政治课程标准(2017年版2020年修订)[M].北京:人民教育出版社,2020:1.

一是着眼于学科分类意义确定学科本质的规定性。它是一门进行马克思主义基本观点教育的课程,以培育社会主义核心价值观为目的。它是一门提高学生认识社会、参与社会活动能力的课程,它是一门培养学生思想政治素养的课程。二是着眼于课程目标与内容的整合阐释学科本质的规定性。课程表现为跨学科整合的大德育课程,即紧密结合社会实践,讲授马克思主义基本原理,讲授马克思主义中国化成果特别是习近平新时代中国特色社会主义思想,理解中国特色社会主义新时代的历史方位,了解新时代中国特色社会主义经济、政治、文化、社会、生态文明建设和党的建设进程,培育政治认同、科学精神、法治意识和公共参与等核心素养,逐步树立共产主义远大理想和中国特色社会主义共同理想,坚定中国特色社会主义道路自信、理论自信、制度自信、文化自信。三是着眼于课程实施的要求把握学科本质的规定性。高中思想政治课程具有学科内容的综合性、学校德育工作的引领性和课程实施的实践性等特征,它与初中道德与法治、高校思想政治理论等课程相互衔接,与时事政治教育相互补充,与高中其他学科教学和相关德育工作相互配合,共同承担思想政治教育立德树人的任务。由此可见,作为中国特色德育课程,思想政治课程具有不同于任何国家相关课程的核心价值,不同于一般德育工作的学科特点,不同于一般学科的整合方式,是落实立德树人根本任务的关键课程。①

三、新时代中学思想政治课程的主要特点

课程性质制约着课程的特点,课程的特点制约着课程的教学设计与实施。关于中学思想政治课的特点,不同学者从不同角度的理解是有差异的。典型的观点认为,政治性、思想性、科学性、综合性、实践性是中学思想政治课程的主要特点。但这种观点,一是没有说清楚这些特点是从什么意义上界定的;二是没有把中学思想政治课的特点与其他课程的特点区分开来;三是没有说清楚中学思想政治课最突出的特点。

我们认为,从课程意义上说,政治性、思想性、科学性和实践性是中学其他课程都具有的特点,但是从课程分类意义上看,综合性是中学思想政治课最突出的特点,义务教育道德与法治(7—9年级)是综合性课程,普通高中思想政治课是综合性学科课程。

(一)中学思想政治课作为综合性课程的依据

1.中学生教育阶段的学习特点

中学思想政治课作为综合性课程应符合中学生的学习特点。人类最初的学习是生活学习,即在生活中学习,而不是在抽象的知识中学习。生活是道德产生的源泉,知识是对生活的理性抽象。生活的综合性决定了中学思想政治课程的综合性以及学习的综合性。中学思想政治课的学习作为德育课程应该从学生的生活开始。为此,初中道德与法治课程强调"以社会发展和学生生活为基础,构建综合性课程"②;高中思想政治课程强调

---

① 韩震,朱明光.普通高中思想政治课程标准解读[M].北京:高等教育出版社,2020:28-29.
② 中华人民共和国教育部.义务教育道德与法治课程标准(2022年版)[M].北京:北京师范大学出版社,2022:3.

"力求构建学科逻辑与实践逻辑、理论知识与生活关切相结合的活动型学科课程"[1]。

2.古今中外德育课程发展的宝贵经验

古代德育理论尽管没有形成完备的体系,但是德育课程的综合性是其普遍性特征。例如,我国古代《大学》《中庸》《论语》《孟子》,以及《诗》《书》《礼》《易》《春秋》等都是具有德育功能的综合性课程。我国中学思想政治课属于学校德育课程,20世纪90年代以来,我国中学教育课程改革把中学思想政治课程定位为综合性课程。初中阶段现行的道德与法治课程包括其前身的品德与生活、品德与社会、思想品德等都是综合性课程;高中思想政治尽管各个模块具有一定的分科特点,但是整个高中阶段的思想政治课都以综合为主。当今世界各国的德育课程,包括西方国家的一些"公民课"等都是综合性德育课程。实践证明,把中学思想政治课程设计为综合性课程,接近学生的实际,符合育人的规律,具有良好的效果。这既是我国中学思想政治课程发展的宝贵经验,也是世界各国的普遍做法。

3.中国共产党的实践经验总结

化民成俗,其必由学。中国共产党始终坚持把学校思想政治教育放在教育工作的重要位置。从构建大中小学有效衔接的德育体系,到统筹推进大中小学思政课一体化建设、推动"大思政课"建设,再到深入推进大中小学思想政治教育一体化建设,充分体现了党和国家在学校思想政治教育的一体化建设认识上既一脉相承、又与时俱进。[2]德育这一概念起始于我国近代教育,在中华人民共和国成立之前大多用作道德教育的简称或同义语,中华人民共和国成立后相当长的时间内,在教育学教材的苏联译本和毛泽东著作中虽然正式出现过"德育"这一概念,但是在国家教育政策和学校教育实践中,"德育"这一概念很少被采用,而被广泛采纳的邻近概念是"思想政治教育"。[3]20世纪80年代以来,基于对社会历史和教育现状的反思,我们党逐渐认识到思想政治教育的重要性和迫切性,强调道德教育在思想政治教育中的基础性地位,注重思想、政治等教育与德育教育千丝万缕的联系,开展包括思想教育、政治教育、法治教育、道德教育、心理健康教育、青春期教育、职业教育等在内的思想政治教育。[4]从实践逻辑看,我们党是把思想政治教育当作"大思政"来要求的,具有综合性。

4.中学思想政治课的课程性质

如前所述,作为落实立德树人根本任务的关键课程,中学思想政治课是大德育课程,这种大德育课程包括道德教育在内的思想教育、政治教育、法治教育、优秀传统文化教育、心理健康教育等内容,具有综合性。这一德育课程的综合性决定了中学思想政治课的目标、内容等方面的综合性。初中道德与法治围绕核心素养,即政治认同、道德修养、法治观念、健全人格和责任意识,确立课程目标[5]。为此,初中道德与法治课程内容"以道

---

① 中华人民共和国教育部.普通高中思想政治课程标准(2017年版2020年修订)[M].北京:人民教育出版社,2022:2.

② 王易.深入推进大中小学思想政治教育一体化建设[J].红旗文稿,2024(10):4-8.

③ 杜时忠,等.德育研究[M].福州:福建教育出版社,2019:59.

④ 檀传宝.学校道德教育原理[M].北京:教育科学出版社,2000:4.

⑤ 中华人民共和国教育部.义务教育道德与法治课程标准(2022年版)[M].北京:北京师范大学出版社,2022:5.

德与法治教育为框架,有机融入国家安全教育、生命安全与健康教育、劳动教育,以及信息素养教育、金融素养教育等相关主题,强化中华民族传统美德、革命传统和法治教育"。①高中思想政治课程围绕政治认同、科学精神、法治意识和公共参与等学科核心素养确立课程目标。为此,高中思想政治课程内容以发展中国特色社会主义为主线,设计必修课程的整体框架,即必修1《中国特色社会主义》、必修2《经济与社会》、必修3《政治与法治》、必修4《哲学与文化》。基于高中选择性必修课程和选修课程是必修课程延展的需要,选择性必修课程设置"当代国际政治与经济""法律与生活""逻辑与思维"三个模块,与必修课程的实施相互配合、相互补充。选修课程设置"财经与生活""法官与律师""历史上的哲学家"三个模块,是对相关必修课程和选择性必修课程的进一步拓展。②

(二)中学思想政治课程综合性的主要体现

1.课程性质的综合性

如前所述,长期以来,我国中学思想政治课都是作为大德育课程来定位的,也就是说,中学思想政治课是包括道德教育在内的人的社会性发展的教育课程,是"德智共生性"或"德智心体劳一体化"的课程。③新时代,中学思想政治课也是作为有别于"分科性课程"的大学思想政治理论课的综合性课程来定位的。义务教育道德与法治新课标明确提出,道德与法治教育是以正确的政治思想、道德规范和法治观念对学生进行循序渐进的系统化教育,同时,进一步强调思政课是落实立德树人根本任务的关键课程,道德与法治课程是义务教育阶段的思政课,旨在提升学生思想政治素质、道德修养、法治素质和人格修养等。普通高中思想政治新课标也明确提出,思想政治课程是落实立德树人根本任务的关键课程,以培育社会主义核心价值观为目的,是帮助学生确立正确的政治方向、提高思想政治学科核心素养、增强社会理解和参与能力的综合性、活动型学科课程。由此可见,中学思想政治课是综合性的德育课程。

2.课程目标的综合性

新时代,中学思想政治课的课程目标是培育学生的核心素养。核心素养是学科育人价值的集中体现,是学生通过学科学习而逐步形成的正确价值观、必备品格和关键能力。其中,初中教育阶段的政治认同、道德修养、法治观念、健全人格、责任意识等核心素养以及高中教育阶段的政治认同、科学精神、法治意识、公共参与等学科核心素养,都是一个有机的整体,具有综合性。

3.课程内容的综合性

依据现行中学课程改革方案和中学思想政治课程标准,中学思想政治课程内容体系

---

① 中华人民共和国教育部.义务教育道德与法治课程标准(2022年版)[M].北京:北京师范大学出版社,2022:17.

② 中华人民共和国教育部.普通高中思想政治课程标准(2017年版2020年修订)[M].北京:人民教育出版社,2022:9.

③ 谢树平.中学思想政治(品德)教育评价[M].长春:东北师范大学出版社,2005:12.

的综合性表现为"一个核心,两大板块(主体)",即中学思想政治课以马克思主义常识为核心,以综合性的社会科学知识和社会生活经验为主体(两翼)。从义务教育道德与法治、高中思想政治课程的内容可以看出,课程内容涉及哲学、历史学、政治学、经济学、伦理学、法学、教育学、心理学等学科知识。其中,小学阶段以生活性知识为主,初中阶段是生活性知识与学科性知识相结合,高中阶段以学科性知识综合为主。[①]

4.课程实施的综合性

义务教育道德与法治新课标在教学建议中强调,教学实施要"丰富学生的实践体验""加强课内外联结""注重案例教学"等。普通高中思想政治新课标在实施建议中也提出,要"优化案例,采用情境创设的综合性教学形式"。从立意看,这些建议可以显现出生活中的真实情境,能有效支持、服务核心素养的整体培育;从内容看,这些建议和要求有助于呈现并运用相关学科的核心概念和方法,引导学生基于学科观念和问题情境重构课程内容;从任务看,这些建议的内在意涵具有丰富的、现实的、可拓展的解释空间,便于围绕议题组织富有成效的活动。

5.课程功能的综合性

无论是从课程本身来看,还是从德智体美劳育人整体性来看,中学思想政治课有育人功能、社会功能、文化功能等方面的功能。关于这个问题将在下一讲中具体展开。

6.课程评价的综合性

课程性质、目标、内容、实施和功能的综合性决定其教学评价的综合性。从评价目标看,中学思想政治课坚持以学生的思想政治核心素养发展水平为评价对象,测量与评价学生能否综合运用相关学科知识,参与社会实际生活,在真实情境中提出问题、分析和解决问题等。从评价内容看,中学思想政治课既评价学生在情境中整合知识、分析和解决问题等素养,又评价教师教学行为及其教学质量。从评价方式看,除了传统纸笔测试外,还要探索建立表现性评价体系,体现评价内容的多维度和评价主体的多元化。[②]

最后需要指出的是,中学思想政治课与其他课程相比较,是大德育课程,综合性是其突出的特点。但是,从中学思想政治课自身属性来看,政治性是其根本属性,政治性统率思想性、科学性、综合性、实践性等。同时,政治性也规定了其具有阶级性、党性和人民性等特点,这是中学思想政治课教学设计与实施过程中必须重视的问题。

案例1-2 "人民民主专政的本质:人民当家作主"教学设计

一、课标分析

依据《普通高中思想政治课程标准(2017年版2020年修订)》,普通高中思想政治必修3《政治与法治》第二单元第四课第一框"人民民主专政的本质:人民当家作主"提出的内容要求是"列举宪法有关人民主体地位的规定,说明我国是人民民主专政的社会主义

---

① 张建文.思想政治课程与教学论[M].北京:人民出版社,2008:165.
② 张华.综合性:思政课实施的关键向度[J].中学政治教学参考,2022(1):40-42.此处有修改.

国家";教学提示是"感悟我国社会主义民主是维护人民根本利益的最广泛、最真实、最管用的民主"。

深入解析课标要求,可将"我们怎样当家作主"设为核心议题,引导学生探究人民实现当家作主的具体内容和方式。通过组织学生搜集信息,或开展对居民委员会的实地考察,促使学生了解人民依法参与民主决策、民主选举、民主协商、民主管理和民主监督的积极实践表现,并讨论国体的根本意义。

二、教材分析

从单元知识体系来看,本框内容具有承上启下的作用。本框主要介绍我国国体以及全过程人民民主的特点,既是对第一单元"中华民族谋求复兴的各种治国方案"的总结,也是对第二单元"坚持党的领导"的升华,同时还统领着第五课、第六课关于社会主义政治制度的阐述。以此建构"在党的领导下人民能够更好地实现当家作主"的逻辑内核,引出"如何实现当家作主"的制度保障、"有序当家作主"的法治意义。

从框题关系角度看,本框内容与第一框内容是统一的。第一框介绍我国国家性质"从何来""是什么""怎么样",解决本课最核心的知识。同时,第二框"坚持人民民主专政"阐明坚持人民民主专政的原因,以及如何坚持人民民主专政保障。如果说第一框是"认识论",那么第二框则是"方法论"。

因此,本框题的教学应从历史脉络切入,通过今昔对比,让学生明晰"人民民主"的艰难探索历程;运用丰富的民主实践案例,深入阐释全过程人民民主的特点;通过中外民主模式对照,引导学生感悟全过程人民民主是符合中国国情的民主道路。

三、学情分析

通过初中九年级《道德与法治》、高中思想政治必修1《中国特色社会主义》的学习,学生已在一定程度上积累了关于中国国情的变化、党的初心使命、国家制度等方面的知识,同时学生的思维能力发展至逻辑推理阶段,能够对现实问题作出创造性的回答与思考。与初中阶段相比,学生理论联系实际的能力、分析解决问题的能力也有明显提升。但是,"民主"概念比较抽象,学生对此理解较浅,因此教师需要课前准备关于人民民主历程、实践,世界各国民主实践等相关材料,并布置预习任务。

四、教学目标

1.通过回顾中国在追求民主改良、改革和建设进程中的重大历史事件,引导学生感悟"人民民主"的筚路蓝缕和坚持党的领导的重要意义;通过分析中华人民共和国国徽的寓意,帮助学生感悟国体的内涵和"人民"概念的内涵延伸。在互动问答中理解"人民民主"是为了最广大的"人民"而探索出的中国民主道路,从而增强学生的政治认同。

2.结合干江上栈头村运用民主实践实现乡村共富的真实情境,组织学生通过小组合作探究活动,了解上栈头村践行人民民主的具体方式,科学把握全过程人民民主最广泛、最真实和最管用的特点,通过合作、归纳和评价,全面提高学生对全过程人民民主的理解,实现科学精神和政治认同的双向培育。

3.通过驳斥关于民主的错误观点,让学生在反思、沉淀中进一步领悟践行全过程人民民主的有效措施,既培养学生辩证看待世界的思维能力,又增强学生的公共参与意识和守护"人民民主"的历史责任感。

五、教学重难点

重点:国体的内涵。

难点:全过程人民民主是最广泛、最真实、最管用的社会主义民主。

六、教学过程

【教学环节一】

【篇章一】求民主　立国体

子议题1:中国式民主为了谁

教学过程:展示5组图片情境,采用一问一答的方式调动学生已有的知识储备,快速完成对"人民民主"探索历程的回顾;在此基础上,开展"明确国体,了解人民"的议学活动,引导学生结合新时代中国国情和身边的实际例子,探讨团结在党的周围的"人民"还有哪些。

设计意图:借助快速问答,帮助学生回顾重要历史事件、回顾"人民民主"探索历程和国体的内涵;通过联系"人民"在生活中的实例,让学生从生活实际出发,拓展对"人民"内涵的理解,为课堂教学奠定知识和活动的基础。

【教学环节二】

【篇章二】看村智　悟国治

子议题2:中国式民主何处新

教学过程:以干江上栈头村的民主实践为教学情境,设计"分析实践,感悟活力"议学活动。通过小组合作,指导第1、2、3组分别从材料一、二、三中寻找上栈头村践行全过程人民民主的具体措施并分析该措施的原因和成效,领略该村民主实践的丰富形式,感悟全过程人民民主的活力。同时,安排第4组作为评价组,尽可能科学、全面地分析各组讨论结果并作点评。

设计意图:通过了解上栈头村如何践行"人民"的民主,引导学生科学把握全过程人民民主的最广泛、最真实和最管用的特点;借助评价机制,促使学生发现彼此的闪光点和不足,通过合作、归纳,全面提升学生对全过程人民民主的理解,实现科学精神和政治认同的双向培育。

【教学环节三】

【篇章三】析中西　走稳路

子议题3:中国式民主怎么稳

教学过程:呈现"有人认为,美式民主是民主的典范,中国应该照搬照抄美国'民主制度'的观点",设计"思辨观点,坚定方向"议学活动,鼓励学生结合议学材料和本课所学知识,撰写"走稳中国式民主道路"微评论,引导学生有理有据地对错误观点进行驳斥。

设计意图:让学生在反思与沉淀中进一步领悟践行全过程人民民主的有效措施,培养学生辩证看待世界的思维能力,增强学生的公共参与意识和守护"人民民主"的历史责任感。

七、板书设计

一棵树(略)

设计思路:全过程人民民主是中国式的民主,是从中国的历史文化、基本国情、基层实践等土壤中生长出来的、符合中国人民根本利益的民主。因此,以一棵扎根在"村智"中的树作为板书设计,能够形象地展现中国式民主与中国、中国人民的关系,有助于升华学生的情感认知。

(本案例由浙江省玉环中学吴妙提供)

[讨论与交流]讨论吴妙老师的教学设计案例,谈谈该案例是如何体现高中思想政治课的性质与特点的。

本讲小结

课程性质和特点是制约课程教学设计与实施的首要问题和重要因素。从根本上说,中学思想政治课程是德育性质的课程。从思想政治课自身属性来看,政治性是思想政治课的众多属性中带有根本性的属性,新时代我国中学思想政治课程的性质定位是落实立德树人根本任务的关键课程。新时代中学思想政治课程具有政治性、思想性、综合性、实践性等特点,综合性是其作为课程的最主要特点。从中学思想政治课自身属性来看,政治性这一本质属性规定了其具有阶级性、党性和人民性等特点。

课后思考

1.中学思想政治课从根本上说是德育课程。请你谈谈对此句话的理解。

2.如何正确把握普通高中思想政治课程的性质?

3.综合性是中学思想政治课的主要特征。请你谈谈对此观点的看法。

第一讲 课后思考
参考答案

资源拓展

[1]韩震,朱明光.普通高中思想政治课程标准解读[M].北京:高等教育出版社,2020.

[2]韩震,万俊人.义务教育道德与法治课程标准(2022年版)解读[M].北京:高等教育出版社,2022.

［3］胡田庚.新理念思想政治(品德)教学论［M］.3版.北京:北京大学出版社,2019.

［4］裴云.论思想政治课程的性质:混沌与澄清、症结与改造［J］.内蒙古师范大学学报(教育科学版),2013,26(10):32-25.

［5］羊秀姣.基于思想政治课程性质的教学活动设计研究［D］.海口:海南师范大学,2021.

第一讲　教学课件

第二讲

中学思想政治课地位与任务

中学思想政治课性质、特点的特殊性决定其地位、功能和任务的特殊性。正确认识和把握中学思想政治课的地位、功能和任务,是端正教学思想、确立教学原则、选择教学方法、优化教学过程的前提,也是提高教学质量的基础。进一步认识和把握中学思想政治课的地位、功能和任务,是正确把握中学思想政治课教学方向,有效开展中学思想政治课教学设计与实施的重要保证。

学习要点

1.中学思想政治课是落实立德树人根本任务的关键课程。
2.中学思想政治课具有社会功能、育人功能和文化功能。
3.中学思想政治课为学生终身发展承担奠基和导向任务。

中学思想政治课性质、特点的特殊性决定其地位、功能和任务的特殊性。在正确认识和把握中学思想政治课性质和特点的基础上,进一步明确和理解中学思想政治课的地位、功能和任务,对于正确回答中学思想政治课"是思想政治型还是文化知识型""是主课还是副课""是单项任务还是多项任务"等问题至关重要,直接关系到中学思想政治课教学设计与实施的有效性和实效性。

一、中学思想政治课的地位

中学思想政治课的地位是指它在社会和整个学校教育中所处的特殊位置。由于社会生活的多面性以及课程基础的多样性,作为落实立德树人根本任务的关键课程,中学思想政治课在我国社会发展和学校教育中占有特殊的重要地位。

(一)中学思想政治课是我国学校社会主义性质的基本标志

课程设置既体现统治阶级意志,也是学校教育性质的集中体现。思想政治课是学校专门的德育课程。从内涵看,"学校德育是教育者根据社会的要求和受教育者品德形成发展的规律与需要,有目的、有计划、有组织、系统地对受教育者施加一定社会的思想道德影响,并通过其品德内部矛盾运动,以使其养成教育者所期望的品德的活动"[1];"德育是教育者按照一定的社会(或阶级)的需要进行的政治思想和道德品质的教育活动"[2]。马克思、恩格斯在《共产党宣言》中质问资产阶级:"你们的教育不也是由社会决定的吗?"[3]因为"任何一个时代的统治思想始终都不过是统治阶级的思想"[4]。

在我国,学校德育具有鲜明的无产阶级党性特征。我国是中国共产党领导的社会主义国家,这就决定了我们的教育必须把培养社会主义建设者和接班人作为根本任务,培养一代又一代拥护中国共产党领导和我国社会主义制度、立志为中国特色社会主义奋斗终身的有用人才。中学思想政治课是专门开设的德育课即"思政课程",是我国学校社会主义性质的基本标志,是回答"培养什么人""为谁培养人"的根本问题的关键课程。

因此,中学思想政治课必须牢记初心使命,"全面贯彻党的教育方针,坚持马克思主义指导地位,贯彻落实习近平新时代中国特色社会主义思想,坚持社会主义办学方向,落实立德树人根本任务,坚持教育为人民服务、为中国共产党治国理政服务、为巩固和发展中国特色社会主义制度服务、为改革开放和社会主义现代化建设服务,扎根中国大地办教育,同生产劳动和社会实践相结合,加快推进教育现代化、建设教育强国、办好人民满意的教育,努力培养担当民族复兴大任的时代新人,培养德智体美劳全面发展的社会主义建设者和接班人。"[5]牢记习近平总书记的嘱托:"我们办中国特色社会主义教育,就是要理直气壮开好思政课,用新时代中国特色社会主义思想铸魂育人,引导学生增强中国特色社会主义道路自信、理论自信、制度自信、文化自信,厚植爱国主义情怀,把爱国情、强国志、报国行自觉融入坚持和发展中国特色社会主义事业、建设社会主义现代化强国、实现中华民族伟大复兴的奋斗之中。"[6]"我们的教育绝不能培养社会主义破坏者和掘墓人,绝不能培养出一些'长着中国脸,不是中国心,没有中国情,缺少中国味'的人!"[7]

(二)中学思想政治课是精神文明建设的重要阵地

党的二十大报告明确指出,"中国式现代化,是中国共产党领导的社会主义现代化","是物质文明和精神文明相协调的现代化"。[8]既要物质富足,也要精神富有,是中国式现代化的崇高追求。这一崇高追求要求我们在推进中国式现代化进程中,必须不断厚植现代化的物质基础,不断夯实人民幸福生活的物质条件,同时要通过加强社会主义精神文

①　胡厚福.关于德育本质几个问题的初步探讨[J].北京师范大学学报(社会科学版),1991(6):24.
②　耿显武,蒋建湘.德育的本质特征及构成[J].现代大学教育,1991(3):19-20.
③　中共中央马克思恩格斯列宁斯大林著作编译局.马克思恩格斯选集:第一卷[M].北京:人民出版社,2012:418.
④　中共中央马克思恩格斯列宁斯大林著作编译局.马克思恩格斯选集:第一卷[M].北京:人民出版社,2012:420.
⑤　中共中央办公厅 国务院办公厅印发《关于深化新时代学校思想政治理论课改革创新的若干意见》[J].中华人民共和国教育部公报,2019(9):2-7.
⑥　习近平:用新时代中国特色社会主义思想铸魂育人 贯彻党的教育方针落实立德树人根本任务 王沪宁出席[N].人民日报,2019-03-19(1).
⑦　习近平.培养德智体美劳全面发展的社会主义建设者和接班人[J].当代党员,2024(18):3-6.
⑧　习近平.高举中国特色社会主义伟大旗帜 为全面建设社会主义现代化国家而团结奋斗:在中国共产党第二十次全国代表大会上的报告[N].人民日报,2022-10-26(1).

明建设,大力发展社会主义先进文化,加强理想信念教育,传承中华文明,促进物的全面丰富和人的全面发展。

青少年是国家的希望、人类的未来。青少年阶段是人生的"拔节孕穗期",是人的价值观形成、确立的关键阶段,是扣好人生"第一粒扣子"的重要时期,最需要精心引导和栽培。作为实施立德树人关键课程的中学思想政治课是社会主义精神文明建设的主阵地,承担着为青少年培根铸魂的关键使命。正如习近平总书记强调:"当前形势下,办好思政课,要放在世界百年未有之大变局、党和国家事业发展全局中来看待,要从坚持和发展中国特色社会主义、建设社会主义现代化强国、实现中华民族伟大复兴的高度来对待。"①

(三)中学思想政治课是我国实现中学德育功能的主渠道

所谓主渠道,就是"主导性渠道"或"引导性渠道",发挥着"引导性"和"导向性"作用。一方面,表现在它集中体现着社会主义意识形态的先进性,反映着社会主义意识形态教育主导性要求,是传播社会主义意识形态的主渠道;另一方面,表现在它影响着其他学科德育和社会德育的正确方向,引导着学生思想品德的健康成长和科学世界观、人生观、价值观的形成,是其他教育要素发挥德育功能和学生良好思想品德形成的重要条件。②

中学德育的实施途径丰富多元,包括思想政治课教学、时事教育、其他学科教学、班主任工作、学生组织工作、劳动与社会实践、课外活动、心理咨询和职业指导、校园环境建设、家庭教育、社会教育等。从整体上看,这些途径的目的和任务是一致的,是殊途同归的。但是,中学思想政治课在众多途径中居于特殊地位,是中学德育的主渠道。这主要是因为中学思想政治课是有统一的教学大纲或课程标准和比较系统、相对稳定的教学内容,有统一的教学计划和教学进度,并且以课堂教学为基本组织形式,由专门的教师对学生进行由浅入深、循序渐进、有的放矢的思想政治教育。这种教育具有系统性和完整性,能从根本上引导学生立德成人、立志成才,树立正确世界观、人生观、价值观,坚定对马克思主义的信仰,坚定对社会主义和共产主义的信念,增强中国特色社会主义道路自信、理论自信、制度自信、文化自信,厚植爱国主义情怀,把爱国情、强国志、报国行自觉融入坚持和发展中国特色社会主义事业、建设社会主义现代化强国、实现中华民族伟大复兴的奋斗之中。这是其他德育途径所无法比拟和替代的。

因此,习近平总书记指出,"思想政治理论课是落实立德树人根本任务的关键课程","思政课作用不可替代","在大中小学循序渐进、螺旋上升地开设思想政治理论课非常必要,是培养一代又一代社会主义建设者和接班人的重要保障"。③

(四)中学思想政治课在学生发展中居于思想政治价值引领地位

作为中学专门的学科德育课程,中学思想政治课必须居于思想政治的价值引领地位。思想政治的价值引领不只是表现在课程内容的选择上,更突出地表现在对人的发展

---

① 吴丹,丁雅诵,闫伊乔.不负重托办好学校思想政治理论课[N].人民日报,2024-03-18(1).
② 余双好.现代德育课程论[M].北京:中国社会科学出版社,2003:186.
③ 习近平:用新时代中国特色社会主义思想铸魂育人 贯彻党的教育方针落实立德树人根本任务 王沪宁出席[N].人民日报,2019-03-19(1).

的影响上。

一般的课程，教人"何以为生"的本领，而思想政治课则教人思考"为何而生"。"才者，德之资也；德者，才之帅也。"居于"帅"地位的思想政治课，尤其要引领学生形成坚定的理想信念。习近平总书记指出："坚定理想信念，坚守共产党人精神追求，始终是共产党人安身立命的根本。……形象地说，理想信念就是共产党人的'钙'，没有理想信念，理想信念不坚定，精神上就会'缺钙'，就会得'软骨病'。"[①]

中学思想政治课通过对学生进行马克思主义基本观点和社会主义政治思想教育，使学生树立正确的世界观、人生观和价值观，树立远大理想，提高认识能力和社会主义政治思想觉悟，明确所承担的社会历史责任，从而激发和增强学生的学习动力，并积极锻炼身体，保持身体健康，最终达到德智体美劳全面发展。所以，中学思想政治课在学生发展中居于思想政治的价值引领地位。

(五)中学思想政治课是中学阶段的一门必修的国家课程

中学思想政治课是中学课程体系的组成部分，是中学课程体系中的一门必修的国家课程。

一方面，中学思想政治课是我国的一门国家课程。中学思想政治课程标准由国家最高教育行政部门制定、颁布实施，教材也经过国家严格的审查，有着特定的课程目标、课程内容和课时要求等。教育部2022年印发的义务教育课程方案和课程标准中，道德与法治是首要的国家课程，占总课时的6%～8%；高中课程方案和课程标准(2023年版)也有规定，思想政治是国家课程，分为必修课程、选择性必修课程和选修课程，其中，必修占6学分，选择性必修占0～6学分，选修占0～6学分。

另一方面，中学思想政治课是中学的一门必修课程。中学思想政治课对于地方和学校来说，不存在开不开的问题；对于学生来说，也不存在学不学的问题。因此，思想政治课不是可有可无的课程，是各地方、各中学必须开设，全体学生必须学习的一门课程。

综上所述，我们要准确把握中学思想政治课地位的特殊性，反对全盘否定中学思想政治课地位和作用的"无用论"，也要反对过分夸大中学思想政治课地位和作用的"万能论"。

二、中学思想政治课的功能

功能是指事物或方法所发挥的有利作用或效能。中学思想政治课的功能是它在客观上可能起到的效果。中学思想政治课的功能是多层次、多方面的。新时代中学思想政治课的设置是由社会、学生和科学知识三个因素决定的，具有社会功能、育人功能、文化功能。[②]

---

① 习近平.习近平谈治国理政：第一卷[M].北京：外文出版社,2018:15.
② 高青兰,张建文,郑瑜.中学思想政治课教学论[M].北京：人民出版社,2013:44.此处有改动.

(一)中学思想政治课的社会功能

中学思想政治课的性质与地位决定了中学思想政治课教学是一种社会现象和社会活动,具有社会功能。

1.维护社会稳定的功能

社会稳定是人民安居乐业、经济社会发展的基本前提,而社会稳定的重要思想前提是思想理论的先进性和科学性。思想政治课的教育是一种正面思想政治教育,它能用科学的理论武装人,用先进的人物和事迹教育人,用高尚的民族精神鼓舞人,可以把学生乃至全国人民的思想和行为统一起来,以此来维护社会的稳定。中学开设思想政治课是我国社会长期稳定的重要思想理论基础和条件。

2.助推中国式现代化建设的功能

新时代,中学思想政治课通过马克思主义基本理论教育,用习近平新时代中国特色社会主义思想铸魂育人,培养德智体美劳全面发展的社会主义建设者和接班人;通过宣传和贯彻党的基本路线、方针政策,使青少年明确中国式现代化建设的目标和任务;通过对青少年进行中国特色社会主义理论体系的教育,提高青少年参与中国式现代化建设的意识和本领;通过对青少年进行必要的思想道德教育,提高青少年的思想道德素质,为中国式现代化建设提供精神动力等。可以说,中学思想政治课是推进中国式现代化建设的重要思想理论武器。

(二)中学思想政治课的育人功能

狭义的德育是培养人的品德的教育活动,而我国中学思想政治课是广义的学校专门的学科德育课程。它不是单纯的品德课程,而是落实立德树人根本任务的关键课程,与教育及其有机组成部分的智育、体育、美育、劳动教育之间存在着密切的关系,在育人过程中具有铸魂与育人的功能。

1.德育功能

思想政治课的特殊本质决定它属于德育范畴,德育功能是其基本功能,德育目标是其最终目标。中学思想政治课是广义的德育课程,包括爱国主义教育,理想教育,集体主义教育,劳动教育,人道主义与社会公德教育,自觉纪律教育,民主与法治观念教育,科学世界观、人生观和价值观教育,心理健康教育等。中学思想政治课在道德教育中具有深化功能,在政治教育中具有免疫功能,在世界观、人生观、价值观教育中具有系统化功能。①

2.智育功能

智育就是"育智",即人的知识与智能的培养与教育。中学思想政治课是以马列主义为核心的综合性课程或综合性学科课程,能使学生智能得到较好的提升,表现在:一是能使学生获得包括哲学、经济学、法学、伦理学、基本国情等方面的综合性社会科学知识;二

---

① 王绪余.中学思想政治课的德育属性及其功能[J].辽宁教育学院学报(社会科学版),1990,(1):14.

是能帮助学生培育思想政治核心素养或学科核心素养的活动型课程、活动型学科课程。

3.美育功能

人总是按照美的规律进行生产和生活。"美的规律是人类劳动实践的一般规律,这就是合目的性(善)与合规律性(真)高度统一的规律。"①美育就是审美教育,包括感受美、鉴赏美和创造美的教育。美的形式有自然美、社会美和艺术美。中学思想政治课的美育功能主要体现在社会美的培育方面,即通过思想政治课的教学使学生懂得社会生活和自身行为中什么是美、什么是丑,帮助学生分辨不同社会行为的美丑,以及如何去塑造自身的行为美。同时,中学思想政治课本身也具有教学艺术的功能。

4.体育功能

体育就是"育体",即身体的保健、锻炼与教育。中学思想政治课虽然不是体育课,但是在中学思想政治课教学过程中,教师通过对学生进行健体重要意义的教育,帮助学生提高自我健体的自觉,因而中学思想政治课也有体育功能。

5.心育功能

人的健康不仅表现为身体健康,也表现为心理健康。心育就是"育心",即心理素质的保健、锻炼与教育。这里的"心"是指心理学意义上的心理素质(情感、意志、兴趣等),而不是教育学意义上的心理素质(即德与智)。中学思想政治课的设计与实施能帮助中学生养成良好的心态,培养坚强的意志力,形成正确的需要和动机。

(三)中学思想政治课的文化功能

教学是一个传递某一种文化的知识与习俗的过程。文化的核心是世界观、人生观和价值观。中学思想政治课教学也是一种文化传递的过程,是传递无产阶级世界观、人生观和价值观的过程,具有文化传承与发展的功能。

1.文化传承功能

中国共产党领导下的中学思想政治课,代表着先进文化的前进方向,承担着传承人类已有的先进文化、使人类的优秀文化得以延续的功能。同时,它更是传承中华优秀传统文化、革命文化和社会主义先进文化的重要途径。

2.文化发展功能

中国共产党领导下的中学思想政治课,自觉选择、传递和创造已有人文社会科学领域文化知识,不断实现人文社会科学领域文化的整合与创新,接续推动中国特色社会主义文化的进一步发展和繁荣。

值得说明的是,以上所述的中学思想政治课功能,是可能的功能或理论上的功能,不是现实的或必然的功能。要将中学思想政治课从可能的功能转变为现实的功能,取决于本课程的正确教学设计与实施,以及学校和社会等方面的积极配合等。

---

① 张建文,李丛玉.班级教育管理理论[M].昆明:云南大学出版社,2002:71.

案例 2-1 "人的认识从何而来"教学过程设计

一、课堂导入

教师:北斗闪耀,泽沐八方。2020年7月31日上午,国家主席习近平宣布北斗三号全球卫星导航系统正式开通。中国"北斗"从此走向了服务全球、造福人类的新舞台。首先来观看一个2分钟的介绍"北斗"系统视频,并思考两个问题:工程师们对"北斗"的技术认知从何而来? 实践和认识之间的关系如何? 今天我们将以"人的正确思想是从哪里来的"为议题,通过了解"北斗",学习新课"人的认识从何而来"。

设计意图:

时政是思想政治课的生动素材。加强时政教育,对于开阔学生视野,激发学生兴趣,开发课程资源,激发学生家国情怀,培养学生政治认同、科学精神等学科核心素养具有重要意义。

二、新课教学

环节一:畅所欲言聊"北斗"

【子议题1】如何把握感性认识和理性认识的关系?

教师活动:我们到底是如何认识客观事物的? 认识有哪些形式和阶段? 要回答这个问题,我们必须回到认识某一事物的场景当中。(播放PPT并展示"北斗"的一张图片)请同学们谈谈对"北斗"的了解和认识,同学们思考1分钟后,一组同学轮流"开火车"回答,另外几组同学做好点评和总结的准备。

学生活动:独立思考并畅所欲言(学生根据自己的认知从多角度阐述对"北斗"的认识)。

教师活动:关注并及时记录学生的关键信息,并请一位学生对同学们的回答进行点评,引导其谈谈与前面同学回答的关于"北斗"的认识有何不同。

学生活动:根据前面同学的回答进行分类、总结。

教师活动:(总结)回顾一下刚刚我们对"北斗"的认识描述可以发现,我们对同一事物的认识具有不同的层次(不同的过程):一种是认识了事物的现象;另一种是认识了事物的本质。我们把这两种认识分为感性认识和理性认识。

(教师提问)请同学们结合之前的互动,讨论并分析两者的关系。

学生活动:思考并回答。

教师活动:(师生互动讨论)教师总结感性认识和理性认识的关系,并用PPT展示。

设计意图:

通过让学生畅所欲言聊"北斗",把课堂还给学生,发挥学生的主体作用,从学生的回答中归纳概括感性认识和理性认识的关系,把握和理解认识的两个不同阶段。通过师生互动、生生互动,以增强学生的获得感。同时,通过分辨、比较的思维活动,培育学生的科学精神。

环节二:揭开"北斗"的神秘面纱

【子议题2】实践的内涵和特点是什么?

教师活动:(布置任务)请同学们自学教材中有关"实践"的含义,结合下列材料阐述你的理解。

材料:北斗系统是党中央决策的国家重大科技工程。中国北斗卫星导航系统(BDS)是中国自行研制的全球卫星导航系统,北斗三号全球卫星导航系统全面建成并开通服务,标志着工程"三步走"发展战略取得决定性胜利,我国成为世界上第三个独立拥有全球卫星导航系统的国家。

学生活动:自学教材知识后结合"北斗"的材料向全班阐述"实践"的含义。

教师活动:(总结)实践是人们改造客观世界的物质性活动。凡是实践,都是以人为主体、以客观事物为对象的物质性活动,是直接现实性的活动。我们通过之前的学习,已经知道人能够通过实践能动地改造世界,把观念中的东西变为现实的东西。

(教师追问)实践活动的基本形式有哪些? 建设"北斗"属于什么形式的实践活动?

学生活动:积极回答问题并与教师互动,理解实践活动的基本形式。

教师活动:(总结)实践活动的基本形式有三种,分别是探索世界规律的科学实验活动、改造自然的生产实践、变革社会的实践。

(布置任务)请各组根据材料完成探究任务,并选派代表发言。

材料一:卫星导航系统能够为地表和近地空间的广大用户提供全天时、全天候、高精度的导航、定位和授时服务。作为独立自主的大国,中国建立自己的卫星导航、定位和授时系统对保障国民经济的正常运行和国防安全都至关重要。如果没有自己的导航系统,势必要用国外的,这样系统的可靠性和安全性方面都没有可靠保证。此外,建立卫星导航系统也能展现综合国力,并在世界上争取更多话语权。

材料二:工程自1994年启动,2000年完成北斗一号系统建设,2012年完成北斗二号系统建设。北斗三号全球卫星导航系统全面建成并开通服务,标志着工程"三步走"发展战略取得决定性胜利。苍穹之下,那群造星星的人,参与人数超30万,目前队伍以80后、90后为主,平均年龄为31岁。

探究任务:从材料中可以发现实践具有哪些特点?

学生活动:阅读材料后,结合教材内容,参与合作讨论,推选小组代表进行发言。

教师活动:点评学生的发言,记录关键词,并和学生进行互动。

(总结)实践的特点:

首先是客观物质性。在北斗卫星导航系统的建设实践中,实践的主体、客体(对象)、手段这些实践要素都是客观的,建设过程中遵循循序渐进的原则,充分考虑客观实际和客观规律。因此,实践具有客观物质性。

其次是主观能动性。作为独立自主的大国,中国建立自己的卫星导航、定位和授时系统对保障国民经济的正常运行和国防安全都至关重要,实践是人有目的、有意识的活动,实践给客观世界深深地刻上了人的活动的烙印。

最后是社会历史性。其一是实践的社会性,人的实践都是处于一定社会关系中的人的活动,"苍穹之下,那群造星星的人,参与人数超30万","北斗"的建设需要团队通力配合才能实现;其二是人的实践活动是历史地发展着的,工程自1994年启动,2000年完成北斗一号系统建设,2012年完成北斗二号系统建设,2020年北斗三号全球卫星导航系统全面建成并开通服务,实践活动在不同的历史时期,其内容、形式、规模和水平是各不相同的,都受到一定历史条件的制约。

设计意图:

通过学生的讲解和小组合作探究,师生互动,突破教学难点,彰显课程特有的"哲学味道"。通过创设渗透爱国主义教育的情境材料,让学生在热爱科学、崇尚科学、感受大国重器的建设过程中,培养政治认同和科学精神。

环节三:挖掘"北斗"的幕后故事

【子议题3】如何理解实践和认识的关系?

教师活动:(设计任务)分组合作探究,根据材料并结合教材内容探究以下问题,各小组推选代表进行发言。

材料:一代代航天人接续奋斗、敢于实践、努力拼搏,才攻克、掌握了属于中国自己的卫星导航系统技术,我国也由此成为世界上第三个独立拥有全球卫星导航系统的国家。

卫星导航技术的发展起源于定位测量的需要,而我国经济社会的发展,自动驾驶、手机定位、农业生产等诸多领域都需要它。同时,国防安全的保障也需要自主的卫星导航系统。近年来,卫星导航系统在运用中带来了巨大的商业价值,加快了我国北斗项目的实施步伐,终于在2020年7月31日北斗系统"瓜熟蒂落"。

国之大器,利国惠民。火神山、雷神山医院的修建,是北斗系统为复杂地形地貌实现高精度定位、精确标绘。2020年5月,中国登山健儿登顶珠峰主要由北斗系统提供相关数据。此外,工业互联网、物联网、车联网等新兴领域也体现了北斗系统的创新应用。

1.探究:如何看待科学研究中前人的经验智慧和亲身实践的作用。(第一大组)

2.论证:结合材料论证"实践是认识发展的动力"和"实践是检验认识真理性的唯一标准"。(第二、三大组)

3.思考:北斗系统的全方位应用带给我们什么启示?(第四大组)

学生活动:各小组按照分到的探究任务积极讨论,组内分享观点并记录汇总,小组选派代表进行发言。

教师活动:教师关注和反馈学生的回答情况,学生如果出现回答问题不全面的情况,鼓励同组成员进行补充。

(师生互动)教师和学生一起归纳概括实践和认识的关系。

实践决定认识:实践是认识的来源;实践是认识发展的动力;实践是检验认识的真理性的唯一标准;实践是认识的目的。一句话,实践决定认识。同时,认识对实践有反作用。

设计意图:

分组探究,颇有竞争的意味,可以充分激发学生探究的兴趣。通过辨析、论证、思考、总结四个子任务的设置,引导学生全面掌握"实践是认识的基础"这一教学重点,从而实现"课程内容活动化"。

环节四:践行"新时代北斗精神"

教师活动:(导入)灿烂星空,北斗闪耀。新时代北斗精神的基本内涵是自主创新、开放融合、万众一心、追求卓越。习近平总书记指出,26年来,参与北斗系统研制建设的全体人员迎难而上、敢打硬仗、接续奋斗,发扬"两弹一星"精神,培育了新时代北斗精神,要传承好、弘扬好。[①]

(布置任务)新时代北斗精神,指引我们追寻自己的人生梦想,追求卓越、成就自我。请同学们就如何实现自己的人生梦想写下第一个"年度计划"。

> 践行北斗精神,我的"追梦年度计划"
> 阶段:
> 目标:
> 措施:

学生活动:思考并完成自己的"追梦年度计划",向全班进行分享。

设计意图:

引导学生撰写"追梦年度计划",这一活动设计坚持了素养立意,彰显了思想政治学科特有的育人价值。

(三)课堂总结

实践与认识的关系,实际上就是传统哲学中知与行的关系。对于知与行的关系,著名的教育家陶行知先生认为"知者行之始,行者知之成"。我们最佳的状态就是知行合一,希望同学们无论是在学习中还是在生活中都能勇于实践,敢于探索,获得最深刻、最生动的知识,并用正确的认识来为实践服务。

(本教学过程设计由浙江省镇海中学金凌俭老师提供)

[讨论与交流]结合本教学案例,从中学思想政治课的功能角度谈谈这一教学过程设计带给我们的启示。

三、中学思想政治课的任务

中学思想政治课的性质、特点及其地位决定了中学思想政治课的任务。中学思想政治课的任务是指其必须承担的责任。对此,有人认为,"中学思想政治课的任务是思想政治(品德)教育,帮助学生养成良好的思想品德和日常行为习惯";也有人认为,中学思想政治课的任务是"知识传授、思想教育、能力培养";还有人认为,中学思想政治课就是以知识传授为中心,为学生良好思想品德形成和能力的提高奠定综合性的知识基础并发

---

① 习近平出席建成暨开通仪式并宣布　北斗三号全球卫星导航系统正式开通 李克强韩正出席仪式[EB/OL].(2020-07-31)[2024-12-23].https://www.gov.cn/xinwen/2020-07-31/content_5531676.htm.

挥导向作用。①

以上观点都不够准确,这是因为:第一,学校课程都承担着思想品德教育的任务,都是要帮助学生形成良好的思想品德和日常行为习惯;第二,"知识传授、思想教育、能力培养"是分不开的,在教育教学中它们是一个过程的不同方面;第三,中学思想政治学科知识的传授是基础,是为培育学生核心素养服务的。新时代,作为学校专门的学科德育课程的中学思想政治课,其核心任务是为学生终身发展起奠基和导向作用。具体而言,该课程通过系统化的教学实践,在培育学生正确价值观、塑造必备品格和提升关键能力中,发挥其奠基作用和导向功能。

(一)中学思想政治课是培育学生正确价值观的基础和导向

中学思想政治课的知识体系,是以马克思主义基本观点、立场、方法为核心的知识体系。新时代,初中阶段道德与法治课程突出中华民族传统美德、革命传统和法治教育,有机整合社会主义先进文化教育、革命文化教育、中华优秀传统文化教育、国家安全教育、生命安全与健康教育、劳动教育等相关主题;高中阶段思想政治必修课程,是以发展中国特色社会主义为主题、主线,讲述为何开创和发展中国特色社会主义,如何坚持和发展中国特色社会主义,同时设置当代国际政治与经济、法律、逻辑等基础知识作为选择性必修内容。这些知识是青少年形成和确立正确价值观的重要基础和条件。

因此,中学思想政治课要"帮助学生逐步形成良好的道德品质和心理素质,养成遵纪守法和文明礼貌的行为习惯,增强爱国主义、集体主义的思想情感,逐步树立中国特色社会主义的共同理想,为学生逐步形成正确的世界观、人生观和价值观奠定基础"。②

(二)中学思想政治课是发展学生必备品格的基础和导向

必备品格,实际上是指一个人在完成自身发展和促进社会发展上所必须具备的基本素质,包括坚定的政治方向、远大的理想信念、爱国爱民的情怀、求实的科学精神、乐业敬业的态度、诚信友善的品行以及奉献社会的责任担当等非智力因素方面的综合素质。我国将关怀、信赖、责任、尊重、公平正义、诚实这六点作为中学生必备品格培养的主要内容。③

发展学生的必备品格是学校和整个社会的共同任务。但是,中学思想政治课的学科知识是奠定学生必备品格的基础,并发挥正确的导向作用,而其他课程主要是奠定单一性知识素养的基础,不是也不可能帮助学生解决所有的必备品格问题。这是因为中学思想政治课是一门以马克思主义为核心的内容体系,具有特殊的育人价值,是学校德育课程体系的核心内容和德育功能的主导性渠道、引导性渠道。

---

① 高青兰,张建文,郑瑜.中学思想政治课教学论[M].北京:人民出版社,2013:44.此处有修改.

② 梁鹏,李伟.思想政治(品德)课教学论[M].沈阳:辽宁大学出版社,2017:12.

③ 余飞.基于思想政治学科核心素养导向的高中生必备品格培养策略研究[D].海口:海南师范大学,2018.

（三）中学思想政治课是培养学生关键能力的基础和导向

能力是对知识的运用。按照不同标准,能力可分为不同的类型和层次,如能力可分为一般能力和特殊能力、认识能力和实践能力、初级能力和高级能力等。

"思想政治课的特殊能力就是用马克思主义的立场、观点、方法来认识和分析有关社会问题和自身思想问题的能力。"[1]其中,初中阶段应以引导学生分析认识自身思想和成长中的问题为主,高中阶段应以引导学生分析认识相关社会问题为主。新时代,初中道德与法治教育要"引导学生理解用马克思主义的立场、观点、方法观察时代、把握时代、引领时代的意义"[2],通过辨识与判断、解释与论证、探究与建构等学科任务培养关键能力;高中思想政治学科教学要"用历史的眼光、国情的眼光、辩证的眼光、文化的眼光和国际的眼光,引领学生通过观察、辨析、反思和实践,真学真懂真信真用马克思主义"[3],通过描述与分类、解释与论证、预测与选择、辨析与评价等学科任务培养关键能力。这些关键能力的培养是思想政治核心素养培育的重要组成部分,同样离不开思想政治学科知识。

中华人民共和国成立以来,中学思想政治课几经变革,集中到一点就是怎样处理政治课的知识性和教育性的关系问题。它曾经出现过忽视政治课的知识性,以形势任务、政治运动代替马克思主义基础知识教学的倾向;出现过忽视政治课的教育性,单纯传授知识,忽视思想政治教育的倾向。这些都是因为违背了思想政治课的教育规律。[4]因此,新时代中学思想政治课核心素养的培育必须坚持以知识传授为基础,而不能以"感性经验"和"活动"为中心。"学校,特别是中小学校最基本的工作就是传授知识。传授知识是学校教育的基本功能,是教师的神圣职责。这是古今中外千百年来共存的事实和共识。"[5]

中学思想政治课要担负起为学生终身发展奠基的使命和导向的任务,必须正确认识和处理学科知识与正确价值观、必备品格、关键能力之间的关系。素养的土壤与养分源自知识。没有知识就没有能力,没有知识与能力,也就无法孕育出素养。判断中学思想政治课教学设计与实施是否具有有效性、针对性和实效性的主要标准是看它是否通过传授学科知识,在培育学生核心素养上起奠基作用并发挥导向作用。

案例2-2　"始终坚持以人民为中心"教学设计[6]

一、教材分析

"始终坚持以人民为中心"是必修3《政治与法治》第一单元第二课第一框题的内容。

① 高纪辉.基础教育现代化教学基本功:中学政治卷[M].北京:首都师范大学出版社,1997:136.
② 中华人民共和国教育部.义务教育道德与法治课程标准(2022年版)[M].北京:北京师范大学出版社,2022:2.
③ 中华人民共和国教育部.普通高中思想政治课程标准(2017年版2013年修订)[M].北京:人民教育出版社,2020:2.
④ 王绪余.中学思想政治课的德育属性及其功能[J].辽宁教育学院学报(社会科学版),1990(1):35.
⑤ 王策三,孙喜亭,刘硕.基础教育改革论[M].北京:知识产权出版社,2005:前言6.
⑥ 郭伟伟,闫彦强."始终坚持以人民为中心"教学设计[J].思想政治课教学,2024(10):58-61.

本框题分为两目:第一目"党的性质和宗旨",阐释中国共产党的性质、根本立场和宗旨;第二目"党的执政理念",主要阐述"立党为公、执政为民"的含义和要求。本节课在构建大单元教学设计中,上承中国共产党领导人民站起来、富起来、强起来的知识,下启始终走在时代前列的知识,起到了承上启下的作用。

二、学情分析

通过对必修1《中国特色社会主义》的学习,高一年级的学生对党的理论知识有了一定的了解。但是,还存在以下障碍点:第一,学生对党的性质、宗旨和执政理念等还存在碎片化的认识;第二,学生论证所学理论的能力还有待进一步提高。通过本节课的学习,希望学生突破以上障碍点,增强政治认同,坚定理想信念,厚植家国情怀,培养责任担当。

三、教学目标

1.通过观看视频与小组分享,阐释中国共产党的性质和根本宗旨,明确始终坚持以人民为中心是党保持先进性的重要法宝,增强对中国共产党的认同感。

2.通过海报展示,学习优秀共产党员的先进事迹,深化对党的执政理念的理解,增强拥护中国共产党领导的坚定信念。

3.通过对"我们已经生活在民族复兴的和平时代,是否还需要为民牺牲的精神"进行辩论,分析为民牺牲精神的当代表现,作出正确的价值判断。

4.通过讨论与交流,畅想21世纪中叶自己的愿景及在党的光辉指引下自己将如何前行,激发自身报效祖国的爱国情怀,增强责任感和使命感。

四、教学重难点

1.教学重点:中国共产党的性质、宗旨和执政理念。
2.教学难点:中国共产党的执政理念。

五、教学过程

[课前准备及导入]

将全班分为4个小组,各小组带着课前老师布置的任务和发放的"学习评价量表"开启本节课的学习之旅。

[教师活动]必修3《政治与法治》第一单元围绕"中国共产党的领导"展开,第二课第一框题"始终坚持以人民为中心"主要从党的性质、宗旨和执政理念等方面阐述党的先进性,既是对第一课"历史和人民的选择"的拓展与深化,又为接下来学习第二框题——"始终走在时代前列"打下良好的基础,起到自然过渡和理论证明的作用。今天,我们将以"中国共产党为什么能"为总议题来探究学习本节课的内容。

设计意图:通过单元教学导入,展开以"中国共产党的领导"概念为统领的指向深度学习的议题式教学思路设计。一方面,引导学生构建起本单元的整体逻辑框架,实现学科内容结构化。另一方面,使学生明确本节课在本单元中的地位,实现新旧知识的顺畅过渡,促进知识的迁移。

环节一:忆初心,不忘来时路

[教师活动]播放视频《江山就是人民,人民就是江山》。

教师提问:通过观看视频,请思考中国共产党为什么能够带领全国各族人民取得革命、建设、改革的伟大胜利?

设计意图:通过视频调动学生的情感共鸣,使学生感悟到中国共产党始终坚持以人民为中心,绝不是空洞的教条,也不是抽象的理论,而是生动的实践,为进入子议题一的学习做好铺垫。

子议题一:中国共产党在百年奋斗中的初心和使命是什么?

[议学活动一]

1.主题:重温党史,铭记初心。

2.任务:

(1)课前,以小组为单位通过报刊、电视、网络、实地调研等方式搜集资料,了解党的公共纪念物:红船(1、2组)、二七纪念塔(3、4组)。

(2)课堂上各小组选出代表进行展示。

(3)展示内容:纪念物的名称、位置、背后的故事、需要铭记什么等。

3.要求:突出主题,思路清晰;展示时间控制在2分钟以内。

[教师指导]感谢同学们的精彩分享。从嘉兴南湖开启未来的红船到京汉铁路大罢工的不畏强敌,从井冈山播撒革命的燎原星火到西柏坡的铿锵誓言,从新中国成立的开天辟地到改革开放的翻天覆地,中国共产党人的初心和使命始终是为中国人民谋幸福、为中华民族谋复兴,这正是党的性质、宗旨的集中体现。

设计意图:充分利用大众传媒和郑州市二七纪念塔等本土红色资源,了解党带领人民进行革命的丰功伟绩。通过结构化设计,让学生在交流展示中明确始终坚持以人民为中心是由党的性质和宗旨决定的,增强对中国共产党的认同感,从而达成教学目标1。

环节二:践初心,照亮前行路

[教师活动]播放视频《半条被子》。

教师提问:视频中的三位女红军是如何做的,为什么要这样做?

设计意图:借助影像史料,将党史学习教育巧妙融入课堂,使学生认识到共产党就是自己有一条被子,也要剪下半条给老百姓的人,深刻体悟中国共产党党员的先锋模范作用,为进入子议题二的学习做好铺垫。

子议题二:中国共产党在百年征程中是如何践行初心和使命的?

[议学活动二]

1.主题:榜样模范,高举旗帜。

2.任务:

(1)课前,以小组为单位搜集优秀共产党员的先进事迹,为其绘制海报。

(2)课堂上各小组选出代表进行展示。

(3)展示内容:优秀共产党员的姓名、先进事迹,自己的感悟等。

3.要求:突出主题,思路清晰;展示时间控制在2分钟以内。

[教师指导]大家展示得很有激情和感染力。以上我们只是展示了部分优秀共产党员的先进事迹,从中我们可以看到他们身上的共同之处——始终坚持以人民为中心,立党为公、执政为民。那么,什么是立党为公、执政为民呢?中国共产党如何坚持立党为公、执政为民呢?(教师引导学生集体回答并评价)。

设计意图:让学生在搜集优秀共产党员事迹的过程中受到思想上的洗礼,感受到每一位党员都是先锋、是旗帜,是我们学习的榜样。通过展示、挖掘焦裕禄、邓稼先、钟南山、张桂梅等优秀共产党员身上的共性,深化学生对党的根本立场和执政理念的理解,激发学生自觉向党组织靠拢的热情,从而达成教学目标2。

[议学活动三]

1.主题:聚焦现实,辩论并分析。

2.任务:

(1)开展一场辩论赛。

(2)辩题:我们正处在实现中华民族伟大复兴的关键时期,是否还需要有为民牺牲的精神。

正方:仍然需要为民牺牲的精神;反方:不再需要为民牺牲的精神。

(3)成员分工(略)。

3.要求:立意明确,逻辑清晰;辩论时间控制在8分钟以内;辩论中不得打扰对方或本方辩手发言,不得进行人身攻击。

[教师指导]尽管我们已经生活在实现中华民族伟大复兴的关键时期,但是仍然需要为民牺牲的精神。在不同的时代,为民牺牲精神的表现不同:在革命战争年代,牺牲的是自己的生命;在如今相对和平的时代,牺牲的或是和家人团圆的时间,或是个人的利益等。

设计意图:引导学生通过辨析式的学习路径,理性面对不同论点,自主辨识和分析、思想交锋、深化理解、作出判断、激活课堂,最后通过教师合理的引导,实现正确有效的价值引领,培养学生的政治认同和科学精神,从而达成教学目标3。

环节三:续初心,奋进强国路

[教师活动]运用多媒体设备展示自1978年实行改革开放以来,我国社会主义现代化建设的时间表和路线图。

教师提问:随着时间的推进,我国社会主义现代化建设路线图有什么变化?

设计意图:通过思考回答,让学生感受在中国共产党的坚强领导下,人民的生活正在不断改善,寓价值引导于知识传授之中,为进入子议题三的学习做好铺垫。

子议题三:新时代,中国共产党如何赓续初心和使命?

[议学活动四]

1.主题:请党放心,强国有我。

2.任务:

(1)课前,请学生采访自己的家人或朋友,记录下他们对未来的期盼。

(2)畅想21世纪中叶自己的愿景,并谈谈在党的光辉指引下自己将如何前行。

3.要求:突出主题,思路清晰;展示时间控制在2分钟以内。

[教师指导]大家的共同愿景折射出了什么呢?(引导学生回答)是的,折射出了对未来美好生活的向往。其实,人民对美好生活的向往,就是我们党的奋斗目标。以上就是本节课要探讨的议题。本节课我们学到了什么呢?从事例当中,学习了中国共产党的初心和使命、根本立场、性质、宗旨、执政理念和奋斗目标等;从理论层面,理解了中国共产党为什么能在百年历程中砥砺奋斗,带领中国人民站起来、富起来、强起来。

设计意图:本活动具有开放性,鼓励学生分领域交流分享,有利于学生内化和应用知识,培养发散性思维能力,激发学生参与政治的热情,自觉响应党的号召,做有时代担当的青年,从而达成教学目标4。

[教师活动]播放视频《请党放心、强国有我!共青团员和少先队员代表集体致献词》。

[学生活动]集体宣誓:"请党放心,强国有我!"

[教师小结]胜利来之不易,需要后继有人。青少年学生要始终以习近平总书记提出和阐释的"红船精神"为鞭策,内化于心,外化于行,听党话、跟党走、报党恩,努力成为担当民族复兴大任的时代新人,为实现中华民族伟大复兴的中国梦贡献力量!

设计意图:通过集体宣誓,使学生更加明确中国共产党始终坚持以人民为中心,坚定学生为国奉献、为民尽责的理想信念和家国情怀,从而使思想政治学科核心素养真正在课堂中落地。

六、作业设计

1.基础作业:请编辑一条微信朋友圈,以"不忘初心,永葆本色"为主题,结合本课感悟和身边的优秀共产党员的先进事迹,表白中国共产党,表达对党的热爱和永远跟党走的决心。(要求:字数10字以内;有图片或视频)

2.实践作业:通过走访基层党组织(社区党委、村党委等),了解基层党组织的日常工作和职责。撰写调查报告,通过实例说明中国共产党是如何坚持以人民为中心的。(要求:字数30字左右;拍照上传至班级政治作业群)

设计意图:根据学情设置不同类型的作业,把握作业的育人功能。通过编辑朋友圈、参加社会实践活动、撰写调查报告等形式,提高学生的积极性,激发学生拥护中国共产党的热情,培养学生政治认同和公共参与的学科核心素养。

七、教学反思

本节课紧扣新课标,准确把握"始终坚持以人民为中心"内容的深度和广度,以"革命精神"为切入口,让学生了解党史,鉴往知来,引导学生关注时代、关注社会、关注国家、关注人民,激发学生学习兴趣,改变过去将知识灌输和技能传授等同于学生成长的价值追求。本课以"中国共产党为什么能"为总议题,通过展开"问题情境—议学活动—评价任务"的议题式教学,摆脱了知识的"碎片化",实现了学科内容的结构化,在潜移默化中引导学生提升学科核心素养。

本节课是大概念统领下的单元整体教学,如何深刻把握历史逻辑、理论逻辑与实践逻辑的辩证统一上仍有提升空间。可以通过将社会实践成果与学科知识建立更加紧密、更有价值的联系,从而提高教学目标的达成度。

[讨论与交流]结合郭伟伟老师的教学设计案例,说说高中思想政治课教学设计应如何体现课程任务。

本讲小结

作为落实立德树人根本任务的关键课程,中学思想政治课在我国社会发展和学校教育中居于重要的特殊地位,表现在它是我国中学社会主义性质的基本标志、社会主义精神文明建设的重要阵地、学校德育工作的主渠道、中学生必修的国家课程等。这就决定了新时代我国中学思想政治课具有社会功能、育人功能、文化功能等。中学思想政治课要担负起为学生终身发展奠基的使命和导向的任务,正确处理学科知识与正确价值观、必备品格、关键能力之间的关系。

课后思考

1.如何认识中学思想政治课的特殊地位?

2.准确把握中学思想政治课的作用,既要反对"无用论",也要反对"万能论"。请你谈谈对此观点的看法。

3.从立德树人的角度谈谈中学思想政治课的主要功能。

第二讲　课后思考
参考答案

资源拓展

[1]韩震,朱明光.普通高中思想政治课程标准解读[M].北京:高等教育出版社,2020.

[2]韩震,万俊人.义务教育道德与法治课程标准(2022版)解读[M].北京:高等教育出版社,2022.

[3]高青兰,张建文,郑瑜.中学思想政治课教学论[M].北京:人民出版社,2013.

[4]张良.核心素养为何是必备品格与关键能力:基础教育改革中的核心素养观的反思与重建[J].南京社会科学,2021(5):154-160.

[5]余飞.基于思想政治学科核心素养导向的高中生必备品格培养策略研究[D].海口:海南师范大学,2018.

第二讲　教学课件

第三讲

中学思想政治课程理念与目标

课程理念和课程目标是课程教学设计与实施必须回答的重要问题。课程理念是回答课程设计的依据和遵循,是制约课程建设的灵魂,支配着课程目标、课程实施、课程评价等实践问题;课程目标是课程育人价值的重要体现,规定着课程内容、教学方法、课程实施与评价的实践路向。因此,全面而准确地认识和把握中学思想政治课的理念和课程目标,是中学思想政治课教学设计与实施的必要前提。

学习要点

1.课程理念和课程目标的概念。

2.初中道德与法治课的课程理念与课程目标。

3.高中思想政治课的课程理念与课程目标。

课程理念和课程目标是课程教学设计与实施必须回答的重要问题。课程理念是回答课程设计的依据和遵循,是制约课程建设的灵魂,支配着课程目标、课程实施、课程评价等实践问题;课程目标是课程育人价值的重要体现,规定着课程内容、教学方法、课程实施与评价的实践路向。因此,探讨中学思想政治课的理念和课程目标,对于有效开展中学思想政治教学设计与实施具有重要的意义。

一、中学思想政治的课程理念

理念,在哲学和思想领域通常被理解为"理性概念",是强调对目标、原则、方法等的认定和追求。课程理念,是对课程设计的顶层思考,是对开设这门课程整体上的期许,也是课程设计的理由、依据和遵循。新时代,中学思想政治课的基本理念是基于学生核心素养或学科核心素养的理论描述,核心素养本位是中学思想政治课程设计的总原则。

(一)初中道德与法治的基本理念

《义务教育道德与法治课程标准(2022年版)》明确了新时代初中道德与法治课程理

念,分别从课程功能、课程结构、课程内容、课程实施、课程评价等五个方面提出了课程追求。

1.课程功能:以立德树人为根本任务,发挥课程的思想引领作用

道德与法治课程以马克思列宁主义、毛泽东思想、邓小平理论、"三个代表"重要思想、科学发展观、习近平新时代中国特色社会主义思想为指导,引导学生理解用马克思主义的立场、观点、方法观察时代、把握时代、引领时代的意义,形成正确的世界观、人生观、价值观,践行和弘扬社会主义核心价值观,坚定理想信念,厚植爱国主义情怀,增进对伟大祖国、中华民族、中华文化、中国共产党、中国特色社会主义的高度认同,把爱国情、强国志、报国行自觉融入坚持和发展中国特色社会主义事业、建设社会主义现代化强国、实现中华民族伟大复兴的奋斗之中。坚持道德与法治课程的思想引领与价值引领,着力引导学生用理想之光照亮奋斗之路、用信仰之力开创美好未来,发挥道德与法治课程在落实立德树人根本任务中的关键作用。

道德与法治课程的这一理念是由该课程的性质、地位与作用所决定的。道德与法治不是学生的生活课程,也不是社会课程,而是思政课程,是落实立德树人任务的关键课程。这就从根本上决定了本课程的特殊功能是铸魂育人,关键要解决培养什么人、怎样培养人、为谁培养人等根本问题,进而决定了本课程内容的选择要凸显对思想与价值的引领功能。

2.课程结构:遵循育人规律和学生成长规律,强化课程一体化设计

道德与法治课程以"成长中的我"为原点,将学生不断扩大的生活和交往范围作为建构课程的基础;遵循学生身心发展特点和成长规律,按照大中小学德育一体化的思路,依据我与自身,我与自然、家庭、他人、社会,我与国家和人类文明关系的逻辑,以螺旋式上升的方式组织和呈现教育主题,强化课程设计的整体性。

由此可以看出,道德与法治课程一体化设计的依据是育人规律和学生成长规律。为此,本课程以"成长中的我"为原点,以"成长中的我"及其关系为主线,以学生的生活为基础,以螺旋式上升而非直线式上升的方式,组织和呈现教育主题,形成学段之间纵向衔接,学科之间横向配合,教育内容逐层推进的一致性连贯体系。

3.课程内容:以社会发展和学生生活为基础,构建综合性课程

道德与法治课程立足于发展学生核心素养,以引导学生学习和掌握道德与法治的基本规范,提升学生思想政治素质、道德修养、法治素养和人格修养为主旨,坚持学科逻辑与生活逻辑相统一、主题学习与学生生活相结合。内容选择体现社会发展要求,特别是中国特色社会主义新时代对道德与法治教育提出的新要求,突出中华民族传统美德、革命传统和法治教育,有机整合社会主义先进文化教育、革命文化教育、中华优秀传统文化教育、国家安全教育、生命安全与健康教育、劳动教育等相关主题。以学生的真实生活为基础,增强内容的针对性和现实性,突出问题导向,正视关注度高、涉及面广的问题,引导学生发现问题、分析问题、解决问题,提升道德理解力和判断力,强化规则、纪律、秩序、诚信、团结合作、冲突解决等教育。

从这一理念可以看出,本课程的内容聚焦发展核心素养。为此,该课程内容设置上改变以学科知识为线索组织知识的"知识德育课程"的做法,坚持以生活德育为指导,以学生生活为核心和基础组织课程内容,实现从学科逻辑、学科课程到生活逻辑、活动型综合课程的转换,可以有效解决学生德育发展中知行分离、知行不一的问题。

4.课程实施:坚持教师价值引导和学生主体建构相统一,建立校内与校外相结合的育人机制

道德与法治课程教学遵循道德修养和法治素养的形成规律,坚持教师主导与学生主体相统一。发挥教师主导作用,晓之以理、动之以情、导之以行,做到价值性和知识性相统一、灌输性和启发性相统一;突出学生主体地位,充分考虑学生的生活经验,通过设置议题,创设多样化的学习情境,引导学生开展自主、合作的实践探究和体验活动,帮助学生形成正确的价值观,涵养必备品格、增强规则意识、发展社会情感、提升关键能力,使他们在感悟生活中认识社会、学会做事、学会做人,把道德与法治教育的方向引领和学生发展有机统一起来。坚持校内教育和校外教育相结合,引导学生走出课堂、走出校园,积极参与社会实践活动,把知识运用于社会,服务于人民,强化学生的社会责任感,提高他们的实践创新能力。

由此可以看出,道德与法治课程在认识和处理教师与学生在教学过程中的地位与关系上,坚持教师主导与学生主体相统一。这是基于对传统的教师中心论和现代的学生中心论的反思,也是基于道德与法治具有鲜明的政治性与思想性的内在要求,而做出的选择与定位。思政课教师是社会的代言人,是思政课专业人员,必须坚守和传递正确的价值导向,引导学生坚持正确的政治方向,认同社会主义核心价值观,不能忽视道德与法治的知识性与价值性,不能否定必要的灌输,但是要发挥学生主体性,注重启发性,坚持校内教育和校外教育相结合。

5.教学评价:综合运用多种评价方式,促进知行合一

道德与法治课程评价要围绕发展学生核心素养,发挥评价的引导作用,改进结果评价、强化过程评价、探索增值评价。结果评价要全面关注知识、情感和行为的发展,关注学生在学校、家庭和社会生活中的日常品行表现。过程评价要更加关注发挥评价的激励和改进功能。增值评价要关注学生思想品行的发展和进步,注重对学生的激励。坚持学生自我评价、教师评价、同伴评价、家长评价和社区评价相结合,借助信息技术探索和优化纸笔测试、学生成长记录袋、日常行为表现记录卡等定性和定量多种评价方式,提升道德与法治课程评价的科学性、专业性、客观性。

由此可见,道德与法治课程倡导以核心素养为导向,旨在通过发展性评价促进学生核心素养的提升。为了解决道德与法治课程出现的难题——"不考试就不重视",一考试就变成"应试德育",进而背离课程目标。本课程淡化基于甄别与选拔的终结性评价,不把学生的考试成就作为唯一尺度,强调过程性评价,注重把课程评价与学生的日常表现结合起来,将学生日常行为表现纳入课程评价,把道德与法治由"一门课"转变为"一育课",促进学生学以致用、知行合一。为此,本课程进一步提出,要改进结果评价,强化过程评价,探索增值评价,坚持评价主体与评价方法的多元化。

案例 3-1 "探问人生目标"教学过程设计

一、导入环节

展示图片:"淡人"。

教师提问:

1.你知道的"淡人"语录有哪些?

2.请你描述"淡人"的"淡淡综合征"的症状并分析其病因。

学生:症状表现为"对什么都感兴趣""对什么都不在乎"等。病因是"没有人生追求""没有人生目标"等。

教师:我们真的了解人生目标吗?究竟什么是人生目标?要探究这些问题,请进入今天的课堂学习:探究人生目标。

【设计意图】从"淡淡综合征"引出"没有人生目标"是"淡淡综合征"的病因。通过揭示当代社会年轻人的心理状态问题及其原因,为共同寻找解决方案埋下伏笔。

二、新课讲授

情境:播放赶花视频。

【一问】你真的有人生目标吗?

探究活动:结合赶花视频与农民伯伯的事迹,我们应如何定义人生目标?

提示:(1)人和动物的区别。

(2)社会实践与空想对比。

(3)对美好未来的追求和向往。

【总结】人是有意识的、有目的的,人能够在社会实践中产生对未来的向往和追求。

【设计意图】本问通过富有启发性和感染力的方式,引导学生深入思考生命的意义、定义并追求自己的人生目标,同时强调行动、坚持和创造的重要性。

【二问】一定要有人生目标吗?

小组活动:参照苏轼仕途轨迹图和袁隆平的人生经历表格,绘制出袁隆平的人生轨迹图。

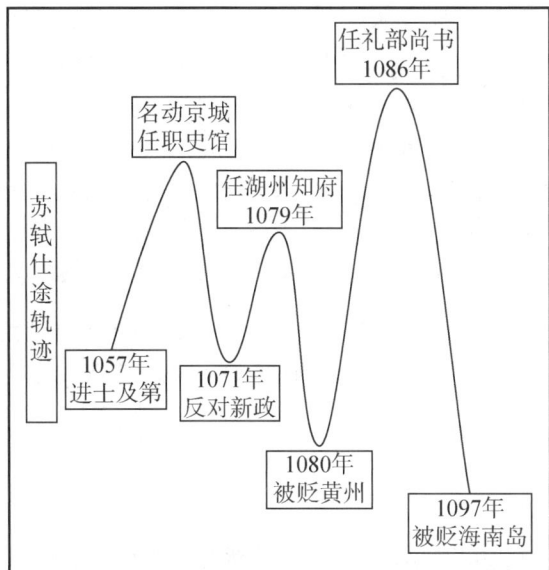

	年份	经历
①	1951年	怀揣"参军报国梦",参加空军飞行员选拔,后未能如愿
②	1953年	毕业于西南农学院,到湖南农校任教
③	1959年	遭遇三年困难时期,人们面临粮食短缺和饥饿的威胁,他立志解决粮食增产问题
④	1966年	发表第一篇论文《水稻的雄性不孕性》,水稻研究受到国家重视与支持
⑤	1968年	珍贵的700多株秧苗插在农校试验田里,却被人全部毁坏
⑥	1973年	袁隆平攻克"制种关",育成杂交水稻,次年推广

【设计意图】袁隆平先生以他的实际行动诠释了什么是坚持梦想、勇于创新和无私奉献。他的故事激励着学生们珍惜时光、努力学习、勇敢追梦。通过绘制袁隆平人生轨迹图的活动,同学们不仅能够深入了解这位伟大科学家的生平事迹和卓越贡献,而且可以在具体而生动的案例中深刻体会到树立人生目标的重要性。

情境:播放返乡新农人创业的视频。

【三问】如何向人生目标迈进?

视频中新农人的烦恼:村民并不愿意把橙子交给他们销售;安远县产品单一、橙子运输损耗大;安远县经常停电,购买物资要去很远的地方;如果资金链短缺,难以为继;自己岁数大了,女朋友催着要结婚。

小组活动:返乡之我是新农人。

活动内容:假如我是返乡新农人,面临这么多现实困境,在实现人生目标的过程中,应如何破解这些烦恼?

【设计意图】通过"返乡之我是新农人,我该如何规划长远目标和近期目标"的议题,引导同学们认识到,返乡青年应明确发展方向,制订合理规划,提升综合能力,促进经验交流,激发创业热情,并最终为乡村振兴贡献力量。

(本设计案例由湖州师范学院附属安定中学罗懿老师提供)

[讨论与交流]结合罗老师探究教学案例,谈谈这一教学设计是如何体现道德与法治课程理念的。

(二)普通高中思想政治课的基本理念

《普通高中思想政治课程标准(2017年版2020年修订)》明确了新时代高中思想政治课程的基本理念,分别从课程内容和目标、课程设计、课程实施、课程评价等四个方面提出了课程追求。

1.课程内容和目标:坚持正确的思想政治方向

本课程坚持理论与实践相结合的原则,对学生进行马克思主义基本理论教育,用习近平新时代中国特色社会主义思想铸魂育人,培养德智体美劳全面发展的社会主义建设者和接班人,使学生理解马克思主义中国化时代化就是把马克思主义基本原理同中国具体实际相结合、同中华优秀传统文化相结合的过程,习近平新时代中国特色社会主义思想是马克思主义中国化时代化的最新成果。

面对当前社会变革和实践创新中的新挑战、新问题,要用历史的眼光、国情的眼光、辩证的眼光、文化的眼光和国际的眼光,引领学生通过观察、辨析、反思和实践,真学真懂真信真用马克思主义,在人生成长的道路上把握正确的思想政治方向。

课程内容和目标是由课程的性质、地位与作用决定的。高中思想政治课是落实立德树人的关键课程,这就决定了课程内容具有鲜明的政治性、思想性,要运用马克思主义基本理论教育学生,用习近平新时代中国特色社会主义思想铸魂育人,培养德智体美劳全面发展的社会主义建设者和接班人。这是关系到培养什么人、怎样培养人、为谁培养人的根本问题。

2.课程设计:构建以培育思想政治学科核心素养为主导的活动型学科课程

本课程力求构建学科逻辑与实践逻辑、理论知识与生活关切相结合的活动型学科课程。学科内容采取思维活动和社会实践活动等方式呈现,即通过一系列活动及其结构化设计,实现"课程内容活动化""活动内容课程化"。本课程关注思想政治学科核心素养的培育,坚持教育与生产劳动和社会实践相结合,着眼于学生的真实生活和长远发展,使理论观点与生活经验、劳动经历有机结合,让学生在社会实践活动的历练中、在自主辨析的思考中感悟真理的力量,自觉践行社会主义核心价值观。

打造活动型学科课程是高中思想政治课程改革独有的特色,也是"专享"的标志性概念。这是实现课程目标的客观要求,也是思想政治课程发展趋势的必然选择,可以说是因势而谋、应势而动、顺势而为、乘势而上的。活动型学科课程不同于通常课程论表述的学科课程与活动课程(经验课程)的界说,不是这两类课程的拼凑,而是这两类课程的融合,既具有活动课程尊重学生主体地位的特点,又具有学科课程尊重学科素养的特点。但是,从课程类型的划分来看,高中思想政治课仍属于学科课程,活动设计不具有课程内容的意义,它只是学科内容的载体,是可选择的、可调整的、不确定的。也就是说,"活动型"是学科课程依赖活动实施的新类型。

3.课程实施:尊重学生身心发展规律,改进教学方式

本课程针对高中学生思想活动和行为方式的多样性、可塑性,着力改进教学方式和学习方式。在课程实施中,要充分利用现代信息技术,拓展教育资源和教育空间;要通过议题的引入、引导和讨论,推动教师转变教学方式,使教学在师生互动、开放民主的氛围中进行;要通过问题情境的创设和社会实践活动的参与,促进学生转变学习方式,在合作学习和探究学习的过程中,培养创新精神,提高实践能力。

高中思想政治课程的教学实施要尊重德育规律,以发展学生核心素养为目标,体现活动型学科课程的特点,力求将学业质量标准转化为具体的教学要求,以体现教学与评价的一致性。在教学实施中,要运用多种方式、方法,引导学生自主学习、合作学习和探究学习。比如,要以议题为纽带,创设和优化情境、案例,开展活动设计,选择辨析式学习路径,采用综合性教学方式等。

4.课程评价:建立促进学生思想政治学科核心素养发展的评价机制

本课程紧紧围绕思想政治学科核心素养的形成与发展,建立激励学生不断进步的发展性评价机制。要注重学生学习、劳动和社会实践活动的行为表现,采用多种评价方式,综合评价学生的理论思维能力、政治认同度、价值判断力、法治素养和社会参与能力等,全面反映学生思想政治学科核心素养的发展状况。

高中思想政治课程要着眼于促进学生学科核心素养的形成和发展。在课程评价设计与实施中,要针对综合性活动型学科课程的特点与要求,特别重视活动型学科课程的评价、辨析式教学的评价、案例教学的评价以及社会实践的评价,构建学科任务导向型思想政治学科核心素养评价体系。

资料卡 3-1　思政课改革创新的"八个相统一"[①]

推动思想政治理论课改革创新,要不断增强思政课的思想性、理论性和亲和力、针对

---

① 习近平:用新时代中国特色社会主义思想铸魂育人　贯彻党的教育方针落实立德树人根本任务　王沪宁出席[N].人民日报,2019-03-19(1).

性。要坚持政治性和学理性相统一;坚持价值性和知识性相统一;坚持建设性和批判性相统一;坚持理论性和实践性相统一;坚持统一性和多样性相统一;坚持主导性和主体性相统一;坚持灌输性和启发性相统一;坚持显性教育和隐性教育相统一。

案例3-2 "坚持人民民主专政"的教学过程设计①

主议题:民主的考题 中国的答案

教师开场:各位同学大家好,今天这节课,让我们一起来探究"民主"。面对民主的这道考题,中国给出了怎样的答案?

导入新课:展示延安窑洞的照片。

教师过渡:首先,请同学们看一下这幅照片,你知道这是哪个地方吗? 我听到有同学说这是延安。具体来说,这里是延安杨家岭,毛泽东旧居。1945年在这里诞生了一场著名的对谈,史称"窑洞对"。黄炎培向毛泽东抛出这样一个问题,中国共产党将带领中国如何跳出历史周期率? 这是黄老给毛泽东出的一道考题,也是时代给中国出的一道考题。对于这个问题,毛泽东是这样回答的:我们已经找到新路,我们能跳出这周期率,这条新路,就是民主。那么我们将建设一个什么样的民主国家呢?

设计意图:开场让学生辨认照片,能够让学生快速地参与到课堂中来,同时又能聚焦到本节课的探究主题,自然引出子议题1;并带领学生回到历史中,明晰在1945年"窑洞对"时,中国共产党的先辈已经在思考民主之路、探索建设民主国家了。

子议题1:【出卷】如何跳出历史周期率?

议学情境1:国徽设计向全国征稿,要求是:(甲)中国特征;(乙)政权特征;(丙)形式须庄严富丽。(图略)

议学活动1:

1.辨一辨:以上国徽设计方案,哪一个被确定并沿用下来?

2.想一想:结合征集要求,为什么这个设计最终能够胜选?

教师归纳提升:国徽是国家的象征。从这枚庄严的国徽中,我们能够更加鲜活地认识我国的国体。我国的国体是人民民主专政的社会主义国家,它在我国的社会主义制度中具有根本性的意义。我国国体的本质是人民当家作主。

设计意图:国徽是国家的象征。同学们在结合当时国徽的征集要求、辨析比较四个方案的过程中,可以更加形象地理解我国的国体。作为本节课的第一个议学活动,任务难度不高,通过降低学生参与课堂活动的门槛激发学生的参与热情,同时考查学生的辨析能力与表达能力,增强学生对我国国体的了解与认同。

教师过渡:因此,人民民主在这里成为中国民主的题中之义。既然我们是人民当家作主的国家,接下来,让我们一起探究人民是怎样当家作主的。

子议题2:【答卷】我们怎样当家作主?

议学情境2.1:展示2023年玉环市人民政府市长杜年胜给全体玉环市民发的一封信,

---

① 俞珊,黄宏亮."民主的考题 中国的答案"教学设计[J].思想政治课教学,2024(5):69-72.

征集玉环2024年民生实事项目。给出项目征集的要求,同时列举三个项目作为参考:一是聚焦网络餐饮外卖健康,保障舌尖上的安全;二是谋划停车系统升级,解决交通拥堵及群众停车难问题;三是完善老年食堂建设,提升养老服务供给能力。

活动任务2.1:撰写并票选2024年你最希望得到解决的民生实事项目。(要求:小组交流合作,限时3分钟,选择或者撰写1个你们小组最想解决的民生实事项目并选出代表进行发言并说明理由。各组发言完毕后,全体举手投票,按照少数服从多数的原则,选出1个全班最想解决的2024年玉环民生实事项目。)

教师过渡:经过同学们慎重的投票,我们按照少数服从多数的原则确定了本班最想解决的民生实事项目是玉环的噪声问题。接下来,我们将就这个项目来策划召开一场"民主恳谈会"。同学们知道什么是民主恳谈会吗? 它发源于哪里? 不错,民主恳谈会的发源地就在我们台州温岭松门镇。它是一种对话的形式,举办的主体是基层政府,参加的主体是公众及各阶层群众等利益群体。群众自愿参加,形式和内容多样。那么接下来,请四个大组的同学分别从议事主题、参与主体、时间地点和议事焦点等方面进行讨论协商,并将协商结果贴在黑板上。

议学情境2.2:策划召开"民主恳谈会"

策划方案	
议事主题	
参与主体	
时间地点	
搜集信息	相关法规政策、国内外类似经验、专家意见
议事焦点	

活动任务2.2:请就任务1环节确定的民生实事项目商讨完成以上的策划方案。(要求:小组交流合作,限时3分钟,每组确定主持人、填写人各1名,完成策划。)

教师过渡:经过大家的充分协商,我们确定了这次民主恳谈会的策划方案。那么接下来请各小组的组长上来抽取一个角色。请各小组成员模拟抽到的角色,就议事的焦点问题,从角色出发讨论协商,选出代表汇总建议并进行发言。

议学情境2.3:召开"玉"你连心民主恳谈会

活动任务2.3:

(1)教师作为恳谈会主持人,模拟基层党代表;政治课代表作为会议记录人;

(2)各小组根据抽签确定会议角色,限时讨论2分钟,形成组内合意;

(3)每组派1名代表发言,限时1分钟,就议事主题发表建议;

(4)各组自由发言,提出不同意见或改进建议。

教师过渡:同学们,由于时间关系,我们这次的民主恳谈会就到这里。我想请课代表把刚才同学们就生活噪声管控的建议整理好后邮寄至玉环市人民政府办公室综合一科。也许2024年玉环十大民生实事项目中就有今天我们讨论的这个项目。接下来,我想采访一下同学,通过刚刚的亲身体验,你对我国的民主又有了哪些新的认识?

教师归纳提升:正如同学们所言,我国社会主义民主是全过程人民民主,是最广泛、最真实、最管用的民主。在同学们的亲身体验中,我们更加深切地感受到了,我国的民主是最广泛的,民主权利和参与主体都很广泛;我国的民主是最真实的,我国既有完整的参与实践,又有完整的制度程序;我国的民主又是最管用的,是用来解决人民真正需要解决的问题的。因此,全过程人民民主是社会主义民主政治的本质属性,是一种新型民主。

设计意图:答卷篇是本节课的重难点知识,因此在这个篇目里,围绕一个主活动设计三个序列化的任务,让学生在沉浸式参与中体验、理解全过程人民民主。第一个活动,学生通过投票按照少数服从多数原则确定班级的民生实事项目,从而真实地体验和理解民主最朴素的含义。第二个活动,策划民主恳谈会,让学生真切地体会全过程人民民主最广泛、最真实等特点。第三个活动,召开民主恳谈会,让学生在公共参与中理解全过程人民民主是最管用的,是高效作为的,是党的主张、国家意志和人民意愿的紧密结合。最后在全员沉浸式参与后,教师提醒学生可将本次讨论的议题和建议投递到政府部门,这本身就是真实的民主体验和参与,让学生既生动又深度地参与到全过程人民民主的实践中,从而加深对我国民主的真切认同。

教师过渡:既然我国的民主是一种新型的民主。那么,我们不禁要思考为什么我国没有选择已有的民主形式?我们选择的民主道路是否适合我们,到底由谁说了算?

子议题3:【阅卷】为什么选择人民民主?

议学情境3:美国式民主和中国式民主对比的一段视频。

议学活动3:面对民主之问,中国为什么选择了人民民主?

教师归纳提升:正如习近平总书记所说:"中国有960多万平方公里土地、56个民族,我们能照谁的模式办?谁又能指手画脚告诉我们该怎么办?"[①]"橘生淮南则为橘,生于淮北则为枳"。我们需要借鉴国外政治文明有益成果,但绝不能放弃中国政治制度的根本。2022年10月27日,党的二十大闭幕后,习近平总书记国内视察的首站就是延安,在"窑洞对"诞生的地方,他带来了党的二十大报告对于民主的最新解读:发展全过程人民民主是中国式现代化的本质要求。

设计意图:这个篇目通过一段简短的视频让学生进一步思考为什么中国选择了人民民主而不是西式民主。学生在历史和空间的对比中感知到我国民主道路的选择、国家性质的确定是基于我国的国情、我国的社会主义制度,它是生长在我国的土壤上的。此外,习近平总书记在党的二十大后首站访问就到了延安毛泽东旧居,也让学生体会到中国共产党对于民主的传承、坚守和发展。最后以一段排比的结语梳理了中国式民主发展的历程,让学生从情感和素养上达到对中国式民主的真正认同。

教师总结:今天,当我们在梳理中国式民主发展脉络的时候,我们感受到,在"窑洞对"里,民主是个梦,人们不断寻找着通往梦想的那条路。在时代进程中,民主是道题,我们既是答卷人,也是阅卷人。在现实生活里,民主是种力量,她就在我们身边,充盈在每个人的心里。

[教学反思]

"人民民主专政的本质:人民当家作主"这节课,是了解我国政治生活的一个基础,具

---

① 习近平.在庆祝全国人民代表大会成立六十周年大会上的讲话[J].求是,2019(18):4-15.

有很强的理论性。因此在议题式活动型教学设计中,如何选择贴合的议题、设计适宜的活动、进行时空的比较,是教师需要着重去思考的。本节课力图破解这三个问题,让学生充分感受到思想政治课既是生动的又是有深度的。

1.选择贴合的议题,搭建逻辑链条。本节课分成两目,第一目是我国的国体,第二目是全过程人民民主。这两目之间的逻辑链并不是非常紧凑。因此在这节课的设计中,我通过确立"民主的考题　中国的答案"这个主议题,并化用了"时代是出卷人,我们是答卷人,人民是阅卷人"这句话设立了"出卷—答卷—阅卷"这三个环环相扣的子议题。由此,三个子议题围绕主议题,形成了严密的逻辑链。

2.设计适宜的活动,突破重点难点。本节课的重难点是非常鲜明的,那就是全过程人民民主,在全过程人民民主的知识内容中,还要进一步理解和区分最真实、最广泛、最管用这三个民主的特点,并理解协商民主是我国民主的独特形式和特有优势。因此在这个部分围绕"2024年玉环民生实事项目征集"设计了三个前后关联的活动任务,层层递进,让学生在真实的民主参与中深刻体会全过程人民民主的特点和内涵。

3.通过时空的比较,落实核心素养。这节课从1945年的"窑洞对"入手,让学生在历史情境中跟随中国共产党的先辈一起思考,中国应该如何跳出历史周期率;从国徽的征集方案中更加深刻地感知我国的国体;从2024年玉环民生实事项目的征集中深刻感知当下我国全过程人民民主的生动内涵;最后在中西比较中真正认同中国人民民主选择的正确性。如果说活动的设计让学生感受到政治课是生动的,那么通过历史脉络的梳理和中外民主的比较,学生会充分感受到政治课是有深度的,从而更好地提升核心素养。

[**专家点评**](黄宏亮,浙江省杭州第二中学,中学高级教师)

这是俞珊老师在2023年浙江省高中思想政治学科教学活动评审及观摩活动中的一堂公开课,这堂课也荣获了浙江省高中思想政治学科优质课评比一等奖第一名。俞老师的这节课逻辑线清晰,通过历史脉络的梳理、中外情境的对比、序列化活动的推进等,让学生在时空的比较和活动参与中更深刻地感受、体验、认同我国的人民民主,对活动型学科课程的教学实施具有诸多的借鉴意义。

一是精准定向,议题环环相扣织密逻辑链条。本框的框题为"人民民主专政的本质:人民当家作主","民主"两字正是本框题眼所在。俞老师在教学中紧紧抓牢"民主"两字关键,从议题着手,做到"议"之有效、"研"之有理、逻辑严密、环环相扣。首先是总议题"民主的考题　中国的答案",既大气又贴切,凸显政治味、中国味。其次是用"时代是出卷人,我们是答卷人,人民是阅卷人"命题,设计三个子议题,逻辑线清晰严密,学生在三问三答中顺理成章地梳理出"民主—人民民主—全过程人民民主"的中国式民主发展脉络。

二是精准切题,活动层层递进突破重点难点。俞老师在课堂中准确把握"民主"这一主题主线,通过序列化的活动设计,将思想政治学科中的重难点知识巧妙融合。通过国徽设计方案征集比较这一真历史引导学生更加形象地理解国体,导入民生实事评选这一真背景来体会人民民主,构建民主恳谈会这一真情境让学生在身临其境中理解我国的全过程人民民主是最广泛、最真实、最管用的民主,把宏大的中国式民主与切身的民主参与有效对接。一个主议学活动,三个子任务,活动任务层层深入、自然延展,很好地实现了课程内容活动化和活动内容课程化的有机结合。整节课,启于窑洞、结于窑洞,前言和结语首尾呼应。

三是精准聚焦，教学步步为营落实核心素养。本节课，高中思想政治学科提出的政治认同、科学精神、公共参与等核心素养都得到了有效的落实。围绕落实核心素养的教学目标，设计了三个层次，即知识层—能力层—素养层，通过生成式活动设计，选用真情境，回答真问题，锻炼真能力，提供充分表达和解释的机会，让学生能够深度参与，充分体验活动型学科课堂的魅力。本节课，教师引导学生在自主策划和积极参与中逐步增强对中国式民主的认同，从而达成了厚植家国情怀、培育政治认同的素养目标。此外，教师在教学中注重评估学生解决情境问题的过程和结果，着力帮助学生落实思想政治学科的核心素养。

俞珊老师优质课

[讨论与交流]研习该教学案例过程，除了黄老师的点评外，请你从高中思想政治课程理念的角度谈谈俞珊老师这节议题式教学对于活动型学科课程教学设计与实施的借鉴意义。

二、中学思想政治的课程目标

课程目标是指课程本身要实现的具体目标与意图。它上接国家宏观育人目标，下连课堂教学目标。新时代，核心素养、学科核心素养是新课程的课程目标导向。中学思想政治的课程目标是培养学生通过学习中学思想政治课程逐步形成正确价值观、必备品格和关键能力。它是国家育人目标在课程中的具体体现，是学科育人价值的集中体现，是课程实施的总体方向与依据，直接影响和制约着课程内容选择、课程组织、课程实施、学业质量等的设计与实施。

资料卡3-2　泰勒原理或泰勒目标模式①

1943年，拉尔夫·泰勒（Ralph Tyler）出版《课程与教学的基本原理》一书，从此该书成为课程研究与开发领域的经典之作。在该书中，泰勒开宗明义地指出，开发任何课程和教学计划都必须回答四个基本问题：

第一，学校应该试图达到什么教育目标（What educational purposes should the school seek to attain）？

第二，提供什么教育体验最有可能达到这些目标（What educational experiences can be provided that are likely to attain these purposes）？

第三，怎样有效组织这些教育体验（How can these educational experiences be effectively organized）？

第四，我们如何确定这些目标正在得以实现（How can we determine whether these purposes are being attained）？

---

① 张华.课程与教学论[M].上海:上海教育出版社,2000:95-96.

这四个基本问题:确定教育目标、选择教育体验(学习经验)、组织教育体验、评价教育体验构成了著名的泰勒原理。

(一)中学思想政治课的学生核心素养、学科核心素养

初中道德与法治课程规定的学生核心素养和高中思想政治课程规定的学科核心素养是课程育人价值的体现,是知识与技能、过程与方法、情感态度与价值观的整合。

1.初中道德与法治课程的学生核心素养

初中道德与法治课程核心素养,是学生通过道德与法治学习而形成的正确价值观、必备品格和关键能力。《义务教育道德与法治课程标准(2022年版)》明确规定,道德与法治是综合课程,其核心素养包括政治认同、道德修养、法治观念、健全人格、责任意识等五个方面,并有其特定的内涵。

政治认同是指具备热爱伟大祖国、中华民族、中华文化、中国共产党、中国特色社会主义的情感,以及为中华民族伟大复兴而奋斗的志向,能够自觉践行和弘扬社会主义核心价值观。

道德修养是指养成良好的道德品质和行为习惯,把道德规范内化于心、外化于行。

法治观念是指树立宪法法律至上、法律面前人人平等、权利义务相统一的理念,使尊法学法守法用法成为人们的共同追求和自觉行为。

健全人格是指具备正确的自我认知、积极的思想品质和健康的生活态度。

责任意识是指具备承担责任的认知、态度和情感,并能转化为实际行动。

2.高中思想政治课的学科核心素养

高中思想政治学科核心素养,是学生通过高中思想政治学科学习而形成的正确价值观、必备品格和关键能力。《普通高中思想政治课程标准(2017年版2020年修订)》明确提出,普通高中思想政治课是综合性学科课程,学科核心素养主要包括政治认同、科学精神、法治意识和公共参与,并且有其特定的内涵。

我国公民的政治认同,就是拥护中国共产党的领导,坚持和发展中国特色社会主义,认同中华人民共和国、中华民族、中华文化,弘扬和践行社会主义核心价值观。

我国公民的科学精神,就是在认识世界和改造世界的过程中表现出来的一种精神取向,即坚持马克思主义的科学世界观和方法论,能够对个人成长、社会进步、国家发展和人类文明作出正确的价值判断和行为选择。

我国公民的法治意识,就是尊法学法守法用法,自觉参加社会主义法治国家建设。

我国公民的公共参与,就是有序参与公共事务,勇于承担社会责任,积极行使人民当家作主的政治权利。

值得注意的是,无论是初中道德与法治五个方面的核心素养,还是高中思想政治四个方面的学科核心素养,尽管它们各有独自的价值,但是它们在内容上相互交融,在逻辑上相互依存,要从总体上把握它们之间的相互关系和各自的独特价值。

(二)中学思想政治课程目标

1.初中道德与法治的课程目标

《义务教育道德与法治课程标准(2022版)》对课程目标采用一体化设计,依据核心素养的五个方面,确定课程的总目标,即在政治认同上,培养有立场、有理想的中国公民;在道德修养上,培养有道德、有品格的中国公民;在法治理念上,培养有自尊、守规则的中国公民;在健全人格上,培养有自信、求进取的中国公民;在责任意识上,培养有责任、有担当的中国公民。

同时,《义务教育道德与法治课程标准(2022版)》对课程目标分别设定了学段目标,其中,初中(7—9年级)的学科核心素养的课程目标有其特定的表述,见表3-1。

表3-1 核心素养在初中学段的具体表现

学段	政治认同	道德修养	法治观念	健全人格	责任意识
7—9年级	在政治、思想、理论、情感上认同伟大祖国、中华民族、中华文化、中国共产党、中国特色社会主义,主动践行和弘扬社会主义核心价值观,有强烈的民族自豪感,坚定理想信念,坚信马克思主义真理的力量,知道习近平新时代中国特色社会主义思想是当代中国马克思主义、二十一世纪马克思主义,是中华文化和中国精神的时代精华。初步树立共产主义远大理想和中国特色社会主义共同理想,有为实现中华民族伟大复兴中国梦而奋斗的志向	初步具备正确的道德判断和道德选择能力,自觉践行良好的个人品德、家庭美德和社会公德,理解"明大德、守公德、严私德",做一个文明的社会成员。形成诚实劳动的意识,初步了解职业道德规范,有做好未来建设者的志向	了解习近平法治思想的基本精神与核心要义。初步了解宪法主要内容,以及个人参与社会生活必备的基本法律常识,强化宪法法律至上、法律面前人人平等、权利与义务相统一和守法用法意识,初步树立公平正义、民主法治等观念,初步具备依法维护自身合法权益、参与社会生活的能力,具有生命安全意识和一定的自我保护能力	具有自立自强、理性平和、坚韧乐观的人格,懂得生命的价值和意义,能够主动调节和管理自己的情绪。能够与他人进行有效沟通,树立正确的合作与竞争观念,真诚、友善,具有互助精神。能够主动适应社会环境的变化,具备应对挫折的积极心理品质	关心公共事务,关心国家发展和前途命运,具备国家利益高于一切的观念。积极参与志愿者活动、社区服务活动,有社会责任感,勇于担当,有为人民服务的奉献精神。具有现代生态文明观,践行绿色生活方式,自觉保护环境。具备民主与法治意识,积极参与公共事务和民主实践

《义务教育道德与法治课程标准(2022版)》设置的学段目标,体现了进阶性,体现了学生的核心素养发展由低到高、由简单到复杂的螺旋上升的过程(见表3-2至表3-6)。[①]

---

① 韩震,万俊人.义务教育道德与法治课程标准(2022年版)解读[M].高等教育出版社,2022:96-98.此处有改动.

表3-2　政治认同核心素养中关于爱国的课程目标分析

学段	课程目标描述	目的	进阶特点
7—9年级	初步了解党史、新中国史、改革开放史、社会主义发展史，知道党的百年奋斗重大成就和历史经验，领悟伟大建党精神的内涵，能够以恰当的方式弘扬爱国主义精神，开展中国共产党人的精神谱系教育；了解我国决胜全面建成小康社会取得的决定性成就和全面建设社会主义现代化强国新征程；理解中国梦的内涵，树立为中华民族伟大复兴而奋斗的理想	让学生对爱国主义有深刻的理性认识和具体的实践行动，弘扬爱国主义精神	体现出对学生的要求，从情感启蒙和感知，到建立关系、理性认识，再到理性行动、建立情感、树立理想信念的逐步提升过程

表3-3　道德修养核心素养中关于日常生活中个人品德的课程目标分析

学段	课程目标描述	目的	进阶特点
7—9年级	形成健康、文明的生活方式，懂得生命的意义，热爱生活	让学生在理性认识和情感态度上，形成健康、文明的生活方式，懂得生命的意义，对生活充满热爱	体现出随着学生生活经验范围的扩展，其品德养成从个体行为习得到理性分析判断和情感能力不断加强的过程

表3-4　法治观念核心素养中关于守法意识和行为的课程目标分析

学段	课程目标描述	目的	进阶特点
7—9年级	了解以《中华人民共和国民法典》为代表的、与日常生活相关的法律，理解法律是实现和维护公平正义的基本途径	让学生更加深入了解法律规范的具体内容和作用，理性认识法律的价值，法律实现和维护公平正义的价值	体现出从规则到法律，从基本的守法用法意识到理性认识法律的价值，内容范围和抽象程度不断提高，对学生认知要求也逐步提高

表3-5　健全人格核心素养中关于准确认识自我的课程目标分析

学段	课程目标描述	目的	进阶特点
7—9年级	正确认识自己，能够自我反思，不断完善自我，保持乐观的态度，学会合作，树立团队意识	让学生在社会关系中进行自我反思，保持一种积极向上的心态	体现出由自我认识到自我调适、自我发展的进阶，对学生的要求越来越高

表3-6　责任意识核心素养中关于主人翁意识的课程目标分析

学段	课程目标描述	目的	进阶特点
7—9年级	关心社会,知道我国全过程人民民主制度的优越性,了解时政,主动参与社会公益活动和志愿活动;在团队合作互动中增强合作精神和领导力	让学生将责任意识拓展到更为复杂的社会活动和国家层面,与国家制度建立关联,自觉开展行动,并形成责任精神	体现出从对集体负责到对社会负责、对国家负责的进阶,是从个人和简单情境到更多层面、更复杂情境的责任要求进阶

2.高中思想政治的课程目标

《普通高中思想政治课程标准(2017年版2020年修订)》从政治认同、科学精神、法治意识和公共参与等学科核心素养方面规定了课程目标。也就是说,通过思想政治课程的学习,学生应该能够具有这四个方面的学科核心素养。

具有政治认同素养的学生,应能够:认同走中国特色社会主义道路是历史的必然,坚信中国特色社会主义是国家富强、民族振兴、人民幸福的根本保障,坚定中国特色社会主义道路自信、理论自信、制度自信、文化自信;拥护党的领导,领会中国特色社会主义最本质的特征是中国共产党领导,中国特色社会主义制度的最大优势是中国共产党领导,党是最高政治领导力量;明确社会主义核心价值观是公民最基本的价值标准,自觉践行社会主义核心价值观,树立共产主义远大理想和中国特色社会主义共同理想。

具有科学精神素养的学生,应能够:用马克思主义基本立场、观点和方法,观察事物、分析问题、解决矛盾;解放思想、实事求是,对经济、政治、文化、社会和生态文明建设的实践,作出科学的解释、正确的判断和合理的选择;感悟人生智慧,过有意义的生活;以锐意进取的态度和负责任的行动促进社会和谐。

具有法治意识素养的学生,应能够:理解法治是人类文明演进中逐步形成的先进的国家治理方式,全面依法治国是国家治理的一场深刻革命,明确建设社会主义法治国家的基本要求;树立宪法法律至上、法律面前人人平等的法治理念;懂得权利与义务的关系,养成依法办事、依法行使权利、依法履行义务的习惯;拥有法治使人共享尊严,让社会更和谐、生活更美好的认知和情感。

具有公共参与素养的学生,应能够:具有集体主义精神;遵循规则,有序参与公共事务;热心公益事业,践行公共道德,乐于为人民服务;积极参与民主选举、民主协商、民主决策、民主管理、民主监督的实践,体验人民当家作主的幸福感;具备善于对话协商、沟通合作、表达诉求和解决问题的能力,勇于担当社会责任。

资料卡 3-3　美国课程专家舒伯特课程目标取向的四种类型[①]

课程目标	含义	特点	举例
普遍性目标	基于经验、哲学观或伦理观，意识形态或社会政治需要而引出的一般教育宗旨或原则，将这些一般教育宗旨或原则，直接运用于课程领域，成为课程领域一般性、规范性的课程目标	普遍性、模糊性、规范性、指令性	培养德智体美劳全面发展的社会主义建设者和接班人
行为目标	以显性化、精确性、具体的、可操作的行为动词加以陈述的课程目标，它指明课程教学结束后学生身上所发生的行为变化	显性化、精确化、具体化和可操作性	认同走中国特色社会主义道路是历史的必然
生成性目标	在教育情境中随着教育过程的展开而自然生成的课程目标	过程性，非预设性、生成性	学生在课堂中提出了教师之前没有想到的问题，师生共同解决新的问题
表现性目标	每一个学生在具体教育情境的各种相互作用中产生的个性化表现	开放性、差异性和创造性	教师在教授《少年闰土》一课时，请学生分享自己喜欢的自然段，并说明理由

　　需要强调的是，新时代初中道德与法治和普通高中思想政治依托核心素养、学科核心素养阐述课程目标的新模式，并没有否定之前的"三维目标"，这里的每个核心素养、学科核心素养都涉及知识与技能、过程与方法、情感态度与价值观这三个不可分割的维度，从"三维并举"到"三维一体"，表明新课程更加注重"三维目标"整体推进的取向。

本讲小结

　　新时代，初中道德与法治分别从课程功能、课程结构、课程内容、课程实施、课程评价等五个方面提出课程理念的追求，普通高中思想政治分别从课程目标和内容、课程设计、课程实施、课程评价等四个方面提出课程理念的追求。初中道德与法治依据政治认同、道德修养、法治观念、健全人格、责任意识等核心素养设置了课程总目标，高中思想政治课依据政治认同、科学精神、法治意识和公共参与等学科核心素养设置了课程总目标。

---

① 刘强.思想政治学科教学新论[M].北京:高等教育出版社,2003:76-78.此处有改动.

课后思考

1.如何全面认识初中道德与法治的课程理念?

2.如何全面认识普通高中思想政治的课程理念?

3.有人认为,义务教育道德与法治新课标规定了五个学科核心素养。请你根据义务教育道德与法治新课标有关内容谈谈对该说法的认识。

4.简述学科核心素养以及普通高中思想政治学科核心素养的内涵。

第三讲 课后思考
参考答案

资源拓展

[1] 韩震,朱明光.普通高中思想政治课程标准解读[M].北京:高等教育出版社,2020.

[2] 韩震,万俊人.义务教育道德与法治课程标准(2022版)解读[M].北京:高等教育出版社,2022.

[3] 武俊爱.新课程高中思想政治教学理念与实践:评《新课程思想政治(品德)怎么教》[J].中国教育学刊,2018(8):134.

[4] 冯建军.义务教育道德与法治课程理念[J].课程·教材·教法,2022,42(6):20-28.

[5] 任靖.新课程·新理念:学习《普通高中思想政治课程标准(实验)》的体会[J].政治课教学,2004(8):24-26.

第三讲 教学课件

第四讲

中学思想政治课程结构与内容

课程内容及其结构集中反映课程的理念与目标。学校教育本质上是通过课程结构与内容的教学实践,实现其课程目标的。中学思想政治课的课程结构及其内容,是中学思想政治课课程理念和目标的主要载体,也是思想政治课教师开展教学设计与实施的主要依据。

学习要点

1.课程结构和课程内容的概念。

2.初中道德与法治的主要结构及其课程内容。

3.高中思想政治的主要结构及其课程内容。

课程结构及其内容是课程理念与目标的实现载体。中学思想政治课的课程结构及其内容,是实现中学思想政治课课程理念和目标的主要载体,也是思想政治课教师开展教学设计与实施的主要依据。因此,在了解中学思想政治课课程理念与目标的基础上,必须进一步探讨中学思想政治课课程结构及其内容。

一、中学思想政治课的课程结构

课程是以内容为载体的,内容之间是一种什么样的结构关系,以一种什么样的逻辑关系组织起来,是课程结构需要回答的问题。所谓课程结构,就是课程体系的骨架,是课程各部分的配合和组织,主要规定了组成课程体系的学科门类、各学科内容的比例关系、必修课与选修课、分科课程与综合课程的搭配等。课程结构是课程目标转化为教学成果的纽带,是课程实施顺利开展的依据,体现出一定的课程理念和课程设置的价值取向。

(一)初中道德与法治课的课程结构

新时代,《义务教育道德与法治课程标准(2022版)》指出道德与法治课程遵循育人规律和学生成长规律,以发展学生的核心素养为导向,以"成长中的我"为原点,由"自我认识"到"我与自然""我与家庭""我与他人""我与社会""我与国家和人类文明",不断扩展学生的认识和生活范围,以道德与法治教育为框架,有机融入国家安全教育、生命安全与健康教育、劳动教育,以及信息素养教育、金融素养教育等相关主题,强化中华民族传统美德、革命传统和法治教育。课程根据不同阶段学生的身心发展特点,以学生实际生活为基础,分学段按主题对内容进行科学设计,建构学段衔接、循序渐进、螺旋上升的课程体系。[①]课程强化一体化设计,突出课程设计的整体性。

资料卡4-1　皮亚杰道德发展阶段理论[②]

儿童的道德发展分为四个阶段:第一阶段为"自我中心阶段"或前道德阶段(2～5岁),该阶段儿童缺乏按规则来规范行为的自觉性,在亲子关系、同伴关系、价值判断等方面均表现出自我中心倾向;第二阶段为"权威阶段"或他律道德阶段(6～8岁),该阶段儿童表现出对外在权威绝对尊重和顺从,把权威确定的规则看作是绝对的、不可更改的,在评价自己和他人的行为时完全以权威的态度为依据;第三阶段为"可逆性阶段"或初步自律道德阶段(8～10岁),该阶段儿童的思维具有了守恒性和可逆性,他们已经不把规则看成是一成不变的,逐渐从他律转入自律;第四阶段为"公正阶段"或自律道德阶段(10～12岁),该阶段的儿童继可逆性之后,公正观念或正义感得到发展,儿童的道德观念倾向于主张公正、平等。

儿童的道德发展既非天赋,也不是社会规则的直接内化,而是受主体与客体相互作用的强度影响;儿童的道德发展不仅取决于他对道德知识的了解,更重要的是取决于儿童道德思维发展的程度;儿童的道德发展是一个有明显阶段特点和顺序性的过程,与儿童逻辑思维的发展具有极大的相关性。

如果将道德与法治第四学段(7—9年级)的课程内容作为要素,课程内容的安排体现了道德与法治课程标准的关键要求和思路,体现了一体化的设计思路,体现了综合课程的基本属性。

如果将第四学段(7—9年级)的课程内容作为一个系统,从学段定位看,课程标准提出,"7—9年级是初中年级段,是小学高年级段的延续,与高中阶段相衔接,是培育道德品格,形成世界观、人生观、价值观的重要时期""本学段学生正处于青春期,独立思考能力和判断能力进一步增强,情绪波动性大,可塑性强"。从主题设置看,这一学段"设置生命安全与健康教育、法治教育、中华优秀传统文化教育、革命传统教育、国情教育等五个主题",与前三个学段相比,减少了"道德教育"主题,将"中华优秀传统文化和革命传统教育"拆解为"中华优秀传统文化教育"和"革命传统教育"。

---

① 中华人民共和国教育部.义务教育道德与法治课程标准(2022年版)[M].北京:北京师范大学出版社,2022:17.
② 彭景训.皮亚杰的儿童道德观念发展阶段简介[M].天津教育,1982(11):9-11.

(二)高中思想政治课的课程结构

新时代,高中思想政治课的课程结构的设计涉及三个方面:设计依据、结构、学分与选课。总体上看,就是依据基础性与选择性相统一的原则,设置必修、选择性必修和选修三类课程(见表4-1)。

表4-1 高中思想政治课的课程结构

必修	选择性必修	选修
中国特色社会主义(1学分) 经济与社会(1学分) 政治与法治(2学分) 哲学与文化(2学分)	当代国际政治与经济(2学分) 法律与生活(2学分) 逻辑与思维(2学分)	财经与生活 法官与律师 历史上的哲学家

必修课程设置四个模块,共6学分;选择性必修课程设置三个模块,共6学分。必修课程与选择性必修课程作为国家课程总计12学分。

必修课程是全体高中学生必须完成的学业。选择性必修课程是选择本课程作为学业水平等级性考试的学生应完成的学业,考试成绩计入高校招生录取总成绩;也可供对该课程有兴趣的学生选修,计入毕业学分。选修课程是学生自主选择修习的课程,涉及个人生活、职业体验、大学先修等方面的内容,可根据学生个性化发展的需求和当地经济、科技、文化发展的特点开设,纳入校本课程管理,如何选课取决于学生的志趣。

必修课程各模块应按顺序依次开设,其中《中国特色社会主义》和《经济与社会》可在同一学期开设,《政治与法治》《哲学与文化》各开设一学期;选择性必修课程模块可灵活安排。

确定本课程作为学业水平等级性考试科目的学生,应学习选择性必修课程模块,其考试成绩计入高校招生录取总成绩;教师应与家长一起,综合考虑学生的个人需求和升学考试要求,指导学生选课。

相对于之前的实验版课程标准,课程结构的变化主要反映在四个方面。一是简化,即必修课程削减了课时、精简了内容。二是重构,即不只是对学科内容进行重新整合,更表现为学科内容与社会活动相互嵌入的设计。三是统筹,即必修课程与选择性必修课程贯通、互补,如经济、政治内容布局的统筹。四是强化,即强化中国特色社会主义和法治教育。比如,单设一个必修课程模块系统地阐述中国特色社会主义,法治教育的内容集中在必修课程模块"政治与法治"的"依法治国"部分系统阐述。①

资料卡4-2 思政课序列化设计的要求

2019年8月,中共中央办公厅、国务院办公厅印发《关于深化新时代学校思想政治理论课改革创新的若干意见》,其中对思政课进行了序列化设计,提出在大中小学循序渐

---

① 韩震,朱明光.普通高中思想政治课程标准(2017年版2020年修订)解读[M].北京:高等教育出版社,2020:32.

进、螺旋上升地开设思政课,引导学生立德成人、立志成才,树立正确世界观、人生观、价值观,坚定对马克思主义的信仰,坚定对社会主义和共产主义的信念,增强中国特色社会主义道路自信、理论自信、制度自信、文化自信,厚植爱国主义情怀,把爱国情、强国志、报国行自觉融入坚持和发展中国特色社会主义事业、建设社会主义现代化强国、实现中华民族伟大复兴的奋斗之中。大学阶段重在增强使命担当,引导学生矢志不渝听党话跟党走,争做社会主义合格建设者和可靠接班人。高中阶段重在提升政治素养,引导学生衷心拥护党的领导和我国社会主义制度,形成做社会主义建设者和接班人的政治认同。初中阶段重在打牢思想基础,引导学生把党、祖国、人民装在心中,强化做社会主义建设者和接班人的思想意识。小学阶段重在启蒙道德情感,引导学生形成爱党、爱国、爱社会主义、爱人民、爱集体的情感,具有做社会主义建设者和接班人的美好愿望。

二、中学思想政治的课程内容

课程内容是学习的对象。所谓课程内容,即学科知识。它是指各门学科中特定的事实、观点、原理和问题及其处理方式。中学思想政治课的课程内容主要是指依据国家制定的课程标准组织编写的中学思想政治课教科书。

(一)初中道德与法治的课程内容

如前所述,新时代道德与法治第四学段(7—9年级)的课程内容是分五个学习主题展开的。其内容涉及多个学科门类,属于跨学科的综合性课程。

其中,"生命安全与健康教育"是道德与法治课程内容在第四学段设置的第一个学习主题,其内容要求所涉及的关键词主要有:认识青春期和正确处理两性关系、客观认识自己和在团队活动中增强合作精神、认识顺境逆境和学会情绪调控、树立正确人生观价值观和尊重敬畏生命、遵守社交礼仪和维护公共秩序。应该说,这几个方面都是初中学生成长中面临的关键问题和敏感问题。能正确处理这些问题的学生,在核心素养的培育方面会有突出的表现。

"法治教育"是课程内容各主题中分量最重的一个部分。这与落实《青少年法治教育大纲》的现实要求有关,也是初中学生在成长过程中的现实需要决定的。这一部分的内容主要涉及习近平法治思想、宪法法律至上、公民权利义务、法治、国家统一和"和平统一、一国两制"、人民代表大会制度、中国共产党领导的多党合作和政治协商制度、民族区域自治制度、基层民主制度、国家机关、民法典、犯罪与刑罚和预防未成年人犯罪、网络环境中的隐私保护、环境保护与生态文明、国家主权和总体国家安全观、国际组织和国际体系等。

"中华优秀传统文化教育"内容涉及中华优秀传统文化的核心理念、荣辱观和社会风尚、自强不息和敬业乐群、理想追求和人格、担当意识和家国情怀等。

"革命传统教育"内容包括伟大建党精神、新民主主义革命的胜利、社会主义革命和建设的伟大成就、改革开放和社会主义现代化建设的伟大成就、新时代的伟大成就和"两个确立"等。

"国情教育"内容要点包括新时代新的历史方位以及新时代社会主要矛盾的新变化、百年未有之大变局和构建人类命运共同体、新发展格局和"五位一体"总体布局、实现中华民族伟大复兴以及树立正确的劳动观和进行合理的生涯规划等。

案例4-1　"敬畏生命"教学内容分析①

"敬畏生命"为七年级上册《道德与法治》第四单元"生命的思考"第八课"探问生命"第二框题的内容,该部分由"生命至上"和"休戚与共"两部分构成。本课以"后疫情时代下的生命之思"为主题,以"敬畏生命"为主线,通过设置三大探究活动,由"明晰对待生命的态度"到"体悟推己及人的情怀"再到"后疫情时代下的生命之思",从而突破本课为何敬畏生命和如何敬畏生命的重点和难点内容,引导学生从"知—情—行"三层维度体悟生命,增强生命的责任感和使命感,强化国家自信、制度自信,进而成长为有理想信念、敢于担当的新时代青年。

[讨论与交流]结合"敬畏生命"教学内容分析,谈谈教学内容分析与教材分析有何不同。

(二)高中思想政治课的课程内容

如前所述,新时代普通高中思想政治课程内容设置必修模块、选择性必修模块和选修模块,是综合性学科课程。

必修课程内容的总体架构,以发展中国特色社会主义为主轴。其中,模块1《中国特色社会主义》采取历时性方式,讲为何开创和发展中国特色社会主义;模块2《经济与社会》、模块3《政治与法治》、模块4《哲学与文化》依托模块1的内容,采取共时性方式,讲如何坚持和发展中国特色社会主义。这样,既鲜明地贯彻了"坚持不懈传播马克思主义科学理论,抓好马克思主义理论教育"的要求,又充分地反映了理论创新和实践创新的进程。在这一总体架构中,每个必修课程模块的逻辑框架均有各自内在的主题、主线、主旨。模块1讲基本原理,以中国特色社会主义选择为主题,以社会形态的历史演进为主线,以树立理想信念为主旨;模块2讲经济建设,以发展中国特色社会主义经济为主题,以全面深化改革为主线,以树立新发展理念为主旨;模块3讲政治建设,以发展中国特色社会主义政治为主题,以党的领导、人民当家作主、依法治国三者的统一为主线,以坚定政治立场和方向为主旨;模块4讲哲学基础,以马克思主义哲学为主题,以实践的观点、历史的观点、辩证的观点、发展的观点为主线,以树立世界观、人生观、价值观和文化自信为主旨。

选择性必修课程各模块的内容出于与必修课程的统筹和等级性考试考量,更为注重国际视野的扩展、相关内容的充实,更为注重知识的应用性。

①　方冬梅,孟炳忠."滋养心灵"教学设计[J].思想政治课教学,2024(10):54.

案例4-2　综合探究"方向决定道路 道路决定命运"

必修1"中国特色社会主义"一共分为四课,并设置了两个综合探究。综合探究一"回看走过的路,比较别人的路,远眺前行的路"更侧重于强调对社会基本矛盾运动、人类社会历史进程的把握。因此在内容上综合探究一更侧重于第一课"社会主义从空想到科学、从理论到实践的发展"。而综合探究二"方向决定道路 道路决定命运"在内容上涵盖了"只有社会主义才能救中国""只有中国特色社会主义才能发展中国""只有坚持和发展中国特色社会主义才能实现中华民族伟大复兴"三课。因此综合探究二更侧重于梳理党领导人民进行革命、建设和改革的百年奋斗历史,探究在历史必然性之下,人作为社会历史主体的历史主动,即中国选择自己的方向,走自己的道路,掌握自己的命运。

（本案例由浙江省镇海中学项寅浩老师提供）

[讨论与交流]结合项寅浩老师的教材分析案例,说说教材分析应注意哪些问题。

本讲小结

新时代,初中道德与法治课程内容以道德与法治教育为框架,有机融入国家安全教育、生命安全与健康教育、劳动教育,以及信息素养教育、金融素养教育等相关主题,强化中华民族传统美德、革命传统和法治教育,体现道德与法治课程一体化的设计思路和综合课程属性。普通高中思想政治课程以发展中国特色社会主义为主轴,采取历时性方式,设置模块1《中国特色社会主义》,采取共时性方式,设置模块2《经济与社会》、模块3《政治与法治》和模块4《哲学与文化》,同时出于与必修课程的统筹及等级性考试考量,选择性必修课程各模块的内容,更为注重国际视野的扩展、相关内容的充实,更为关注知识的应用性,另外还设置了选修模块,课程体现整体化的设计思路和综合学科课程属性。

课后思考

1.从学习主题看,新时代初中道德与法治包括哪些核心内容?

2.谈谈新时代普通高中思想政治课设置的主要模块及其内在联系。

第四讲　课后思考
参考答案

资源拓展

[1]郭晓明.课程结构论[M].长沙:湖南师范大学出版社,2002.

[2]韩震,朱明光.普通高中思想政治课程标准解读[M].北京:高等教育出版社,2020.

［3］韩震，万俊人．义务教育道德与法治课程标准（2022年版）解读［M］.北京：高等教育出版社，2022.

［4］李晓东，黄彦霖．道德与法治课程标准的修订背景与主要结构［J］.中学政治教学参考，2022（26）：12-14.

［5］李晓东．初中道德与法治课程的内容结构及其实施［J］.思想政治课教学，2022（9）：4-8.

［6］李晓东．普通高中思想政治课程标准的修订与再更新［J］.教育参考，2021（1）：5-10.

第四讲　教学课件

第五讲

中学思想政治课教师与学生

教师和学生是教学设计系统中"影响教学系统设计"的重要因素。课程的性质与功能、理念与目标都要通过教学主体的活动来实现。教师和学生是教学活动的主体。教师与学生的特征都将对教学设计与实施产生影响。教师是教的主体,教师教的主体性有效发挥直接影响教学进程的方向以及学生学习主体性的发挥;学生是学的主体,学生学的主体性有效发挥直接关系教学目标的实现。研究中学思想政治课教学设计与实施必须了解教师职责、教师素养、学生特点等问题,进一步回答"谁设计"和"为谁设计"的问题。

学习要点

1.中学思想政治课教师的地位与基本职责。

2.中学思想政治课教师的专业素养。

3.中学生的身心发展特点。

4.良好师生关系的构建。

教师与学生是教与学的主体,是教学的基本要素,是教学设计系统中"影响教学系统设计"的重要因素。教师和学生主体性的发挥既直接制约课程理念、课程目标的实现,也直接影响课程内容的落实。为此,本讲进一步探讨中学思想政治课教师职责与素养以及学生身心特点等问题,这对中学思想政治教学设计与实施具有直接的现实意义。

一、中学思想政治课的教师

(一)中学思想政治课教师的地位

一般说来,教师是向学生传递人类积累的文化科学知识和进行思想品德教育,并把学生培养成一定社会需要的人的专业人员。习近平指出:"教师是人类历史上最古老的职业之一,也是最伟大、最神圣的职业之一。"①这一论述揭示了教师的地位与作用。《中华人民共和国教师法》规定:教师是"在各级各类学校和其他教育机构中专门从事教育教学工作的专业人员",并且"承担教书育人,培养社会主义事业建设者和接班人、提高民族素质的使命"。上述规定明确了我国教师的性质及其职责。

中学思想政治课教师是人民教师队伍中的一支重要的生力军,是马克思主义理论启蒙的传播者,是党的路线、方针、政策的义务宣传员,是社会主义精神文明建设的积极带头人,是学校思想政治教育的骨干力量。对此,习近平进一步指出,"办好思想政治理论课关键在教师""有了我们这支可信、可敬、可靠,乐为、敢为、有为的思政课教师队伍,我们完全有信心有能力把思政课办得越来越好"②。这就指明了思政课教师在思想政治课建设中的关键地位,回答了其为何是"关键地位"、如何发挥"关键地位"等问题。

(二)中学思想政治课教师的基本职责

新时代,随着社会的发展、科技的进步,特别是计算机及信息技术的广泛应用,中学思想政治课教师的角色定位和基本职责逐渐呈现多元化。

1.思想品格的引领者

中学生处于身心发展的关键期。从塑造人格意义上来讲,思想政治教师应是真正意义上的灵魂工程师。③中学思想政治课教师,作为"师者",首先应以社会核心的价值观、社会所期望的价值标准来引领学生,帮助学生树立正确的价值取向。为此,思想政治课教师要可信、可敬、可靠,通过言传身教,实时引领学生的成长,成为学生道德品格的工程师。

2.高效学习的引导者

思想政治课是实施立德树人根本任务的关键课程,由此思想政治课教师需要做的不是简单的知识灌输,而是正确的价值引导,使学生在潜移默化的环境下,以一种愉悦的状态接受学科知识,在无形中接受正确的道德准则,形成正确的世界观、价值观和人生观。④

3.多样教学的实施者

随着网络和多媒体的普及、现代教学技术的广泛应用,中学思想政治课教师应改变传统的说教方式,借助多样化的教学手段,营造良好的环境和氛围,把生活与理论知识相结合,让学生在潜移默化中接受正确的道德观念、法治观念等。

4.自主学习的倡导者

"授人以鱼,不如授人以渔。"思想政治课教师要适应时代发展,在充分尊重学生学习主体地位的基础上,做自主学习、自我教育的倡导者,教会学生学习,逐步培养学生自主学习的方法、能力和习惯。

① 习近平.做党和人民满意的好老师——同北京师范大学师生代表座谈时的讲话[J].人民教育,2014(19):6-10.
② 习近平:用新时代中国特色社会主义思想铸魂育人 贯彻党的教育方针落实立德树人根本任务 王沪宁出席[N].人民日报,2019-03-19(1).
③ 李寒梅.论中学政治教师的角色定位与职业素养[J].思想政治课教学,2013(5):4-7.
④ 郑琴卫.中学政治教师的角色多样性再认识[J].文教资料,2011(19):153-155.

5.心理问题的疏导者

由于受多重因素的影响,中学生的心理健康问题日益突出。思想政治课教师必须掌握必备的心理咨询和心理辅导的方法与技能,对存在心理困惑、障碍等问题的学生进行心理疏导,帮助他们走出心理误区,培养学生正确的价值取向和独立健全的人格。

6.学生行为的典范者

古语云:身正则令行。教师良好的言行可以起到模范和榜样的作用,不好的言行则会给学生带来极大的负面影响。教师需要在工作中以高尚的道德标准要求自己,不断提升自身的能力和素养,给学生的自主学习、自觉成长起着典范和表率的作用。

新时代,随着新课程改革的深化和推进,教师还要成为课程的开发者、教学的设计者、课堂的管理者和创新者等,建设高素质专业化教师队伍的任务更为迫切。2024年8月26日发布的《中共中央 国务院关于弘扬教育家精神加强新时代高素质专业化教师队伍建设的意见》指出,教师要在工作中坚持用教育家精神铸魂强师,弘扬践行教育家精神,筑牢教育家精神践行主阵地。

资料卡 5-1 "教育家精神"的内涵

1.坚定心有大我、至诚报国的理想信念
2.陶冶言为士则、行为世范的道德情操
3.涵养启智润心、因材施教的育人智慧
4.秉持勤学笃行、求是创新的躬耕态度
5.勤修乐教爱生、甘于奉献的仁爱之心
6.树立胸怀天下、以文化人的弘道追求

(三)中学思想政治课教师的专业素养

教师是立教之本、兴教之源,强国必先强教,强教必先强师。办好中学思想政治课,离不开一支政治素质过硬、业务能力精湛、育人水平高超的专业化思政课教师队伍。习近平总书记在学校思想政治理论课教师座谈会上对思政课教师提出六个方面的要求——政治要强、情怀要深、思维要新、视野要广、自律要严、人格要正。[①]这六个方面是新时代思政课教师队伍建设的重要标准,也是中学思想政治课教师提升专业素养的根本遵循和努力方向。

1.思想政治素养

爱岗敬业,忠于党的教育事业。思想政治课教师作为党培养的人民教师,只有爱岗敬业、忠于党的教育事业,才能全身心投入教育教学,认真钻研教材、钻研教法,才会给予学生热情的关心、爱护、尊重和信任,达到乐教勤业的境界,学生也才会在教师爱岗敬业

---

① 习近平:用新时代中国特色社会主义思想铸魂育人 贯彻党的教育方针落实立德树人根本任务 王沪宁出席[N].人民日报,2019-03-19(1).

的氛围中潜移默化地获得全面而又健康的发展。

求实求精,严谨治学。思政课的性质、特点和功能决定了思想政治课教师在教育教学中要求实、求精、求真、求美,大胆实践,勇于探索,以实事求是、严肃认真的态度对待本职工作,关注教育过程中的每一个细节,尽可能关注每个学生每个方面的发展。

立场坚定,担负起政治责任。中学生的身心特点及中学思想政治课的性质与特点,要求思想政治课教师除了要具备较宽的知识面外,还需具有坚定的政治立场和崇高的政治责任感。唯有如此,思想政治课教师才能言传身教,有效纠正学生错误的思想观点并对其加以正确引导。

头脑清醒,当好舆论引导者。处于信息时代的青少年,对国内经济、政治、文化等社会问题和国际热点问题关注度较高,作为思想政治课教师,要讲深、讲透、讲活思政课,引导学生正确分析和判断社会舆论和相关观点,做正确舆论的引导者。

关爱学生,做好学生的人生导师。师爱在性质上是一种只讲付出不计回报的、无私的、广泛的且没有血缘关系的爱。因此,师爱是师德的核心,也被称为"师魂"。实践证明,"爱生尊师"的相互关爱程度与教育教学效果呈正相关。教师给予这种无条件的师爱,学生就会"亲其师",从而"信其道"。教师做好学生成长成才的人生导师和引路人,才能实现教育"育人"的根本功能。

2.文化知识素养

马卡连柯说:"学生可以原谅教师的严厉、刻板,甚至吹毛求疵,但是不能原谅他的不学无术。教师要给学生一杯水,自己就要成为一条常流常新的小溪。"可见,教师必须精通自己所教的学科,具有扎实而渊博的知识。2022年,习近平在中国人民大学考察时指出,"思政课的本质是讲道理,要注重方式方法,把道理讲深、讲透、讲活,老师要用心教,学生要用心悟,达到沟通心灵、启智润心、激扬斗志"[①]。这启示我们新时代思政课教师要做到把道理讲深、讲透、讲活,必须提高自身的专业素养。

（1）专业基础知识

教育者要先受教育。在科学技术飞速发展的背景下,要想给学生提供最好的教育,教师必须提升学科能力和学科素养。初中道德与法治课是综合性课程,高中思想政治课是综合性学科课程,中学思想政治课教师必须紧跟学科发展,更新学科知识,系统掌握所任学科的基本理论体系及其最新研究成果,必须了解马克思主义哲学、政治经济学、科学社会主义的基本原理,了解哲学史、经济学史、党史、新中国史、改革开放史和社会主义发展史,懂得社会学、政治学、伦理学和法学等专业理论知识。同时,应有计划、有重点地通读或精读马克思、恩格斯、列宁和毛泽东等革命导师的原著,以加深对基本原理和基础知识的理解,厚植自己的理论素养。唯有如此,才能透彻地理解教材,灵活地处理教材,讲深、讲透、讲活思政课。

（2）教育理论知识

教育家苏霍姆林斯基说过:"一个好的教师,是一个懂得心理学和教育学的人。"他曾

---

① 习近平在中国人民大学考察时强调 坚持党的领导传承红色基因扎根中国大地 走出一条建设中国特色世界一流大学新路 王沪宁陪同考察[N].人民日报,2022-04-26(2).

把不懂得教育学、心理学的教师,形象地比喻成在教育工作中如黑夜走路一样,并认为这样的教师"就谈不上教育素质"。教育工作的特殊性决定了教师还必须懂得如何把学科知识、教材语言转化为学生易于理解和接受的知识和教学语言。这就需要教师懂得如何激发学生的学习热情、设计教学过程、处理突发事件等。要做好这些工作,中学思想政治课教师就必须学会、掌握和运用教育学、心理学、教育心理学、教学论等理论知识。

（3）科技教育与传播素养

科技史是了解科学技术的重要基础,是引导科技前进的重要指南,科技史背后所蕴含的科学精神更是科学成就的精神支撑。促进科技文化传播,推动科技进步,科学人才的培养、科学精神的弘扬以及科技的发展都离不开对科技史的学习。[①]科技史的科普教育价值主要在于其深厚到位的化育功能、广泛深刻的文化传承、新颖独到的方法引领以及雅俗共赏的兴趣激发。[②]在实施科教兴国战略背景下,"科技史教育""科普传播能力"和"数字素养"已被视为新时代教师的基本素养。

3.心理品质素养

在充满激烈竞争和高社会期望值的时代,社会各界对高质量教育的需求越来越大,对教师服务质量要求也越来越高,教师也会遇到从未有过的压力。教师要及时调适心理,使自己常常保持正常而又健康的心态。中学思想政治课教师以科学、积极、乐观、务实的态度对待人生,才能克服职业倦怠,做一个幸福的教师,才能带出健康向上的学生,帮助学生树立正确的世界观、人生观和价值观。

4.教育能力素养

能力是在活动中表现出来的影响活动效率的心理特征。新时代中学思想政治课教师要实现自身的职责与义务,除了需要具备先进的理念、全面的知识外,还应具备多方面的综合能力。

（1）了解学生能力

教师要善于在日常教育教学活动中,捕捉学生的真实思想,及时了解学生的内心世界和心理特点,根据学生在语言、表情、姿态、行为、心理等方面表露出来的情况,及时准确判断学生的思想活动,并迅速有效地教育、引导学生的学习和生活。

（2）语言表达能力

语言表达能力包括有声语言表达能力、板书表达能力、体态语言表达能力等。中学思想政治课教师的有声语言表达应做到:准确明晰,力求科学性;简洁练达,具有逻辑性;生动活泼,富有启发性。教师如果没有较强的语言表达能力,会影响到对学生知识的传承、能力的培养、思想的引领。此外,板书表达能力、体态语表达能力也是教师必备的素质。

（3）教学管理能力

教学管理能力包括教学准备能力和优化教学能力。教学准备能力表现在:把握教学

---

① 彭攀,蔡甜.新时代中国科技史教育的路径探析[J].学周刊,2024(10):159.
② 关少化.科技史的科普教育价值[J].教育研究与评论(中学教育教学),2009(4):52-54.

目的和要求,掌握教材的知识体系和结构,抓住教材重难点等。优化教学能力表现在:根据教材内容和学生特点选择最佳教学方法与教学手段,使目标明确、知识准确、主次分明、难易适度、线索清晰,解开学生疑云并引导学生走出认识误区,使学生通过知识的学习达到思想境界的升华和分析问题、解决问题能力的提高。这就需要教师具备课堂教学管理与教学监控能力。

(4)人际交往能力

交往是指人在社会生活中交流信息、沟通情感和相互作用的过程。良好的人际交往能力是完成教育工作的重要保证。教师面临与学生、学校领导、同事、学生家长、社区工作者等群体的多重人际关系。教师要通过合理的沟通,与学生建立平等的"教学相长"关系,与其他教师建立相互尊重、协作互助、共同发展的关系,与家长建立相互尊重、合作和信任的关系等。唯有如此,才能形成教育合力,开展高效工作。

(5)教育教学研究能力

教师不是"教书匠",而应该是教育家。教师的教研能力主要是指教师从事和探究与教育教学相关的规律,提高对教育教学问题的认识、分析和解决能力。它具体包括选题、查阅文献、调查实验、分析资料、撰写报告等能力。具备一定的科研能力,是中学思想政治课教师的必备素质。中学思想政治课教师应该而且必须从事教育教学研究,把教书、读书、写书有机结合起来。

中学思想政治课教学实践表明,教师的素质修养,是提高教育教学质量的关键因素。为此,教师要设计好自己的专业发展规划,对自身的发展类型与层次进行科学制定,并设计好具体的阶段性目标。

资料卡 5-2 休伯曼等人的教师职业生活周期论

阶段名称	时限	主要特征
1.入职期	第1~3年	亦称"求生和发现期"。"求生"与现实的冲击相联系,课堂环境的复杂性和不稳定性、连续的失误等使得教师对能否胜任教学感到怀疑。同时,教师也感到有所"发现",他们有了自己的班级、学生和教学方案,成为专业协会中的一员,表现出积极、热情的一面
2.稳定期	第4~6年	教师决定投身于教学工作;教师初步掌握了教学方法,由关注自己转向关注教学活动,不断改进教学基本技能,形成自己的教学风格;教师表现出自信、愉悦和幽默
3.实验和歧变期	第7~25年	从该时期开始教师的发展路线表现出差异性。其原因在于随着教育知识的积累和巩固,教师试图增加对课堂的影响,在教学材料、评价方法等方面开展了个性化实验;教师的改革愿望强化了对阻碍改革因素的认识,激发了进一步改革的尝试,教师的职业动机强烈,职业志向水平高;对课堂的职责有了初步了解后,教师开始寻找新的思想和挑战
4.重新估价期	第7~25年	在许多情况下,教师不经过实验和蜕变阶段,而是代之以自我怀疑和重新估价,严重者可导致职业生涯道路中的一场"危机"。年复一年单调乏味的生活,或连续不断的改革后令人失望的结果都会引发危机

续表

阶段名称	时限	主要特征
5.平静和关系疏远期	第26～33年	这一阶段在教师职业生涯中表现并不明显,主要是四五十岁的教师的一种"心理状态"。许多教师在经历了怀疑和危机之后开始平静下来,能够较为轻松地完成课堂教学,也更有自信心。随着职业预期目标的逐渐实现,教师的志向水平开始下降,对专业的投入也开始减少。该阶段的另一个主题是与学生的关系更加疏远,教师对学生行为和作业要求更加严格
6.保守和抱怨期		这一时期的教师年龄在50～60岁。处于该阶段的教师在经历了平静期后变得较为保守,这可能是第4阶段自我怀疑的进一步发展,也可能是改革失败的结果。多数教师会抱怨学生变得纪律性更差、缺少动机,抱怨公众对教育的消极态度,抱怨年轻教师不够认真、投入
7.退休期	第34～40年	其他专业人员在这一时期可能会逐渐退缩,为退休做准备。而教师迫于社会压力,其专业行为没有太大改变,只是更加关注自己喜欢的班级、做喜欢做的工作

注:3、4阶段可合并为实验和重估期,5、6阶段可合并为平静和保守期。

二、中学思想政治课的学生

教学是师生教与学的双边参与的动态变化过程。学生是教学的主要参与者,是课程价值与功能的主要实现者,更是学习任务的主要承担者。学生是带着已有的特定行为倾向来面对学习环境和新的学习任务的,教师进行教学设计与实施时,应该使教学思路和方法更适合学生身心发展的需求。为此,中学思想政治课教学设计与实施必须着眼于学生的认知水平和学习需求,分析学习者的特征,研究学习者的习得品质,正确认识并合理运用学情分析,进而优化课堂教学。

(一)初中生的身心发展特点

初中生的年龄一般在12～15岁。这一阶段是学生走向青年的过渡期,学生进入了人生发育的第二次"生长高峰"。这一阶段学生的认知发展进入"形式运算阶段",具备以逻辑形式解决抽象问题的能力以及更加关心社会问题并能以"去自我中心"的观念参与活动的能力。

1.自我意识强,易冲动偏激

初中生有强烈的成人感,独立思考能力和判断力进一步增强,他们渴望自治,期待自己的建议和意见得到家长和教师的承认和尊重,希望与父母、教师有平等的人格和地位。但他们缺乏社会生活的亲身经历,对社会的认识还比较肤浅,世界观、人生观和价值观还处于初步形成阶段,他们在处理一些问题时容易冲动、偏激,波动性大。比如,有的学生把家长对自己学习上和生活上的关心看成对自己的不信任,对家长和教师的批评教育产生反感,采取排斥的态度等。尽管他们明显增强的平等独立意识值得肯定,但他们的想法又不同程度地掺有"杂质",需要加以引导。

2.急功好胜,幼稚多变

在社会主义市场经济条件下,随着科学技术的迅速发展以及实施全面深化改革和积极主动开放战略,社会竞争程度和竞争意识日益增强。思维敏捷、精力充沛、勇于拼搏的初中生,积极参与竞争,乐于在竞争中显示自己的才华,处处都希望比别人强。但由于他们缺乏必要的社会阅历和综合能力,往往对成长道路上的困难认识不足,一旦出现愿望和现实矛盾时,或者发现成功的道路上并没有铺满鲜花时,他们又会表现出意志消沉、情绪低落、怨天尤人、牢骚满腹,甚至焦虑不安、回避现实,在思想上表现出幼稚和多变的特点。

3.追求创造,能力欠缺

随着经济条件的改善、教育环境及生活条件的完善,当下初中生能够较快地获得信息,广泛地接触社会,对新生事物敏感,接受新事物、新观念迅速,可塑性强,甚至喜好标新立异,不愿墨守成规,敢于同传统观念决裂,富有创新精神。观念新颖、追求创造成为他们的鲜明特征。但是,由于身心发展的阶段性特点,他们的创新思维和创新能力还不够高,有待进一步发展。

4.情绪不稳,承受力差

进入青春期的初中生,处于情绪不稳定的时期。他们遇事容易冲动,缺乏自我控制能力,判断事物感情色彩太浓,分不清主次,情绪波动大,容易固执甚至极端化。有的学生还将自己内心封闭起来,感到非常孤独和寂寞,希望有人能来关心和理解他们。特别是,当今初中生家庭条件普遍优越,部分学生是在长辈们的溺爱中长大的,在复杂多样的困难和挑战面前他们会显得手足无措。同时,初中阶段的学习内容和学习环境出现明显变化,学习成绩往往起伏不定,初中生调节情绪的意识和能力又不强,难免会觉得一时无法适应,会产生紧张、焦虑的现象。

5.思想道德总体健康向上,分化明显

目前,初中生的思想道德总体是健康的、积极向上的,但也存在一些不可忽视的问题。学生的思想道德观念受到各种传统观念、外来观念以及一些不良的社会风气等的严重冲击,加上初中生涉世不深,认识与分辨能力不强,因此少数初中生呈现道德与理想的趋利性、道德观念与道德行为的离散性等特点,分化较为明显。

案例5-1　"家的意味"学情分析①

七年级学生处于青春期,情绪波动较为剧烈,自我意识较强,较少关心父母和家人,对家庭责任意识比较淡薄。他们对与家人共同营造温馨的家庭氛围、共建美好家庭缺乏认同感。他们对"孝"文化认同程度较低,在意识和行动上缺乏相应的教育和引导。为此,在课堂教学活动中,引导学生正确认识家的内涵和重要意义,强化孝亲敬长的责任意识,是初中学生健康成长的必修课。

① 秦尊军,王卫华."家的意味"教学设计[J].思想政治课教学,2022(6):64-68.

[讨论与交流]结合秦尊军老师的学情分析案例,谈谈道德与法治教学设计应如何进行学情分析。

(二)高中学生的身心发展特点

高中生的年龄一般在15～18岁。这个年龄阶段又称青年初期,是青年人独立走向社会生活的准备期,也是青年人开始考虑自己未来人生道路的关键期。这一阶段的学生知觉和观察的水平不断提高,更富有目的性和系统性。

1.独立自主意识增强

随着生理与心理的发展、知识与能力的积累,高中生的思维具有抽象概括性、深刻性、批判性和辩证性。他们的独立愿望日趋强烈,致力于认识自己发展及其社会价值,独立地评价自己和别人。他们逐步形成稳定的性格特征,能较好地进行自我教育。

2.兴趣爱好趋于稳定

高中生生理上迅速走向成熟,加上心理上的迅速发展,个性与品质日趋成熟和稳定,精力充沛、血气方刚、反应敏捷、上进心强、富于进取,颇具"初生牛犊不怕虎"的劲头,他们乐于开拓、敢于创新、积极向上。大部分高中生能够按照自己的意愿去行动,能够确定自己的人生目标并为之不懈努力,兴趣爱好也呈现稳定的趋势。

3.心智能力发展迅速

高中生的感觉与知觉的灵敏度增强,抽象思维能力得以提高并逐步占主导地位。他们有独到见解,喜欢质疑和争论,开始思考"人生目的""人生意义""人生理想"等问题。另外,高中生往往乐于独立思考,勇于求成,遇到困难时想办法加以克服,表现出良好的主动性和坚韧性。

4.言行举止趋于成熟

言语和行为特征是表达高中生心理发展状况的重要标志。高中生的词汇已经很丰富且内容日渐深刻,语言表达的独立性明显增强,书写和言语表达趋于成熟。高中生想要完全摆脱成人干预,想要像成人一样地参与社会生活,想要社会承认他们的行为价值。

5.思想道德总体上健康向上

当代高中生的思想道德状况总体上比较积极,思想也健康乐观、蓬勃向上,绝大多数高中生具有明确的爱国主义信念、正确的目标追求、良好的品德修养、较强的自主意识,他们勇于自立自强,敢于探索创新,善于接受新知,乐于团结合作,与时代进步和社会发展相适应。但是,也有少数高中生存在追求新潮生活,缺乏吃苦精神,其道德理想呈现感情化、世俗化的倾向。

资料卡 5-3　学情分析"五法则"①

一、何为学情分析？

　　学情分析是伴随现代教学设计理论产生的，是教学设计系统中"影响学习系统最终设计"的重要因素之一。学情分析通常被称为"教学对象分析"或"学生分析"，是以研究学生的实际需要、能力水平和认知倾向为目的，以优化教学过程为导向，使教师更有效地达成教学目标，提高教学效率。

二、为何要学情分析？

（一）学情分析是教与学目标设定的基础

　　没有学情分析的教学目标，往往是空中楼阁，只有真正了解学生现有的知识经验和心理认知特点，才能确定学生在不同领域、不同学科和不同学习活动中的最近发展区（已经达到的发展水平与可能达到的发展水平之间的区域），而从知识、能力等方面来阐述最近发展区就是教与学的目标。

（二）学情分析是教与学内容分析的依据

　　没有学情分析的教学内容往往是一盘散沙，只有针对具体学生的教学内容才有真正可依靠的重点、难点和关键点。

（三）学情分析是教学策略选择的落脚点

　　没有学情分析的教学策略往往是教师一厢情愿地自我表演，没有足够了解学生的知识经验基础，教师的任何讲解、操作和练习都难以落实。

　　总之，学情分析是对"以学生为中心""以学定教"的教学理念的具体落实。

三、学情分析应分析什么？

　　学情涉及的内容非常广，学生各方面情况都有可能影响学生的学习。比如，学生现有的知识结构、学生的兴趣点、学生的思维情况、学生的认知状态和发展规律，学生生理心理状况、学生个性及其发展状态和发展前景，学生的学习动机、学习内容、学习方式、学习时间、学习效果，学生的生活环境，学生的最近发展区、学生感受、学生成功感等都是进行学情分析的切入点。

（一）分析学生的生理、心理特点

　　中学生在身心发展过程中，其情绪、情感、思维、意志、能力及性格还极不稳定和不成熟，具有很大的可塑性和易变性。通过分析了解他们当时的生理心理与学习内容是否相匹配及可能产生的知识误区，充分预见可能存在的问题，并在课堂上有针对地加以分析，可以使教学工作具有较强的预见性和功效性。具体来说，对所在年龄阶段的学生，要看他们更擅长形象思维还是抽象思维，乐于发言还是羞涩保守，喜欢跟教师合作还是抵触

---

　　① 学情分析五法则［EB/OL］.（2024-06-25）［2024-12-20］.https://www.chinaedu.com/teacher/1218083.html.

教师等。这些特点可以通过学习一些发展心理学的知识来分析,也可以凭借经验和观察灵活把握。不同年龄的学生感兴趣的话题不同,教师一方面要尽量结合学生兴趣开展教学,又要适当引导,不能一味屈尊或者迁就学生的不良兴趣。

(二)分析学生已有的认知基础和经验

教师要善于分析学生学习该内容时所具备的知识、方法、能力等,以确定新课的起点,做好承上启下、新旧知识有机衔接的工作。针对本节课、本单元或本框题的教学内容,教师要先确定学生需要掌握哪些知识、具备哪些生活经验,再分析学生是否具备这些知识经验。可以通过单元测验、摸底考查、问卷调查等较为正式的方式,也可以采取抽查或提问等非正式的方式。如果发现学生知识经验不足,一方面可以采取必要的补救措施,另一方面可以适当调整教学难度和教学方法。

(三)分析学生的个体差异

分析学生的个体差异,即对学生的学习能力和学习风格进行分析。分析不同班级和不同学生理解新知识的能力如何、学习新的操作技能的能力如何。据此设计教学任务的深度、难度和广度。经验丰富、能力较强的教师还可以进一步分析本班学生中学习能力突出的尖子生和学习能力较弱的学习困难学生,并因材施教、采取变通灵活的教学策略。还要对班级的学习风格进行分析。一个班级的学生在一起时间长了会形成"班级性格",有些班级思维活跃、反应迅速,但往往思维深度不够、准确性稍微欠缺;有些班级则较为沉闷,但可能具有一定的思维深度。不同的学生个体也是如此,教师应该结合教学经验和课堂观察,敏锐捕捉相关信息,通过提出挑战性的问题、开展小组合作等方式,做到取长补短。

(四)分析学生对本学科学习方法掌握情况

在课堂教学中对学生进行学法指导是非常必要的,它是提高课堂有效教学的必要条件。不同年级段的学生都有自己的一套学习方法,不同的教学内容需要不同的学习方法,教师只有事先了解学生对本学科学习方法的掌握情况,才能根据不同的教学内容进行相应的学法指导,从而使教学效果的最优化。

(五)分析学生在学习时可能遇到的困难

学生在学习中可能遇到的问题和困难往往会成为他们进一步学习的阻力与发展的障碍,教师如果能及时发现这些困难与障碍,并及时地帮助学生克服,学生就能获得真实的发展。因此,教师在备课中要努力去关注和发现学生在学习中可能存在的困难,具体分析这些困难产生的原因,思考相应的教学策略。

四、如何进行学情分析

教师要想使自己的教学效果达到最佳,就必须分析学生的实际情况。既要分析学生整体具有的特点,也要分析学生间的个体差异,这需要采用不同的分析学情的方法。

(一)自然观察法

自然观察法是研究者在自然条件下对个体的言谈举止、行动和表情等进行有目的、有计划的观察,以了解其心理活动的方法。它的种类很多,根据观察形式的不同,可分为直接观察和间接观察;根据观察时间的不同,可分为长期观察和定期观察;根据观察内容的不同,可分为全面观察和重点观察。观察法方便易行,所得结果也比较真实。

(二)书面材料法

书面材料主要有两类:一类是现有资料,一类是诊断性资料。现有资料包括学生填写的各种档案资料,如学生的学习成果、作品等,能客观反映学生个体和集体的资料,如成绩单、操行评语等;诊断性资料指教育者根据某一教育目的,适时地提出某些专题性作业,如命题作文、读书笔记等。但通过书面材料间接了解学生时,教师要特别注意材料的真实性与可信度。

(三)谈话法

谈话法是通过教师和学生相互交谈的活动来了解学生情况的方法。这种方法具有直接交流的特点,教师能够借助该方法掌握学生的一手资料。为了确保对学生的了解全面且客观,教师在运用谈话法时应从多个维度、不同层面与学生展开交流。

(四)调查研究法

调查研究法是深入了解学生的重要方法。调查前要根据调查的内容和问题列出调查提纲,考虑好调查的具体步骤和方法,确定调查的重点对象。调查时要热情、周到,重要的内容要边听边记,调查后要对了解到的内容做适当的整理,留存宝贵材料。

(五)测验法

测验法可以较快地了解学生的知识水平、能力情况等学习信息。根据教学需要,设计相应的练习题或试卷,规定学生在特定的时间内作答,教师根据学生的答题情况,收集相关信息,为评价学生的学习水平提供依据。

学情分析的繁简程度因人而异。成熟教师之所以能够在简洁中洞察复杂,是因为他们曾经在复杂多变的实践中历经磨砺,积累了丰富的经验与洞察力。而年轻教师则需要在深入思考复杂问题的过程中,逐步学会化繁为简。只有通过在纷繁复杂的教学情境中不断探索,才能逐步发现适合自己的规律,实现螺旋式的成长与经验的积淀。

案例5-2 "基层群众自治制度"教学设计学情分析

我校高一年级学生主要来自南口镇半山区,对时政新闻缺乏关注,对实际生活的思考较少。课前调研数据显示,76.8%的学生没有注意和思考过居委会在生活中发挥的作用,在社区中遇到问题时没有想过找居委会解决,对基层自治的感受不深。[①]

[讨论与交流]结合杜燕老师的学情分析,谈谈高中思想政治课教学设计应如何关注学生的需求。

---

① 杜燕,赵军霞."新时代坚持和发展'枫桥经验'的生动实践"教学设计:从念头社区改造看基层群众自治[J].思想政治课教学,2024(10):62-65.

三、中学思想政治课的师生关系

教育是师生交往的过程,师生的交往关系带有教育本质的意蕴。可以说,能够正确处理师生关系的教师就抓住了教育的真谛。新时代中学思想政治课教师要正确处理师生关系。师生关系是教师和学生在教育教学过程中结成的相互关系,包括彼此所处的地位、作用和相互对待的态度等。①师生关系主要表现为教育教学中所形成的工作关系、心理关系、道德关系等。师生关系的类型主要包括对立型、依赖型、放任型和民主型等。对立型、放任型等不良师生关系在现实的教育教学中时有存在。

(一)不良师生关系

随着时代的变化发展,学生的主体意识日益增强,学生对民主、平等、自由、尊重有着强烈的需求。但是,有的学校和教师受"师道尊严"的传统思想和"应试教育"的现实压力影响,习惯于对学生进行严格控制和压制,把学生的"绝对服从"作为学生的最高行为准则。学生基本需要的缺失,会导致师生关系失衡,甚至会引起师生冲突。冲突总是伴随着强烈的消极情绪,如果不能及时解决,就会引发各种心理问题。

师生冲突,包括教师对学生的非人道行为以及由此产生的学生对教师的非人道行为。根据教师与学生非人道的关系,师生冲突分为教师的体罚型—学生的报复型、教师的惩罚型—学生的逃避型、教师的心罚型—学生的沉沦型三类。就其程度来说,心罚重于惩罚,惩罚重于体罚。②

有果必有因。任何行为背后都隐藏着特定的欲望。欲望得不到满足,可能会产生人际关系的不协调。但不是所有的人际关系不协调都会导致冲突,只有那些重要的、隐秘的欲望和利益出现相互不容的情况时,才会引起冲突。造成师生冲突的具体原因可以归纳为以下几方面。

1.观念与实际的差距

一些年轻教师刚走上工作岗位时雄心勃勃,可一旦他们在实际工作中遭到挫折后,就会有自己在大学期间接受教育获得的观念并没有让他们知道"世界的真相"的感觉。因此,他们的情绪出现波动,工作态度受到影响。这就为他们以后产生师生冲突埋下了根源。

2.角色意识过强的误区

教师要有角色意识,要符合教师的角色要求。如果这个角色意识与行为"过分",就可能造成教师的"强权"意识,要求学生绝对服从。这时,教师在与学生交往时,就容易造成冲突。③

3.师生间的"代沟"问题

师生处于不同时代,故其在知识结构、思维方式、价值观念及行为方式上存在明显的

① 郭敬莉.浅谈师生关系对教育效果的影响[J].课程教育研究,2018(6):191.
② 李朝辉.教学论[M].2版.北京:清华大学出版社,2016:59-60,此处有修改.
③ 张春南.浅谈师生关系与师生冲突对学生的影响[J].中国校外教育,2015(10):17.

差别,对同一问题认识的角度不同,所得的认识结果也会不同。教师在观念与行为方面与学生存在"代沟",是造成师生冲突的原因之一。

4.师生的期望值不一致

教师对学生不合乎期望的行为不满意,就会对学生进行批评指责,从而诱发学生的压抑、不满或怨恨。这种压抑、不满或怨恨,也是造成师生冲突的原因之一。另外,教师的个人特征或行为方式不符合学生对教师的期望,也会引起学生不满,学生就可能有意无意地表达他们的不满情绪。

此外,诸如教师负担加重、升学压力大、过度竞争、严格考核以及教学条件差、教师待遇低等情况,也是造成师生冲突的外部因素。

解决师生冲突,首先要抓住主要矛盾。面对冲突,教师要抛开表面现象不要和学生纠缠具体细节的是与非,而要找出冲突产生的背景和原因。其次要加强师生间的思想沟通,敞开心扉,坦诚以待,增加相互理解。最后师生要共同分析产生冲突的原因,只有找到原因,才能有针对性地找出解决的办法。

另外,教师要尊重学生,用民主的态度对待学生,热情、耐心地帮助学生,加强与学生的思想和情感沟通,努力营造一种和谐、健康向上的师生关系。[①]

(二)良好师生关系的构建

新时代中学思想政治课教学中,应该建立良好的师生关系,即民主平等的新型师生关系。这种民主平等的师生关系意味着教师对学生作为"人"的价值的承认,意味着教师对学生人格的尊重,意味着教师对学生的公平对待,意味着教师对学生的信任。[②]良好师生关系的构建受多种因素的影响和制约,教师的专业素养是良好师生关系建立和发展的关键性因素。此外,要坚持理解、尊重、宽容、平等等原则,掌握师生交往的技巧。

1.了解

了解学生是教育教学的出发点。建立和发展良好师生关系,首先应了解学生对老师的心理需求。为此,必须掌握与学生个别谈话的艺术。苏霍姆林斯基认为,"善于听学生们说话,是一种了不起的教育艺术",并建议"不要不理睬学生的抱怨话""你要使学生乐意接近你,并向你说出自己的心里话。你要懂得,必须温柔而极谨慎地接触儿童的心灵"。[③]

2.期待

皮格马利翁效应表明:只要教师真正爱学生,对学生寄予期望,这些学生都会取得较大的进步。教师与学生交往,就是要通过自己的特定行为方式,将自己的期待有意识地传达给学生。比如,将一个任务交给一个能力较弱的学生,相信他能完成这个任务,这就包含了一种信任和期待。

---

① 李朝辉.教学论[M].2版.北京:清华大学出版社,2016:60-61,此处有修改.
② 李朝辉.教学论[M].2版.北京:清华大学出版社,2016:61,此处有修改.
③ 苏霍姆林斯基.给教师的建议[M].周蕖,等译.武汉:长江文艺出版社,2021:230-231.

3.记忆

希望别人记住自己是人需要尊重的表现。教师记住学生的名字、年龄、家庭、兴趣、爱好、特长、心理状态、个性特征等有关信息,并在交往中表现出来,不仅能够满足学生的自尊心,还能够有效拉近师生之间的距离。如果一位中学思想政治课教师,教了学生一年后,仍然叫不全自己任教班级学生的名字,甚至张冠李戴,这无疑会拉大师生间的心理距离。

4.公平

教师与学生交往时,应秉持公平的原则,平等对待每一位学生。然而,在实际教学中,教师可能会因过往经验或主观印象而对同一行为产生不同的解读。例如,当一个平时表现活跃、常被贴上"调皮鬼"标签的学生,在答题时没有按照书本要求或教师的思路作答时,教师可能会认为这是"故意捣乱";而当一个被认定为"好学生"的孩子做出同样的行为时,教师却可能将其视为"富有创造性"的表现。这种基于学生过往表现而形成的刻板印象,会导致教师对同一行为做出截然不同的反应,从而让学生感受到明显的不公平。

5.幽默

幽默是教师与学生形成良好人际关系的催化剂。运用好幽默的关键在于:一是幽默的表达要力求自然,而不是刻意追求;二是幽默的内容要高雅,而不是"只博一笑"、油腔滑调;三是幽默的火候要有尺度,不能过度夸张;四是幽默的时机要把握,要寻找契机,注意幽默的场合和对象;五是幽默的动机要正确,正确区别幽默与讽刺的不同。

6.暗示

暗示是用间接或直接的方法诱使人按照一定方式行动或接受某种信念与意见的心理过程。学生的年龄、智力、心理、经历等阶段性特点,决定了学生受暗示的程度较高。教师对学生暗示时要注意:一是巧妙运用直接暗示和间接暗示;二是采用积极暗示和避免消极暗示;三是综合运用语言暗示和非语言暗示;四是学会使用反暗示,即教师利用学生的逆反心理所进行的一种相反信息的传递。

7.谈话

谈话是师生沟通的常见方式。教师与学生的谈话可以通过以下几种方式进行:一是接触性谈话,即"随便聊聊",意在寻求心理接近;二是调查性谈话,即针对某人或某事,了解过程,弄清前因后果,以便正确判断;三是教育性谈话,如鼓励、表扬、防范等。

8.角色淡化

教师不仅仅是"教师"这一社会角色的承载者,同时还扮演着"长辈""学者""朋友"等多种角色。未成年学生本质上有着向他人敞开心扉、倾诉情感与思想的精神需求。思想政治课教师应当构建一种既充满友谊又富有情趣的"个性交往"活动,帮助学生在心理和精神上达到平衡。在这种情境下,"老师也是朋友"的理念便自然凸显出来。

师生交往的技巧固然繁多,但无论何种技巧,其关键都在于教师是否真正用心去关注和关爱学生。只有将真诚的关心融入日常的交往中,才能真正建立起和谐、信任的师生关系。

本讲小结

讲好思想政治理论课关键在教师。新时代,教师的基本职责趋于多元化。初中生在身心发展方面具有自我意识增强、容易冲动偏激,急功好胜、幼稚多变,观念新颖、追求创造,情绪不稳、承受力差等特点;思想道德方面,存在价值观趋向务实化、功利化,个性张扬、思想活跃、是非易混等特点。高中生在身心发展方面具有独立自主意识增强、智力与意志力迅速发展、兴趣爱好日趋稳定、言行举止趋于成熟等特点;思想道德方面,总体上具有强烈的爱国意识和社会责任感,有着正确的目标追求和较强的自主意识,敢于探索创新、乐于团结合作等特点。在中学思想政治教学实践中,师生之间的欲望和利益出现相互不容时,就会引起师生冲突,教师的专业素养是建立和发展良好师生关系的关键性因素,教师与学生交往应坚持理解、尊重、宽容、平等等原则并掌握必要的技巧。

课后思考

1.新时代中学思想政治课教师应该如何提高自身的专业素养?

2.新时代中学生在思想道德方面具有哪些特点?

3.简述构建新时代良好师生关系应坚持和掌握的原则和技巧。

第五讲　课后思考
参考答案

资源拓展

[1]李朝辉.教学论[M].2版.北京:清华大学出版社,2016.

[2]高青兰,张建文,郑瑜.中学思想政治课教学论[M].北京:人民出版社,2013.

[3]潘燕霞.立足初中生身心特点开展政治教学[J].吉林:考试周刊,2015(4):130-131.

[4]杨晓琴.浅谈初中生的身心发展特点及其教育[J].教育艺术,2010(10):71-72.

[5]赵昆伦,代辰旭.基于高中生身心发展规律的优质教学策略研究[J].辽宁教育,2017(15):8-10.

[6]李晓东.新时代中小学思政课教师专业成长的路径与策略[J].思想政治课教学,2024(8):85-88.

第五讲　教学课件

第六讲

中学思想政治课教学设计概述

教学设计是连接教学理论与教学实践的桥梁。它不仅直接反映教师的教学设计才能和技艺,而且直接影响教学效果的好坏和教学质量的高低。科学化、规范化的教学设计与实施是一项系统而复杂的工作,要设计好教学与实施,首先要从整体上认识教学设计的概念、依据、程序与要求等。

学习要点

1.中学思想政治课教学设计的内涵。
2.中学思想政治课教学设计的依据。
3.中学思想政治课教学设计的基本程序。
4.中学思想政治课教学设计的基本要求。

教学设计是教学实施的前提。教学设计是否科学、规范、有效、高效,不仅直接反映教师的专业化水平,而且直接影响到教学实施效果的好坏和教学质量的高低。因此,从整体上探讨中学思想政治课教学设计的概念、依据、程序与要求等问题,对于中学思想政治课教学设计与实施具有重要的指导意义。

一、中学思想政治课教学设计的内涵

(一)教学与设计

要界定教学设计的含义,首先要明确何为教学?何为设计?所谓"教学",概括地说,就是教师与学生以课堂为主渠道的交往过程,是教师的教与学生的学的统一活动过程。通过这个交往过程和活动,学生掌握一定的知识和技能,形成一定的能力和态度,人格获得一定的发展。①所谓"设计",就是活动计划或活动单元的意思。教学论意义上的"设计"是指在有计划的活动中开展教学。

---

① 张华.课程与教学论[M].上海:上海教育出版社,2000:73.

(二)教学设计

教学设计是在20世纪60年代以来逐渐形成和发展起来的。何谓教学设计？学界对此概念的界定还未达成共识。加涅(Gagne)认为："教学是以促进学习的方式影响学习者的一系列事件,而教学设计是一个系统化规划教学系统的过程。"①格斯塔弗森(Gustafson)指出,"教学设计"这一术语被用于描述包括分析教学内容、确定教学方法、指导试验和修改以及评定学生学习的整个过程。布里格斯(Briggs)认为,教学设计是分析学习需要和目标以形成满足学习需要的传送系统的全过程。瑞奇(Richey)认为,教学设计是为了便于学习各种大小不同的学科单元,而对学习情景的发展、评价和保持进行详细规划的科学。肯普(Kemp)认为,教学设计是运用系统方法分析研究教学过程中相互联系的各部分的问题和需求,在连续模式中确立解决它们的方法步骤,然后评价教学成果的系统计划过程。梅里尔(Merrill)等人认为,教学是一门科学,而教学设计是建立在这一科学基础上的技术,因而教学设计也可以被认为是科学型的技术。西方教学理论界还有一个常用的术语是"教学开发",它和教学设计是近义词,在使用上也常互换,但教学开发的含义应当比教学设计更丰富,它不仅包括如何设计教学,而且还包括教学研究、教学设计的理论基础。

20世纪80年代以来,随着对教学设计研究的深入,我国的一些学者对教学设计进行了不同的界定。一是"措施"说,把教学设计看作是实现教学最优化的一种重要措施。例如,刘高佶认为,教学设计就是用系统的观点和方法按照教学目标和教学对象的特点,仔细安排和组织各种学习资源,使之程序化。二是"方法"说,把教学设计看作是一种方法,比如,国家教育委员会电化教育司组织编译的《教学媒体与教学设计》认为,教学设计是一种研究教学系统、教学过程和制订教学计划的系统方法。三是"操作程序"说,把教学设计看作是一种操作程序。例如李克东、谢幼如认为,教学设计就是运用系统方法和步骤,对教学结果作出评价的一种计划过程和操作程序。四是"方案"说,把教学设计看作是对方案的制订和修改。例如顾明远认为,对整个教学系统的规划,在分析学习者的特点、教学目标、学习内容、学习条件以及教学系统组成部分特点的基础上统筹全局,提出具体教学方案。五是"计划"说,把教学设计看作是制订计划。例如张旭、许林认为,教学设计是用系统的方法分析教学问题,研究解决问题途径,评价教学结果的计划过程或系统规划。六是"技术"说,把教学设计看作一种"技术"。例如鲍嵘认为,教学设计是一种旨在促进教学活动程序化、精确化和合理化的现代教学技术。②

上述观点尽管存在一定的差异,但也有一些基本共识。第一,教学设计是基于一定理论和方法论基础的设计。第二,教学设计是对教学进行系统计划的过程。第三,教学设计要关注学生的需要和特点。

基于这些共识,我们认为教学设计通常是指课堂教学设计,是以优化教学效果为目的,在一定的学习理论、教学理论、传播理论指导下,运用系统方法分析教学问题、确定教

① 加涅,等.教学设计原理[M].王小明,等译.上海:华东师范大学出版社,1999:11.
② 李定仁,徐继存.教学论研究二十年[M].北京:人民教育出版社,2001:235.此处有改动.

学目标,建立解决教学问题的策略方案、试行解决方案、评价解决方案的过程。

从以上界定,我们可以看出,教学设计需要回答五个问题,即教什么、学什么(学习内容分析)—为什么要教、为什么要学(学习者需要分析)—应该教成怎么样、学成怎么样(教学目标设计)—怎样教、怎样学(教学策略设计)—教得怎么样、学得怎么样(教学评价设计)。这五个方面是一个系统,具有整体性、有序性和结构优化趋势。

(三)新时代中学思想政治课教学设计

新时代中学思想政治课教学设计,就是在一定教育教学理论指导下,运用系统方法对中学思想政治课教学过程中的要素、环节进行分析和规划,为中学思想政治课堂教学活动制定具体可行的程序或方案的过程。由此可知,认识和把握新时代中学思想政治课教学设计应该注意以下几点。

1.中学思想政治课教学设计是在一定教育教学理论指导下的方案设计

作为连接理论与实践桥梁的教学设计,是在一定理论指导下的课堂教学实践。依据心理学、教育学、教育技术学、系统论、教学论等学科中不同流派的观点和方法进行教学设计,就会形成不同的教学设计模式。例如,基于认知主义、行为主义、人文主义等理论进行的教学设计,其宗旨与特征就不同。

2.中学思想政治课教学设计是对课堂教学要素和环节进行的系统规划

教学设计是把课堂教学过程中的各要素、各环节看成一个系统。课堂教学过程包括教师、学生、目标、内容、方法、媒体、活动等要素,同时包括教学导入、新课讲授、情境设置、问题设计、活动开展、教学小结、课堂检测等环节。教学设计既要规划、整合教学过程中的每个要素和环节,也要揭示出各要素、各环节的内在的、本质的、必然的联系,以达到教学过程的系统优化和最优目标。

3.中学思想政治课教学设计是一项具有可操作性的实施程序或方案

课堂教学设计的最终成果实际上是一项实施程序或方案。这一成果既要符合一定教育教学理论和新课程改革的理念要求,又要在特定的教学条件和教学环境下具有可行性。其既不能以改革为名违背教学设计的科学性,又不能因设计者的创新性而违背可操作性。

二、中学思想政治学科教学设计的依据

中学思想政治课教学设计是一项系统而复杂的工作,有效的教学设计需要综合考虑多方面的制约因素,既要考虑理论基础,又要考虑现实依据。

(一)理论基础

关于教学设计的理论基础,国内学界是有争议的。李定仁、徐继存在《教学论研究二十年》中总结了我国教学设计理论基础的研究成果,概括出了六种观点。第一,"单基础"论。李克东、谢幼如认为,教学设计的理论基础是认知学习理论,并强调其主要是指加涅的认知学习理论。第二,"双基础"论。张旭、许林认为,教学设计是以传播理论和学习理

论为基础。第三,"三基础"论。乌美娜认为,教学设计是以学习理论、教学理论和传播理论为理论基础。第四,"四基础"论。何克抗认为教学设计理论基础包括系统理论、学习理论、教学理论和传播理论。第五,"五基础"论。张筱兰认为,教学设计要以学习心理理论、现代教学理论、设计科学理论、系统理论和教育传播理论为理论基础。"六基础"论。冯学斌、万勇认为,学习理论、传播理论、视听理论、系统科学理论、认识论和教育哲学共同构成了教学设计的理论基础。[①]

以上观点都有其合理性。在总结现有教学设计理论基础研究成果的基础上,结合中学思想政治课教学实际,我们认为,教学理论、系统理论、传播理论应该是中学思想政治学科教学设计的主要理论基础。

1.教学理论

科学理论的指导是中学思想政治课教学设计由经验层次上升到理性层次的一个基本前提。教学理论包括教的理论和学的理论,就学科属性来说,属于教育学、教学论研究的范畴。教的理论是人们在教学思考中形成的,探讨和揭示各种教学现象及其规律,指导教师的教学活动;学的理论是探索和揭示人类学习过程的本质和规律,指导人类的学习活动,特别是学生的学习活动。这两方面的基本理论从不同方面为解决教学问题、制定和选择教学方案提供了科学依据。教学设计的理论基础不可避免地要包括教与学的理论。

此外,中学思想政治课教学设计还要以中学思想政治学科教学理论为依据。中学思想政治学科教学理论是思想政治学科教学实践经验的总结和系统反映,是对中学思想政治学科教学过程及其规律的系统认识,应该成为中学思想政治学科教学设计最直接的理论依据。如前所述,初中道德与法治课程确立的五个方面的课程理念,高中思想政治课程确立的四个方面的课程理念,这些理念对中学思想政治课教学设计具有重要的指导意义。

在现实的教学实践中,有些教师注重教学经验,忽视系统的理论指导,进行教学设计时往往对教学中的问题进行经验化处理;有些教师不懂得如何在教学理论的指导下对教学进行系统规划,教学设计往往过于随意,结果影响了课堂教学质量。因此,只有自觉运用科学的教学理论指导教学设计,才有可能使教学摆脱狭隘的经验主义窠臼,追求教学效果的最优化。

2.系统理论

以系统论为基础,是教学设计的一个基本特征,也是中学思想政治课教学设计成功的关键所在。根据系统科学的基本原理与方法,在研究事物的过程中,要从系统和要素、要素和要素之间相互作用的关系中综合地、精确地考察对象,从而取得解决问题的最佳效果。

中学思想政治课教学是一个由教师、学生、教学内容、教学方法与手段构成的复杂系统,这些要素之间相互联系、相互作用,形成教学过程,而且这些要素之间不同的联系和作用方式会形成不同的教学模式。既然中学思想政治课教学是一个系统,那么对教学进

① 李定仁,徐继存.教学论研究二十年[M].北京:人民教育出版社,2001:236-237.此处有修改.

行设计当然要遵循系统科学的原理,运用系统方法分析教学系统中各个元素的地位和作用,明确各个元素发挥作用的有效时机和条件,使各元素得到最紧密的、最佳的组合,发挥教学系统的整体功能,优化教学效果。

3.传播理论

信息在师生之间的有效交流是教学成功的必要条件之一,传播理论探讨的是世界一切信息传播活动的一般规律。中学思想政治课教学也是一个信息的传播过程,包括信息从教师或媒体传播到学生和信息从学生或媒体传播到教师两个方向。因此传播理论理应成为中学思想政治课教学设计的理论基础之一。

研究表明,从信息通道看,人类各种感官的功能是不同的,有些材料宜于以视觉方式呈现,有些则宜于以听觉方式呈现,在相同条件下,通常视觉带来的效果最好,听觉次之。从信息结构看,进行信息传播,要考虑信息的结构与顺序是否符合信息接收者的思维与心理特点,对信息进行编码。从信息数量看,一段时间内信息传递量太少,会造成信息传递效率低下,而信息量过大,信息密集度太高,则会加重负担,使信息通道阻塞,直接影响信息传递效果。因此,中学思想政治课教学设计要遵循媒体传播规律,关注课堂教学的媒体设计。

(二)现实依据

1.学生发展的需要

教是为了学,学是教的依据和出发点。中学思想政治课是落实立德树人根本任务的关键课程,其根本目的和落脚点是促进学生的发展,提高学生的思想政治素养。因此,中学思想政治课教学设计必须把中学生的身心特点和学习需求作为教学设计的一个重要依据。如前所述,初中阶段是学生身心发展的一个巨变期,这个时期他们既有很多渴望也有很多彷徨。初中道德与法治课教学设计要强调以初中学生的生活为基础,按照学生生活扩展的逻辑去设计教学,为学生正确认识自我,处理好与他人,与集体、国家和社会的关系,以及思想品德的健康发展提供必要的帮助。

2.社会需要和时代发展的要求

教学具有重要的社会功能,要为党、国家和社会的需要培养人才。特别是,中学思想政治课带有浓厚的国家意志和强烈的时代特色。因此,中学思想政治课教学设计必须体现社会的需要和时代发展的要求,反映党和国家发展要求和新的时代精神。例如,面对经济、科技的迅猛发展和社会生活的深刻变化,面对新时代社会主要矛盾的变化,面对新时代对提高全体国民素质和人才培养的新要求,面对我国现阶段高中阶段教育基本普及的新形势等,中学思想政治课程标准必须与时俱进,加以修订,教学设计与实施也应如此。可见,社会和时代发展的形势与特点是中学思想政治课改革的着眼点,也应该是中学思想政治课教学设计的基本出发点。

3.中学思想政治课的性质与特征

中学思想政治课是落实立德树人根本任务的关键课程,是一门以马克思主义基本观点教育为核心的社会主义公民素质教育课程。尽管初中和高中各有不同的侧重点,前者侧重于公民的道德与法治素质,后者则侧重于公民的思想政治素质,但归根结底都是立德树人。与其他课程相比,中学思想政治课具有政治性、思想性、综合性、实践性等多方面特点。新时代中学思想政治课教学设计必须体现这些特点。中学思想政治课肩负着培养一代又一代社会主义建设者和接班人的神圣使命,兼有政治性和思想性,而政治性是其根本性质,也是这门课程的灵魂,它决定着课程的方向。因此,在中学思想政治课教学设计中,必须旗帜鲜明地讲政治,彰显政治属性,要坚定政治立场,凸显政治智慧,贯彻落实党的理论和路线方针政策,引导学生同党中央保持高度一致,强化政治担当。

4.中学思想政治课的学科知识

中学思想政治课教学设计必须建立在相应的学科知识基础上,否则,教学就成了无源之水、无本之木。中学思想政治课程标准和教材是其教学内容的主要载体,教学设计必须研究课程标准和教材,以相关的学科内容为基本依据,不能随意另起炉灶。当然,依据学科知识不意味着对学科知识的机械照搬,要注意协调三个方面的关系:第一,理论知识与直接经验的关系,既要注重已有的学科理论知识传授,又要引导学生自主探究,关注学生直接经验和间接经验的获取。第二,学科知识的系统性与教学内容体系系统性的关系,既要尊重学科知识的系统性,又要根据学生的实际,对学科内容进行加工、组合与构建。第三,学科知识与思想政治教育的关系,要强化思想政治教育功能,强调以政治性统率思想性,突出知识教育服务于政治教育和思想教育。

5.教师自身的特点和经验

从一定意义上说,教学设计的过程是教师从自身的特点和经验出发,进行的一种创造性劳动过程。对于中学思想政治课教学设计,一方面,教师要依据自身的特点和优势,展现自己的风格;另一方面,教师不能完全依据经验行事,要将科学的理论和方法与好的教学经验结合起来,使教学设计达到科学性与艺术性相统一的境界。

总而言之,中学思想政治课教学设计的现实依据是多方面的。在进行教学设计时,应全面地认识和处理它们之间的关系,找到它们之间的最佳结合点。[①]

资料卡6-1　20世纪教学设计的基本模式

1.认知取向的教学设计模式:该模式建立在认知心理学的理论基础之上,是基于学生认知发展而进行的教学设计,其要旨在于发展学生的认知能力和水平。代表模式包括布鲁纳发现学习、奥苏伯尔"先行组织者"教学、加涅指导教学等。

2.行为取向的教学设计模式:该模式建立在行为主义心理学的基础之上,是基于行为控制而设计的教学,其根本宗旨在于完善人的行为。代表模式主要是斯金纳的程序教学。

3.人格取向的教学设计模式:该模式以人本主义心理学为基础,"基于完美人格、为了完美人格、在完美人格中"是其基本特征。代表模式主要是罗杰斯的"非指导性教学"。

[①]　胡田庚.中学思想政治教学设计与案例研究[M].北京:科学出版社,2012:13-17.此处有改动.

三、中学思想政治课教学设计的基本程序

(一)教学设计的基本程序

关于教学设计的程序,国内外不同的学者从不同视角提出了不同观点。

在国外,美国的加涅、布里格斯在系统级、课程级和课堂级水平层面上把教学设计分为14个步骤。系统A级:①分析需求、目的及其需要优先加以考虑的部分;②分析资源和约束条件以及可选择的传递系统;③确定课程范围和顺序,设计传递系统。课程级:④确定某一门课的结构和顺序;⑤分析某一门课的目标。课堂级:⑥确定行为目标;⑦制订课堂教学计划;⑧开发、选择教学材料和媒体;⑨评定学生行为。系统B级:⑩教师方面的准备;⑪形成性评价;⑫现场试验及修改;⑬总结性评价;⑭系统的建立和推广。[1]肯普认为,教学设计程序应由八个部分组成:①讨论目的;②列出学生的特点;③确定可以取得明显学习成果的教学目标;④列出每一学习目标的学科内容;⑤估计学生对有关课题的基础知识和表达水平;⑥选择教学活动的教学资源;⑦协调所提供的服务(如预算、设备、仪器、人员、时间表等);⑧根据学生完成学习目标的情况,评价学生学习成绩,以便修改和再评价计划中需要改进的部分。[2]

在国内学界,李克东认为,教学设计的程序是:①分析教学目标,即明确学生学习什么内容;②确定教学策略,即选择要达到预期目标所需的资源、程序和方法;③进行教学评价。[3]麦曦等把教学设计分为三个部分、八个要素。三个部分分别是教学目标设计、教学策略设计和教学评价设计。八个要素分别是:①教学对象分析;②教学内容分析;③学习目标编制;④教学内容、顺序设计;⑤教学方式、方法设计;⑥教学媒体组合选择;⑦形成性评价设计;⑧总结性评价设计。[4]钟启泉提出,教学设计包括如下主要内容:①明确教学目标;②悉心钻研教材;③开展教学活动;④讲究教学策略;⑤实施教学评价。[5]

由此可见,尽管基于不同的教学任务,教学设计的基本方法和步骤会有所差异,但其基本内容是一致的。第一,教学目标的问题,也就是我们期望学生能学会什么,或者说教师教什么和学生学什么。第二,如何教的问题,也就是如何使学生达到预期目标,或者说教师如何教和学生如何学。第三,教得如何的问题,也就是如何及时获得学生学习的反馈信息,或者说教师教得怎么样和学生学得怎么样。

教学设计的基本程序要聚焦课堂教学,但不能把教学设计的基本程序等同于教学设计的基本内容,也就是说不能把"怎么做"与"做什么"的问题混为一谈。由此,所谓教学设计的基本程序,就是指教学设计者依据一定的理论和现实依据,开展教学设计的基本步骤,主要包括准备、实施和完善等阶段。

---

① 冯晓琳.教师教学基本功[M].北京:中国三峡出版社,1997:246-247.
② 郑庆昇.教学工作技能训练[M].上海:华东师范大学出版社,1997:71.
③ 邝丽湛.思想政治学科教学设计[M].广州:广东高等教育出版社,1999:155.
④ 邝丽湛.思想政治学科教学设计[M].广州:广东高等教育出版社,1999:71.
⑤ 邝丽湛.思想政治学科教学设计[M].广州:广东高等教育出版社,1999:70.

082

(二)教学设计的基本程序

根据教学设计基本程序的要求,结合教学实际,中学思想政治课教学设计的基本程序主要包括准备、实施、完善等阶段。

1.准备阶段

精心的准备是做好教学设计的基础。中学思想政治课教学设计要做的准备工作主要有研究课程标准、分析教学内容、了解学生情况、把握社会需求、收集教学资料等。

(1)研究课程标准

中学思想政治课教学设计首先要从研究课程标准开始,这是由课程标准的地位和作用决定的。中学思想政治课程标准是由教育部统一制定和颁布的指导性文件,它对中学思想政治课程的性质、理念、目标、内容等进行了明确的规定,也提出了教学、评价、课程资源开发和利用等方面的建议,是教材编写、学校教学、学业质量评价的依据。开展教学设计,必须研究课程标准,领会其精神实质。只有这样,才能有效研究教材,合理确定教学目标,恰当处理教学内容,科学选用教学方法和手段,妥善安排教学进程,设计出切实可行的教学方案。

(2)分析教学内容

教材是课程标准的具体化,是最基本的教学材料,既是教师施教的"教本",又是学生学习的"学本"。因此,分析中学思想政治课教学内容主要表现在对教材的研究上。教师只有认真研究教材,分析教材的地位、内容结构、重点难点、蕴含方法等,才能系统把握教学的基本内容和掌握这些内容之间的联系,明确重难点,了解学生对相关知识学习的已有基础和思想认识情况,依据教材内容去选择教学方法,设计教学媒体,编写教学方案,开展教学活动。不认真钻研教材,教师的教学设计就无从下手,教学活动也就无法进行。

(3)了解学生情况

学生是学习的主体,教学是为了学生的学习与发展。因此,教学设计时,必须了解学生的基本情况,使教学设计从学生的实际出发,根据学生实际确立教学目标,处理教学内容,选择教学方法,确定教学方案,引导学生参与教学活动,提高教学设计的针对性。就中学思想政治课教学设计来看,除了要了解所教班级学生的构成情况、整体学习情况以及学生的姓名、年龄、身体状况、家庭环境、个性心理、师生关系等情况外,还要重点了解学生已有的学习基础、学生可能面临的疑难困惑、学生的思想状况等。

(4)把握社会需求

中学思想政治课具有较强的国家意志和时代特色,教学必须体现国家的意志和要求,反映社会变化。中学思想政治课教学设计也需要建立在对社会实际进行分析的基础上,了解党和国家的路线、方针、政策以及青少年德育工作、思政课教学工作等精神与要求。只有这样,才能凸显思想政治课的政治性和思想性,有效落实其价值和功能,增强立德树人的有效性、针对性和实效性。

(5)收集教学资料

创设有效情境、提高学习兴趣以及解释与论证基本概念、原理、观点等,都需要借助一定的客观事实和相关材料。因此,中学思想政治课教学设计,要建立在收集和整理资料的基础上。中学思想政治学科教学资料,包括一切与思想政治学科教学有关的文章、数据、故事、格言、时政、试题等。教学资料多种多样,就教学资料的来源看,包括书籍报刊资料、电影电视资料、社会生活资料等;就教学资料的存在形态看,包括纸质资料和音像资料等。

2.实施阶段

教学设计围绕哪些内容展开,在本讲前面已经加以阐述。中学思想政治课教学设计在实施阶段,尽管教学设计的内容很多,但主要还是应该围绕教学目标设计、教学实施设计、教学评价设计等方面展开。

(1)教学目标设计

教学目标设计是整个教学设计的首要内容。教学目标设计直接表明教学活动的预期效果,表明通过教学活动学生能够学到什么、学到何种程度。所有教学活动都是围绕教学目标展开,教学效果评价也是以是否落实教学目标、教学目标的落实程度为衡量依据的。为此,必须进行教学内容分析和学情分析。

(2)教学实施设计

在确立教学目标的基础上,如何实施教学活动,或者说教师如何教、学生如何学,如何使学生达到预期目标,便是教学设计紧接着要关心的问题。教学实施是一个非常复杂的过程,中学思想政治课教学实施设计主要包括四方面内容:第一,教学方案的设计,包括学期教学方案的设计、单元教学方案的设计、课时教学方案的设计、课外活动方案的设计等。第二,教学组织形式的设计,包括课堂教学和课外活动的设计。第三,教学要素的设计,包括教学实施中教师和学生行为活动的设计、教学内容的设计、教学方法和媒体的设计等。第四,教学环节的设计,包括教学导入设计、教学语言设计、教学提问设计、教学小结设计、教学板书设计等。

(3)教学评价设计

教学实施后,教学效果、学业质量如何,需要进行相应的检测和评价。因此,通过什么方式获取教师教和学生学的反馈信息,用什么样的标准和方法去检验和评价教师教和学生学的效果,也成为中学思想政治学科教学设计的重要内容。

3.完善阶段

教学设计方案的形成,并不意味着教学设计过程的终结。为了使教学设计更符合教学要求,更具特色,还要对初步形成的教学设计方案进行不断修正和完善。

中学思想政治课教学设计的修正和完善,一般包括三种途径。第一,在教学实践中完善。教学设计完成后,自然要用于教学实践。通过教学实践,特别是通过教学成效考评,依据教学过程前后的变化以及作业测量,获取反馈信息,了解教学设计在教学过程中的可行性及使用效率,发现教学设计存在的问题与不足,不断调整教学目标的定位、教学要素的组合方式以及教学环节的构建与衔接情况,使教学设计更符合教学实际,保证教学设计能够更和谐、高效地实施。第二,在自我审视中完善。教师完成教学设计以后,要对照教学设计的基本要求,对自己的教学设计进行反复检查和推敲,分析教学设计中教学目标的定位是否准确,教学各要素、各环节的设计是否合理,教学评价设计是否恰当,力图使教学设计进一步优化。第三,在交流研讨中完善。教学设计完成后,可以和同行进行交流研讨,也可以向有关专家请教,征求相关的意见,探讨教学设计的特点,尤其是共同分析教学设计中存在的问题,以及改进的思路和方法,使教学设计能够更好地完善。[①]

　　我们认为,中学思想政治课教学设计的流程应当做到繁简适中。如果过于复杂,教师即便有心去做,也难以严格遵循;如果过于简单,则无法充分体现教学设计的系统性和完整性。经过综合考量,将教学设计分为准备、实施、完善三个环节,能够较为科学地反映中学思想政治课教学设计的基本程序。

资料卡 6-2　典型教学设计模型[②]

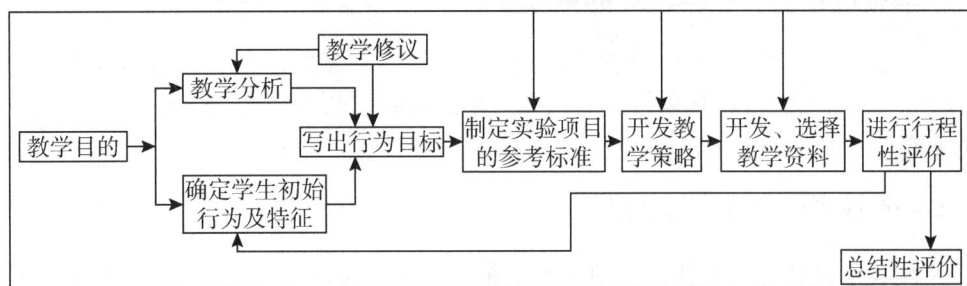

狄克–柯瑞模型

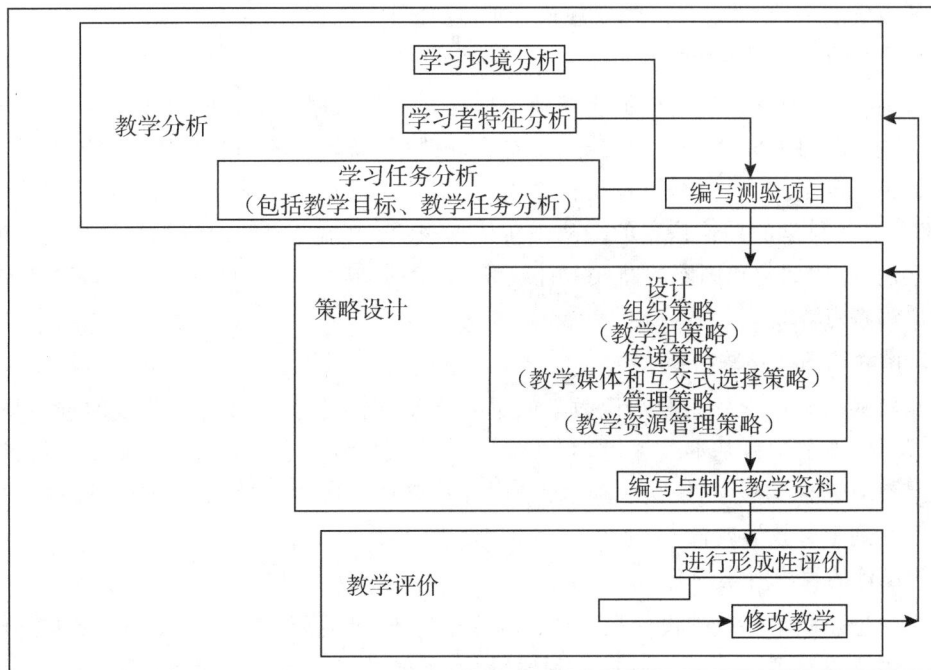

史密斯–雷根模型

①　胡田庚.中学思想政治教学设计与案例研究[M].北京:科学出版社,2012:17-23.此处有改动.
②　钟启泉.教学设计[M].上海:华东师范大学出版社,2022:19-20.此处有修改.

085

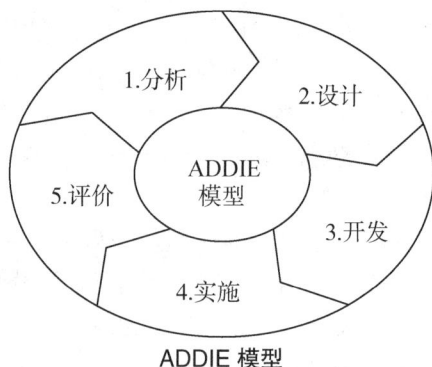

ADDIE 模型

四、中学思想政治课教学设计的基本要求

教学设计是学科教学的一项最基础的准备工作。教学设计的质量,不仅能反映出教师的专业水平,而且直接影响教学效果和教学质量。因此,中学思想政治课教学设计需要把握教学设计的基本要求。

(一)要规范合理,保证科学性

传统教学设计主要是凭借教师个人的相关经验。而现代教学设计要求建立在科学理论和方法基础上,尊重教学规律,采用系统方法解决教学问题。为了增强中学思想政治课的教学效果,教学设计首先要规范合理,保证科学性。

1.设计的依据科学合理

如前所述,教学设计的依据包括理论依据和现实依据。从理论依据来说,教学设计必须以先进的教育教学理论为指导,要符合新课程、新教材的理念与要求。比如活动型教学设计倡导的综合性教学、辨析性教学、情境教学以及合作学习、探究学习、体验学习等,都是有其科学的理论依据的。从现实依据来说,中学思想政治课教学设计受多种现实因素制约,比如党和国家的路线方针政策、学生的实际生活经验和发展需要、学科本身的性质和特点等。

2.设计的内容真实科学

真实科学是中学思想政治课教学的重要特征,也是提高思政课可信度的重要基石。教学设计涉及的学科基本概念、基本原理、基本事实以及与它们相应的分析论证材料,都应该具有真实性和科学性。教学设计的内容只有真实科学,才能增强教学的说服力,才能真正起到学科教学教育人、感染人的作用。

3.设计的程序科学规范

中学思想政治课教学设计虽不能说存在固定不变的操作步骤,但还是有基本操作程序的。教学设计要按照基本的操作程序进行,不能随意而为。例如,在正式开始设计教学活动前,要做准备工作,包括研究课程标准和教材、了解与教学内容密切相关的社会现实、了解学生学习的已有基础和现实基础等。否则,教学设计就会缺乏可行性和针对性。

4.设计的表述科学恰当

无论是哪种类型的教学设计方案,在表述上,必须符合一般的语法规范和逻辑要求,必须使用本学科的专业术语和教学用语来提出观点、阐述学科知识和基本原理以及开展判断推理与分析综合等。

(二)要有的放矢,具有目的性

教学设计以解决教学问题为宗旨,以教学效果最优化为目的。教学设计所有要素和环节的设计,都要围绕教学目标设计展开,教学目标设计是教学活动设计的出发点和归宿。因此,中学思想政治课教学设计必须注重教学目标设计。

1.要设计明确、具体、恰当的教学目标

有效的教学开始于教师对教学目标的明确把握。教学目标定位是否恰当,直接影响到教学活动及其效果。教学设计中,教师首先要重视教学目标的设计,力求确立的教学目标科学合理,具体明确。

2.要依据教学目标开展教学实施设计

教学目标对教学活动有定向、规范、调控等功能。教学活动设计必须服务于实现教学目标这个大局。每一个师生活动的设计,每一种教学策略的实施,每一个教学环节的运用等,都要着眼于教学目标的实现。

3.要依据教学目标不断改进教学设计

教学目标是教学评价的依据,教学活动的效果如何,主要取决于教学目标的达成程度。教学目标的达成情况是按照教学设计进行教学实施所带来的。因此,要关注教学目标达成情况的反馈信息,分析教学设计存在的问题和不足,不断改进教学设计,使教学设计更趋完善。

(三)要有亮点新意,彰显创新性

教学的生命力贵在创新。教学虽然有基本的原则、规律和方法,但是教学内容、教学对象等都是多样复杂的,教师不可能用固定的公式去解决教学中的各种问题。教学设计不能墨守成规,要突破固定模式,要在教学目标的确定、教学内容的处理、教学过程的调控、教学方法的选用、教学效果的测评等环节敢于创新、善于创新,着力构建新思路、把握新角度、运用新材料、创设新情境等。

1.构建新思路

教学思路是教学活动进行的基本线索。教学中先讲什么,后讲什么,先开展什么活动,后开展什么活动,还有教学由哪些环节构成,每个教学环节的内容是什么,教学环节之间如何衔接等,要进行周密设计,形成一个脉络清晰的教学整体结构。比如,教学以教材为蓝本,但教材思路不等于教学思路,可以按教材知识结构加以逻辑地、系统地组织编排,形成教学思路,也可以打乱教材内容体系进行重新编排,形成新的教学内容、教学结构和教学思路。

2.把握新角度

对学科内容的分析、材料的运用,可以从新的角度展开,也可以体现设计的心意。比如,各式各样的"愚公移山新说",就别具一格,能够起到集中注意力、激发动机的作用。

3.运用新材料

中学思想政治课教学离不开材料的运用,教学设计应加强材料筛选。筛选材料要尽量运用离当下更近、离学生更近的新材料充实教学,即使是大家所熟知的旧材料,也要从新的角度加以运用,以增强其吸引力。

4.创设新情境

教学内容情境化、问题化、活动化等是新时代中学思想政治教学改革的特点与要求。在教学设计中,确定议题、创设情境、设置任务、开展活动等,是当今主流中学思想政治课教学的常见做法。因此,教学设计创设的教学情境应该是学生所关注的现实问题,是融生活与课堂、生活与知识浑然一体的情境。

(四)要关注学生,体现主体性

传统教学设计,往往坚持"教师为中心"取向,而在基础教育新课程改革的过程中,有的教学设计却又片面强调坚持"学生为中心"取向。习近平总书记在学校思想政治理论课教师座谈会上指出:"要坚持主导性和主体性相统一,思政课教学离不开教师的主导,同时要加大对学生的认知规律和接受特点的研究,发挥学生主体性作用。"[1]由此,新时代中学思想政治课教学设计,要看到"教师为中心"和"学生为中心"的优势和不足,坚持"主导性和主体性相统一"的取向,形成"学教并重"教学设计策略,充分展现出教师精通知识的"经师"和涵养德行的"人师"的良好主导性,要以主导性唤醒学生主体性,以学生主体性为归宿。为此,中学思想政治教学设计,要关注以下几点。

1.激发学生的学习动机

学生是学习的主体,教学是为了学生的学习与发展。教学设计要始终把学生学习动机的激发放在重要位置,使学生真正能够把学习看作自己的事情,把教学看成是自己的需要,积极参与教学活动。

2.启发学生的思维活动

教师和学生是密切相连的教学共同体,教学过程是师生交往、积极互动、共同发展的过程,教学的效果最终取决于学生参与的程度。因此,中学思想政治课教学设计,应该基于情境、基于案例、基于问题,以情境承载教学内容,通过对情境的体验、案例的分析、问题的探究和解决,引导学生经历思维过程,在个案分析中展示观点、在价值冲突中澄清观点、在比较鉴别中辨认观点、在自主探究中提炼观点,使学生真正成为学习的主人。

3.提供丰富的学习资源

根据新课程改革的精神,教学不再是教师负责教、学生负责学的单向活动,教师不再

---

① 习近平:用新时代中国特色社会主义思想铸魂育人 贯彻党的教育方针落实立德树人根本任务 王沪宁出席[N].人民日报,2019-03-19(1).

是主要的信息源,更不是唯一的信息源。学生对有关信息的获取应该来自多方面、多渠道。中学思想政治课教学设计要给学生提供丰富的学习资源,即与教学内容相关的文本资源、音像资源、网络资源、活动资源等,更好地为学生创造自主、合作、探究的学习条件。

4.建立和谐的教学氛围

实践证明,适宜的课堂气氛既能使学生情绪高涨,又会使学生获得愉快、成功的体验,保持积极的学习心态。教学设计要力求创建和谐的课堂教学氛围。一方面,要转变教师的角色。比如,淡化授予者的角色,强化服务者的角色;淡化管理者的角色,强化引导者的角色;淡化权威者的角色,强化合作者的角色;等等。以平等的态度对待学生,以民主的态度宽容学生,鼓励学生积极思维,大胆发表自己的观点和见解。另一方面,要搭建师生、生生之间互动平台,包括合作平台、对话平台、展示平台、交流平台等。有了这些平台,才能有效调动学生的学习积极性,充分发挥学生的聪明才智。

(五)要整体优化,实现系统性

教学设计是一项系统工程,它是由教学内容分析、教学对象分析、教学目标确定和教学方法的选择以及教学评估等子系统组成的一个有机整体。各子系统的功能并不等价,其中教学目标起指导其他子系统的作用。苏联教育学家巴班斯基最早提出教学最优化理论。他认为要用辩证系统的方法,把教学过程置于系统中加以考查,以期达到最优处理教学过程问题,即在规定时间内以较少的精力达到当时条件下尽可能好的效果。[①]中学思想政治课教学的最优化设计,要从教学构成要素和组成教学活动逻辑历程的基本环节着手,促进教学要素、教学环节最优化,增强其系统性。

1.中学思想政治课教学要素的设计要相互协调

就教学整体设计来说,中学思想政治课教学由教学目标设计、教学内容设计、教学方法设计、教学媒体设计、教学评价设计等子系统组成,各子系统既相对独立,又相互依存、相互制约,组成一个有机的整体。教学设计应立足于整体,协调好各个部分的关系,做到整体与部分辩证地统一,分析与综合有机地结合,最终达到教学系统的整体优化。就教学要素设计来说,每个要素是由若干方面组成的,这些方面也需要相互协调,形成整体。例如,中学思想政治课教学目标是一个目标体系,初中道德与法治课程的教学目标由政治认同、道德修养、法治观念、健全人格、责任意识等方面的目标组成,高中思想政治课程的教学目标由政治认同、科学精神、法治意识、公共参与等方面的目标组成。在教学目标设计中,要注意目标结构整体协调。

2.中学思想政治课教学环节的设计要系统有序

中学思想政治课教学是要经历一定的逻辑历程的,这个逻辑历程由一系列的基本环节组成,教学设计要力求各个环节之间相互协调、系统有序。从宏观层面看,中学思想政治课教学要经历教学目标的确立、教学活动的实施、教学效果的评价等几个环节,教学设计要使这些环节相互联系、相互促进,成为一个有机整体。教学目标对教学实施、教学评

---

① 巴班斯基.教学过程最优化:一般教学论方面[M].张定璋,等译.北京:人民教育出版社,2007:53.

价有导向、规范、制约作用,教学实施以教学目标的实现为核心来进行;教学评价设计要以教学目标为标准、以教学实施的情况为事实依据来展开。从微观层面看,中学思想政治课教学实施也是要经历一系列具体环节的。在一般课堂教学中,要经历教学导入、课堂讲授、教学提问、教学小结等若干环节,教学设计也要使这些环节环环相扣,构成一个系统的逻辑顺序和教学流程。

(六)要切实可行,增强实效性

中学思想政治课教学设计是为教学实施服务的,其目的是保证教学有序、高效地开展,克服教学的随意性、盲目性。为此,教学设计要关注可行性,增强实效性。

1.关注可行性

教学设计要能够切实运用于教学,并取得成效,应该从现有的基础和条件出发,符合客观实际,且具有可操作性。

第一,要符合学生身心特点。学生是学习的主体,教学最终是为了学生的发展。教学设计要建立在对学生充分了解的基础之上,不仅要静态地了解学生的一般知识基础、年龄特点、心理特点、思想特点等,而且要动态地把握学生的发展变化,如学习进退的变化、组织纪律的变化、兴趣爱好的变化、思想认识的变化、行为习惯的变化等。例如教学媒体设计,不同年龄段的学生就应该有所区别。初中生年龄较小,形象思维能力较强,运用漫画、图片、音乐、录像等教学媒体更能够吸引他们的注意,帮助其理解相关知识;对高中生来说,因其有较强的抽象思维能力,故教师在教学中可以较多地运用图表等来辅助教学。教学设计只有符合学生的特点,才能在教学实施中调动学生参与的积极性、主动性。

第二,要与物质条件相适应。教学需要借助一定的物质条件。比如,多媒体教学需要有多媒体设备,研究性教学需要投入一定的人力、物力、财力等,社会实践需要有符合要求的参观对象和场所。因此,教师的教学设计要考虑学校、社区所能够提供的客观条件,超出客观条件,教学设计无异于空中楼阁,虽然美妙,却难以实施。

第三,要有较强的可操作性。教学设计是要实施的,要体现实践性和实用性。比如,教学思路清晰、教学步骤具体、操作方法明确的教学设计,实施起来才具有可操作性。同时,由于学生的学习基础、学习需要等各不相同,加之教学受多种因素制约,也不可能完全按预设的教学设计展开。因此,教学设计也要有一定的弹性,综合考虑教学中的不确定性因素,为不同学生的发展留下空间,为教学过程的动态性创造条件。

2.增强实效性

教学效率是衡量教学质量的一个重要标准。对学生来说,教学设计要力求提高学生的学业成就,使学生学有所得、学有所思、学有所感、学有所用。因此,教学设计不能只是追求形式,不能一味追求热闹,而是要重视对学生情况的了解,有的放矢地确定教学目标,制定教学策略,重视教学反馈,调控教学活动,使教学设计内容更加充实,让学生真正有所收获。[①]

---

① 胡田庚.中学思想政治教学设计与案例研究[M].北京:科学出版社,2012:23-31.此处有修改.

案例6-1　"科学立法"教学设计[①]

一、教学背景

依法治国是中国共产党治国理政的基本方略。《中共中央关于党的百年奋斗重大成就和历史经验的决议》中指出,必须坚持中国特色社会主义法治道路,贯彻中国特色社会主义法治理论,坚持依法治国、依法执政、依法行政共同推进,坚持法治国家、法治政府、法治社会一体建设,全面增强全社会尊法学法守法用法意识和能力。面对中国特色社会主义社会治理现代化的新要求,要让学生树立依法治国的坚定信念,高中思想政治课是进行法治教育的重要阵地。《全国教育系统开展法治宣传教育的第八个五年规划(2021—2025年)》中指出要充分发挥课堂教学主渠道作用,要全面落实《青少年法治教育大纲》,充分发挥法治教育在立德树人中的重要作用,引导青少年从小养成尊法守法习惯。

《普通高中思想政治课程标准(2017年版2020年修订)》对应的内容要求为"3.2搜集材料,阐述科学立法、严格执法、公正司法、全民守法的基本要求"。在教学提示中,"建议以公民参与立法有什么意义、有哪些途径为议题,探究推进科学立法、民主立法、依法立法,以良法促进发展、保障善治的意义,理解公民依法行使民主权利的制度。可观看有关人大会议的录像,或旁听地方立法听证会,以"我的立法建议为题组织讨论,解析公民有序参与立法的方式和途径。可参与社区有关规则的制定,亲身体验基层群众依法表达诉求、参与社区治理的过程"。由此可知,在本课的学习中,学生可通过参与立法,理解科学立法的内涵,

明确参与立法的具体途径,从而理解并阐释科学立法的基本要求。由于部分学生对社区活动不够了解,而校园是学生生活的主要场所,因此本节课通过校园规则的制定,引导学生理解推进科学立法的基本要求。

二、教学内容分析

本课内容选自统编教材必修3《政治与法治》第三单元"全面依法治国"第九课第一框题"科学立法"。第三单元围绕"全面依法治国"展开阐述,引导学生在了解马克思主义法律思想、回顾我国法治建设成就的基础上,理解全面依法治国的总目标和原则,明确坚持法治国家、法治政府、法治社会一体化建设,阐释推进科学立法、严格执法、公正司法、全民守法的基本要求。第九课第一框题"科学立法"讲述科学立法的内涵、原则以及推进科学立法的具体要求。科学立法要尊重和体现社会发展的客观规律,不断提高法律的质量;科学立法的原则即要体现我国的国家性质,要符合我国的政治制度和历史传统、国情和实际,要遵循法律体系的内在逻辑、立法工作规律、立法程序,要注重立法技术,努力实现立法过程科学化;实现科学立法必须依法立法,充分发扬民主,合理设定权利与义务、权力与责任。本课从不同角度阐释科学立法的相关内容,引导学生准确、系统地理解科学立法,提升学生对法治的理性认知和情感认同。

---

① 杨迪之,张帅."科学立法"教学设计[J].思想政治课教学,2022(5):62-65.

三、学情分析

学生对于法治的相关内容并不陌生,他们在九年级"建设法治中国"的学习中对科学立法有所了解。但是,通过课前问卷调查发现部分学生对立法环节的认识较为浅显,不了解参与立法的正确渠道。《关于深化新时代学校思想政治理论课改革创新的若干意见》中指出高中阶段重在提升政治素养,引导学生衷心拥护党的领导和我国社会主义制度,形成做社会主义建设者和接班人的政治认同。这就要求在高中阶段的法治学习中,学生能明确我国法治建设的成就,树立为法治建设做贡献的价值观念,培养参与法治建设的能力。因此,本节课的教学将在学生已有的学科认知基础上,深化学生对科学立法的思考,实现学生对相关内容在认识和理解上的螺旋上升。

四、教学目标

1.基于对课程标准、教学内容和学生学习情况的分析,本节课要引导学生形成对法治的理性认识和情感认同,提高参与立法实践的水平。

2.通过学习《北京市生活垃圾分类管理条例》《反食品浪费法》的立法过程,理解科学立法要尊重和体现社会发展的客观规律,不断提高法律的质量,能列举立法实例,阐述全面依法治国的总目标,培养法治意识。

3.通过分析校园规则的制定过程,理解科学立法要依法立法;通过参与民主协商,理解立法过程充分发扬民主的意义;通过归纳公民参与立法的途径,提高有序进行公共参与的能力。

4.通过制定校园规则的活动,分析不同群体在社会活动中的权利和义务,确定合理方案,培养科学精神。

5.从思政小课堂走向社会大课堂,学生能结合《反食品浪费法》的立法过程,感受党的领导、人民当家作主和依法治国的有机统一,培养政治认同。

五、教学重难点

1.教学重点:理解科学立法的内涵。理解科学立法要做到依法立法。科学立法要充分发扬民主。科学立法要合理设定权利与义务、权力与责任。明确科学立法对推进全面依法治国的重要意义。

2.教学难点:理解科学立法过程中充分发扬民主,坚持民主立法、广开言路的意义。阐释在我国社会主义民主政治伟大实践中坚持党的领导、人民当家作主和依法治国的有机统一的重要意义。

六、教学过程

环节一 引入:今天你进行垃圾分类了吗?

【教师活动】结合《北京市生活垃圾分类管理条例》的出台,向学生提出问题:"是否在生活中进行垃圾分类? 条例实施后给生活带来了哪些变化?"引导学生思考法规、条例等在生活中有哪些作用。总结学生的回答,概述科学立法对解决生活问题的意义,从而引入科学立法这一学习主题。

【学生活动】学生回忆自己所在社区在《北京市生活垃圾分类管理条例》出台后所发生的改变,思考《北京市生活垃圾分类管理条例》对垃圾分类的作用。

设计意图:从学生身边的生活情境入手,带领学生关注社会问题。同时结合法的职能等相关知识,引导学生理解科学立法的内涵,理解立法要顺应时代发展的要求、推动国家发展进步,从而引入如何提高立法质量这一问题。

环节二　校园规则的制定程序

【教师活动】向学生展示校学生会同学自己订立的"校园垃圾分类管理条例",请学生思考如果这个条例直接实施和颁布是否合理?引导学生讨论在规则的制定过程中要注意哪些问题。

【学生活动】阅读材料,思考教师的提问。讨论学生会制定"校园垃圾分类管理条例"的流程是否正确,思考校园规则制定中应遵循怎样的程序,以及制定规则的主体要注意哪些问题。

设计意图:引导学生讨论学生会制定规则时的不当之处,从而归纳科学立法要做到依法立法,应当按照法定职权、依据法定程序开展立法工作。在这一课堂活动中,学生通过对学生会制定校园规则过程的分析,理解依法立法的内涵,落实学习重点。

环节三　校园民主意见的征集

【教师活动】教师邀请学生帮助学生会重新制定"校园垃圾分类管理条例",思考制定"校园垃圾分类管理条例"需要向哪些群体进行意见征集。向学生提供一些常见的校园群体,如教师、学生、保洁人员、食堂工作人员等,让学生通过小组讨论确定在民主意见征集的过程中,应向哪些群体征集意见,以及反馈意见的途径。

【学生活动】学生通过小组讨论确定进行意见征集的群体,并阐释选择的理由。基于合理的校园意见反馈渠道,思考提出立法建议的渠道。

设计意图:通过班级讨论发言,学生可以认识到不同群体的利益诉求,从而理解立法过程充分发扬民主、广开言路、集思广益的意义,突破教学难点。在学生理解立法要充分发扬民主的基础上,教师结合校园意见的反馈途径,引导学生运用所学知识,思考如何拓宽公民有序参与立法的途径,提高学生公共参与能力。

环节四　校园规则内容的完善

【教师活动】教师提供尚未完善的"校园垃圾分类管理条例"(草案),请学生进行小组活动,结合自己的校园生活完善该草案。

【学生活动】学生针对学生会的草案提出修改建议,从权利与义务的角度来完善规则内容。

设计意图:一份合理的规则应当是切实有效、可具体实施的。通过学生修改现有规则草案,引导学生思考如何制定合理的法律内容。学生运用自身的校园生活经验来完善草案内容,从而理解良法的内容应当是具体、明确的,立法过程中应合理设定权利与义务、权力与责任。

环节五 《反食品浪费法》制定过程

【教师活动】教学活动从校园垃圾分类规则的制定转向《反食品浪费法》的制定。展示我国《反食品浪费法》制定过程中的重要节点和典型事件,引导学生运用本节课所学内容,分析《反食品浪费法》制定过程如何体现科学立法的相关要求。

【学生活动】阅读《反食品浪费法》的制定过程,思考归纳法律制定过程中体现出的科学立法的基本要求。同时结合《反食品浪费法》的出台,感受党的领导、人民当家作主和依法治国的有机统一。

设计意图:通过展示《反食品浪费法》的制定过程,引导学生感受真实的立法,从而阐释科学立法的基本要求,理解科学立法对于实现全面依法治国总目标的重要作用,以及其体现出的党的领导、人民当家作主和依法治国的有机统一,培养学生的政治认同。

课后作业

登录"中国人大网",在"法律草案征求意见"栏目中,查询目前正在进行征求意见的法律草案。选择你感兴趣的一部草案,查阅相关资料,完成下面的立法建议表。

我的立法建议	
所选法律草案	
我的立法建议及理由	
提出建议的途径	

设计意图:本课时作业从思政小课堂走向社会大课堂,让学生通过登录"中国人大网",了解我国法治体系建设的进程。同时通过查阅相关资料、提出立法建议的方式引导学生运用所学知识表达自己对社会问题的看法和对生活现象的分析,参与法治建设。

七、教学反思

本课意在引导学生由对科学立法的认识落实到现实的行动上,培养学生做社会主义法治的忠实崇尚者、自觉遵守者、坚定捍卫者。为实现这一目标,要贯彻落实活动型学科课程理念,特别是要合理设计课堂活动。

设计课堂活动要处理好活动与教学情境的关系。一方面,为了更好地让学生参与课堂,应选择学生熟悉的情境开展活动,让学生有话可说。在本课的设计中,由于立法与学生日常生活之间存在一定距离,直接参与立法实践、提出立法建议对学生来讲存在一定的难度。因此,本课教学活动基于学生熟悉的场景和事件,从校园规则入手,带领学生开展模拟规则制定的活动,提高学生的参与度。学生从中能感受立法过程,理解科学立法的基本要求。另一方面,课堂活动的有效开展需要优化情境,使其内在意涵具有丰富的、现实的、可扩展的解释空间。本节课的学习目标是理解科学立法的内涵和基本要求,由对法治的知落实到行,因此必须引导学生由思政小课堂走向社会大课堂。学生在校园规则的制定过程中要运用所学知识和生活经验,分析和解决现实问题。而进一步引导学生浏览"中国人大网",提出立法建议则可以让学生从政治、经济、法律、文化等多个角度表达自己对社会的关切,更好理解如何利用法治思维解决社会问题。

设计课堂活动要处理好活动与学习内容的关系。在教学过程中,活动是以方式和手段出现的,是学习内容的载体,要引导学生通过参与课堂活动落实学习目标。一方面,要明确学科任务,关注课堂活动的方向。在本课学习中,要培养学生的法治思维,学生应运用所学知识解决规则制定过程中存在的程序问题。但是在学生讨论时有可能会出现偏离立法的内容,而单纯讨论如何进行垃圾分类的情况,这时教师要进行引导,使讨论的重点回归到立法环节的完善上,从而落实学习目标。另一方面,开展活动需要整合学习内容,善用学生已有知识设计活动。例如在讨论有序参与民主立法的渠道时,需要引导学生运用此前学习过的"人民代表大会"等相关内容,实现知识的延伸和应用。对学习内容进行整合,可以更好发挥学科知识在解决现实问题中的作用,培养学科能力。

[讨论与交流]分组研讨该教学设计的教学过程设计,指出该教学过程设计中的教学环节,并谈谈你的感想。

本讲小结

中学思想政治课教学设计,就是在一定教育教学理论指导下,运用系统方法对中学思想政治课教学过程中的要素、环节进行分析和规划,为中学思想政治课教学活动制定具体可行的程序或方案的过程。提高中学思想政治课教学设计的质量,开展教学设计既要考虑其理论基础,又要考虑其现实依据,并要经历准备、实施、完善等阶段。同时,要把握教学设计的科学性、目的性、创新性、人本性、系统性、实效性等基本要求。

课后思考

1.如何全面认识和把握中学思想政治课教学设计的内涵?
2.简述中学思想政治课教学设计的理论基础与现实依据。
3.简要说明中学思想政治课教学设计应遵循的基本程序。
4.从高中思想政治必修1中任选一框内容进行教学设计。

第六讲　课后思考
参考答案

资源拓展

[1]马兰,张文杰.教学设计[M].北京:高等教育出版社,2012.

[2]胡田庚.中学思想政治教学设计与案例研究[M].北京:科学出版社,2012.

[3]胡田庚.新理念思想政治(品德)教学论[M].3版.北京:北京大学出版社,2019.

[4]邝丽湛.思想政治学科教学设计[M].广州:广东高等教育出版社,1999.

［5］李寒梅,孟晓彤."教—学—评一体化"视域下的道德与法治课堂教学设计探究［J］.福建教育,2023(39):39-43.

［6］姜凌.学科核心素养下高中思想政治课堂教学设计研究［J］.教学管理与教育研究,2024,9(6):76-78.

第六讲　教学课件

第七讲

中学思想政治课教学方案设计

教学方案是教师教学设计的书面成果,设计最佳的教学方案是实施最优化教学的关键一步。中学思想政治课属于人文与社会学习领域,中学思想政治课程的基本框架由模块—单元—课题—框题四个层次组成。相应的教学方案也主要包括课程模块或学期教学方案、单元教学方案、课题教学方案、课时教学方案四个层次。了解不同层次教学方案的基本结构和内容,把握不同层次教学方案设计的基本方法和要求,是思想政治课教师开展优化教学的关键,也是思想政治课教师的基本素质。

学习要点

1.中学思想政治课学期教学方案设计的基本要求。
2.中学思想政治课单元教学方案设计的基本要求。
3.中学思想政治课课时教学方案设计的基本要求。

教学方案是教师教学设计的书面成果。教学方案的设计主要涉及学期(模块)教学方案、单元教学方案、课题教学方案、课时教学方案。在此,主要探讨中学常见的学期(模块)教学方案、单元教学方案、课时教学方案的基本结构和内容,以及这些教学方案设计的基本方法和要求。对这些问题的了解和把握是有效开展教学设计与实施的重要保证。

一、中学思想政治课学期(模块)教学方案设计

中学思想政治课学期(模块)教学方案设计,是指教师在开学前对一个学期思想政治学科教学任务及其进程作出总体规划或"合理构想",最终形成书面教学方案的设计。目前,初中(7—9年级)道德与法治共6本教材,每个学期完成1本教材的教学任务,学期教学方案设计就是对应年级、对应学期教材的教学方案设计;高中思想政治必修教材,各模块按顺序依次开设,其中,模块1和模块2为一个学期,模块3和模块4各为一个学期;选择性必修模块可灵活安排。高中思想政治课学期教学方案设计,大体上就是模块教学方案设计。因此,中学思想政治课学期教学方案设计,就是模块教学计划的设计,或者说是

教学准备设计。

(一)中学思想政治课学期(模块)教学方案设计的意义

中学思想政治课学期(模块)教学方案设计,或者说制定学期(模块)教学计划,是学期工作的战略性、全局性的准备,是顺利完成学科教学任务的先决条件,对拟订学期(模块)教学方案有着重要的意义。

1.教学工作顺利进行的保证

学期(模块)教学方案设计是以一定教学理论为指导,对课程标准、教材、学生情况等进行综合分析后对一个学期(模块)教学工作做出的方案设计,它有明确的教学目标和具体操作步骤,使学科教学有章可循。教师依据方案实施教学能增加教学工作的主动性,避免随意性和盲目性。因此,设计详尽、合理、科学的学期(模块)教学方案能保证教学工作顺利进行。

2.提高课堂教学质量的基础

学期(模块)教学方案的设计是基于课堂教学前对教学实践的思考,是教师为实施有效教学而做的准备工作。要设计出合理、科学、可操作的学期(模块)教学方案,教师应了解现代学科教学理念、研读课程标准和教材、关注党和国家的方针政策,实现从"教教材"向"用教材"的转变。同时,教师要分析教材、把握学情、确立教学目标、选择教学方法与手段、确定教学策略。制订出这样的学期(模块)教学计划是单元或课时教案设计与编写的基础和依据,单元或课时教案则是学期(模块)教学方案的具体化和实施途径,学期(模块)教学方案的质量直接影响教案的质量,教案的质量直接影响课堂教学的质量。因此,教师在思考和规划学期(模块)教学计划的过程中,系统设计整个学期或模块教学计划,能够为提高整个学期课堂教学质量奠定基础。

3.学校教学管理与考评的依据

学期(模块)教学方案涉及学期(模块)教学目标的确立、教学方法与手段的选择、教学内容的取舍、教学课时的分配、教学重难点的说明、教学进度的安排等信息,是通过备课组、教研组讨论和学校审核的,是学校对学科教学进度和质量的考评依据,对学期学科教学工作有较强的约束与督促作用。因此,它不仅是课堂教学的依据,也是教研组和校领导开展教学计划检查、管理,考评教师教学情况和教学态度的依据。

(二)中学思想政治课学期(模块)教学方案设计的基本要求

中学思想政治课学期(模块)教学方案设计,是指一个学期(模块)教学目标与任务、重点与难点、问题解决措施等总体规划的设计。除了要遵循教学的一般规律和教学计划的一般要求外,还应该注意以下几个方面的要求。

1.以党和国家的路线、方针、政策为指导

中学思想政治课是落实立德树人根本任务的关键课程,是以马克思主义基本观点为核心、以德育为主要目标与任务的综合性课程或综合性学科课程。与其他课程相比,中学思想政治课更能体现党和国家意志。设计中学思想政治课学期(模块)教学方案,必须认真研读并领会党和国家的路线、方针、政策,保证中学思想政治课教学的正确政治方向。另外,党和国家的路线、方针、政策本身就是中学思想政治课的重要教学内容,课程内容修订也与党的路线、方针、政策的变化密切相关。因此,中学思想政治学期(模块)教学方案设计应以党和国家的路线、方针、政策为指导。

2.以学校工作计划为参考

中学德育是由中学思想政治课教学、时事教育、日常行为规范教育、班主任工作、团队学生会工作、其他学科教学以及校园文化建设等多渠道、多形式组成的一个有机整体。中学思想政治课是我国中学德育工作的主渠道,但并非唯一渠道。作为学校总体教学工作计划的具体体现和重要组成部分,中学思想政治课学期(模块)教学方案设计,要了解学校工作计划中关于德育和教学工作方面的要求,要服从和服务于学校整体工作计划、只有与学校的其他方面德育工作同频共振、相向而行,才能形成强大的合力,完成学校德育工作任务。

3.以课程标准、教材为依据

课程标准是国家制定的关于教材编写、教学与评价的指导性文件。它为学期学科教学计划的制订给出了方向性指引,是制订学科教学计划的依据。作为中学思想政治课教师,只有认真研读课程标准,领会其精神实质,树立课程标准意识,才能从深层次上把握教材、驾驭教材,才能在制订学科教学计划中合理确定教学目标,恰当取舍教学内容,妥善安排教学过程,科学选择教学手段等。

教材是课程内容的具体化,是实施课标、开展教学的基本工具。教师通过认真研究教材,恰当分析教材,把握教材的编写思路,认识概念、观点、原理之间的内在逻辑以及知识间的关联性、过渡性和系统性,明确本学期教学内容在中学政治课教学中的地位和作用,才能在拟定本学期(模块)教学方案中,准确把握本学期(模块)学科教学目标,准确选择教学方法和手段,恰当安排教学进度,以保证学科教学任务的顺利完成和教学目标的有效达成。[①]

4.以学生的实际为出发点

“思想政治教育活动的教育主体是人,教育客体是人,教育过程是以道德人格的形成与道德行为的确立为主要目标。所以它存在的全部核心就是人,而不是别的什么东西。”[②]中学思想政治课教学过程中,学生既是教育对象,又是教育过程的主体。作为认识主体的学生,能否认同和接受教育,最终只能靠学生自己来实现。中学思想政治课学期(模块)教学方案设计应当基于学生、为了学生。由于学生的个性不同,知识水平、认识能力、心理状态等方面的不同,设计本学期(模块)教学方案时应具有针对性,不能一刀切。

(三)中学思想政治课学期(模块)教学方案设计的主要内容

中学思想政治课学期(模块)教学方案,没有固定的模式,但从其基本构成来看,一般

---

①　何光群,谭斌,田维亮.中小学思想政治(品德)课程与教学论[M].昆明:云南大学出版社,2017:8.

②　王学俭.现代思想政治教育前沿问题研究[M].北京:人民出版社,2008:12.

包括总体说明和教学进度计划两个基本部分。

1.总体说明

总体说明即总则部分,主要包括任课教师姓名、课程名称和教材情况、教学班级及其基本情况、教学目标、教材分析、教学重难点、教学措施等方面。设计总则部分要注意以下内容。

教学目标:这是"总体说明"的重要内容,主要依据课程标准、教材、学生的实际以及当下社会实际,提出本学期(模块)教学总体素养目标。

教材分析:在研究教材基础上分析教材的地位作用、基本结构、逻辑框架、基本内容等,确立教学重难点。

学情分析:分析学生的身心特征、素养水平、思想状况、学习态度、面临困难、可能产生的困惑、班风学风等。

教学措施:为了完成本学期教学任务并达到预设的教学目标而采取的切实可行的教学手段、方法、措施,包括备课、上课、作业、课后辅导等措施。

2.教学进度计划

这是学期教学计划工作的主体部分,通常以表格的形式呈现,主要包括日期、周次、节次、教学内容、课型、课时安排、教学方式、拟用教具、备注等项目,将这些内容填写在表格内,形成教学进度表。

制定教学进度的目的在于促进教师科学分配教学时间,有计划地安排和组织学期教学工作,也便于学校对教学工作的督促与检查。制定教学进度要注意时间的合理分配,要留有余地,预留机动课时,要考虑到复习考试时间、重大活动时间、节假日时间等因素的影响,切忌平均分配。教学方案的基本格式可参照如下几个案例。

案例7-1 _____学期_____年级思想政治课教学计划

一、总体说明(总则)

任课班级:

任课教师:

课程名称:

教材版本:

学生人数与基本情况:

教学目标:

教学重难点:

教学形式与方法:

拟用教具:

二、教学进度计划

周次	教学内容	教学时数	教学形式	教学方法与手段	备注
1					
2					
3					
4					
5					
……					
20					
期末小结					

案例7-2　_____中学_____学期教学计划表

科目		年级		教师	
教学目标					
教学方法和手段					
主要教学措施					

教学进度

教学单元	教学内容	授课时间	授课时数	完成情况

案例7-3 _____中学_____学期教学计划表

授课时间	教学内容	授课时数	教学方式	完成情况

案例7-4 _____中学_____学期教学计划表

周次	起止时间	教学内容	作业	备注
1	月　日			
2	月　日			
3	月　日			
4	月　日			
……	……			

中学思想政治课学期(模块)教学方案在执行过程中,需要定期检查,可以根据情况的变化适当修改补充,学期结束应对其进行全面总结。

二、中学思想政治课单元教学方案设计

中学思想政治学科每一册(模块)的教材都由若干单元构成。在每一单元教学开始之前,教师也需要对每一单元的教学工作进行规划和安排。单元教学方案设计,就是在一个单元的教学开始之前,教师依据本单元的教学内容、教学目标、教学时间和学生实际等情况,对单元教学进行整体规划,形成单元教学的实施方案。

(一)单元教学方案设计的意义

单元教学设计是学期(模块)教学设计的一部分,单元教学设计体现教师对单元教材的分析和理解,影响单元教学以及后续课时教学的设计和展开。特别是在新时代深化新课程改革的背景下,精心设计单元教学方案,对于有效实施单元教学具有重要的意义。

1.有利于教师有效地开展单元教学

单元教学方案设计是教师对单元教学进行的整体规划。设计单元教学方案,有助于教师从整体上把握教材、解读教材,有助于教师明确该单元的教学目标,有助于教师对单元知识形成逻辑关系明晰的结构体系等,进而科学合理地安排教学活动,增强单元教学

的计划性、有序性和有效性。

2.有利于学生提高学科学业水平和质量

单元教学设计更加关注单元学习主题,更加关注单元内部的知识体系以及本单元与前后单元知识的逻辑联系,因此合理的单元教学方案设计,有利于学生在掌握微观知识的同时,把握知识的前后联系,形成更加宏观的知识体系和更加完整的知识结构,为学生提高学业水平和质量、培育良好核心素养奠定基础。

3.有利于培育学生思想政治学科核心素养

学生核心素养是个整体,核心素养的培育往往不是通过一课题、一框题的教学就能完成的。中学思想政治单元教学旨在引导教师打破传统的教学模式,以教材中的单元主题为线索,开发、重组整个单元的教学内容,以培养学生的思想政治学科核心素养为目标,指导学生遵循一定的规律去学习整个单元的内容。因此,设计单元教学方案对培育学生核心素养十分重要。

(二)单元教学方案设计的基本方法

单元教学方案没有固定模式,但从教学实践来看,它一般是由单元教材分析、学生情况分析、单元教学目标、单元教学重点难点、教学内容与课时安排等方面构成。

1.单元教材分析

首先,分析课程标准对本单元教学的要求,即课程标准关于本单元教学的内容是如何规定的。其次,分析本单元教材的地位和作用,包括本单元教材在整个模块教材中的地位,以及本单元内容在学生成长中的地位和作用。最后,分析本单元教材的内容体系,既包括单元内的知识点以及各知识点之间的联系,又包括本单元的知识、原理与前后单元知识、原理的内在联系等。当然,单元教材分析不一定要面面俱到,可以根据教学的实际和教学需要有所侧重。

2.学生情况分析

首先,分析学生学习该单元内容时已有的知识基础。其次,分析学生学习该单元内容时已有的生活经验和学习经验。再次,分析学生学习该单元内容时可能遇到的困难和问题。最后,分析学生学习该单元内容的兴趣、习惯、方法等。

3.单元教学目标

单元教学目标要根据课程标准对本单元内容和要求的规定,结合学生已有的基础知识和学习能力,按照素养目标体系来进行设计。值得注意的是,所设计的单元教学目标要符合社会发展和学生发展的需要。

4.单元教学重难点

首先,分析单元教学重难点所在。通常来说,各个单元都有其教学重点和难点,应该在单元教学方案中明确哪些知识点是教学重点和难点。其次,分析这些知识点成为教学重难点的理由。

5.教学内容与课时安排

中学思想政治单元教学方案要对单元教学内容与课时作出整体安排,以便课时教学方案设计对单元教学内容、目标和时间进行细化和分解,并提出每一课时教学拟采取的教学组织形式。

(三)中学思想政治课单元教学方案设计的基本要求

中学思想政治课单元教学方案设计除了要遵循教学设计的一般要求和符合教学设计的一般程序外,还要注重以下几方面要求。

1.体现整体性

一个单元就是一个相对的整体,教师在进行单元教学方案设计时,应从单元的整体出发,紧扣单元整体的主题和教学目标,摸清单元整体教学线索,运用系统方法,通盘规划该单元的知识内容、教学过程等,使整个单元的知识能够得到整体优化。

2.强调综合性

综合性是中学思想政治课的重要特点,单元教学方案的设计要符合综合性特点的要求。这一要求不仅体现在教师对整个单元知识结构的综合,还体现在培养学生核心素养的综合。

3.把握渐进性

每个单元的教学内容都是根据学科自身特点和学生认知规律来编排的,有其内在逻辑结构。因此,教师在进行单元教学设计时,应注意从简单到复杂,从单一到综合,从基础到提高,保证教学的连续性和前后相继性,根据知识间的联系和顺序来进行规划与安排。

案例7-5 "全面依法治国"大单元教学过程设计节选①

一、导入新课,明确学科大概念

创设情境:观看视频《法治中国》。

在中国共产党的领导下,经过全体中国人民的协力奋进,我国逐渐形成了中国特色社会主义法律体系,中国特色社会主义建设实现了有法可依,这是一个伟大的历史性成就。但是,在新时代新征程中,如何建设社会主义现代化强国?如何跳出"历史周期率"、始终坚持党的执政地位?如何保障党和国家长治久安?这些都是我们当下与未来必须直面并深度探究的紧要问题。

探究议学问题:同学们,这三大考题我们该如何作答?

预设学生活动:观看视频,结合实际,在问题思考中步入"全面依法治国"大单元学习。

归纳议学总结:全面推进依法治国,要建设什么样的法治中国?如何建设?有哪些基本要求?作为青少年的我们又该如何参与到全面推进依法治国当中?带着这些问题,我们一起进入本单元的学习。

---

① 雷恬静.高中思想政治"全面依法治国"大单元教学设计研究[D].重庆:重庆师范大学,2023.

二、议题引领,讲授新课

议题一:回顾历史,绘我国法治建设历程

子议题一:追根溯源,认识我国法治发展历史

创设情境:从春秋战国到新时代的今天,我国法治发展历史悠久,今天我们就一起走进"法史档案馆",了解我国法治建设的历程。

任务驱动:请"法史讲解员"对重要法律进行模拟讲解。

预设学生活动:角色扮演"法史讲解员",结合课前收集的关于新中国成立之前法治建设的重大事件,法史讲解员根据收集的资料进行讲解,如"铸刑书"、《唐律疏议》、商鞅变法等。

归纳总结:随着人类社会不断发展,为加强政治统治与社会管理,法律应运而生。春秋战国时期,为了维护封建地主阶级的利益,维护社会秩序,子产组织了"铸刑书"。到唐朝时期,逐渐形成了我国现存最久远、最完备的封建法典《唐律疏议》。这是一部强调"礼法结合"的儒家思想,有着浓厚的封建思想意识,体现着封建统治阶级意志的法典。在中华民族源远流长的历史发展中,形成了博大精深的中华法系。1840年鸦片战争后,随着西方资本主义列强入侵,资本主义法治思想也逐渐传入中国。但是经过一些仁人志士的探索,资本主义模式在中国走不通。于是,自强不息的中国人开始寻求新的出路。这时马克思主义,马克思主义法治思想在中国大地生根发芽。

子议题二:学史增信,总结新中国法治建设成就

任务驱动:请"法史讲解员"结合课前收集的关于中华人民共和国成立之后法治建设的重大事件或重要法律进行模拟讲解,并思考从我国的法治建设进程中可以看出我国法治建设取得了哪些成就? 这些成就给了我们什么启示?

预设学生活动:根据收集的资料进行法史讲解,如《中国人民政治协商会议共同纲领》《中华人民共和国宪法》《中华人民共和国民法典》等,在心理与情感上产生对中国特色社会主义法治发展的自信感与认同感。

教师总结:自中华人民共和国成立以来,随着法治建设的不断深入,我国已逐步建立起以宪法为核心的中国特色社会主义法律体系。随着法治的不断发展完善,依法执政、依法行政的水平不断提高,法治社会建设越来越美好。法治建设成就启示我们,进入新时代,面临新挑战,要持续深化法治改革,全面推进依法治国。

议题二:以史明鉴,学习新时代法治思想

子议题一:学法治思想,明法治之义

创设情境:新中国成立以来,我国法治建设不断向前迈进。进入新时代,在马克思法律思想指导下,结合中国的具体国情,形成了习近平法治思想,为建设社会主义现代化强国、实现中华民族伟大复兴的中国梦保驾护航。习近平法治思想总体概括为"十一个坚持"。本节课就让我们一起走进"明法治之义,行法治之力"主题演讲活动,学习新时代法治思想,做学法守法新青年。

任务驱动:结合课前自学成果,进行课堂演讲,并思考习近平法治思想对建设法治中

国的重要意义。

预设学生活动：结合法治发展历程，围绕习近平法治思想积极参加课堂演讲，学习"十一个坚持"，领会习近平法治思想的核心内容与深远意义。

教师总结：在党的领导下，我国开辟了中国特色社会主义法治建设道路。作为新时代新征程中法治建设的指导思想，习近平法治思想为实现全面推进依法治国、建设社会主义法治国家的目标提供了科学指导，有效地保障了广大人民群众的合法权益，为全面推进依法治国提供了坚实的法治基础。

子议题二：行法治之力，担青年之责

探究议学问题：结合社会主义国情实际，思考在习近平法治思想指导下，我国应该如何推动中国特色社会主义法治建设进程？

预设学生活动：四人一组进行讨论，分析法治建设中要处理好的关系，思考总结全面依法治国的原则。

归纳议学总结：在实现全面依法治国总目标的征途中，要坚持中国共产党的执政地位，坚持人民主体地位，坚持法律面前一律平等，把德治与法治有机结合，同时从中国的具体实际出发。

……

子议题四：使命在肩，共谱全民守法"和弦音"

创设情境：请学生结合课前搜集关于高空抛物违法行为的数据和案例分析进行课堂汇报。

探究议学问题1："高空抛物罪"已入刑法，为什么还有人"顶风作案"？

预设学生活动：结合材料与先前所学，汇报并分析高空抛物违法现状，思考立法后还存在相同违法行为的原因，明白全民守法的重要性。

教师总结：法律已经明确规定高空抛物属于违法行为，却还有同样的违法行为，很大一部分原因是缺乏学法、守法的法治意识。科学立法是全面推进依法治国的"指挥棒"，法律不能立而了之，而贵在实施。全体社会成员都应悍卫法律权威，严守法规法纪，坚守法律红线，让良法不再只是纸上谈兵，而是走进人们的内心，让法治在社会主义社会蔚然成风。

探究议学问题2：如何让法律进入人们的心中？

学生活动预设：全班学生四人一组分别从党、人大、政府、个人等角度进行分组讨论，学习推进全民守法的措施与要求，明白建设法治中国离不开每一个人的努力。

教师总结：全民守法是实现全面依法治国的基础工程。党要始终坚持在立、执、司、守四个环节中的领导、保证、支持作用，营造全民守法的和谐氛围；人大要积极负责倾听人民群众的呼声，以高度自觉主动接受人民的监督，行使好立法权，以良法保障善治，长期不懈推动全民普法、守法工作有序开展，及时回应人民群众对法律实施的关切和期望；广大人民群众要自觉接受法治教育，着力增强守法观念，提高法治意识，积极主动参与法治实践，推动建设社会主义法治强国。

三、作业设计,落实核心素养(略)

[讨论与交流]结合该单元的教案设计,谈谈值得借鉴与改进的地方。

三、中学思想政治课课时教学方案设计

课时教学方案简称课时教案。课时教学方案设计是在学期(模块)教学方案设计和单元教学方案设计的基础上,为了实现、优化教学目标,依据一定的理论与方法,以课时为单位进行的教学设计。

(一)中学思想政治课课时教学方案设计的意义

课时教学方案,是教师课前准备的总结和书面成果,也是教师课前准备的核心。精心设计课时教学方案,对于教师具有极其重要的意义。

1.设计课时教学方案是教师践行潜心育人的重要体现

潜心育人是新时代教师落实立德树人根本任务的根本要求。苏联教育家苏霍姆林斯基说:"一位好的教师应当是用他的终身来备课。"他在《给教师的建议》一书中记载了这样一件事:一位在学校工作了33年的历史教师,上了一堂题为"年轻苏维埃人的道德理想"的观摩课。区训练班的学员和区教育处视导员出席了这堂课。这堂课上得非常出色。原来教师们和视导员打算在上课过程中做一些笔记,以便课后提意见,但他们都忘记了做笔记,他们和学生一样,屏息坐着,听得入了迷。课后一位邻校的教师说:"是的,你把心交给了学生,你的每一句话都具有巨大的思想威力。请问,你花了多少时间来准备这堂课? 不止1小时吧!"那位历史教师说:"这节课我准备了一辈子,而且,一般来说,每堂课我都准备了一辈子。但是,直接针对这个课题的准备,也可以说是教研室的准备,则仅花了约15分钟。"①这位历史老师的回答开启了一扇小窗口,"一辈子"与"15分钟",让我们窥见了提高教学技巧和艺术的奥秘。用终身的时间来阅读、备课,一语道出了教师潜心育人的真谛。

2.设计课时教学方案是教师提高教学质量的重要保证

课时教学方案是教师在钻研课程标准、教材、教学参考书和了解学生的基础上,经过充分准备,精心设计出来的书面劳动成果。教学方案设计的质量往往是决定一节课成败的关键。课堂教学是有时间限制的,它要求课前教案设计严格按照教学原则和教学规律,做到教学过程中概念表述准确,突出重点,突破难点,联系实际,合情合理,具有条理性和逻辑性,并能够吸引和感染学生。实践表明,经过反复推敲与修改的教案,方能达到准确、清晰、有条理性和逻辑性。有教案与没有教案的教师,认真编写教案和马虎编写教案的教师,其课堂教学质量是完全不同的。

---

① 苏霍姆林斯基.给教师的建议[M].周蕖,等译.武汉:长江文艺出版社,2014:24-25.

3.设计课时教学方案是教师提高科研水平的重要途径

设计课时教学方案是教师深入认识和驾驭教学过程的重要手段。它能够真实地记录教师在面对教学对象、教学内容、教学方法以及教学规律等问题时所达到的理解程度。经过课堂教学实践的检验,课时教学方案能够帮助教师清晰地发现自身教学过程中的成功之处与不足之处。基于这些发现,教师可以有针对性地采取措施,着力解决教学中存在的问题。通过"实践—认识—再实践"的循环往复过程,教师能够不断前进,将教学科研水平提升至新的高度和境界。教学水平越高、教学能力越强的教师,往往越重视在教学实践中对教学对象、教学内容、教学方法和教学规律的深入认识与再认识。教师教学水平和教学能力的提升,正是基于对这些现象和规律的不断深化认识与反思的结果。因此,教案不仅是教师开展教学实践的经验积累,更是教师对教学实践进行认识与再认识的真实记载。设计课时教学方案,无疑是帮助教师总结教学经验、提升科研水平的最重要途径。

(二)中学思想政治课课时教学方案设计的基本方法

课时教学方案的设计和其他教学方案设计一样,都没有固定模式。但是,一般来说,课时教学方案大体应该包括课题、教学目标、教学重难点、教学方法、教具学具、教学过程、板书设计、教学评价、教学后记等内容。关于这些内容的设计,本教材后面的相关部分会进行比较系统的分析。在此,主要就课时教学方案设计的形式进行介绍。

课时教学方案的设计可以根据教师自身特点和教学实际需要采取不同的形式。现实教学活动中,课时教学方案的形式主要有以下几类。

1.叙述式课时教学方案

叙述式课时教学方案主要通过文字叙述来呈现课时教学的规划和设计。叙述式课时教学方案根据其内容的详略,可以分为详案和简案。详案,即详细教案,类似于讲稿,是根据课时教学目标来确定每个教学环节的要求,写清每个教学步骤和教学细节。在每个具体的教学步骤里,不仅要体现教师组织的教学活动,同时还要适当预测学生参与时可能出现的各种情况,以及教师应采取的相应对策。教案中还要设计出层次性、针对性强的课堂练习和课后作业以及完整的板书,既面向全体学生又要重视学生个性培养,让不同的学生得到不同的发展。简案,即简单教案,类似于讲课提纲,其结构与详案大体相同,但只是根据课时教学目标,体现教学的基本过程,只是把教学要点、教学步骤、教学方法等以纲要的形式写出来,对教学过程部分的内容不予展开。一般来说,经验比较丰富的教师可以设计简案,初上讲台的新教师应该设计详案。

案例7-6 "实现中华民族伟大复兴的中国梦"课时教学方案

一、教材分析

1.本课是必修1《中国特色社会主义》第四课第二框的内容。新时代孕育新思想,新思想引领新征程。在习近平新时代中国特色社会主义思想的指导下,我国踏上了建设富强民主文明和谐美丽的社会主义现代化强国的新征程,努力实现中华民族伟大复兴。因此,本框上承新时代、下启新思想,在本课中起到承上启下的作用。

2.本框包括三目。第一目讲述中国梦是近代以来中华民族最伟大的梦想,阐释了中国梦的本质是国家富强、民族振兴和人民幸福;第二目阐述了实现中华民族伟大复兴的历史使命,必须进行伟大斗争、建设伟大工程、推进伟大事业,明确新时代新征程中国共产党的中心任务;第三目讲述新时代中国特色社会主义发展的战略安排,明确为实现这一战略安排,我们每个人都要不懈奋斗。

二、学情分析

1.本课内容的教学对象为高一学生,这一阶段学生思维较为活跃、乐于实践探究,已经具备一定的抽象思维能力和逻辑思维能力,能够对复杂议题进行综合分析。但同时,由于心智还不够成熟,容易受网络负面信息的影响,看问题容易片面化、表面化、简单化。

2.学生在初中道德与法治课中已经学习了相关知识,对中国梦的本质、"两步走"战略目标、中国共产党的初心使命等内容有着一定的认知基础,但是对中国梦的内涵特征、"四个伟大"之间关系、新时代新征程中国共产党的使命任务等内容认识模糊,需要通过真实情境探究活动加深理解,培养政治认同、科学精神、公共参与的素养。

三、教学目标

1.政治认同:通过分析解读古今科学家宋应星和袁隆平跨越时空的对话,明白国家富强、民族振兴、人民幸福是近代以来中国人民的共同追求,理解中国梦与人民梦、个人梦、世界梦之间的关系,培养对实现中华民族伟大复兴中国梦的政治认同。

2.科学精神:通过开展农业强国政策宣传及回应民众关切的活动,明白新时代新征程必须统揽伟大斗争、伟大工程、伟大事业、伟大梦想,以中国式现代化全面推进中华民族伟大复兴,培养学生的科学精神素养。

3.公共参与:通过视频展现当代青年榜样的生动事迹,感悟青年榜样的高尚品质和时代情怀,在规划未来的过程中自觉向榜样靠拢,培养为社会积极贡献的公共参与素养。

四、教学重点

中国梦的本质、新时代新征程中国共产党的使命任务。

五、教学难点

四个伟大及其之间的关系。

六、教学方法

议题式教学法、讲授法、讨论法、探究法。

七、教学过程

【导入新课】

观看视频《中国梦》,思考:中国梦是什么? 其本质是什么?

第一目标题　中国梦的本质是国家富强、民族振兴、人民幸福

议题一:中国梦的内容、本质、特点分别是什么?

内容:实现中华民族伟大复兴是近代以来中华民族最伟大的梦想。

本质:国家富强、民族振兴、人民幸福。

特点:中国梦把国家的追求、民族的向往、人民的期盼融为一体,体现了中华民族和中国人民的整体利益,表达了每一个中华儿女的共同愿景,已成为激荡在近十四亿人心中的高昂旋律,成为中华民族团结奋斗的最大公约数和最大同心圆。

观看视频《中国梦》,思考:怎样实现中国梦?

议题二:怎样实现中国梦?

(1)人民是中国梦的主体,是中国梦的创造者和享有者。中国梦的深厚源泉在于人民,根本归宿也在于人民。中国梦必须紧紧依靠人民来实现,必须不断为人民造福。

(2)中国梦是国家梦、民族梦,也是每个中华儿女的梦。每个人都要把人生理想融入国家和民族的伟大梦想之中,把小我融入大我,汇聚起实现中国梦的强大力量。

(3)中国梦既是中国人民追求幸福的梦,也同世界人民的梦想息息相通。中国梦是奉献世界的梦,是中国人民和世界各国人民共同的福祉。中国将同国际社会一道,推动实现持久和平、共同繁荣的世界梦,为人类和平与发展的崇高事业作出新的更大的贡献。

(4)实现伟大梦想,必须进行伟大斗争、建设伟大工程、推进伟大事业。

第二目标题　新时代中国共产党的使命任务

观看视频《初心和使命》,思考:新时代中国共产党人的初心和使命是什么?

议题一:新时代中国共产党人的初心和使命是什么?

中国共产党人的初心和使命是:为中国人民谋幸福;为中华民族谋复兴。

议题二:怎样实现中国共产党人的初心和使命?

(1)必须进行伟大斗争。

(2)必须深入推进党的建设新的伟大工程。

(3)必须推进中国特色社会主义伟大事业。

议题三:如何进行伟大斗争?

实现伟大梦想,必须进行伟大斗争,中国共产党要团结带领人民有效应对重大挑战、抵御重大风险、克服重大阻力、解决重大矛盾,必须进行具有许多新的历史特点的伟大斗争,要充分认识这场伟大斗争的长期性、复杂性、艰巨性,发扬斗争精神,提高斗争本领,不断夺取伟大斗争新胜利。

议题四:如何推进伟大工程?

实现伟大梦想,必须深入推进党的建设新的伟大工程:办好中国的事情,关键在党。没有中国共产党的领导,民族复兴必然是空想。中国共产党要始终成为马克思主义执政党,自身必须过硬。中国共产党要不断增强政治领导力、思想引领力、群众组织力、社会号召力,以永葆旺盛生命力和强大战斗力。

议题五:如何推进伟大事业?

实现伟大梦想,必须推进中国特色社会主义伟大事业,坚持和发展中国特色社会主义是改革开放以来党的全部理论和实践的主题。要更加自觉地增强道路自信、理论自信、制度自信、文化自信,既不走封闭僵化的老路,也不走改旗易帜的邪路,保持政治定力,坚持实干兴邦,始终坚持和发展中国特色社会主义。

观看视频《四个伟大》,思考:"四个伟大"的关系是什么?

议题六:伟大斗争、伟大工程、伟大事业、伟大梦想之间的关系是什么?

(1)伟大斗争、伟大工程、伟大事业、伟大梦想,紧密联系、相互贯通、相互作用,其中起决定性作用的是党的建设新的伟大工程。

(2)推进伟大工程,要结合伟大斗争、伟大事业、伟大梦想的实践来进行。

观看视频《中心任务》,思考:中国共产党的中心任务是什么?

议题七:新时代新征程,中国共产党的中心任务是什么?

团结带领全国各族人民全面建成社会主义现代化强国、实现第二个百年奋斗目标,以中国式现代化全面推进中华民族伟大复兴。

第三目标题　分两步建成社会主义现代化强国

观看视频《总体战略安排》,思考:总体战略安排是怎样的?

议题一:全面建成社会主义现代化强国,总体战略安排是怎样的?

(1)第一个阶段:从2020年到2035年,基本实现社会主义现代化。

(2)第二个阶段:从2035年到本世纪中叶,把我国建成富强民主文明和谐美丽的社会主义现代化强国。

议题二:如何实现新时代中国特色社会主义发展的战略安排?

(1)重大原则:必须牢牢把握坚持和加强党的全面领导、坚持中国特色社会主义道路、坚持以人民为中心的发展思想、坚持深化改革开放、坚持发扬斗争精神等重大原则,增强忧患意识,坚持底线思维,做到居安思危,未雨绸缪,准备经受风高浪急甚至惊涛骇浪的重大考验。

(2)历史机遇期:紧紧抓住历史机遇期,锐意进取、埋头苦干、善于创新、永不懈怠,不负时代的要求、历史的期待。

①中华民族强起来、实现伟大复兴的历史机遇。

②中国特色社会主义道路、理论、制度、文化更加成熟、更具引领力和感召力的机遇。

③中国人民创造美好生活、走向共同富裕的机遇。

④中国共产党从建党百年迈向执政百年进而铸就千秋伟业的历史机遇。

(3)责任担当:广大青年要坚定理想信念,志存高远、脚踏实地,勇做时代的弄潮儿,在实现中国梦的生动实践中放飞青春梦想,在为人民利益的不懈奋斗中书写人生华章。

【课堂总结】

```
                        ┌─────────────────────────────┐
                   ┌──── │ 内容                         │
                   │     └─────────────────────────────┘
        ┌──────────┤     ┌─────────────────────────────┐
        │ 中国梦是 ├──── │ 本质                         │
        │ 什么     │     └─────────────────────────────┘
        └──────────┤     ┌───────────────────────────────────────────┐
                   └──── │ 特点：与国家追求、民族向往、人民期盼融为一体  │
                         └───────────────────────────────────────────┘

                         ┌───────────────────────────────────────────┐
                   ┌──── │ 本质的角度（人民梦、个人梦、世界人民梦）      │
                   │     └───────────────────────────────────────────┘
        ┌──────────┤     ┌─────────────────────────────┐
        │ 如何实现 ├──── │ 党的角度（四个伟大）          │
        │ 中国梦   │     └─────────────────────────────┘
        └──────────┤     ┌─────────────────────────────┐
                   ├──── │ 国家的角度（战略安排）        │
                   │     └─────────────────────────────┘
                   │     ┌─────────────────────────────┐
                   └──── │ 青年的角度（使命担当）        │
                         └─────────────────────────────┘
```

实现中华民族伟大复兴的中国梦

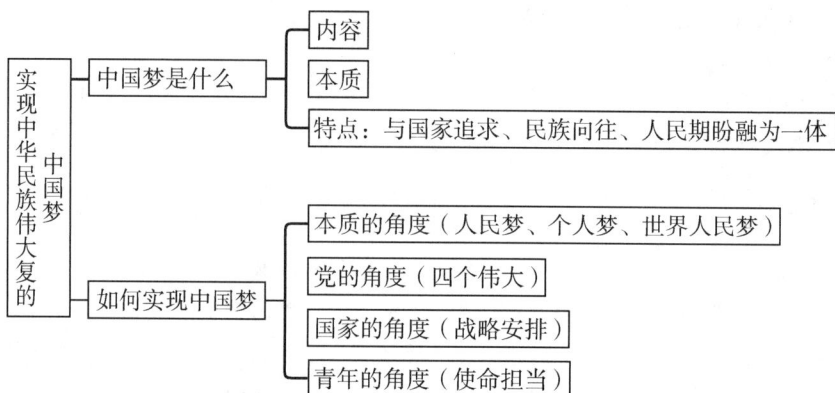

[讨论与交流]研读本教案,谈谈该教案值得借鉴与改进的地方。

2.表格式课时教学方案

表格式课时教学方案是将课时教学方案内容用图表的形式表达出来。设计表格式课时教学方案,要求教师把课时教学方案的基本内容予以合理组合,对应地填入表中。其中,表格的栏目设置、位置安排等可视具体情况而调整。表格式教案一般包含规范完整的教案应该具备的相关内容,如课题、教学目标、重点难点、课时、教具、课型、教学过程、板书设计、教学后记等。有的课时教学方案最后还设有备注一栏,作为教学过程中的补遗或备忘之用。以下是两种常见的表格式课时教学方案格式范例。

案例 7-7　表格式课时教学方案

班级		学科		教师	
课题					
教学目标					
重点难点					
课型		教学方法			
教学过程					
板书设计					
教学后记					

班级		学科		教师	
课　题					
教学目标					
重点难点					
课　型					
教学策略					
教学过程					
教学环节	教师活动	学生活动		设计意图	时间安排
教学导入					
新课教学					
教学小结					
板书设计					
教学后记					

3.卡片式课时教学方案

卡片式课时教学方案又称活页式课时教学方案,特点是运用活页卡片编写教案,使用灵活方便,利于更新保存。卡片式课时教学方案一般包括课题卡和教学资料卡。其中,课题卡是按课时、知识点、章节等编制的课题总体设计卡,在内容上主要体现课堂教学的总结,展示课时教学方案的基础项目,如课题、授课班级、时间、教学目标、重点难点、教学过程纲要等。这些内容相对比较稳定,承载这些内容的卡片可以作为课堂教学的行动纲领。教学资料卡主要是书写有关教学资料的卡片,如教学案例、练习题、思考题等。教学资料可以不断地收集,这类卡片也可以随时地更新和补充。一般来说,卡片式课时教学方案的运用需要教师有较多的教学经验和较强的教学基本功。因此,卡片式课时教学方案这一格式对教育教学经验丰富的教师比较适用,年轻教师可借鉴制作资料卡。

案例7-8　卡片式课时教学方案

编号:23001
课题:世界是普遍联系的

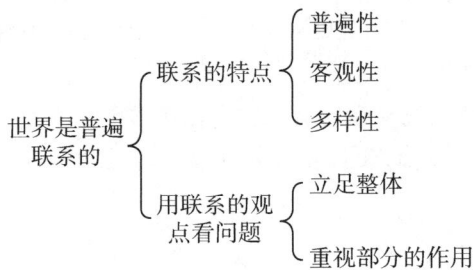

(三)中学思想政治课课时教学方案设计的基本要求

一般来说,一份好的课时教学方案必须注入教师自己的思想,符合所教班级学生的特点,是教师对学科知识、教学能力、学生特点进行充分认识和科学转化的结晶。在这种前提下,课时教学方案的设计要注意以下几点。

1.确保科学性

课时教学方案设计的科学性是前提。这主要表现在:第一,目标定位准确。不仅要体现核心素养、学科核心素养目标的要求,而且每一目标的设计都要依据学科课程标准和教材的要求,符合学生实际,使目标真正切实可行。第二,内容科学无误。中学思想政治课的教学内容是依据马克思主义基本理论、相关社会科学的基础知识以及社会生活的基本规范,并根据教学实际而确定的。为了使这些内容适应学生的认识规律和接受能力,教师在设计课时教学方案时,往往需要对其进行加工处理,尤其会加入一些时代化、生活化的内容。在加工处理的过程中,要注意保持内容的科学性,决不能把一些非科学、违背马克思主义原则的内容引入教学方案。第三,材料真实可靠。中学思想政治学科课时教学方案中往往会设计一些情境材料,用以分析和说明学科知识和观点。所创设的情境材料要真实可靠,在现实生活中有体现,切忌把道听途说的材料运用于教学方案中。材料只有真实可靠,才有说服力,才能取得好的教学效果。

2.突出主体性

在新课程改革的背景下,中学思想政治课在进行教学设计时要让学生在教师的引导下自主去发现知识和建构知识,使学生成为学习的主人。充分发挥学生的学习主体性,使学生积极主动地参与到教学中,培育学生的探索、合作和创新精神。所以,从教学目标、教学内容、教学手段、教学重点难点到教学过程的设计,都要从学生实际出发,真正体现以学生为主体的要求。

3.体现系统性

课时教学方案设计是在系统方法指导下进行的,方案内容的系统性和完整性主要表现在整体规范和要素全面系统两个方面。第一,课时教学方案要整体规范。一份完整的教案包括课题、教学目标、教学重难点、教学方法、教具学具、教学过程、板书设计、教学后记等多方面内容。有些教案只有教学过程,只是教学内容的组织编排,这显然是不全面的;也有些教案只是要点的汇集,只写了"教什么"(即教学内容),没有设计"怎么教"(教学方法和策略),更看不出"如何学"(学习过程与方法),这也是不够全面系统的。第二,课时教学方案要素全面系统。课时教学方案由诸多要素系统组成,对其中每一要素的设计也要注意系统全面。例如,设计核心素养导向的教学目标,要注意素养目标的整体性和系统性。

4.彰显创新性

课时教学方案是教师在钻研教材、设立目标、制定策略等一系列操作后反复斟酌设计而成的,是教师的一种创造性活动。它既要忠实于整个设计的过程与结果,又要体现教师的观念创新、教学方式方法创新。教师在编写教案时要进行再思考、再创造。在课时教学方案的设计上,不反对学习和借鉴,但是反对简单的照搬照抄,在学习他人长处的同时,应该注入自己的教学个性和风格,设计出具有自己特色与风格的课时教学方案。

5.讲究实用性

课时教学方案是教师自己设计、自己使用的,要讲究实用性。这主要表现在:第一,方便实用。课时教学方案要力求简明清晰,教学过程要条理清晰、重点突出;对关键、要点等处可以"特写"的手法表现出来,以便一目了然,"特写"用彩笔标记、圈点、旁批等,这样才便于在教学中使用。第二,讲究教学效率。课时教学方案设计中,要考虑教学进程中每一教学环节的设计对达成教学目标是否有效,每一教学动作所分配的时间是否符合最优化的原则等。

6.保持灵活性

课堂教学是一个由开端、过程和结果构成的动态生成过程,不应拘泥于预先设定的程序。课堂教学要鼓励师生互动中的创造,超越预设的创造。课堂不应仅仅是教案的演绎舞台,而应根据学生变化的学习需要,实现精心"预设"与即时"生成"相统一。因此,课时教学设计的教案应以粗线条的"静态教案"为基础,考虑教学过程中的不确定因素,为教学过程的动态生成创造条件,使其成为具有弹性化、灵活性的教学"预设"方案。

总之,中学思想政治学科教学方案有多种类型,每一种教学方案的设计既有一般要求,又有不同特点。此外,在教学实践中,还有微课教学方案设计、模拟教学方案设计等。研究和设计不同教学方案,是中学思想政治课教师提高专业素养的重要途径。

案例7-9　"坚持创新、协调、绿色、开放、共享发展"教案

一、课题名称

坚持创新、协调、绿色、开放、共享发展

二、课程课时

1课时

三、内容分析

1.内容概述

本课在高中思想政治必修2统编版教材中具有重要地位。本课从我国发展的宏观背景出发,阐述了新发展理念的内涵与要求,包括创新发展、协调发展、绿色发展、开放发展、共享发展。

在创新发展方面,强调创新是引领发展的第一动力,通过科技创新、制度创新等多种创新形式,推动产业升级,提高全要素生产率。本课列举我国在科技创新领域取得的成果,如高铁技术、5G通信等,以说明创新对高质量发展的推动作用。

协调发展注重解决发展不平衡问题,涉及区域协调、城乡协调、经济与社会协调等内容。例如,阐述如何缩小东西部地区差距、促进城乡一体化发展等。

绿色发展突出强调生态文明建设与经济发展的协同性,倡导绿色生产方式和生活方式,实现人与自然的和谐共生。涉及环境保护、资源节约利用等相关政策。

开放发展着眼于国际国内两个市场、两种资源,讲述我国积极参与全球经济治理,推动构建开放型世界经济的意义和举措,如"一带一路"倡议等。

共享发展强调发展成果由全体人民共享,包括在教育、医疗、就业等民生领域的体现,如贫困地区教育资源的改善、医保覆盖范围的扩大等。

2.编排意图

本课编排内容旨在让高中学生理解我国新时代发展的新要求和新趋势,培养学生的宏观视野和对国家发展战略的认识。通过学习使学生认识到我国新时代的发展理念,引导学生关注国家发展的同时,增强对国家发展战略的认同,提高学生分析社会经济现象的能力。

四、核心素养目标

(一)政治认同

(1)通过学习新发展理念,学生深刻认识到我国发展道路的正确性,增强对国家发展理念的认同,坚定中国特色社会主义道路自信、理论自信、制度自信、文化自信。

(2)让学生理解新发展理念体现了以人民为中心的发展思想,认同我国在发展过程中不断满足人民对美好生活的向往的努力,从而增强学生的爱国主义情感和民族自豪感。

(二)科学精神

(1)培养学生运用辩证唯物主义和历史唯物主义的观点分析坚持新发展理念的必要性和重要性。例如,让学生理解创新发展是应对经济发展规律的必然要求,协调发展是解决我国当前发展不平衡问题的关键等。

(2)引导学生理性看待我国在坚持新发展理念过程中面临的挑战和机遇,学会用全面、联系、发展的观点分析社会经济现象,提高学生的科学思维能力和分析问题的能力。

(三)法治意识

(1)使学生认识到在坚持新发展理念过程中,法治是重要保障。例如,在创新发展中知识产权保护的法律规定,在绿色发展中环境保护相关法律法规的重要性等。

(2)引导学生理解法治在规范市场秩序、保障公平竞争、促进经济可持续发展等方面的作用,增强学生的法治观念,学会用法治思维看待经济发展中的问题。

(四)公共参与

(1)鼓励学生积极参与社会实践活动,关注家乡高质量发展情况,如参与社区的环保活动、调研当地企业的创新发展情况等,培养学生的社会责任感和参与意识。

(2)培养学生为坚持新发展理念建言献策的能力,引导学生从自身的角度出发,思考如何在创新、协调、绿色、开放、共享等方面为社会发展做出贡献,提高学生的公共参与能力。

五、教学重点、难点

(一)教学重点

新发展理念的内涵。让学生准确理解创新发展、协调发展、绿色发展、开放发展、共享发展的具体含义和相互关系,这是理解我国推动高质量发展的前提。

(二)教学难点

(1)理解新发展理念内涵之间的内在逻辑联系。创新、协调、绿色、开放、共享的新发展理念并非孤立存在,而是相互依存、相互促进的有机整体,如何引导学生深入理解这种内在逻辑关系具有一定难度。

(2)引导学生将坚持新发展理念与实际生活相结合,提出具有可行性的个人参与方案。让学生从理论知识走向实际行动,根据自身的实际情况和社会发展需求,思考并提出自己在推动高质量发展中的具体做法,这需要学生具备较强的知识迁移能力和社会责任感。

六、课程的类型及主要教学方法

(一)课程的类型

新授课

(二)主要教学方法

1.讲授法

用于讲解新发展理念内涵、要求等基础知识,使学生系统理解基本概念和原理。

2.案例分析法

通过分析我国在坚持新发展理念中的实际案例,如某科技创新企业的发展历程、某地区的绿色转型经验等,将抽象的理论知识与实际情况相结合,帮助学生更好地理解和应用知识,提高学生分析问题和解决问题的能力。

3.讨论法

组织学生分组讨论坚持新发展理念的各个方面,如创新发展面临的挑战与机遇、共享发展在民生领域的体现等,培养学生的合作学习能力、批判性思维能力和表达能力。

4.探究教学法

引导学生自主探究新发展理念的形成背景、国际比较等内容,培养学生的自主学习能力和探究精神。

七、教学过程

(一)导入环节(3分钟)

教师在多媒体上展示两组图片:一组是我国传统工业生产中高污染、高能耗的场景,如烟囱林立、污水横流的工厂;另一组是现代高科技产业园区的现代化场景,如干净整洁的办公环境、高科技研发设备等。

教师说:"同学们,大家看这两组图片,能明显感觉到不同。左边的图片反映了过去我国经济发展过程中存在的一些问题,而右边的图片展示了现在一种新的发展模式。这种新的发展模式就是我们今天要学习的新发展理念。那么,什么是新发展理念呢? 它又包括哪些内容呢?"

学生认真观看图片,开始思考教师提出的问题,对新发展理念这一概念产生了初步的好奇和探究欲望。

【设计意图】

通过直观的图片对比,引起学生的注意,激发学生的学习兴趣,引出本节课的主题——坚持新发展理念,为后续的学习做好铺垫。

【目标达成预测】

学生能够被图片吸引,顺利进入学习状态,对坚持新发展理念产生探究兴趣。

(二)新课讲授

环节1:坚持新发展理念的必要性(3分钟)

教师引导学生阅读课本上关于贯彻新发展理念的必要性部分,然后进行讲解。

教师说:"同学们,请打开课本,阅读关于贯彻新发展理念的必要性和重要性部分。"教师在学生阅读后进行讲解:"(1)理念是行动的先导,一定的发展实践都是由一定的发展理念来引领的。新时代需要贯彻新发展理念。(2)要着力解决好发展不平衡不充分问题,破解发展难题、增强发展动力、厚植发展优势,更好满足人民在经济、政治、文化、社会、生态等方面日益增长的美好生活需要,就必须完整、准确、全面贯彻创新、协调、绿色、开放、共享的新发展理念。"

学生们认真阅读课本内容,听教师讲解,对高质量发展的内涵有初步的理解。有的学生可能会提出问题,如"这五个方面是怎么联系在一起的呢?"。

【设计意图】

通过课本学习和教师讲解,让学生初步理解新发展理念的整体内涵,为后续深入学习每个方面的内涵做准备。

【目标达成预测】

学生能够准确说出新发展理论包含创新、协调、绿色、开放、共享五个方面。

环节2:坚持新发展理念的要求(32分钟)

教师讲解创新发展的内涵,结合课本案例和实际事例进行分析。

教师说:"同学们,我们先来看看创新发展。创新是引领发展的第一动力。在当今时代,科技创新对经济发展的推动作用越来越明显。"教师以课本中的案例,如我国高铁技术的发展为例进行讲解:"我国高铁技术从引进、消化、吸收到自主创新,如今已经处于世界领先水平。高铁技术的创新不仅带动了铁路相关产业的发展,还促进了区域间的人员流动和经济交流。"教师再举出实际事例:"像华为公司,通过不断投入研发,在5G通信技术方面取得了巨大成就,这使得我国在全球通信领域拥有重要的话语权。创新发展不仅仅是科技创新,还包括制度创新、管理创新等多个方面。比如,我国一些地方为了鼓励创新创业,出台了一系列优惠政策,这就是制度创新,为企业发展提供了良好的政策环境。"

学生们认真听教师讲解,结合课本案例和实际事例理解创新发展的内涵。有的学生可能会提出问题,如"中小企业在创新发展中面临哪些困难?"。

【设计意图】

通过教师讲解和案例分析,让学生深入理解创新发展的内涵,认识到创新在推动高质量发展中的重要地位。

【目标达成预测】

学生能够说出创新发展包括科技创新、制度创新等多种形式,理解创新对产业发展和国家竞争力的重要意义。

教师讲解协调发展的内涵,结合课本案例和实际事例进行分析。

教师说:"同学们,接下来我们了解协调发展。协调发展注重解决发展不平衡问题。我国地域辽阔,区域之间、城乡之间存在着发展不平衡的现象。"教师以课本中的案例,如以我国西部大开发战略为例进行讲解:"西部大开发战略就是为了缩小东西部地区的发展差距,通过加大对西部地区的基础设施建设、产业扶持等措施,促进西部地区的发展。在城乡协调方面,我国正在推进城乡一体化进程,加强农村的基础设施建设,提高农村居民的生活水平。例如,现在很多农村都通了水泥路,网络也覆盖到了农村,这是城乡协调发展的体现。"教师再举出实际事例:"在经济与社会协调方面,我们既要重视经济发展,也要注重社会事业的发展,像教育、医疗等领域。一些贫困地区在脱贫攻坚过程中,不仅发展了产业,还改善了当地的教育和医疗条件,这是经济与社会协调发展的体现。"

学生认真听教师讲解,结合课本案例和实际事例理解协调发展的内涵。有的学生可能会提出问题,如"如何进一步促进城乡教育资源的均衡配置?"。

【设计意图】

通过教师讲解和案例分析,让学生深入理解协调发展的内涵,认识到协调发展对解决我国发展不平衡问题的重要意义。

【目标达成预测】

学生能够说出协调发展包括区域协调、城乡协调、经济与社会协调等方面,理解协调发展的目标是解决发展不平衡问题。

教师讲解绿色发展的内涵,结合课本案例和实际事例进行分析。

教师说:"同学们,现在我们来学习绿色发展。绿色发展强调生态文明建设与经济发展的协同性。"教师以课本中的案例,如某传统高污染企业的绿色转型为例进行讲解:"这个企业以前在生产过程中排放大量污染物,后来通过技术改造,采用环保生产工艺,不仅减少了污染排放,还开发了新的绿色产品,提高了企业的经济效益。这是绿色发展的体现。"教师再举出实际事例:"我国大力发展新能源汽车产业,这既有利于减少传统燃油汽车的尾气排放,保护环境,又推动了汽车产业的升级换代。在我们的日常生活中,倡导绿色消费,如使用环保袋、减少一次性用品的使用等,也是绿色发展的一部分。"

学生们认真听教师讲解,结合课本案例和实际事例理解绿色发展的内涵。有的学生可能会提出问题,如"如何在农村推广绿色发展理念呢"。

【设计意图】

通过教师讲解和案例分析,让学生深入理解绿色发展的内涵,认识到绿色发展对实现人与自然和谐共生的重要意义。

【目标达成预测】

学生能够说出绿色发展强调经济与生态协同发展,并能举例说明绿色发展在企业、产业和日常生活中的体现。

教师讲解开放发展的内涵,结合课本案例和实际事例进行分析。

教师说:"同学们,接下来我们学习开放发展。开放发展着眼于国际国内两个市场、两种资源。"教师以课本中的案例,如"一带一路"倡议为例进行讲解:"'一带一路'倡议为共建国家提供了广阔的合作平台,我国与共建'一带一路'国家在基础设施建设、贸易、文化交流等方面开展了广泛的合作。这不仅促进了我国的对外经济发展,也带动了共建'一带一路'国家的经济发展。"教师再举出实际事例:"我国积极建设自由贸易试验区,吸引外资,引进国外先进技术和管理经验,同时也鼓励我国企业走出去,拓展国际市场。这是开放发展的体现。"

学生们认真听教师讲解,结合课本案例和实际事例理解开放发展的内涵。有的学生可能会提出问题,如"在当前国际贸易形势下,我国开放发展面临哪些挑战?"。

【设计意图】

通过教师讲解和案例分析,让学生深入理解开放发展的内涵,认识到开放发展对我国利用国内外资源、提升国际竞争力的重要意义。

【目标达成预测】

学生能够说出开放发展强调利用国际国内两个市场、两种资源,并能举例说明开放发展在我国对外合作中的体现。

教师讲解共享发展的内涵,结合课本案例和实际事例进行分析。

教师说:"同学们,最后我们来学习共享发展。共享发展体现了以人民为中心的发展思想,发展成果要由全体人民共享。"教师以课本中的案例,如我国脱贫攻坚取得的伟大胜利为例进行讲解:"通过脱贫攻坚,数以亿计的贫困人口脱贫,贫困地区的教育、医疗、基础设施等得到了极大改善,这就是共享发展的成果。在教育领域,我国不断加大教育投入,让更多的孩子能够接受优质教育,这也是共享发展的体现。"教师再举出实际事例:"我国的医保制度不断完善,覆盖范围越来越广,报销比例也在提高,这使得老百姓能够看得起病,享受到医疗发展的成果。"

学生们认真听教师讲解,结合课本案例和实际事例理解共享发展的内涵。有的学生可能会提出问题,如"如何确保在未来发展中持续实现共享发展?"。

【设计意图】

通过教师讲解和案例分析,让学生深入理解共享发展的内涵,认识到共享发展是高质量发展的根本目的,体现了以人民为中心的发展思想。

【目标达成预测】

学生能够说出共享发展强调发展成果由全体人民共享,能举例说明共享发展在脱贫、教育、医疗等民生领域的体现。

环节3:新发展理念的内在逻辑关系(4分钟)

教师引导学生讨论高质量发展五个方面内涵的内在逻辑关系,组织学生分组讨论。

教师说:"同学们,我们已经分别学习了高质量发展的创新、协调、绿色、开放、共享这五个方面的内涵。现在大家分组讨论,这五个方面是如何相互联系、相互促进的呢?"教师将学生分成若干小组,每组4~5人,并在各小组间巡视,参与小组讨论,给予指导和启发。例如,当某个小组讨论缺乏思路时,教师提示:"大家可以从创新对其他方面的推动作用,以及共享是最终目的等角度去思考。"

学生们分组进行讨论。有的小组说:"创新发展为其他方面的发展提供动力,比如科技创新可以推动绿色发展中的环保技术创新,也有助于在开放发展中提高我国企业在国际市场的竞争力。"有的小组说:"协调发展是实现共享发展的基础,如果区域、城乡发展不平衡,就难以让全体人民共享发展成果。"还有的小组说:"绿色发展是协调发展的重要内容,人与自然的协调也是协调发展的一部分,同时绿色发展也需要创新发展提供绿色技术支持,开放发展要引进国外的环保理念和技术。"各小组代表积极举手发言,分享小组讨论的结果。

【设计意图】

通过小组讨论,让学生深入思考高质量发展内涵各方面之间的内在逻辑关系,培养学生的逻辑思维能力和合作学习能力。

【目标达成预测】

学生能够准确说出高质量发展五个方面内涵之间相互依存、相互促进的关系,并能举例说明。

(三)总结归纳与升华(3分钟)

教师对本节课以及整个关于贯彻新发展理念的学习内容进行总结。

教师说:"同学们,通过这两节课的学习,我们全面学习了新发展理念的内涵,包括创新、协调、绿色、开放、共享五个方面及其内在逻辑关系。希望大家在今后的生活中,能够积极践行高质量发展理念,关注国家发展战略,为推动我国高质量发展贡献自己的力量。"

学生们认真听老师总结,回顾本节课以及整个学习过程中的重点内容。

【设计意图】

帮助学生梳理整个学习内容的重点,强化记忆,引导学生将所学知识内化为自身的价值观和行动指南,增强学生的社会责任感。

【目标达成预测】

学生能够明确整个学习内容的重点,对推动高质量发展有更深入、更全面的认识,并在实际生活中积极践行相关理念。

【板书设计】

一、坚持新发展理念的必要性

二、坚持新发展理念的含义及其要求

1.创新发展

2.协调发展

3.绿色发展

4.开放发展

5.共享发展

三、整体贯彻新发展理念

【教学反思】

1.成功之处

教学方法的有效性。在教学过程中,多种教学方法的综合运用取得了较好的效果。讲授法使学生系统地掌握了高质量发展的概念、内涵、我国的相关举措等基础知识。例如,在讲解创新发展内涵时,教师通过详细的阐述,让学生对科技创新、制度创新等概念有了清晰的认识。案例分析法通过丰富的实例,如我国高铁技术发展、西部大开发战略、企业绿色转型等,将抽象的理论知识与实际情况相结合,提高了学生运用知识分析实际问题的能力。在学习共享发展内涵时,学生能更好地理解抽象的理论知识。讨论法在探讨高质量发展内涵的内在逻辑关系和个人参与方面发挥了重要作用。学生分组讨论时,思维相互碰撞,激发了学生的思维活力,促进了学生之间的思想交流和合作学习。学生们在小组讨论中从不同角度分析问题,拓宽了思维视野,增强了合作能力。探究教学法在引导学生自主探究高质量发展理念的形成背景等内容时,培养了学生的自主学习能力和探究精神。

学生学习成果的有效性。从学生的学习成果来看,大部分学生都达到了预期的学习目标。在知识掌握方面,学生能够准确说出高质量发展的内涵、内在逻辑关系以及我国推动高质量发展的具体举措。在课堂提问和课后作业中,学生对这些知识的回答准确无误。在能力培养方面,学生的分析比较能力、合作学习能力、批判性思维能力和知识迁移能力有了明显的提升。在分析高质量发展内涵各方面关系时,学生能够比较不同方面之间的相互作用,这体现了分析比较能力的提高;在小组讨论高质量发展内涵的内在逻辑关系时,学生积极参与,互相交流,这反映出合作学习能力的增强;在探讨我国推动高质量发展举措的合理性时,学生能够运用所学知识进行批判性思考,提出合理的见解,表明批判性思维能力得到了锻炼;在提出个人在推动高质量发展中的参与方案时,学生能够将理论知识与个人实际情况相联系,这显示了学生知识迁移能力的发展。在情感态度方面,学生对国家的发展战略有了更深刻的认识,增强了对国家发展道路的认同,表现出积极将所学知识应用于实际生活的意愿,社会责任感也有所增强。

2.不足之处

个体差异关注不够。在小组讨论、回答问题等环节中,部分学生表现活跃,参与度高,但也有一些学生参与度较低,尤其是一些基础较弱或者性格内向的学生。这些学生在小组讨论新发展理念内涵的内在逻辑关系时可能较少发表自己的观点,在回答问题时也不够积极主动。这反映出教师在教学过程中对个体差异的关注不够,没有充分考虑到不同学生的学习能力和性格特点的差异。

实践参与关注不够。在讲解一些理论知识,如新发展理念内涵的内在逻辑关系时,虽然学生能够理解其概念,但在如何将这种理解真正转化为实际行动方面还存在不足。例如,在提出个人在推动坚持新发展理念中的参与方案时,部分学生虽然能提出一些想法,但在实际生活中可能缺乏足够的行动力去践行。在今后的教学中,需要进一步引导学生将理论知识与实际行动紧密结合,提供更多的实践机会和指导。

国际视野拓展不够。在讲解开放发展内涵时,虽然学生能够理解我国在开放发展方面的举措和意义,但对于国际上其他国家的高质量发展模式和经验了解较少。在今后的教学中,可以增加国际比较的内容,拓宽学生的国际视野,让学生更好地理解我国开放发展在全球范围内的地位和意义。

[讨论与交流]讨论本教案设计的目的,谈谈本教案设计值得借鉴与改进的地方。

本讲小结

中学思想政治课教学方案设计,分为学期(模块)教学方案设计、单元教学方案设计、课时教学方案设计等。其中,学期(模块)教学方案设计要坚持以党的路线方针政策为指导、以学校工作计划为参考、以课标和教材为依据、以学生需求为出发点等基本要求,主要内容有总体说明和教学进度安排两部分。从教学实践来看,单元教学方案设计一般是由单元教材分析、学生情况分析、单元教学目标、单元教学重点难点、教学内容与课时安排等方面构成,应体现综合性、整体性、渐进性等基本要求。课时教学方案的形式主要包括叙述式、表格式、卡片式等,应体现科学性、主体性、系统性、创新性、实用性等基本要求。

课后思考

1. 中学思想政治学期（模块）教学方案设计要遵循哪些基本要求？

2. 中学思想政治单元教学方案设计的主要构成有哪些？

3. 简述中学思想政治课教学方案设计应遵循的主要原则。

4. 选择高中思想政治必修2的一个框题进行课时教学方案设计。

第七讲　课后思考
参考答案

资源拓展

[1]宋劲松.中学思想政治课教学案例教程[M].南京:河海大学出版社,2019.

[2]胡田庚.中学思想政治教学设计与案例研究[M].北京:科学出版社,2012.

[3]陈美兰.中学政治学科教学论新编[M].北京:北京大学出版社,2019.

[4]潘永翔.高中思想政治课大单元整体性教学设计研究[J].安徽教育科研,2024(6):39-41.

[5]李浩民.深度学习视域下高中思想政治教学设计研究[D].贵阳:贵州师范大学,2024(6).

[6]任靖."按劳分配为主体、多种分配方式并存"教学实录[J].思想政治课教学,2007(4):57-59.

[7]任靖.体验·透析·践行——"加强思想道德建设"教学设计[J].思想政治课教学,2007(12):53-55.

第七讲　教学课件

第八讲

中学思想政治微课教学方案设计

随着互联网信息化技术的快速发展和移动互联网终端的普及,微课教学作为新兴的教学方式,在教学实践中迅速流行起来,微课设计已成为教师的基本要求和必备素养。微课设计是提高微课教学质量的前提和基础。为提高中学思想政治课教学有效性,中学思想政治课教师应知道微课教学设计的内涵与特征,了解和掌握微课在中学思想政治课教学设计中的主要原则和基本方法。

学习要点

1.中学思想政治微课教学设计的主要特征。

2.中学思想政治微课教学设计的主要原则。

3.中学思想政治微课教学设计的基本方法。

微课设计是提高微课教学质量的前提和基础。探讨中学思想政治微课教学设计的内涵与特征,了解和掌握微课在中学思想政治教学设计中的主要原则和基本方法,是时代发展对中学思想政治课教师提出的基本要求。

一、中学思想政治微课教学设计的概述

(一)中学思想政治微课教学设计的内涵

1.关于微课的内涵

自2008年美国学者戴维·彭罗斯(David Penrose)提出"微课程"概念以来,微课便正式得到认可。微课作为一种新兴的教学资源,国内外研究逐渐升温并初见成效。但总体上看,对微课的内涵分析和设计应用等实操层面的研究还相对缺乏,有待深入和系统研究。目前,国内的一些学者从不同的角度对微课进行了界定,但是关于微课的内涵尚未形成统一的定论。胡铁生等将微课定义为"按照新课程标准及教学实践要求,以教学视频为主要载体,反映教师在课堂教学过程中针对某个知识点或教学环节而开展教与学活

动的各种教学资源的有机组合"①；张一春将其定义为"使学习者自主学习获得最佳效果，经过精心的信息化教学设计，以流媒体形式展示的围绕某个知识点或教学环节开展的简短、完整的教学活动"②；焦建利则更愿意把它理解为"一种短小精悍的在线教学视频"③；等等。

从以上学者的定义中可以看出，微课是以微视频为主要载体的一种教学资源，不仅包括微视频，同时还包括微型教学设计（微教案）和配套教学课件（微课件）④。据此，我们认为，微课是教师旨在满足学习者个性化需要的学习方式，是围绕某个学科知识点而精心设计的5～10分钟的视听化呈现的视频教学资源。

2. 中学思想政治微课设计的内涵

关于微课设计的内涵，应从多个角度进行把握，第一，从设计主体来看，微课设计者主要是一线教师，其根据教学目标及学情设计出所需要的微课，应用于自己教学中以提升教学效果；第二，从设计内容来看，教师通常选择教学重点、难点、疑点、热点等问题作为微课设计的内容；第三，从设计要素来看，微课视频仍然是一节完整的课，其设计要素同样包括微教案、微课件、微学案、微反思等设计要素；第四，从设计目的来看，微课设计的最终目的是通过呈现精练的有吸引力的微课视频达成教学目标，以提高教学质量。

由此可见，微课设计是指一线教师为了提高课程质量，根据教学目标和学生需要，针对学科中诸如重点、难点、疑点、热点等而制订教学目标、组织教学内容、选择教学策略、安排教学过程，以形成时间短、内容精的视频作为载体的微课策划过程。

基于此，我们认为，中学思想政治微课设计是结合中学思想政治学科特点，把握中学思想政治教学内容和学生情况，针对中学思想政治课中诸如重点、难点、疑点、热点等而制订教学目标、选择教学方法、安排教学过程，以形成时间短、内容精、视频为主要载体的微课的策划过程。

（二）中学思想政治微课教学设计的主要特征

1. 微课的特征

国内许多学者对微课的特征进行了总结梳理，比如微课的特征包括：主题突出、指向明确，情境真实、资源多样，半结构化、易于扩充，传播性强、共享性突出等。其中，"短、小、精、悍"是微课的典型特征。

第一，"短"是指微视频长度短，通常为5～10分钟，是利于抓住学生注意力的最佳黄金时段。

第二，"小"是指微课选取的内容主题小，便于学生掌握学习的重点、难点或易错点，适合碎片化学习。

第三，"精"是指微课的设计、制作和讲解精良，画面合理布局，成像清晰，无质量

---

① 胡铁生，黄明燕，李民.我国微课发展的三个阶段及其启示[J].远程教育杂志，2013，31（4）：36-42.

② 张一春.微课建设研究与思考[J].中国教育网络，2013（10）：28-31.

③ 焦建利.课好，微课才可能好![J].中国信息技术教育，2015（23）：22-23.

④ 许爱军，陈昭喜.微课的内涵分析及其设计应用[J].当代教育理论与实践，2017，9（1）：84-88.

缺陷。

第四,"悍"是指微课能简明扼要地概述知识点、点拨难点、突出注意点,学生的学习效果震撼,令人印象深刻。

2.中学思想政治微课的主要特征

相较于其他学科来说,中学思想政治的微课设计具有其显著特征,主要有以下几个方面。

第一,主题明确,针对性强。相对于40分钟、内容较多的传统课堂,一个微课仅围绕一个主题,在5~10分钟的时间内集中力量突出一个教学点,帮助学生通过一个微课视频掌握一个知识点或解决一个问题。中学思想政治微课更是如此,中学思想政治课内容较多,涉及政治、经济、文化、哲学等多个领域的知识,而各知识点在前后连贯的基础上同时也具有一定的独立性,这就决定了在中学思想政治微课设计过程中,通常是针对某一知识点进行设计,有针对性地解决某一问题或解答某一疑惑。

第二,情境丰富,真实性突出。中学思想政治课是一门与社会实际紧密相关的课程。这一学科特性要求教师在教学过程中,要将知识与丰富的生活情境相结合,以提高教学效果。因此,与其他学科相比,中学思想政治微课设计,更加体现对社会生活素材利用的有效性。设计者往往通过对图片、视频、音频、故事、时政新闻等社会生活素材的收集与设计,创设出与教学内容紧密相连、贴近学生生活实际的教学情境。

第三,思想引导,注重德育性。中学思想政治课是对学生进行思想道德教育的主渠道,德育性是中学思想政治课程的显著特点。这要求中学思想政治课教学要注重对学生的思想引导,帮助其形成正确的世界观、人生观和价值观。中学思想政治微课同样如此,虽然其时间较短,但仍有较强的德育性。中学思想政治微课设计,具有明显德育性的内容,或贯穿整个微课,或在过程中加以点拨,或在微课结尾进行升华。[①]

市场调节微课

二、中学思想政治微课教学设计的意义

将微课与中学思想政治教学设计相结合,加强中学思想政治微课教学设计,对于提高课堂教学效率、满足学生多样化的学习需求、激发学生对思想政治学科的热情、丰富中学思想政治教学资源等都具有重要的意义。

(一)有利于弥补课堂教学不足,提高课堂教学效率

中学思想政治微课可以在网络平台传播,传播性强,共享性突出,这样能够弥补传统思想政治教学模式的不足。更重要的是,设计出高质量的微课,学生可以在上课之前通过微课提前预习课程内容,在课程结束后,通过微课反复温习自己不熟悉的知识点,以达到复习的目的,可以进一步提高思政课的教学效率。

---

① 钟美琪.高中思想政治微课设计研究[D].武汉:华中师范大学,2022.此处有修改.

（二）有利于搭建知识体系，抓住学科知识脉络

中学思想政治微课本身具有的"微"特点，决定了微课常常以零散化、碎片化的教学模式为主。但是，为了能够让微课在中学思想政治教育中发挥应有的作用，教师可以通过设计微课系列，重新搭建知识体系。比如说，纵向上，可以使同一个知识点由浅入深；横向上，可以加强不同知识点之间的逻辑联系，相对完整地绘制出知识网络。这样的系列微课有利于学生在自主学习时抓住知识脉络，加深对思想政治知识点及问题的理解。

（三）有利于增强教学指向性，增强教学针对性

中学思想政治课相对于其他课程而言，概念多，原理多，具有较强的概括性、抽象性。中学思想政治教师将一个问题，如重点、难点、疑点、热点等，拆分成不同方向的小问题，设计出高效的微课。设计这样的微课，有利于增强教学内容的指向性，提高教学的针对性。

（四）有利于提高教学趣味性，发挥学习自主性

微课设计主要借助互联网信息技术和计算机等设备，是一种非常灵活的教学方式。中学思想政治课教师在设计微课时可以加入动画、音频、视频等元素，进而提高微课的趣味性，这样更容易激发学生的学习兴趣，吸引其专注力，进一步提高学生的自主学习能力。

三、中学思想政治微课教学设计的原则

与常规的课堂教学和课件不同，中学思想政治微课虽然也包含教师"教"的一面，但其核心、着眼点不是教师单向的信息传播、知识点传递，更不是教师风采的"个人秀"，微课设计必须进行学习者特征分析和学习需要分析，从教师中心转变为学习者中心，遵循科学的设计原则。

（一）遵循课程特点，体现主体性

中学思想政治课以马克思主义基本观点教育和中国特色社会主义意识形态教育为核心价值，具有思想性、政治性、综合性、实践性等特点。其中，政治性是其根本特性。在进行思想政治微课设计时，尤其要把握好政治性和思想性，引导学生发扬和践行社会主义核心价值观，为学生做好正确的方向引领。同时，学生是学习的主体，是课程的主要参与者，微课设计要体现主体性原则，应关注学生的主体需求，强调学生的主动性、能动性、创造性，促进学生个体生命发展以及人格完善，促进学生全面、自由、充分地发展。

（二）突出"微"特性，兼顾完整性

"微"是微课区别于传统课堂教学的最显著特征，在中学思想政治微课设计中，要体现"微"原则。微课以微视频为核心，要注意时间"微"、内容"微"、资源容量"微"，包括与教学相配套的"微教案""微练习""微课件""微反思"及"微点评"等支持性和扩展性资源。但是，课虽"微"，却是一节完整的课，具有完整性，即有明确的教学目标、教学内容、学习

单元、学习活动流程等,同时附有配套的练习或反馈。

(三)注重有效性,彰显创造性

中学思想政治微课说到底还是为思想政治课堂服务的,要提高课堂的质量和水平,就需要确保微课使用的有效性。有效性的评判标准在于微课使用是否恰当、是否能带来良好的课堂氛围、是否能帮助教学目标的实现以及是否能带来良好的教学效果等。创造性要求微课设计不能仅对课堂内容进行情境再现,而是根据不同的教学内容,结合学生实际、地域特色等进行设计和创造。无论是视频的设计制作,还是其他资源的预设生成,唯有创新优于课本模式,才能"为课堂打开一个缺口",调动学生自主探索和发现的积极性。[1]

(四)做到音画同步、视听一致

微课学习是一种视听双通道相对独立、互补配合的多媒体学习。因此,微课设计与创作必须做到音画同步、视听一致,也就是说,学习者通过视觉看到的画面与通过听觉听到的声音必须是同步、匹配的。音画同步、视听一致,就会产生1+1>2的学习效果,否则视听相互干扰,学习效果就会大打折扣。[2]

案例8-1 "市场决定资源配置"微课教学设计

设计者用案例分析的方法,从学生的角度提出问题,结合案例内容逐一进行分析,最终帮助学生厘清市场机制的重要内容。

本节微课以介绍快递行业顺丰集团发展壮大为情境,导入新课,在分析根据市场决策这一活动中,首先展示关于顺丰集团总裁王卫的创业原因的一段材料,提出问题一,王卫做出开公司的决定,是因为从市场中捕捉到哪些信息?然后总结由于快递行业供不应求,从而开办顺丰业务,即资源流入市场。

其次,展示关于人们对快递需求增加、快递价格上涨的材料,提出问题二,假如你是某快递公司的老板,面对以上市场信息,你的企业会作何调整,扩大规模或缩小规模或其他?请说明理由,然后总结知识点,供不应求导致价格上涨,企业获利增加从而扩大生产。

最后,展示由于快递行业迅速发展引起的供过于求的现象并讲解由供过于求引起的市场现象。至此,通过多个问题的分析,市场机制的内容已呈现完成。

[讨论与交流]根据中学思想政治微课设计的主要原则,对该微课设计进行评析。

四、中学思想政治微课教学设计的方法

微课对深化中学思想政治教学改革的作用毋庸置疑,但是如何设计出高质量的思想

① 施凯.对思想政治微课设计原则的探究[J].教师,2015(3):62.此处有改动.
② 郑小军."学习者中心"微课设计与创作原则探析[J].广西职业技术学院学报,2019,12(4):58-66.

政治微课,是摆在教师面前的现实问题。根据中学思想政治课课程性质和教学目标,结合中学生的兴趣特点,教师进行微课的教学设计,一般包括目标制订、策略运用、评价实施等主要环节。

(一)目标制订:立足"素养"与"体系"

1.坚守核心价值,落实生本原则

在建构主义学习环境中,学生是确定学习目标和学习方向的参与者。制定微课的教学目标首先要分析、确定教学的社会期望和学生的成长需要,既要引导学生强化政治认同、弘扬科学精神、落实法治意识、实践公共参与,在多元开放的大环境中坚守社会主义核心价值观,又要以学生为本,尊重当下学生个性化的成长差异,引导学生关注与自己息息相关的经济、政治、文化生活,树立正确的世界观、人生观和价值观。

2.整合学科体系,开发素养课程

微课虽是片段化的教学资源,但教师可整合教材中零散的知识,解剖关联性较强的知识,重新构建微课的课程知识体系,例如,教学《政治与法治》时,教师可依据全过程人民民主重新整合人民民主的制度保障和实践参与,使零散知识系统化。教师还可以学科核心素养目标为主线开发核心素养课程,例如,面对多元化政治思潮的冲击,教师可以我国政治制度的优越性为主线开发微课,拓展必修1《中国特色社会主义》中"中国特色社会主义从哪里来,到哪里去"等相关知识,设计增强对中国特色社会主义道路、理论、制度和文化的认同感,培育有立场、有理想的中国公民的"政治认同型微课"。教师可选择生活中易引发认知障碍和选择困难的议题材料,设计培养学生正确的消费观、就业观、理财观、劳动观等,引导学生在复杂的社会生活中学会理性生活,培育有思想、有理智的中国公民的"科学精神型微课"。依法治国是我国的基本方略,教师可依据选择性必修2《法律与生活》中蕴含的法律知识,结合现实案例,设计引导学生学法、懂法、尊法、守法、用法,培养有自尊、有规则的中国公民的"法治意识型微课"。教师可结合必修4《哲学与文化》中发展中国特色社会主义文化等内容,延展课堂活动、创设生活情境,激发学生公共参与的意愿,培养有担当、有情怀中国公民的"公共参与型微课"。

(二)策略运用:彰显"精选"与"活化"

1.突破教学重难点,增强针对性

为强化学生对重难点的理解和运用,教师要依据《普通高中思想政治课程标准(2017年版2020年修订)》,运用微课实现分散重点、突破难点、梳理疑点、整合相似点、辨清易混易错点、理解热点,通过课堂播放或课后链接等方式,引导学生有针对性地解决疑惑,实现个性化教学。如在教学过程中,学生对"文化""文明"等概念存在知识上的盲区和误区,比起直观的语言解释,更为有效的方式是教师把这些概念的区别制作成微视频,引导学生厘清这些名词。

2.贴近生活实际,提升实效性

思想政治课与时政热点、现实生活息息相关,微课教学设计要注重开发生本资源、凸显地方特色、增强生活气息,可遵循按照"从生活中来—理论合作探究—到生活中去"的设计思路,拉近学科知识与学生生活的距离。如设计微课"企业的经营与发展"时,在大众创业背景下,结合重庆特色"火锅"分组模拟创业活动,引导学生讨论"如何从众多火锅店中脱颖而出",让每位学生分享课堂参与的快乐,培育学生的科学精神。同理,教师还可设计模拟听证会等情境,利用微视频带领学生近距离感受其操作流程和实施效果,使学生在主动参与中实现政治认同。

3.展现创造设计,激发主动性

短小精悍的展现、元素丰富的画面、创新性的互动是微课的精华所在。虽然教师在录制微课过程中缺乏与学生面对面的交流,但在制作中要利用微课的优势,通过呈现刺激性材料、使用标注等方式,博得学生对核心知识的关注;通过课前调查、课中留白、课后反馈等方式,增进对学生学习情况的把握。如设计微课"建设文化强国"时,可结合课前调查所反馈的学生对"不同文化的影响"的不同观点,引导学生主动参与文化现象调查,结合自身生活体验感悟文化生活,在分析问题、提出建议的过程中增强公共参与能力。

4.延伸课外空间,体现时代感

数字时代的教学应当具备经济全球化和文化多元化的视野,教师在微课开发实施中应注重通过延伸课外空间培养学生综合运用多种知识的能力。课外延伸要基于本学科知识,加强思想政治学科知识的拓展与渗透,引导学生主动挖掘教材显性知识背后的隐性知识,培养学生融会贯通的能力。课外延伸要融合多学科知识,思想政治学科知识涵盖广泛,与语文、数学、历史、地理、物理乃至大学的财政金融、法律、西方哲学等学科都有一定的联系,值得教师进一步挖掘。课外延伸要契合时代背景,思想政治学科要引导学生关注时事、关心国情,对于党代会、两会、政府工作报告、中央经济工作会议等常规性热点,以及国内国际突发性热点,教师可利用微课加以适时补充。

(三)评价实施:助推"辐射"与"反馈"

1.关注学习效果反馈

微课虽以微视频为核心,但应包含配套的微导学单、微教案、微课件、微习题等。完整的微课配套资源有利于学生自主思考、剖析问题、检测成效,也有利于教师了解学生学习进度。此外,掌握学习反馈信息行之有效的方式之一是开设微信公众号,便于教师系统化呈现微课资源,及时收集线上学生提出的疑问及练习的反馈情况,将线上考评与课堂测试相结合,建立微课教学与评价体系,实现线上线下互融互通。

2.加强自我优化反馈

"一把钥匙开一把锁",每一堂微课的设计与使用都应当契合教师的教学需要。对于微课制作及具体实施过程中遇到的问题,教师应及时记录、适时反思,找寻优化策略,有针对性地提高自身微课建构水平;还应不定期开展问卷调查、个人访谈等,了解使用者对微课内容、形式、实施、反馈等方面的意见与建议,更好地发挥微课的价值引领作用。

3.重视同行建议反馈

各地都会开展关于微课的培训与展示活动,教师要积极参与相关活动,利用网络平台优质资源进行再创作,借助微信公众号、网络平台等传播教学资源,扩大自身影响力;还应关注国内外专家学者关于微课的理论进展与实践报告,多渠道汲取教育同行对目标确定、内容设计、技术运用、教学方式的建议,挖掘微课的深度、扩展微课的广度。[①]

微课正以迅雷不及掩耳之势进入教学领域。作为中学思想政治课教师应以积极的心态,饱满的热情,投入微课的设计、开发与实施中,让微课真正走进课堂,走近学生,成为学生的重要学习方式,从而促进教师和学生信息素养与思想政治学科核心素质的提升。

本讲小结

中学思想政治微课设计是结合中学思想政治学科特点,把握具体的教学内容和学生的学习情况,针对中学思想政治学科中某个知识点制订教学目标、选择教学方法、安排教学过程,以形成时间短、内容精、视频为主要载体的微课的策划过程,它具有主题明确、针对性强,情境丰富、富于真实性,突出思想引导、注重德育性等特征。开展中学思想政治微课教学设计应遵循体现主体、兼顾完整、彰显创造、音画同步、视听一致等原则,教师进行微课的教学设计,一般包括目标制订、策略运用、评价实施等主要环节。

课后思考

1.中学思想政治微课教学设计有哪些主要特征?

2.简述中学思想政治微课教学设计应遵循的主要原则。

3.选择高中思想政治必修3的有关内容进行微课教学方案设计。

第八讲　课后思考
参考答案

资源拓展

[1]张建锋.微课设计与制作[M].成都:电子科技大学出版社,2023.

[2]中国微课平台,http://dasai.cnweike.cn/.

[3]王蕾.例谈道德与法治微课设计要点[J].小学教学参考,2020(27):75-76.

[4]朱湘红,郭楚敏.道德与法治情境微课设计:情境构建的四个法宝[J].教育信息技术,2020(C1):128-130.

[5]钟美琪.高中思想政治微课设计研究[D].武汉:华中师范大学,2022.

[6]尹红颖.高中思想政治《经济与社会》微课设计研究[D].吉林:北华大学,2022.

第八讲　教学课件

---

① 李艺敏.思想政治学科微课设计的三个维度[J].中学政治教学参考,2020(1):30-31.此处有修改。

第九讲

中学思想政治课教学目标设计

　　教学设计是一种有目的的活动,也就是说它要预设达到终点的一种方式。这些预设的终点通常被描述为教学目标。教学目标的设计,是教学设计首先思考的核心问题,是制约其他教学要素与环节的设计的核心环节。可以说,教学目标设计是整个教学设计与实施的基础与导向。中学思想政治课教师要想设计适切的教学目标,必须先了解中学思想政治课教学目标的内涵与功能,把握中学思想政治课教学目标确定的主要依据与基本原则,掌握中学思想政治课教学目标表述的基本要求与主要方法。

学习要点

1.中学思想政治课教学目标的内涵与功能。

2.中学思想政治课教学目标确定的主要依据与基本原则。

3.中学思想政治课教学目标表述的基本要求与主要方法。

　　中学思想政治课教学设计首先从设计教学目标开始。教学目标的设计制约和影响着教学重点、难点的确立以及教学方法、教学策略、教学模式的选择,同时"当目标向学生传递了在教学之后他们应该做什么时,目标就是有用的"①。可见,教学目标设计是教学评价设计的关键依据。中学思想政治课教师设计适切的教学目标,具有重要意义。

一、中学思想政治课教学目标的概述

(一)中学思想政治课教学目标的内涵

1.教学目标的内涵

　　所谓目标,从字面理解,"目"是眼睛,"标"是靶子,目标就是眼睛所盯着的靶子。按

---

　　① 加涅,等.教学设计原理(第五版修订本)[M].王小明,等译.上海:华东师范大学出版社,2018:132.

照马克思主义的观点,目标是活动之前观念存在于人们头脑中的活动结果。关于教学目标的内涵,由于人们阐述的角度、依据的理论基础以及使用的研究方法不同,自然就存在不同的观点。美国教育家拉尔夫·泰勒认为,形形色色的行为方式的变化,就是教学目标;苏联教育家巴班斯基则把教学目标等同于教学任务,提出教养、教育和发展三大目标。我国学者倾向于把教学目标和教学目的联系起来。比如,有学者认为,教学目标是教学目的的下位范畴,是教学目的的具体化、科学化,是各学科所要达到的具体目标,即教师预期教学活动要实现的教学结果;有的学者认为,教学目标是学生通过学习活动后要达到的预期学习结果,可分为课程教学目标、单元教学目标、课时教学目标等不同层次;也有的学者认为,教学目标是"教师和学生立足于当下基础上的,以具体教学活动为依托,指向未来时空的一种结果"①。我们认为,教学目标是指教学活动实施的方向和预期达成的结果,是一切教学活动的出发点和最终归宿。它既与教育目的、培养目标、课程目标相联系,又不同于教育目的、培养目标和课程目标。

2.中学思想政治课教学目标的内涵

基于以上分析,我们认为,中学思想政治课教学目标,就是通过中学思想政治学科教学后学生所要达到的预期结果。把握中学思想政治课教学目标的内涵要注意三个基本点:第一,从目标的指向看,它是指向学生,所呈现的是学生要达到的目标,而不是教师要达到的目标。第二,从目标的内容看,它是基于特定基础和条件可以实现的预期性结果,而不是现实性结果。第三,从目标的价值看,它是国家有关教育行政部门、中学思想政治课课程与教学设计者对中学思想政治学科的一种价值选择,体现着教师的教学价值。

(二)中学思想政治课教学目标的特点

教学目标是教师预期学生在教学活动结束后所达到的学习结果,它具有明确性、层次性、整体性、灵活性等特点。中学思想政治课教学目标的特点主要体现在以下几个方面。

1.导向性

中学思想政治课教学目标具有鲜明的价值导向,旨在引导学生树立正确的世界观、人生观和价值观。例如,通过学习社会主义核心价值观,学生能够明确什么是国家倡导的价值理念,如爱国、敬业、诚信、友善等,从而在思想和行为上与党、国家和社会的要求保持一致。同时,中学思想政治课的教学目标始终围绕思想政治教育展开,强调对学生品德和思想的塑造。例如,通过讲述革命先辈的英雄事迹,激发学生的爱国情怀和责任感,引导学生在日常生活中践行道德规范。

2.综合性

中学思想政治课的教学目标涵盖了哲学、经济学、政治学、法学、文化等多个领域的知识。例如,在学习经济与社会时,学生需要了解所有制、分配制度、市场经济等经济学知识;在学习政治与法治时,要掌握国家、政府、政党等政治学知识。这些知识相互联系,

---

① 裴娣娜.教学论[M].北京:教育科学出版社,2007:96.

共同构成了一个完整的知识体系。同时,每一个方面的核心素养目标不仅关注知识的传授,还注重学生能力的培养和情感态度的塑造。例如,在学习法治知识时,学生不仅要掌握法律条文,还要学会运用法律分析和解决问题,同时培养学生对法治的敬畏和尊重。

3.时代性

中学思想政治课的教学目标会根据时代的发展和社会的变化进行调整和更新。例如,随着我国经济结构调整和科技创新的推进,教学目标会增加对新发展理念、数字经济、人工智能等新知识的介绍,使学生能够适应时代发展的需求。同时,教学目标注重引导学生关注社会热点问题,如环境保护、社会公平正义、科技创新等。通过学习和讨论这些热点问题,学生能够更好地理解国家政策和社会发展趋势,增强社会责任感。

4.实践性

中学思想政治课的教学目标注重将理论知识与学生的实际生活相结合。例如,在学习公民的政治参与时,学生可以通过模拟选举、社区调研等活动,将所学的理论知识应用到实践中,增强对政治生活的理解和参与能力。同时,教学目标鼓励学生积极参与社会实践活动,如志愿服务、社会调查等。通过这些实践活动,学生能够将课堂上学到的知识转化为实际能力,同时增强社会责任感和公民意识。

5.层次性

中学思想政治课的教学目标根据学生的年龄特点和认知水平,分为不同的层次。例如,对于初中学生,教学目标更注重基础知识的传授和基本道德观念的培养;对于高中学生,则更注重理论深度的拓展和综合能力的提升。同时,教学目标的层次性也体现了因材施教的原则。教师可以根据不同学生的学习能力和兴趣特点,制定个性化的教学目标,使每个学生都能在思想政治课的学习中取得进步。

6.整体性

中学思想政治课的教学目标是一个有机的整体,各个模块、各个方面的核心素养相互联系、相互支持。例如,哲学知识为学生提供了科学的世界观和方法论,经济知识帮助学生理解社会发展的经济基础,政治知识则引导学生参与国家和社会治理,文化知识增强学生的文化自信。这些知识共同构成了一个完整的课程体系。同时,教学目标既包括长期的育人目标,如培养具有社会责任感和创新精神的公民,也包括短期的课堂教学目标,如掌握某一具体知识点。通过长期目标与短期目标的有机结合,确保学生在思想政治课的学习中逐步成长。

(三)中学思想政治学科教学目标的分类

中学思想政治学科教学目标的分类,是指运用分类学的理论把中学思想政治学科教学目标按照从简单到复杂、从低级到高级连续递进的体系形式进行排列组合,使之系列化。依据不同的标准,中学思想政治学科教学目标可以进行不同的分类,在教学实践中应特别关注的是结构分类和水平分类。

1.中学思想政治学科教学目标的结构分类

所谓结构分类,就是根据思想政治学科教学目标的内在构成要素,以一定的标准和程序,把它划分为相对独立的若干部分。随着我国基础教育新课程改革的发展,教学目标的结构出现了一些新的变化。20世纪八九十年代,以基础知识、基本技能为目标是教学的根本价值取向。2001年,教育部印发《基础教育课程改革纲要(试行)》,随后印发义务教育阶段17个学科的18种课程标准(实验稿),用知识与技能、过程与方法、情感态度与价值观的"三维目标"取代基础知识、基本技能的"双基"教学目标。2014年,《教育部关于全面深化课程改革落实立德树人根本任务的意见》首次提出核心素养概念,并在义务教育道德与法治和普通高中思想政治课程标准的修订中分别提出"核心素养"和"学科核心素养"。至此,"核心素养"和"学科核心素养"取代"三维目标"成为新课程改革的重要理念。从"双基目标"到"三维目标"再到"素养目标",教学目标在不断地趋近教育本质,促进人的全面发展。①

具体到中学思想政治课程,初中道德与法治课程要培育的学生核心素养主要包括政治认同、道德修养、法治观念、健全人格、责任意识。其中,政治认同是社会主义建设者和接班人必备的思想前提,道德修养是立身成人之本,法治观念是行为的指引,健全人格是身心健康的体现,责任意识是担当民族复兴大任时代新人的内在要求。这五个方面的核心素养在内涵上相互交融,在逻辑上相互依赖,是一个有机的统一体。

普通高中思想政治课程要培育的学科核心素养主要包括政治认同、科学精神、法治意识、公共参与。其中,政治认同关乎学生的成长方向和理想信念的确立,也是科学精神、法治意识和公共参与有中国特色的共同标识。科学精神既显示学生认识社会、参与社会的能力和态度,也显示人自身自由发展的文明程度,体现中国特色哲学社会科学的有关原理和方法,是达成政治认同、形成法治意识、实现公共参与的基本条件。法治意识体现当代中国公民依法行使权利、履行义务的必备品质,是公共参与的必要前提,也是政治认同和科学精神的必然要求。公共参与体现人民当家作主的责任担当,是政治认同、科学精神和法治意识的行为表现。这四个方面也是一个有机整体,在内容上相互交融、在逻辑上相互依存。②

中学思想政治课教学目标就是围绕初中道德与法治的核心素养和高中思想政治的学科核心素养,结合课程目标、教学内容以及学生实际等因素设计的预期学习结果。

2.中学思想政治学科教学目标的水平分类

所谓水平分类,是指在中学思想政治学科教学目标结构分类的基础上,对构成其基本结构的每一要素所要达到的水平所作的进一步分类。与上述结构分类相适应,中学思想政治学科教学目标的水平分类也有多种具体的分类情况。例如,以普通高中政治认同目标为例,对其水平分类进行简要分析,见表9-1③。

---

① 郭元祥,刘艳.我国教学设计发展20年:演进、逻辑与趋势[J].全球教育展望,2021,50(8):3-14.

② 中华人民共和国教育部.普通高中思想政治课程标准(2017年版2020年修订)[M].北京:人民教育出版社,2020:42.

③ 中华人民共和国教育部.普通高中思想政治课程标准(2017年版2020年修订)[M].北京:人民教育出版社,2020:56-57.

表9-1　普通高中政治认同目标的水平分类

素养水平	素养目标1:政治认同
水平1	能够面对简单情境问题,引证走中国特色社会主义道路的成功事例;表述马克思列宁主义、毛泽东思想、邓小平理论、"三个代表"重要思想、科学发展观、习近平新时代中国特色社会主义思想是中国共产党的行动指南;叙述宪法对我国根本制度的规定;认同中国共产党是中国特色社会主义事业的领导核心,认同伟大祖国、中华民族、中华文化、中国共产党和中国特色社会主义;解释国家层面的价值目标
水平2	能够面对一般情境问题,用中国近现代史证实只有社会主义才能救中国;明确马克思主义中国化的最新成果;分析具体事例表明中国特色社会主义制度的显著优势;运用具体事例展现中国共产党依宪执政、依法执政的方式;结合奋斗历程,解释中国特色社会主义道路、理论、制度、文化的价值表达
水平3	能够面对复杂情境问题,比较世界各国发展道路,论证只有中国特色社会主义才能发展中国;结合改革开放的实践,阐述马克思主义中国化时代化最新成果的时代特征;对照西方主要国家说明中国绝不能照搬其政治制度模式;着眼于中国共产党的先进性和纯洁性,阐述全面从严治党的意义;论述社会主义核心价值观体现文化自信的意义
水平4	能够面对具有挑战性的复杂情境问题,回应各种封闭僵化或改旗易帜的主张,阐述走中国特色社会主义道路的坚定信念;辨析各种错误思潮的影响,阐述马克思主义中国化时代化最新成果;跟进全面深化改革的进程,坚持中国特色社会主义制度不动摇;立足新时代、新征程,阐述中国共产党是最高政治领导力量;洞察不同价值观的影响,揭示其根源,阐明社会主义核心价值观是当代中国精神的集中体现,凝结着全体人民共同的价值追求

二、中学思想政治课教学目标的确定

(一)中学思想政治学科教学目标定位的价值取向

在课程发展史上,课程教学目标的定位有三种价值取向,即社会本位的价值取向、学生本位的价值取向和学科本位的价值取向。社会本位的价值取向主要强调教学的社会价值,以社会发展为中心设计教学目标,重点确定能够为国家和社会发展作出贡献的人才的标准。学生本位的价值取向主要强调教学的个体发展价值,以学生个体的发展为核心确定教学目标。学科本位的价值取向主要强调教学的学科发展价值,重点围绕学科专业人才应该具备的基本素养来确定教学目标。

在我国中学思想政治课程发展史上,教学目标定位长期强调社会本位、学科本位,关注培养符合国家和社会需要的人才,关注培养的人才对学科知识的理解和掌握的程度。在民主革命时期,根据地和解放区的中学政治课教学目标的定位十分明确,就是紧密服务于革命斗争需要,密切配合反抗日本帝国主义的侵略和国民党的反动统治,准备夺取政权;中华人民共和国成立后到"文化大革命"前的相当长一段时间里,中学政治课教学目标的确定,以国内外形势发展为基本依据,密切配合政治运动的需要。20世纪80年代以后,虽然开始关注学生发展,重视思想政治学科教学的个体发展功能,但从改变以往忽视学科知识学习、努力提高学科知识教学质量的角度考虑,教学目标更注重学科本位,有明显的过分强调学科知识的偏向。

进入新时代,随着社会实际的变化发展,在中学思想政治课教学目标确定上我们逐步改变了过去过于强调社会本位、学科本位的价值取向,在关注社会发展的需要和学科知识体系的同时,强调以学生的素养发展为本,坚持社会发展和学生发展的统一、学科知识与学生生活的结合。

(二)中学思想政治学科教学目标确定的主要依据

教学目标的确定受课程标准、教学内容、学生实际等因素的影响和制约。特别是中学思想政治课程,具有很强的政治性、思想性、时代性和实践性,教学目标的确定必须遵循科学依据。

1.依据时代要求

作为体现党和国家意志的中学思想政治课,其教学目标的制定必须凸显新时代中学思想政治课的政治性这一本质属性,体现时代发展的特色,反映新时代国家和社会发展对中学生在政治认同、家国情怀、道德修养、法治意识等方面的要求,引导学生践行"两个维护"、坚定"四个自信",做德智体美劳全面发展的社会主义建设者和接班人,以适应百年未有之大变局和担当实现民族复兴大任的需要。

2.符合学生实际

中学思想政治课教学目标指向的是中学生,教学目标的确定,必须考虑中学生的发展阶段性和可接受性,对不同阶段、不同层次的学生提出不同的目标要求,体现出由低到高、由浅入深的渐进过程,尤其是要有针对性和灵活性,既要有教学要求的统一性,又要兼顾学生需要的差异性,既有最低标准以保证学生的学业质量,又有较高要求以鼓励学有余力的学生充分发挥学习潜能。

3.体现学科特点

作为一门德育课程,中学思想政治课是落实立德树人根本任务的关键课程,具有学科育人的价值。教学目标的确定,尤其要体现中学思想政治课教学目标的特殊性,体现知识与能力教学为思想政治教育服务的特点,绝不能出现重智轻德、重知轻能的现象,必须体现有信仰、有思想、有尊严、有担当的整体素养目标。

4.贯彻课标要求

课程标准是教学的依据,也是教学目标确定的依据。新时代,随着中学新课程改革的深化,义务教育道德与法治新课标、普通高中思想政治新课标分别设置了核心素养、学科核心素养的课程目标体系,突出正确价值观、必备品格和关键能力的核心素养培育。因此,在确定教学目标时,要贯彻和体现新课标所规定的素养目标结构体系和素养水平要求。

5.把握教材内容

教材是依据课程标准编写的,是课程标准的具体化,它是教师教和学生学的主要材料。教材所提供的学科知识和大量范例是经过精心挑选、精心安排的,具有较强的政治性、思想性、时代性、基础性和实践性,可以较好地引导、帮助学生实现课程目标。因此,教师在确立教学目标时,应该分析研究教材,把握教材的基本内容,理解教材的编写意图。

(三)中学思想政治课教学目标确定的基本原则

教学目标是学生学习的预期结果,它规范教学活动的进程,制约教学发展的方向,影响教学效率。确定适切的教学目标,应符合以下几个方面的要求。

1.注重完整性

信息时代不同于产业时代的主要特征就是"整体性"(课题综合)取代细分化(课题分割),不仅强调"学科素养",而且强调"跨学科素养"①。信息时代的学生是一个"整体的人",学生的发展是综合发展。新课程标准着眼"全面的人"发展的课程价值取向,提出了核心素养或学科核心素养目标结构和目标水平,这为我们确定教学目标指明了基本方向。确立教学目标要注意目标全面性,形成相对系统完整的目标体系,要克服知识本位和升学取向的影响,更多地关注学生个体的全面和谐发展,培育学生整体的核心素养。

2.强调整合性

中学思想政治核心素养目标是一个难以分割的整体,在教学目标的设计中,要统筹安排、整体设计。比如,高中思想政治学科中政治认同、科学精神、法治意识、公共参与的目标,尽管这些目标具有培养有信仰、有思想、有尊严、有担当的人的独特价值,但是并非简单的并列关系,而是彼此渗透,相互融合,统一于学生的发展之中。在确立教学目标时,要充分发挥学科的教育价值和发展价值,根据学科教学内容整合核心素养目标。

3.讲究针对性

学生学习情况是有差异的,不同知识基础、能力水平、兴趣爱好、思想状况、行为表现的学生,在学习上也有不同的学习需求和期望。教学目标的确立要根据不同班级和学生的具体情况,因人而异。有的班级和学生基础较好,学习能力较强,就要提出比较高的教学目标;有的班级和学生知识基础能力相对较差,目标要求就可以低一些,然后通过"逐渐逼近"的过程,逐步达到预期目标。

4.体现开放性

长期以来,中学思想政治课在教学目标的确定上,多注重知识目标,与学生实际和社会生活实际联系不够,针对性不强,效果不好。新课程强调教学资源的开发和利用,教学目标的确定也应该跳出教材与教室,结合社会实际和学生实际,通过发挥学生学习的主体性,增强学生的体验性,以更好地实现教学目标。

5.突出实用性

中学思想政治教学目标要简洁,明确描述学生通过教学产生的预期行为变化。这些行为变化应是明确而严密的,而不是模棱两可或抽象笼统的,只有这样,教学目标才便于

---

① 钟启泉.教学设计[M].上海:华东师范大学出版社,2022:3.

教师操作,利于教学评价。

(四)中学思想政治课教学目标确定中的常见问题

确定教学目标是有序、有效开展教学活动的基础和保证。但由于主客观的原因,有的教师在确定教学目标的过程中,往往会出现以下几个方面问题。

1.目标笼统

教学目标是教学评价的依据,应该具体明确地体现出学生的学习结果。但现实教学设计中,部分教师设计的教学目标过于笼统,难以把握。比如,有的教学目标定得太大,与课程目标混为一谈,谈到科学精神目标,就是用马克思主义理论、观点和方法分析社会现象的能力等,没有针对特定教学内容、学生实际确定具体目标;还有的教学目标确定模式化,谈到国家就是爱国主义教育,谈到社会就是培育社会责任感等。

2.目标缺失

在实际教学设计中,部分教师对教学目标的重视程度不足,导致教学目标存在缺失或不明确的问题。这一现象主要体现在两个方面:一是教学目标的缺失。有些教师在教学过程中缺乏明确的目标规划,表现为"铃声一响,走进课堂;要讲什么,等我来想"的随意状态。他们对"一节课要教什么内容、学生需要学习什么、为何采用这种教学方式、学生为何要这样学习"等问题,在课前并未进行深入思考。这种教学方式,反映出部分教师在教学设计上不负责任的态度。二是教学目标设定缺乏针对性。教学目标的设定应因人而异、因材施教。即使是相同的教学内容,针对不同的教学对象、在不同的教学条件下,教学目标也应有所差异,以满足不同学生的学习需求。然而,部分教师在设计教学目标时,常常直接照搬他人的教学目标,忽视了本班学生的实际情况和教学环境的特点,导致教学目标与教学实践脱节,缺乏应有的针对性。这种现象在教学中也时有发生,严重影响了教学效果和学生的学习体验。

3.目标陈旧

随着新时代基础教育课程改革的深化,义务教育道德与法治新课标和普通高中思想政治新课标都已颁布实施。新课标对于课程目标的陈述,已经取代了"双基目标"和"三维目标",并整合了知识与技能、过程与方法、情感态度与价值观。教学目标设计应该以新课程标准为依据,以落实和发展学生思想政治核心素养为目标。但是,在实际教学设计中,部分教师仍然根据"双基目标"或"三维目标"的要求,陈述新课程的教学目标,没有做到依标设计、依标施教。

4.目标片面

根据新时代深化中学思想政治新课程改革的精神,确定教学目标应该着眼于落实立德树人根本任务,充分发挥思想政治学科的育人功能,促进学生综合素质的发展。初中道德与法治课教学目标应该按照核心素养的五个方面设计,高中思想政治课教学目标应该按照学科核心素养的四个方面设计。因为这些核心素养不是孤立存在的,而是一个有机整体,在内容上相互交融、在逻辑上相互依存。虽然不是要求每节课教学设计都要确定这"五个方面"或"四个方面"的核心素养,但在实际教学设计中,确实存在着顾此失彼的现象,往往重视政治认同、科学精神,而忽视法治意识、公共参与核心素养目标设计的现象。

案例9-1　"中国共产党领导人民站起来、富起来、强起来"教学目标

政治认同:通过查找代表中国共产党领导人民立国、富国、强国的相关资料,以及对"中国共产党领导人民站起来、富起来、强起来"光辉历程的把握,深刻感悟中国共产党的伟大贡献,确信中国共产党的领导不仅是历史和人民的选择,更是走向中华民族伟大复兴的必然选择。

科学精神:通过对"中国共产党领导人民站起来、富起来、强起来"历史脉络的把握,认识中国共产党领导人民进行新民主主义革命、社会主义革命、社会主义建设和伟大的改革开放的奋斗历程及其重大意义,感悟伟大成就的取得必须一切从实际出发,实事求是。

公共参与:通过讨论展示等小组合作活动,培养合作意识和交流沟通的能力,通过撰写倡议书的活动,增强自觉主动做中华民族伟大复兴事业的参与者和建设者的责任感和使命感。

[讨论与交流]结合中学思想政治课教学目标设计的依据,指出上述教学目标设计中存在的主要问题并进行完善。

三、中学思想政治课教学目标的表述

教学目标的表述,就是指以一定的方式将教学最终要追求的目标表达出来,也就是将人们思想中的要求以文字的形式呈现出来。[①]中学思想政治课教学目标不仅要确定得合理,而且表述要恰当,这样才能有效地发挥其应有的功能。在中学思想政治课教学目标的表述上,要明确其基本要求,掌握其基本方法。

(一)中学思想政治学科教学目标表述的基本要求

根据深化基础教育课程与教学改革的要求,结合教学目标自身的功能与特点,教学目标的表述应该符合以下基本要求。

1.指向主体是学生,不是教师

在教学过程中,学生是学习的核心主体,教学目标应明确指向学生的学习成果,而非教师的教学行为。教学的有效性、高效性、正效性与否,其关键在于学生是否通过教学活动取得了进步与发展,而非教师是否完成了既定的教学任务。换言之,评价教师的教学行为,是衡量其是否履行了教学职责;而评价学生的学习行为,则是衡量其是否真正掌握了知识、技能,是否具备了相应的能力。如果教学目标仅以教师的行为来表述,那么即使教师完成了教学任务,也无法确保学生是否真正"能"与"会",这样的教学无疑是缺乏实

---

① 裴娣娜.教学论[M].北京:教育科学出版社,2007:118.

际意义的。

因此,教学目标的表述必须突出学生的主体地位,避免将教师视为主动施教者、学生视为被动接受者的传统观念。基于这一要求,教学目标的表述应特别关注以下两点:一是教学目标的句式应以学生为主体。以往常见的表述方式为"通过教学,使学生了解……使学生掌握……使学生认识……",这种表述方式明显将教师置于主体位置,强调教师的"教"而非学生的"学"。二是教学目标应使用体现学生主体性的行为动词。例如复述、了解、描述、列举、识别、辨认、解析、比较、说明、应用、评述、辨析、拟订、感受、观察、探寻、发展等。这些动词直接指向学生的学习行为和学习成果,能够清晰地表达学生在学习过程中应具备的能力和达到的水平。而指导、培养、启发、引导、激发等动词则更多地描述教师的教学行为,不应作为学生学习目标的陈述动词。

2.呈现的是教学结果,不是教学过程

教学目标是教和学的达成目标,教学目标呈现的是教学结果,不是教学过程,是对学生学习结果的描述,而不是对教师主观愿望的描述。如"学生了解……""学生掌握……"等表述都是对学生学习结果的描述,而不是教师主观愿望的描述。

3.表述应明确具体,可观察、可检测

以往表述教学目标大多使用一些表示内部心理过程的术语,如掌握、理解、懂得、认识、培养等,用这些术语表述教学目标,有助于我们对教学目标形成一般、总体的了解。但用这些术语对教学目标进行概括性的一般描述,缺乏质和量的规定性,可检测性和可观察性较差,难以确切表述学生的学习结果和测量教学效果的好坏,在课堂教学中难落实,难免使教学目标流于空泛、笼统。适切的教学目标应该明确教师教什么、教到什么程度,学生学什么、学到什么程度,而且教学目标作为教学评价的依据,要能够用来衡量学生的学习结果。因此,教学目标的表述要明确具体、可观察、可检测。

要做好这一点,关键是要恰当选择和使用行为动词。教学目标的表述一般使用可以直接观察和测量的外显行为动词,如复述、描述、列举、识别、比较、说明、应用、评述、辨析、拟定等,而不宜使用无明确具体的质和量规定的能愿动词,如了解、理解、掌握、知道、懂得、领会等。可以说,外显行为动词表述教学目标是新课程的重要特点。

(二)中学思想政治学科教学目标表述的主要模式

20世纪以来,国内外许多学者致力于教学目标表述的研究,形成了多种教学目标表述模式。新时代中学思想政治课程标准采用行为目标表述模式,这一表述模式也是目前中学思想政治教学设计所倡导的主要表述模式。

---

① 加涅,等.教学设计原理[M].王小明,等译.上海:华东师范大学出版社,1999:50.

资料卡 9-1　加涅学习结果分类[①]

性能	行为样例
智慧技能	识别出一个矩形的对角线 演示一个在介词后使用人称代词的宾格形式
认知策略	运用表象连接起来学习与英文单词相对应的外文单词 运用逆推法重组口头概述的问题
言语信息	陈述美国宪法第四修正案条款 列举教学事件
态度	选择阅读科幻小说 选择跑步作为锻炼的常见形式
动作技能	跳绳 书写字母 E

资料卡 9-2　安德森认知学习结果分类[①]

安德森认为复杂认知来源于陈述性知识与程序性知识的相互作用。他将人类习得的知识分为两类:一类是陈述性知识,回答世界是什么或为什么的问题;另一类是程序性知识,回答怎么办的问题。前者以命题或命题网络的形式表征与贮存在人的长时记忆系统中;后者以产生式规则形式表征和贮存于人的长时记忆中。这两类知识之间存在复杂的相互作用。陈述性知识可以向程序性知识转化和迁移;程序性知识也可以向陈述性知识转化和迁移。

资料卡 9-3　布卢姆教育目标分类[②]

布卢姆长期从事教学目标研究。他和同事一道对教学目标分类体系的课题展开了大规模的研究,把教学目标分为认识领域、情感领域和动作技能领域。

认知领域的目标分类:知道(知识)、领会(理解)、应用、分析、综合、评价六类目标。

情感领域的目标分类:接受或注意、反应、价值评价、价值或价值体系的性格化。

动作技能领域的目标分类:知觉、准备、有指导的反应、机械动作、复杂的外显反应、适应、创作。

他们用主要类别和从属类别来标识教学目标,把认知领域的目标分为六大主要类别,这六大主要类别又再细分为从属类别,如把领会分为三个从属类别,即转化、解释、推断,对每一类别都用一个动词来加以陈述。他们的教学目标表述往往采用"主语＋谓语＋

[①]　吴红耘.修订的布卢姆目标分类与加涅和安德森学习结果分类的比较[J].心理科学,2009,32(4):995.

[②]　刘玉芳.对布卢姆教育目标分类理论的评价[J].广西教育,2009(35):11.

宾语"的形式,主语是学生,谓语是某一动词,宾语是特定的学习内容。

注:布卢姆认知教育目标分类学最初于1956年公开发表。时过45年,也就是在布卢姆本人去世之后,以安德森为首的专家小组经过5年的工作,于2001年公布了原分类学的修订版。修订版将认知领域的教育目标(即学习结果)按两个维度分类,一个是知识维度,第二个是作为知识掌握水平标志的认知过程维度。这两个维度相互交叉,形成知识类型与认知过程两维分类模型(见资料卡9-4)。

资料卡9-4 修订的布卢姆认知教育目标分类[①]

知识维度	认知过程维度					
	1记忆	2理解	3运用	4分析	5评价	6创造
A事实性知识	A1			A4		
B概念性知识		B2		B4	B5	B6
C程序性知识			C3			
D反省认知知识						

被视为"行为目标之父"的泰勒早在20世纪30年代就强调了"行为目标"(一种表达可观察的术语)研究的重要性。20世纪60年代,罗伯特·马杰(Robert Mager)意识到必须教会教师如何描述行为目标,继而出版《程序学习的目标设定》(1962)。该书阐述了描述目标的方法,包括所期待的学习者的行为、行为产生的实际条件和判断行为是否合格的标准。如今教学设计过程的众多支持者倡导囊括了这三个要素的目标设定,明确化的目标为评价教学效果提供了基础。[②]行为目标表述方式提出以后,得到了广泛的肯定,许多人对其进行了深入研究,对这一教学目标表述方式进行了完善。其中,提出ABCD表述模式,简称ABCD模式,使教学目标的构成要素达到四个,即学习主体、学习行为、行为条件和表现程度。

A即audience,意指"学习主体",它是目标陈述句中的主语。教学目标描述的是学生的行为,规范的行为目标主体应是"学生",而不是教师的行为。

B即behavior,意为"学习行为",要说明通过学习后,学习者能做什么,是目标陈述句中的谓语。新时代,深化基础教育改革,特别强调用具体的行为动词来陈述教学目标,以增强教学目标的可观察性、可检测性。表达结果性目标的行为动词,更强调明确的指向,而表达过程性目标的行为动词,则往往是体验性的。用于教学目标表述的行为动词很多,不同领域、不同水平的教学目标往往使用不同的行为动词。

① 安德森,等.学习、教学和评估的分类学:布卢姆教育目标分类学修订版(简缩本)[M].皮连生,主译.上海:华东师范大学出版社,2008:25-30.
② 钟启泉.教学设计[M].上海:华东师范大学出版社,2022:15.

C即condition,意为"行为条件",是为了影响、导向学生应有的学习结果而特设的限制或范围,要说明学生的行为是在什么条件下产生的,是目标陈述句中的状语。条件应该是切合实际的、合理的。行为产生的条件通常包括下列因素:①环境因素,包括特定情境、空间、光线、温度、气候、室内或室外;②人的因素,包括独立进行、小组集体进行、在教室内或室外;③设备因素,包括工具、仪器、图纸、说明书等;④信息因素,包括资料、教科书、笔记、图表、词典等;⑤时间因素,包括速度、时间限制等;⑥问题明确性因素,即提供什么刺激来引起行为的产生。对行为条件的表述可以多种多样,一般比较常见的条件表述有:完成行为时的情景,如"在课堂讨论时,叙述……要点";提供信息,如"给出几组阅读材料……";使用或不使用某种辅助手段,如"在一张空白的图示上标出……";等等。

D即degree,意为"表现程度",是指学生学习之后预期应有的表现,通常是通过一段时间的学习后所产生的行为变化的最低表现水准或学习水平。

学习主体、学习行为、行为条件、表现程度四项基本要素构成一个教学目标结构模式。其中,行为表述是基本的部分,不能缺少,而行为主体、行为条件、表现程度则可根据教学对象或内容,省略其中之一或部分。这种行为目标的表述方式在当今基础教育深化改革中得到了广泛的推广和应用,值得中学思想政治课教师认真学习、研究、运用。

案例9-2　"探问人生目标"素养目标

道德修养	通过观看水稻赶花人和蜜蜂授粉视频,认识到人的活动与动物的活动的本质区别在于人的活动是有意识、有目的的,体会到人能够积极主动地规划人生
健全人格	通过介绍袁隆平的事迹,体悟人生目标的重要性,懂得正确的人生目标会对人生发展产生积极的影响,自觉树立正确的人生观,鼓励他们追求个人成长和自我完善
责任意识	通过观看视频和教师的讲解,引导学生在设定和实现人生目标时,懂得长远目标与近期目标的关系,学会合理规划人生,并承担相应的责任

(本设计案例由湖州师范学院附属安定中学罗懿老师提供)

[讨论与交流]根据中学思想政治课教学目标设计的要求,谈谈该素养目标设计带给我们的启示。

案例9-3　"坚持人民民主专政"教学目标设计[①]

1.学生通过"窑洞对"了解1945年时中国共产党先辈已在思考民主之路;同时从国徽征集方案的比较中形象地感知我国的国体,从而增强学生对我国国体的理解与认同。

2.学生通过参与2024年玉环民生实事项目征集、策划民主恳谈会、召开民主恳谈会等活动,深刻理解全过程人民民主的含义以及我国民主的生动实践,在真实的公共参与中深化对全过程人民民主的认同。

3.学生在西式民主和人民民主的辨析比较中,更深刻地认知我国国体和民主道路选

---

① 俞珊,黄宏亮."民主的考题 中国的答案"教学设计[J].思想政治课教学,2024(5):69-72.

择的正确性,更真切地认同我国的国体与民主的实践;学生从1945年的"窑洞对"到2022年的"窑洞访"的呼应中,认识和体悟到中国共产党人对于民主一脉相承的求索,从中感悟中国式民主发展历程的艰辛与宝贵。

[讨论与交流]根据中学思想政治课教学目标设计的要求,对上述课时教学目标设计进行评析。

应该说明的是,行为目标的表述方式具有精确性、具体性、可操作性等特点,比较适合于知识、技能领域行为目标的表述。中学思想政治学科是德育课程,政治性是其本质属性,有些方面的教学目标,如政治认同、科学精神等,很难在短期教学内实现,也很难完全通过外显行为来衡量。因此,对这类教学目标的表述,应该注重学生的内部感受,强调学生在一定情境中获得的个人意义,淡化学生在教学过程结束后应该展示的行为结果。

本讲小结

中学思想政治课教学目标就是学生通过思想政治课教学所要达到的预期结果和标准,具有指向、规范、激励、评价等功能。在基础教育新课程深化改革的背景下,中学思想政治课教学目标的确定强调以学生发展为本,实现社会发展与学生个体发展相统一、学科知识与学生生活相结合,关注完整性、整合性、针对性、开放性和可操作性。中学思想政治课教学目标设计应采用行为目标陈述模式来表达,简称ABCD模式。

课后思考

1.简述中学思想政治课教学目标的主要功能。
2.确定中学思想政治课教学目标的主要依据有哪些?
3.选择高中思想政治必修4一框题的教学内容,依据行为目标的陈述方法进行教学目标设计。

第九讲　课后思考
参考答案

资源拓展

[1]胡田庚.中学思想政治教学设计与案例研究[M].北京:科学出版社,2012.
[2]陈式华.基于学科核心素养的中学思想政治教学[M].广州:广东高等教育出版社,2018.
[3]刘石成,李一凡.核心素养背景下思政课教学目标制定的改进研究[J].教育参考,2021(3):57-63.
[4]任靖.课标行为动词,有效教学设计的价值指向[J].教学月刊(中学版),2008

（2）:36-38.

［5］李寒梅,祝晓薇.道德与法治学科教学目标制定的改进研究:基于新课标的视角
［J］.教育参考,2008（1）:13-18.

第九讲 教学课件

第十讲

中学思想政治课教学过程要素设计

教学过程要素是课程性质、任务、功能以及课程理念、课程目标,特别是教学目标转化为实践成果的纽带,是影响教学质量的主要变量。中学思想政治课教学过程要素主要包括教师、学生、教学内容、教学媒体等。新时代,探讨中学思想政治议题式教学过程要素的设计,充分发挥其在教学过程中的功能与价值,对优化教学设计与实施、提高教学质量与学业成就具有重要的现实意义。

学习要点

1.中学思想政治课教学过程要素。
2.中学思想政治课教学行为设计。
3.中学思想政治课学习行为设计。
4.中学思想政治课教学内容设计。
5.中学思想政治课教学媒体设计。

教学活动是由一系列相互关联、相互作用的要素组成的。追求有效果、有效率、有魅力的中学思想政治课教学,必须从思想政治学科的特点出发,关注教师(主体)与学生(客体)之间的满足与被满足关系,而中学思想政治课教学要满足学生发展的需求,并实现对学生的发展产生积极有益的影响,就必须在教学过程要素设计方面下功夫。

一、中学思想政治课教学过程要素的概念

(一)教学要素与教学过程要素

教学要素是指构成教学系统必不可少的既独立又联系的基本元素或基本成分。对此,国内外教育理论学家已经做了具体而又深入的研究,但是,由于研究角度和目标的不同,对教学要素的构成存在不同的理解,主要包括以下五种观点。

①"三要素"说,比如,南斯拉夫教育家弗·鲍良克认为,教师、学生、教学内容是教学的三个基本要素,它们被称为教学论的三角形,无论失去其中的哪一个,都不能称其为教

148

学[1];顾明远主编的《教育大辞典(第一卷)》中也采用经典三要素说,即"教师、学生和教材(有时也叫课程教材、教学内容等)"[2]。②"四要素"说,比如南京师范大学教育系1984年主编的《教育学》认为,教师、学生、教学内容和教学手段构成了教学过程中不可缺少的基本要素;张楚廷主编的《教学论纲》认为,教学要素是教师、学生、教材和教学环境等四个要素。③"五要素"说,如德国控制论学派的主张,教学控制系统以教学目标、教师、学生、媒介、检查为五要素;张楚廷认为教学由教师、学生、教材、工具和方法五要素构成;南纪稳则认为教学五要素包括教师、学生、教学内容、教学手段和教学目的[3]。④"六要素"说,如郝询和龙太国认为教学的基本要素应包括教师、学生、教学内容、教学工具、时间和空间等六个方面的内容[4];苏联巴班斯基提出教学过程的基本成分是:"由社会所决定的教学目的,教学内容,教学条件,教师和学生活动的组织形式,师生活动的方法,教学结果的分析和自我分析"[5];德国柏林学派认为教学的基本因素是教学意向、教学课题(内容、对象)、方法、媒介及人类学与社会文化条件。⑤"七要素"说,如我国教育家李秉德先生应用系统论的分析方法,将教学活动要素分为学生、教学目的、教学内容、教学方法、教学环境、教学反馈和教师。[6]

如何界定教学构成要素,应注意四个问题:一是要区别教学系统要素与教学环境因素,不能把教学系统之外的环境因素误认为教学系统的要素;二是确定教学系统要素要以"必不可少"和"相对独立"为标准,不要把要素间的关系误认为是教学系统的要素;三是要在同一层次的教学系统中分析其要素,以防把不同层次的、不同子系统的要素看作教学系统的要素;四是要区分教学系统要素与教学过程要素,教学系统要素比较宏观,其范围大于教学过程的构成要素。

基于此,我们认为,教学过程构成要素一般是指课堂教学过程的构成要素,应该由教师、学生、教学内容和教学媒体等四个要素构成。传统的教学系统由教师、学生和教学内容构成,教师通过向学生讲授教材来达到知识传递的目的,它们之间相互联系的途径是:传授、接受、师生交流。现代教学媒体的介入使得教学系统的基本要素以及它们之间的关系发生了一些质的变化:对教学内容来说,它是一种表现工具,它可以实现更优化的内容表现;对于教师来说,它是一种教学组织与实施的工具,它可代替教师做很多常规的工作;而对于学生,它是一个认知工具,不仅可以帮助学生获取知识,而且可以帮助学生发展认知能力、扩展学生的认知水平。显然,教师、学生、教学内容与教学媒体等四要素的教学结构与传统的以教师为中心的三要素教学结构相比,彼此之间有完全不同的关系。这种结构关系的转变,给教学带来了全面而又深刻的变革。[7]

① 鲍良克.教学论[M].叶澜,译.福州:福建人民出版社,1984:17.
② 顾明远.教育大辞典(第一卷)[M].上海:上海教育出版社,1990:184.
③ 南纪稳.教学系统要素与教学系统结构探析:与张楚廷同志商榷[J].教育研究,2001(8):54-57.
④ 郝恂,龙太国.试析教学主体、客体及主客体关系[J].教育研究,1997(12):43-47.
⑤ 巴班斯基.教学过程最优化:一般教学论方面[M].张定璋,等译.北京:人民教育出版社,2007:8.
⑥ 李秉德.对于教学论问题的回顾与前瞻[J].华东师范大学学报(教育科学版),1989(3):55-57.
⑦ 余胜泉,陈玲.论教学结构的实践意义:再答邱崇光先生[J].电化教育研究,2005(2):21-26.

(二)中学思想政治课教学过程构成要素

关于中学思想政治课教学过程的构成要素,国内学者有不同的看法,主要有以下四种。"三要素"说,比如郑军林、王志安认为,"活动型学科课程的教学设计必备的三大显性要素是议题、情境和活动"[1]。"四要素"说,如李本松提出,新课程背景下思想政治课教学不可或缺的四大主体要素是"议题、活动、情境、核心素养"[2]。"五要素"说,如杨志敏主张,"适切的情境、合理的议题、结构化分解、有效的活动、价值的引领"是中学思想政治课议题式活动教学的五要素[3];何菁却认为,思想政治课实现有效教学就必须在教学设计、教学过程、教学延伸、教学评价、教学研究等"五要素"上下功夫。[4]"七要素"说,如朱开群提出,思想政治课教学走向"深度"必须基于价值观引领、真实情境、高质量问题、跨学科主题学习、学科内的整合、思辨、微探究等七个要素。[5]

上述观点都有一定的合理性。但是,我们认为探讨中学思想政治课教学过程的构成要素,不能把教学要素与教学环节、教学模式等概念相混淆。另外,也不能把一般意义上的教学过程要素等同于具体教学过程要素或特殊的教学过程要素。所以,从一般意义上看,中学思想政治课教学过程要素应该由思想政治课的教师、学生、教学内容和教学媒体等基本要素组成。

二、中学思想政治课教师教学行为设计

(一)教学行为与教学行为设计

1.教学行为的内涵

这里的教学行为,特指教师的教学行为,涉及"谁来教、如何教"的问题,是教育教学活动必不可少的基本要素。教师课堂教学行为的有效性是课堂有效教学的基础。教师的有效教学行为,对提高教学的有效性以及学生的学业成就具有重要意义。

首先,对"行为"的理解,不同学科有不同的含义。在哲学中,行为是受人的思想支配的外部活动;在生物学中,行为是可观察到的肌肉和外分泌腺的活动;在伦理学中,行为是基于自由意志的动机;在心理学中,行为是受人的心理支配的外部活动。总之,行为是人的可观察的、外显的反应动作或者活动的总称。它主要有四种存在形态,即结果的行为、内容的行为、活动的行为和形式的行为。

其次,对于教师课堂教学行为的界定,可谓众说纷纭。代表性的观点有:施良方、崔允漷教授认为,教师课堂教学行为是指教师引起、维持以及促进学生学习的所有行为。[6]

① 郑军林,王志安.思想政治课活动型教学设计的三要素与实践探索[J].现代教学,2022(Z4):54-57.
② 李本松.思想政治课教学四大主体要素[J].中学政治教学参考,2019(16):46-48.
③ 杨志敏.议题式活动教学的五要素[J].思想政治课教学,2021(11):24-27.
④ 何菁.思想政治课有效教学的"五要素"[J].福建基础教育研究,2011(10):88-90.
⑤ 朱开群.思想政治课教学走向"深度"的七要素[J].教育家,2018(7):44-46.
⑥ 施良方,崔允漷.教学理论:课堂教学的原理、策略与研究[M].上海:华东师范大学出版社,1999:13.

唐松林教授则把教师课堂教学行为界定为在教学活动中,教师能有效地完成教学任务,实现教育目标的各种能力的外显方式。[①]傅道春教授认为,"教师课堂教学行为是教师在教学过程中,依据教学经验和教学内部各因素之间关系,对实施中的可操作因素的选择、组合、运用和控制的工作行为,它包括对各种教学要素的专业理解与教学运行中的设计、程序、手段、方式和方法。"[②]陈柏华、李明教授认为,教师课堂教学行为是指教师在教学过程中用语言、声像、板书等工具向学生所呈现的一切言语和非言语行为,包括教学准备行为、导入行为、呈示行为、指导行为和监控行为。[③]

这些学者对教师课堂教学行为的不同表述,从一定层面、一定程度上反映了教师课堂教学行为的实质,揭示了教师课堂教学行为的内容:其一,教师课堂教学行为具有目的性,离不开达成特定的教学目标;其二,教师课堂教学行为与学生的课堂学习紧密联系在一起,对学生的学习结果具有重要影响;其三,教师课堂教学行为是教师整体素养的反映。

综上所述,我们认为,教师课堂教学行为是教师在课堂教学情境中的教学行为,也就是教师在一定的教育理念的指导下,为实现一定的教育教学目标,在应对具体教学情境时所采取的显性的、可观察的行为,是教师整体素质的外在表现。

依据教师教学行为的准备状况,可以把教师课堂教学行为分为两类:一类是预设主动行为,是指教师根据课堂教学目标有目的、有计划、有组织地预设主动表现出来的课堂"教"的行为,包括讲授行为、提问行为、呈现行为。一类是情境反馈行为,是指教师根据课堂教学情境判断反馈出来的教师"教"的行为,包括反馈指导行为和课堂管理行为。[④]

2.教师教学行为设计的内涵

随着时代的进步,人们赋予教师多种多样的职责与角色。比如,从传统的传道、授业、解惑,到今天的设计者、组织者、指导者、管理者、促进者、激励者、对话者、合作者等。这些职责需要教师通过教学行为去履行。教师的教学行为主要包括开展教学的行为、对待学生的行为、对待自己的行为,这些行为都需要精心设计。教师教学行为设计,就是以一定教学理论为理论基础,针对具体的教学对象和教学内容,对"教的行为""学的行为"以及"教学环节"做出行之有效的策划。

(二)教学行为设计

1.开展教学的行为设计

影响学习者学习数量与质量的品质因素有很多,如学习者的内部动机、发展性要素、性格和能力的个别差异等内部特征。教学行为设计要考虑如何影响学习者学习数量和质量的品质问题。在中学思想政治课教学活动中,教师应通过引发动机、引起兴趣、引导思维、指导方法、疏导思想、辅导功课等行为引导学生提高学习质量。

---

①　唐松林.教师行为研究[M].长沙:湖南师范大学出版社,2002:7.
②　傅道春.教学行为的原理与技术[M].北京:教育科学出版社,2001:1.
③　李明.高效课堂细节处的10种教学智慧[M].广州:花城出版社,2014:8.
④　龚晓林.教师课堂教学行为:内涵、分类与有效性分析框架[J].兴义民族师范学院学报,2018(4):54-59.

（1）引发动机

学生的学习是由动机推动的。动机是指引起和维持个体的活动,并使活动朝向某一目标而展开的内部心理过程或内部动力。学习动机是由学习需要和学习期待两部分构成的。学习需要是学生追求学业成就的一种心理倾向,是学生从事学习活动的根本动力;学习期待是学生对学习活动所要达到的目标的一种认识或主观估计,是学习目标在头脑中的反映。引发学生学习动机的策略有:①帮助学生制订恰当的学习目标。学习目标会使学生产生一定的学习期待,从而引发学生学习动机。因此,教师要帮助学生确立合适的学习目标。②力求教学生动有趣。有趣的教学,能够激起学生的求知欲望和保持学生的好奇心。例如,创设各种教学情境,把学习内容以故事、竞赛、实验、观察等新颖形式展现出来;结合教学内容引导学生从已有知识经验出发参与学习过程,使学生处于主动地位,真正做学习的主人;积极引导学生参与教学活动,使学生在学习中体验成功的愉悦等。③合理使用强化手段。学生学习得到强化(如取得好成绩、获得教师的赞扬等),一般会增强学习动机。因此,教师应该合理地使用强化手段,经常对学生的学习予以奖励和肯定,对学习存在的问题也要进行适当批评和惩罚。一般来说,应坚持多表扬和鼓励、少批评和惩罚。

资料卡 10-1　ARCS模型的动机类型[①]

类别与子类别	过程问题
注意 A1 知觉唤醒 A2 激发唤醒 A3 变化	为吸引他们的兴趣,我能做什么? 我怎样才能激起一种探究的态度? 我怎样才能维持他们的注意?
适切性 R1 目标定向 R2 动机匹配 R3 熟悉性	我怎样才能最佳地满足我的学生的需要?(我知道他们的需要吗?) 我怎样、何时才能为我的学生提供合适的选择、责任或影响? 我怎样才能把教学与学习者的经验联系起来?
信心 C1 学习要求 C2 成功机会 C3 个人控制	在建立一种对成功的积极期待时我怎样才能提供帮助? 学习经验怎样支持或增强学生对自己胜任能力的信念? 学习者怎么才能知道他们的成功是基于自己的努力和能力的?
满意 S1 自然结果 S2 积极的后果 S3 公平	我怎样才能为学习者提供运用其新习得知识技能的有意义的机会? 为学习者成功提供何种强化? 我怎样才能帮助学生对自己的成就形成一种积极的情感?

（2）引起兴趣

兴趣是最好的老师。学习兴趣是推动学生学习的一种重要的心理因素,它可以激发

---

① 加涅,等.教学设计原理(第五版修订本)[M].王小明,等译.上海:华东师范大学出版社,2018:112.

学生的学习积极性,保持愉快的学习心情,增强克服学习困难的勇气。因此,教师应该有针对性地提高学生的学习兴趣。激发学生学习兴趣的策略有:①以情激趣。在教学中要注意创设情境,发掘教材中的动情之处,把学生引入情境,去体会情节,明白情理,开拓情怀,陶冶情操,学生自然会产生学习兴趣。②以疑激趣。古人云:"学贵知疑,小疑则小进,大疑则大进。"有疑问,才有学习的内驱力。在教学中创造问题情境,提出疑问,设置陷阱,使学生感到神秘、困惑,可以点燃学生思维的火花,激发学生的兴趣。③以奇激趣。所谓"奇",就是某一事物所表现的状态异乎寻常,超乎人们的想象和原有的经验。中学生好奇心强烈,如果教学能够出奇制胜,无疑能迎合学生的好奇心理,激发学生极大的兴趣。以奇激趣的具体途径有很多,如新奇的教学设计、奇妙的教学语言、奇异的事物、奇怪的现象、奇特的活动等,都会调动学生的好奇心。④以新激趣。教学不能拘于一格,墨守成规,要不断有新的内容、新的方法、新的角度、新的设计、新的手段等,以"新"来吸引学生,引发学生学习兴趣。此外,成功激励、榜样引导、活动参与、幽默运用等,也都是激发学生学习兴趣的途径。

（3）引导思维

引导可以表现为一种启迪,当学生迷路的时候,教师不是轻易告诉他方向,而是引导他怎样去辨明方向。学生在学习中,可能会遇到思维障碍,陷入困惑,教师要注意加以引导。引导学生的思维的策略包括:①提示。针对学生思维容易遇到障碍、陷入困惑的地方进行提示,如知识的重点、难点、关键点,有关问题的思考方向等,都可以设计一定的提示。②分解。有的内容和问题比较大,会使学生思维产生困难,可以化大为小,化整为零,把一个大问题分解成几个小问题,来引导学生思考。③迁移。很多知识之间都有着密切的联系,教师可以引导学生从知识之间的内在联系入手,或由此及彼、走出困惑,或迁移知识、举一反三。④比较。比较见异同,比较分优劣。通过比较,可以对学生进行思维引导,帮助其更好地掌握学科知识。针对一些基本概念、原理容易产生错误和混淆情况,教师可以设计一些比较,以使学生更好地把握学科知识。此外,示范、例证等,也都是引导学生思维的有效方法。

（4）指导方法

中国有句古话叫"授人以鱼不如授人以渔",说的是传授给人既有知识,不如传授给人学习知识的方法。现实教学中,有的同学学习轻松,效果很好;而有的同学虽然学习刻苦,但仍然感到很困难,效果也不好。究其原因,学习方法是否得当是一个重要的原因。教师对学生的学习方法指导,可以运用以下几种方式:①进行学习方法讲座。②开展学习方法交流。③在教学中渗透学习方法的指导。

（5）疏导思想

疏导,即疏通引导。在中学思想政治课教学中,学生往往会出现各种各样的思想和认识问题。在教学中,教师对学生进行思想和认识的疏导,关键在于以理服人,而不能以势压人。一方面,对学科知识的分析要理论充足,含义准确,内容讲清,实质讲透。这样,才能使学生心悦诚服。另一方面,对于学生存在的一些思想和认识问题,教师不能采取简单粗暴的方法压制和打击,而应贯彻民主作风,让学生畅所欲言,通过摆事实、讲道理,弄清思想,分清是非,对学生进行思想认识的引导。

(6)辅导功课

在教学中,教师通常需要组织学生进行一定的学习训练,包括思维训练、知识巩固和运用训练、行为活动训练等。在学习训练中,学生也会出现各种各样的困难和问题,需要教师给予辅导和帮助。辅导的主要策略包括:①解答疑难。学生在学习中总会产生这样或那样的疑问,这些问题如果不及时解决,会成为他们学习的障碍,教师可以通过及时的辅导帮助学生解决这些学习中的疑难问题。②堵漏补差。对一些因故缺课的学生,教师应及时给他们补课,让他们跟上全班的学习进度;对一些学习有困难的学生,教师应根据他们的具体情况,帮助他们打好知识基础,增强学习信心,掌握学习方法等。③扩展提高。对那些基础好、学有余力的学生,教师应提出更高的学习要求,提高他们的学习水平。例如,给他们介绍补充学习的材料,提出一些新的问题进行思考,组织他们探讨一些有一定难度的理论问题和现实问题,以扩展他们学习的深度和广度,满足他们的求知欲望,发挥他们的学习潜能。④态度、方法指导。教师应指导学生端正学习态度,明确学习目的,掌握学习方法,提高学习兴趣等。辅导通常可以采用个别辅导或者集体辅导的形式。个别辅导主要是针对个别同学进行的,帮助个别学习有困难或学有余力的同学发展提高;集体辅导主要是针对多数学生进行的,解决学生学习中存在的普遍问题。不论是个别辅导还是集体辅导,大体都是采用答疑、补课、介绍补充材料、学习方法指导等方式进行。

教师既要进行教,也要促进学。就"促进学"而言,教师主要是给学生提供帮助。例如,帮助学生检视和反思自我,明确自己想要学习什么和获得什么,确立能够达成的目标;帮助学生寻找、搜集和利用学习资源;帮助学生设计恰当的学习活动和形成有效的学习方式;帮助学生发现他们所学东西的意义和社会价值;帮助学生营造和维持学习过程中积极的心理氛围;帮助学生对学习过程和结果进行评价,并促进评价的内在化;帮助学生发现自己的潜能;等等。

案例10-1 "基本政治制度"教学导入[①]

A老师:让学生担任新闻播报员,播报的是"习语金句":"新征程上,我们必须坚定制度自信,不断把我国制度优势更好转化为国家治理效能,为实现第二个百年奋斗目标、实现中华民族伟大复兴的中国梦提供坚强有力的制度保障。"学生播报后,教师引入课题:习近平总书记提到了制度自信、制度保障。这节课,我们一起探讨第五课第二框"基本政治制度"。

B老师:让学生扮演播报员,播报的是湖州当地有关人民政协为人民的时政新闻。学生播报完毕,教师问:"同学们,你们从刚才的播报中感受到了什么?"学生答:"幸福、快乐、满足……"老师说:"人民的幸福安康离不开良好制度的保障,今天让我们一起走近'基本政治制度',看看它是如何保障人民当家作主的,我们将以独特的视角开启今天的探索之门。"

① 康华山."教教材"与"用教材"教学课例之比较[J].中学政治教学参考,2023(22):48-50.

[讨论与交流]同样是八年级下册第五课"基本政治制度"教学导入,A老师与B老师同样让学生扮演播报员,你认为谁的导入更有效呢? 为什么?

2.对待学生的行为设计

为适应基础教育教学改革发展的要求,在师生关系上,教师要淡化授予者的角色,强化服务者的角色;淡化权威者的角色,强化合作者的角色。因此,尊重学生、赏识学生,应该是教学中教师对待学生的基本行为表现。

(1)尊重学生

每个学生都有自己的权利和尊严,也有自己的思想、情感和需要,教师要对学生予以尊重、爱护和帮助。教师与学生在人格和尊严上是平等的,教师只有尊重学生才能获得同样的尊重。尊重学生要注意以下两点。第一,尊重学生的人格。教师和学生虽然在教学过程中所处的地位不同,但在人格上是平等的,必须相互尊重和信任。无论在任何情况下,教师都不能用刻薄、粗俗的语言讽刺、挖苦、嘲笑和歧视学生,不体罚和变相体罚学生,不冷落学生,不随意当众批评学生。尤其是对于身心有缺陷的、学习有困难的、有过错和缺点的学生,不能歧视他们,不能对他们使用有损自尊、有辱人格的言语以及做出以上性质的行为举动。相反,教师对他们要多给予尊重,点燃他们的自信心。给学生一片蓝天,他们会繁星点点;给学生一片草地,他们会繁花似锦;给学生一份尊重和信任,他们会感悟出许多的人生道理。第二,尊重学生的不同意见。教学过程中,在与学生就一些问题进行讨论和交流时,要鼓励学生积极思考,大胆发表自己的思想和见解,善待学生的"新""异"想法和观点,以平等的态度对待学生,以民主的态度宽容学生,平易近人,与学生友好相处,着力建立良好的师生关系,营造民主和谐的教学氛围,搭建师生互动平台,促进教学相长。

(2)赏识学生

教师在教学中不仅要尊重每一位学生,还要学会赏识每一位学生。"皮格马利翁效应"表明,赞美、信任和期待具有一种能量,它能改变人的行为,当一个人获得另一个人的信任、赞美时,他便感觉获得了社会支持,从而增强了自我价值,变得自信、自强,获得一种积极向上的动力,并尽力达到对方的期待,以避免对方失望,从而维持这种社会支持的连续性。在实际的教学活动中,赏识和喜爱优等生是每个教师都能轻而易举做到的,对那些学有困难的学生做到赏识往往并不容易。事实上,暂时学有困难的学生未必不是可塑之才,关键要看教育者如何去发现他们的优点和培养他们。对那些学习有困难的学生来说,关爱才是真正的雪中送炭,他们更需要精心地呵护。给他们鼓励、赏识,尊重他们的人格,重建他们的自信,就能够让他们充满信心地走向人生。作为一名教师,在教学中对学生的赏识要注意以下几点。第一,赏识每一位学生的特性,包括兴趣、爱好、专长等,以强化学生的自我价值。第二,赏识学生的行为结果,包括学生所取得的哪怕是极其微小的成绩,以强化学生的行为活动。第三,赏识学生的行为过程,赞赏每一位学生所付出的努力和所表现出来的善意,以激发学生的兴趣和动机。

皮格马利翁效应也称"罗森塔尔效应"或"期待效应"。由美国心理学家罗伯特·罗森塔尔(Robert Rosenthal)和莱诺尔·雅格布森(Lenore Jacobson)通过小学教学验证提出,它是指人们基于对某种情境的知觉而形成的期望或预言,会使该情境产生适应这一期望或预言的效应。通俗地讲,就是指热切的期望与赞美能够产生奇迹:期望者通过一种强烈的心理暗示,使被期望者的行为达到他的预期要求。皮格马利翁效应带给我们的启示是:赞美、信任和期待具有一种能量,它能改变人的行为。

3.对待自己的行为设计

教师在教学中对待自己行为的最主要表现是教学反思。教学反思是指教师对教育教学实践的再认识、再思考,并以此来总结经验教训,进一步提高教育教学水平的一种行为活动。叶澜教授曾说:"一个教师写一辈子教案不一定成为名师,但如果写三年反思则有可能成为名师。"可见,教学反思对教师的专业化成长至关重要。

(1)教学反思的类型

教学反思的类型多种多样,可以从不同的角度进行分类。

第一,按教学进程来分,教学反思可分为课前、课中、课后反思。课前反思,是教学行为开始前进行的反思,这种反思性教学建立在深思熟虑的基础上,成为一种自觉实践。课中反思是在教学中进行的反思,包括对教学进程、内容难易、学生接受情况、师生互动、突发事件的解决等的反思,这种反思能使教学高质高效地进行。课后反思是教学行为结束后进行的反思。课后反思的内容较为丰富,这种反思有利于教学经验理论化,为以后的教学提供借鉴和指导,也有利于教师教学水平的提高和专业素养的提升。

第二,按反思的内容可分为对教学观念、教学设计、教学过程、自身教学行为、教学反馈等的反思。在对这些内容进行教学反思时,要从以下几方面进行:一是反思成功得意之处,如教学中引起师生共振效应的做法,课堂上一些精彩的师生对答或学生争论,教学思想方法和教学原则运用的体会,教法改革和临时应变的教学措施,感受最深的教材改进和创造性的处理等。二是反思失误之处,如问题情境的创设有没有给学生思考的空间,学习活动的组织是否有利于学生的自主学习,小组合作学习有没有流于形式,是否关注学生的情感态度、价值观的发展,学生学习的兴趣是否浓厚等。三是反思学生提出的问题和建议。学生提出各种各样的问题,有些是个别的,有些是普遍的,也有些是教师意想不到的,还有一些是富有创新性的。有些问题一时难以解答,教师就应记录下来,及时反思。教师这样做既可以丰富自己的教学思维和教学经验,有利于自身教研水平的提高,又体现了教学民主意识。

此外,还有按反思的方向,把反思分为纵向反思、横向反思;按反思的主体,把反思分为个体反思和集体反思;等等。

(2)教学反思的方法

教学反思的方法多种多样,主要有提问反思、交流反思、观摩反思、记录反思、换位反思等。

提问反思，就是教师通过提问自己来进行教学反思。这种方法简便易行，可以随时进行。事实上，在教学的每个环节，教师都应该对自己提出若干问题，并据此开展教学活动。例如，在教学设计时，教师要问自己学生已有哪些与教学内容相关的生活经验和知识储备、学生在接受新知识时会出现哪些情况、出现这些情况后如何处理，等等。教师在教学进程中，会遇到一些意想不到的问题，如学生不能按计划回答问题，师生之间、学生之间出现认识分歧等，这时教师就应思考为什么会出现这样的问题、如何调整教学计划等，确保教学过程有序进行。教学结束后，教师还要自问教学的效果怎么样、教学中是否有令自己惊喜的亮点、哪些方面还可以进一步改进等。

交流反思，就是通过相互的交流来反思教学实践。教师在反思自己的教学时，如果局限于个人的视野或经验往往难以发现全部问题和缺陷，而同事之间的讨论可以为教师反思个人教学实践提供新的思路和借鉴。例如，在集体备课时，教师可以向同事提出自己在教材解读、教材处理、学生学习等方面遇到的疑点与困惑，请大家帮助分析、诊断、反思，并群策群力提出解决办法。通过这样的交流反思，联合攻关，可达到相互启发、资源共享、共同成长的目的。

观摩反思，就是通过观摩和探讨别人的教学来进行教学反思。教师经常有观摩教学活动，如观摩公开课、示范课、录像课等。在观摩中，教师应分析其他教师是怎样组织课堂教学的，他们为什么这样组织课堂教学；自己上这一课时，是如何组织课堂教学的；自己的课堂教学环节和教学效果与他们相比有什么异同；从他们的教学中自己受到了哪些启发；如果自己以后教这一课时，会如何处理；等等。教师通过这样的反思分析，总结别人的成功经验或失败原因，可以为反思自己的教学行为提供新的视角和启示，使自己在教学中少走弯路。

记录反思，就是借助各种记录的方式进行教学反思。一节课后可以记录，一课、一单元教学完成后也可以记录，一天下来后可以记录，一个月、一学期结束后也可以记录。教师通过总结自己的教学得失，分析其中的原因，探讨有效解决问题的方法，可以为今后的教学提供值得借鉴的经验，经过长期积累，必将是一笔宝贵的财富。记录的方法多种多样，最常见的是写教学后记。教学后记是教师课后对课堂教学的总结和感悟，是对自己的教学活动进行的批判性的理解和分析，并以书面的形式整理出来。教学后记没有固定的模式，就其内容来说可以是自己教学的系统总结，也可以是就教学中的某一点有感而发。一般来说，教学后记主要涉及以下内容：第一，教学的亮点和成功之处，如巧妙的教学导入、画龙点睛式的总结、精彩的课堂教学片段、恰到好处的教学材料以及生动的言语等。第二，教学的缺憾之处，如课堂中新生成的问题、不满意的教学环节等，对这些问题进行系统地回顾、梳理，剖析原因、总结教训、提出改进的措施。第三，教学的反馈信息。教师在教学过程中可以根据学生回答问题的情况、观察到的学生表情变化、学生的练习情况等获得有关教学的反馈信息，也可以课后通过谈话、问卷等形式从学生身上获得有关教学的反馈信息。第四，教学的疑难问题。教师在备课、上课中难免会遇到一些疑难问题，有的是教师自己发现的，有的是学生提出来的，教师可以对这些问题进行记录。第五，教学中获得的感受和体会。在教学中，教师往往会有一些印象深刻、引人深思的感受和体会等,可以在教学后记中记录下来这些内容。

换位反思,就是教师从学生、同行、家长等角度审视自己的教学,对自己的教学形成更全面、更清晰、更深入的认识,总结经验教训,更好地改进教学。学生是教师教学的对象,教师也应该从学生那里了解自己的教学,了解的办法很多,如让学生建立学习档案、写学习日记、进行问卷调查、召开师生座谈会等。同时,教师也可以请同事观察自己的教学并与他们交流对话,或通过家长对自己教学的反馈意见等来进行教学反思。

（3）教学反思的基本要求

教学反思自觉化。教师进行教学反思,固然可以借助于外在的要求（如学校的规定）来推动,但更重要的是依赖于教师自己的自觉意识。教师具有反思的意识和自觉性,是开展教学反思、并使教学反思取得良好成效的基础。教师只有具有较强的反思意识,才会有自觉的反思行动,才能随时用批判和审视的眼光对看到的、听到的、亲身经历过的教学现象进行认真的思考,改进自己的教学,提高教学效果,丰富教学经验,形成自己的教学思想和风格,进而提高自己的专业水平。

教学反思常规化。教学反思贵在及时、贵在坚持、贵在追求,因此教学反思应该常规化。一方面,教学反思要及时。教师在教学过程中的具体感悟,往往很难长久地保持在记忆中,特别是灵感性的东西往往转瞬即逝,课后要及时反思、及时总结,抓住反思的最佳时间。另一方面,教学反思要长期坚持。教学反思要卓有成效,必须养成习惯,切忌急功近利或三天打鱼,两天晒网。教师只要坚持不懈、持之以恒,一有所得,及时记录,以写促思,以思促教,长期积累,必有收获。

教学反思理性化。一般来说,教学反思不需要长篇大论,但需要教师用犀利的眼光去发现常人不易发现的问题,用理性的思维去剖析问题,用凝练的语言去提炼升华经验与认识,这就需要教师不断强化自己的理论学习,提高自己的教学反思能力。理论学习是进行教学反思的基础,教师要通过自学、参加培训、进修、访问、观摩教学等形式不断加强学习,丰富教育教学理论知识,掌握教学反思的思维策略和基本方法,明确反思什么和怎样反思,使教学反思真正能够变成自己的实际行动。

教学反思真实化。教学反思要有实用价值,必须客观真实,做到所述事实真实,剖析问题一针见血,分析教学实事求是,切不可为了应付检查而自欺欺人。教师要如实反思教学实践中的成功和不足,既不随意夸大成功经验,也避免只反思成功之处,竭力遮盖不足方面,或只反思不足之处,不注意成功经验的总结等。同时,教师要有针对性地进行教学反思。随着时间的推移,教学对象、教材内容、教材编排等都会有所不同,教师不能犯经验主义的错误,将以往教学中的反思内容搬来就用,而是有所继承、有所发展、有所创新,这样才能使教学反思的成果具有实效性和生命力,更好地发挥其借鉴与指导作用。

三、中学思想政治课学生学习行为设计

学习行为,涉及"谁来学、如何学"的问题,是教育教学活动中必不可少的基本要素。学生的学习行为不是自发的,而是在教师的精心设计和指导下进行的,是有计划、有目的的行为活动。教师的学习行为设计对提高学生学习质量具有重要意义。学生的学习行为很多,主要包括课堂听课、阅读思考、课堂讨论、角色扮演、练习巩固、复习检查、论文写

作、社会实践等。

(一)课堂听课

听课是学生学习的中心环节和获得知识的主要渠道。保证课堂听课效果,是提高学生学习效率和质量的关键。学生听课,教师要加强指导。学生课堂听课行为设计,就是对学生的听课行为进行设计。对此,教师在教学设计中应注意以下几点。

第一,指导学生明确听课的目标。听课主要是学习什么内容,重点要解决什么问题,要通过一定方式,让学生做到心中有数。

第二,指导学生养成良好的听课习惯。学习目的不明确、对思想政治学科缺乏兴趣、自控能力差等,都可能导致学生听课不专心,教师要针对不同的情况加以引导,使学生养成集中精力、专心听课的好习惯。

第三,指导学生掌握有效的听课方法。听课的方法很多,最为关键的是,要积极主动参与教学活动,积极思考问题,紧紧跟着教师的教学思路,做到耳到、眼到、口到、手到、心到。"耳到"就是要注意用耳朵听,听老师的讲授和提问,听同学的讨论和不同见解,听老师的答疑等;"眼到"就是要用眼睛看,看教材,看老师的表情、手势、板书等;"口到"就是要发言,如回答老师的提问、朗读老师指定的内容等;"手到"就是要用手记录,记老师讲授的重点,抄有价值的板书,画教材上的重点难点,批注学习中的感想等;"心到"就是要用心思考,积极思考讲授的知识、提出的问题等。

(二)阅读思考

阅读思考是根据中学思想政治学科教学的需要,组织引导学生阅读相关材料,思考相关问题的活动。阅读思考既可以在课内进行,也可以在课外进行。课内阅读主要是教师指导学生阅读教材。对学生阅读思考活动的设计,主要从以下几方面进行。

第一,设计阅读目的。任何阅读材料都可能具有多方面意义。为什么要让学生对相关材料进行阅读思考?阅读思考重点是要解决什么样的问题?这些都是首先必须明确的问题。例如,课堂上教师安排学生阅读教材或有关素材时,一般都设计了相关的问题,使学生带着问题去阅读,通过阅读形成自己对问题的理解和思考。

第二,设计阅读内容。阅读什么材料,思考什么问题,要根据教学的需要和学生的实际精心选定。

第三,设计阅读方法。如何进行阅读,也需要根据教学的需要和学生实际情况来设计。例如,对教材的阅读,可以根据学生对教材内容的掌握程度和要求运用粗读、精读、比较阅读等多种具体方式。粗读就是从头到尾粗略地阅读教材,形成对教材内容整体的和基本的印象;精读是指在粗读的基础上,对教材中的基本概念、基本原理、基本观点等进行仔细阅读、充分理解;比较阅读是指在阅读中把新知识与过去学过的旧知识联系起来进行比较分析,更好地掌握相关的知识和道理。

第四,设计阅读检验。阅读活动结束后,教师要通过一定的形式,了解学生的阅读情况,检查学生的阅读成果。例如,课内阅读可以采取课堂发言或问题回答的形式进行检验;课外阅读可以设计读书报告会、座谈会等形式,组织学生进行必要的交流。

（三）课堂讨论

讨论,是就某事相互表明见解或论证。课堂教学中,学生在教师的指导下参与讨论,是学生常见的学习行为。对学生参与讨论的设计要注意以下几点。

第一,设计讨论的主题。讨论围绕什么问题展开,为什么要对这一问题进行讨论,教师要心中有数,有所设计。

第二,设计讨论的准备。开展讨论通常要有一定的准备,如让学生收集资料、阅读相关材料、思考相关问题、准备发言提纲等。

第三,设计讨论的进程。讨论如何展开,分哪几个基本步骤进行,讨论中可能会出现一些什么样的问题,如何应变等,都要提前规划。

（四）角色扮演

角色扮演是在教师创设的特定情境中,学生扮演其中一定角色的行为。角色扮演有利于学生体验所扮演角色的思想和行为、理解教学内容、发展核心素养等。角色扮演设计主要应做好以下几点。

第一,创设教学情境。角色是一定情境中的角色,角色扮演要有一定的生活情境作为基础。因此,设计角色扮演活动首先要设计一定的教学情境。

第二,设计角色活动。情境只是一个基本的活动背景,在所设情境中,学生要扮演什么样的角色,要进行一些什么样的行为活动等,要精心设计。

第三,设计角色分配。相关的角色由哪些学生扮演,为扮演其中的角色做哪些准备工作,如何去准备等,教师要进行安排和指导。

第四,设计角色扮演进程。角色扮演的进程分为几个步骤,每个步骤要注意哪些事项,教师要进行设计指导,并且引导学生体验角色情感,理解角色行为。

（五）练习巩固

练习是学生巩固所学知识、训练和发展能力的重要手段,也是检查学习效果、及时发现问题、提出改进方法的重要途径。设计学生的练习活动一般从以下几个环节着手。

第一,设计练习目的。练习是为了巩固知识、训练技能、提高能力,不是为了增加压力、完成任务、应付检查。因此,教师必须让学生明确目的,端正态度,认真对待,独立完成练习。

第二,设计练习试题。练习什么内容、以什么样的题型出现、题目如何设计等,在组织学生开展练习前都要作出规划,准备到位。

第三,设计练习规程。练习是课堂练习还是课后练习,什么时间进行练习,练习题如何呈现,练习有何要求等,要加以设计。

第四,设计结果反馈。练习结束以后,教师需要对练习的过程和结果加以总结,尤其对练习中的错误,要认真分析原因,总结经验教训,纠正错误,弥补薄弱环节。而如何对练习情况进行总结,采用什么样的方式进行总结,也需要教师事先作出规划。

(六)复习检查

复习是对学习过的知识进行再学习,使之得到巩固、深化、提高的行为活动。复习有多种类型,主要有课后复习、单元复习、期中期末复习、毕业或中考、高考总复习等。设计学生的复习活动一般从以下两个方面进行。

第一,明确复习的任务。复习不是要做题、背资料、抓重点、猜考题,复习的任务大体包括:巩固、理解、记忆、运用所学知识;建立知识的内在联系,形成知识体系;查找知识上的缺陷,及时进行弥补等。

第二,设计复习的进程和方法。如何进行复习? 方法有很多。例如,及时复习法,即在学完一定教学内容后,有目的地及时复习和巩固知识,防止学习后遗忘所学知识;综合归类法,即按照所学知识的特点和内在联系对其进行分类归纳,通过归类,可以使学过的知识系统化、条理化、概括化,便于理解和记忆;概括提炼法,即用简洁精练的语言对学过的内容进行概括提炼,以方便掌握;循环复习法,使知识系统化;比较分析法,即通过比较的方式加深对有关知识的理解;等等。

(七)小论文写作

小论文写作是一种学生运用课堂所学理论知识,结合课外阅读、参观访问、社会调查等实践活动,选择适当的主题撰写学科小论文的行为活动。设计学生的撰写小论文活动一般要注意以下几点。

第一,明确小论文写作的意义。撰写小论文,可以促使学生运用学科理论分析现实问题,有利于激发学生的学习兴趣,提高学生的学习能力和创造能力;也有利于学生接触社会,了解现实,解决思想认识困惑,提高思想道德和思想政治素质。

第二,提出小论文写作的基本要求。例如,在选题上,要求"小",最好一事一议;在内容上,要求紧扣学科的相关内容,紧密联系社会实际;在时间上,规定完成时间;等等。

第三,设计小论文写作的指导措施。例如,指导学生搜集资料。搜集资料主要包括两个方面:一是阅读文献资料,了解他人在这方面所做的工作和形成的成果;二是自己通过调查访问获取和积累资料。

第四,设计开展小论文的交流和评比。例如,组织学生召开讨论会,宣读论文或在"学习园地"等专刊上展示小论文;组织论文评比,颁发小论文优秀奖;等等。

(八)社会实践

社会实践是学生走出学校、走进社会,了解社会生活实际,将书本知识与社会实际结合起来,加深对学科知识的理解,提高思想认识的行为活动。设计学生的社会实践活动一般要注意以下几点。

第一,设计社会实践活动的方案。如活动目的、活动主题、活动内容、活动进程、活动结果等,都要精心设计,周密安排。

第二,选择社会实践活动的形式。学生的社会实践活动有多种不同的形式,主要有参观访问、社会调查、社会服务等。究竟进行什么形式的社会实践活动,教师要根据教学的需要,结合学生的实际来确定。

第三,设计社会实践活动的安排。例如,活动动员的安排、活动实施进程的安排、活动指导的安排、活动成果的总结与交流等,也要细致考虑,这样才能保证活动的顺利进行并卓有成效。

四、中学思想政治课教学内容设计

(一)中学思想政治课的教学内容

1.教学内容

教学内容,涉及"教什么""学什么"的问题,是教育教学活动中必不可少的基本要素,是师生开展教学活动的基本依据,也是实现教学目标的重要保证。

从学校教育场域来看,顾明远等认为教学内容即指"学校传授给学生的知识、技能、技巧、思想、观点、信念、言语、行为、习惯的总和"①。曾天山认为教学内容即指"学习者必须掌握在编制的计划和课程中所明示了的教学知识信息——物质的或观念的客体中客体化了的人类的本质能力(知识、能力、行为方式)"②。黄甫全等从教学实践活动教学设计层面界定教学内容:"在一个科目、一个单元或一节课,一个具体教学活动中,作为师生教学对象的具体知识、主题、事实、观念和原理等。"③南斯拉夫弗·鲍良克认为"一所学校的教学内容由学校计划和大纲规定,或者说,教学的内容由教学计划和大纲规定"④。德意志民主共和国黑尔穆特·克拉因和卡尔汉斯·托马舍夫斯基认为"教学内容首先包括教师教的和学生学的一切知识,也就是各种学科所讲的知识材料——教材;这是学生和未来的公民自觉行动的基础。教学内容包括教材和学生应当完成的各种活动"⑤。日本佐藤正夫认为"教学内容一般称作教养财富或教材,是由各门科学的知识素材构成的"⑥。从国内外学者的观点看,对教学内容的理解既有静态观也有动态观,既有广义的也有狭义的。我们认为,教学活动实践层面的教学内容既包括以"文本"的静态形式呈现的教材、教具等物化的东西,也包括教学过程中师生对教学目标、教材、教学进程、教学方式、教学方法的理解、教学情境与教师人格魅力等多方面综合预设并动态生成的内容。

从课程立场来看,自课程从教学论独立出来作为一个独立的分支学科以来,对课程内容的解释都围绕着三种不同的取向而展开:课程内容即教材;课程内容即学习活动;课程内容即学习经验。李秉德等认为,在我国教育学中,一般认为课程就是有计划的系统的教学内容,是一系列教学科目的集合。具体讲,就是指"教学计划""教学大纲"和"教科

---

① 顾明远.教育大辞典(第一卷)[M].上海:上海教育出版社,1990:257-258.
② 曾天山.教材论[M].南昌:江西教育出版社,1997:114.
③ 黄甫全,王本陆.现代教学论学程[M].北京:教育科学出版社,1998:40-42.
④ 弗·鲍良克.教学论[M].叶澜,译.福州:福建人民出版社,1984:29.
⑤ 黑尔穆特·克拉因,卡尔汉斯·托马舍夫斯基,等.教学论[M].柯新,译.北京:人民教育出版社,1962:259-260.
⑥ 佐藤正夫.教学论原理[M].钟启泉,译.北京:人民教育出版社,1998:50-51.

书"所规定和表述的那些教学内容。[①]王策三认为:"课程的本质就是教学内容及其进程的总和。"[②]吴也显认为:"课程也不只是教学内容,还有对内容的安排、进程和时限等。"[③]施良方认为:"课程内容是指各门学科中特定的事实、观点、原理和问题,以及处理它们的方式。"[④]塞勒和亚历山大提出课程的范围包括"人从经验中获得的事实、观察结果、资料、知觉、设计和解决问题的方法,以及将经验重组而形成的理念、概念、通则和计划等"。海曼则将技能(过程)和情意(价值)这两个层面加入课程的范围,强调课程内容包括知识、技能和过程、价值三部分。"[⑤]莱维认为"课程内容指的是学习课程里包含的具体事实、观点、原则、问题等"[⑥]。巴罗和米尔本认为课程内容是"进入学校教学活动领域的文化"[⑦]。从这里的不同学者对课程或课程内容的理解来看,概括起来,其一,广义的课程不仅包含了静态的教学内容以及相应的教学材料,还涵盖了教学内容的进程、安排、实践活动经验等;其二,狭义的课程将课程(课程内容)等同于教学内容,即学科科目的系统性知识、技能、价值观等。当今新课程改革中,课程的核心要素包含了课程计划、课程标准、课程目标、课程内容、课程实施、课程评价、课程管理等。[⑧]

从教材立场来看,国内学者顾明远等认为,"教材是教师和学生据以进行教学活动的材料,是教学的主要媒体"。曾天山认为,"教材应当包括教学的内容和教学的教材两大部分,同时要凸显教学双方的相互作用"[⑨]。国外学者达尼洛夫认为"教材并非学科内容本身,它是在理解了学科内容的前提下向学生传递的手段,担负着调动学生的能动的学习活动的任务,教材对于学生而言是教学中交际的对象。因此,教材是以教授活动与学习活动为媒介的方法上、技术上的手段,教材即以学习者的认识进步为媒介的要素,即以潜在思维、概念及关系清晰化的手段"[⑩]。从国内外学者的教材观来看,教材的外延从教师教的文字教材、视听教材拓展到学生学的材料以及教学的方法与技术手段等。

基于上述学校场域、课程立场、教材立场三维度对教学内容内涵的界定和透视分析,我们不难发现它们之间的区别与联系。首先,从大教学观的教学实践活动来看,教学内容即文化,其内涵最小,外延最广,内容更为丰富,学校教学内容属于教育内容的重要组成部分。其次,教学内容与课程内容关系最为紧密。从某种意义上讲,教学内容与课程内容是当今大课程领域中的一个问题的两个不同层面。前者是从教学实践活动和教学设计层面而言,是教师和学生作用的对象或客体,它是经过课程设置和编制具体化了的知识技能、思想观念、行为习惯,是学生活动所作用的全部对象,即学生在学校里所接受

①　李秉德.教学论[M].北京:人民教育出版社,2001:149.
②　王策三.教学论稿[M].北京:人民教育出版社,1985:225.
③　吴也显.教学论新编[M].北京:教育科学出版社,1991:270.
④　施良方.课程理论——课程的基础、原理与问题[M].北京:教育科学出版社,1996:106.
⑤　顾明远.教育大辞典(增订合编本上册)[M].上海:上海教育出版社,1998:898.
⑥　Lewy A. The International Encyclopedia of Curriculum[M]. Oxford:Pentgamon Press,1991,330.
⑦　Barrow R,Milhurn G. A Critical Dictionary of Educational Concepts[M]. Brighton:Wheatsheaf Books Ltd,1986:65-67.
⑧　雷经国.教学内容内涵的多维透视及其辨析[J].教育现代化,2016(33):22.
⑨　曾天山.教材论[M].南昌:江西教育出版社,1997:7-8.
⑩　曾天山.教材论[M].南昌:江西教育出版社,1997:7-8.

的全部信息都是教学内容。后者是从微观课程层面而言的,包括所有科目的设置、编制、进程安排、时限,还包括学科结构、课程形态和课程类型等。最后,教学内容与教材内容的联系可以描述为:教材内容是教学内容的主体或母体,但教学内容又不拘泥于教材内容,反而超越于教材内容,教学内容更为丰富和深厚。

2.中学思想政治课的教学内容

一般来说,中学思想政治课教学内容是指根据教学目标,有目的地选择并按照一定的逻辑思路组织编排的知识体系。这种知识体系主要通过教师为教学实施而设计的具体教学方案表现出来,体现教师对教学内容的选择和安排。把握这一概念,要注意以下三点。

第一,中学思想政治学科教学内容与教学目标是密切联系的。教学目标是教学内容选择的基本依据,有什么样的教学目标就应该选择有利于实现教学目标的教学内容。同时,教学内容体现教学目标的要求,制约着教学目标的实现。

第二,中学思想政治学科教学内容要按照一定的逻辑思路加以编排。教学内容是经过精心编排的,有一个相对完整的体系。通常这种内容的编排有两种基本逻辑思路:一是学科逻辑,即主要按照学科自身的逻辑结构对内容加以编排;二是生活逻辑,即主要按照学生的生活需要和认识发展特点对内容加以编排。

第三,中学思想政治学科教学内容有间接经验和直接经验两种形态。间接经验就是理论化、系统化的书本知识;直接经验是与学生现实生活直接相关的知识和技能,如社会生活经验、学生观察和处理各种现象和现实问题的经验与技能技巧等。

(二)中学思想政治课教学内容设计的基本要求

中学思想政治课教学内容设计,就是教师为实现教学目标对教材内容的取舍和安排。中学思想政治课教学内容在教学中如何安排,比如讲什么不讲什么、先讲什么后讲什么、重点讲什么难点讲什么、补充什么拓展什么等,需要教师进行设计和规划,以做到结构合理,思路清晰,重点突出,详略得当,形成一个科学的教学内容体系。为此,中学思想政治课教学内容设计应该符合以下基本要求。

1.符合党和国家以及社会发展的要求

首先,要体现党和国家对中学思想政治学科的要求。中学思想政治学科是实施立德树人根本任务的关键课程。中学思想政治课教学内容必须体现党和国家思想道德建设的基本精神,反映国家对青少年思想政治和思想品德素质的基本要求。其次,要反映社会发展的要求。社会发展会对学生的素质提出一定的要求,而且这种要求会随着社会的发展而不断变化。中学思想政治课教学内容必须体现社会发展及其变化的要求,能够引导学生认同社会主流的价值观念、政治思想意识和社会生活方式,使学生能够肩负起实现民族复兴的重任。同时,学生以后要走进社会,适应社会生活,这也要求中学思想政治课教学内容要考虑让学生掌握了解社会、接触社会、解决社会问题的基本方法和基本技能。

2.符合新时代中学生身心特点的要求

中学生的身心发展在各年龄段会呈现出不同的特点,教学内容的深度、广度和结构,要符合他们的年龄特点,既不能超过学生可接受限度,又要能促进学生素养的发展。同时,学生思维活跃,思维敏捷,勇于创新,但由于缺乏社会经验,生活范围狭窄,有时会对社会现象和人生的有关问题产生片面、偏激的看法,中学思想政治课教学内容要及时反映学生的思想特点,力图解决学生的思想问题。另外,教学内容要符合学生的生活基础和发展需要。贴近学生生活、符合学生发展需要的教学内容,才能更好地激发学生的学习兴趣和动力,提高学习效率和质量。

3.符合新时代基础教育课程改革要求

中学阶段属于基础教育阶段。中学思想政治课教学内容的设计应符合新时代基础教育课程改革要求。第一,教学内容的基础性。中学思想政治课教学内容应该是马克思主义的基本常识、有关社会科学的基础知识、社会生活的基本规范等。教师要把握好教学内容的广度和深度,避免教学内容过宽、过深、过难,超越基础教育课程改革的程度。第二,学生发展的奠基性。中学思想政治课教学内容应该能够使学生终身受益,能够为学生终身发展奠定知识、能力、情感态度与价值观的基础。教师设计的教学内容应着眼于学生的终身发展,精心设计适应学生终身学习要求的教学内容。

4.符合中学思想政治学科的性质特点

中学思想政治学科作为一门独立的课程,有与其他中学课程不同的性质、特点和任务,也有体现这种性质、特点和任务的不同内容。因此,中学思想政治课教学内容设计必须考虑本学科的特性,以本学科的内容为边界,不能"种了别人的地,荒了自己的田"。同时,中学思想政治课教学内容具有鲜明的时代性,内容设计要注意与时俱进,要反映马克思主义理论发展的新趋势,用马克思主义理论去研究、分析社会发展的新形势和面临的新情况和新问题等。如果教学内容是"几年一贯制",甚至"十几年一贯制",那就会失去其应有的生命力。

(三)中学思想政治课教学内容的设计策略

1.教学内容的划分

教学内容划分是指以一定的标准和方法将教学内容划分为若干相对独立的教学单位。由于教材是教学的基本依据,因此教学内容划分基本上是以教材为对象,将教材内容按其内在结构进行划分,形成若干相对独立的教学单位。恰当划分教学内容是进行具体教学设计的基础。现行的中学思想政治课教材在编写体例上是按单元—课—框—目编排的。一般来说,一框大体相当于一课时的内容。但由于具体情况的差异,也可以一框用两课时或两框用一课时,这需要教师根据内容的容量和难度、学生的情况以及实际教学需要来决定。

2.教学内容的分析

教材内容不等于教学内容,但教材内容是教学的基本内容。进行教学内容设计自然要对相关教材进行分析,为恰当地选择和组织教学内容奠定基础。教材内容分析是在认真阅读教学和深入理解教材的基础上，主要从以下几方面进行。

第一，分析教材的地位和意义。中学思想政治课教材是一个整体，教材的每一单元、每一课、每一框，都是教材的有机组成部分，都在教材体系中占有特定的地位，都对学生的发展有着特定的意义。分析教材的地位和意义，是教师确定教学目标和重点难点、选择和处理教学内容、设计教学方案等的重要依据。教材的地位和意义的分析通常是分析教材内容在整个思想政治教材体系中的地位和作用以及教材内容对学生发展的重要意义。

第二，分析教材内容的基本结构。每一模块、每一单元、每一框教材内容都是有其内在的逻辑结构的。以框为例，中学思想政治课教材的每一框都包含若干的知识点，各知识点之间有一定的逻辑结构，如递进关系、因果关系、辩证关系、并列关系、相似关系、包含关系等。分析知识点之间的相互关系，有利于建立系统化的教材内容。

第三，分析教材的重点难点。重点是指教材中最基本、最重要的核心部分，在整个教材中有着重要的地位和作用。教学重点既可以是知识上的重点，如学科的基本概念、基本原理、基本观点，它们是学习后续内容的基础；也可以是思想教育的重点，即学生重点把握的思想观点和重点形成的行为品质。难点则是教材中学生难以理解和接受的部分，它可以是知识上的难点、思想上的难点或学生容易出错或混淆的内容。

第四，分析教材的科学方法。中学思想政治课教材不仅包含丰富的科学知识和思想观点，而且在阐述这些科学知识和思想观点的过程中运用了大量的科学方法，如比较、综合、分析、演绎、归纳等。教师分析教材中蕴含的科学方法，以便于在教学设计中渗透"过程与方法"，培养和发展学生分析和解决问题的能力。

3.教学内容的选择

教学内容的选择是指在对教材内容进行研究分析的基础上，经过筛选和加工，确定最终的教学内容，它是教学内容设计的一个重要环节。教学内容的选择要注意以下几点。

第一，围绕教学目标。教学内容是为实现教学目标服务的，教师在教学内容选择中要围绕教学目标进行，看哪些内容最能体现教学目标。

第二，满足学生需要。教学的根本目的是促进学生的发展，教学内容的选择要着眼于学生的发展，选择对学生终身发展有益的知识、技能、方法等；同时，就教材而言，要从学生的知识基础和能力水平出发，重点关注学生还没有了解和掌握的内容，适当弱化学生比较熟悉的知识、技能、方法。

第三，突出重点难点。教学重点和难点是造成学生现有基础与学习目标差距的主要原因，是教学中要突出解决的主要问题。因此，对于众多的教学内容，要分清主次、难易，把重点、难点作为主要的教学内容。

第四，进行教学内容的调整。主要是对教学内容进行量的控制。教师要根据社会的发展、教学的需要、学生的实际，对有些内容进行添加、补充，对有些内容进行删减或替换。

4.教学内容的组织

教学内容的组织就是在一定的教育价值观念的指导下,将所选择的各种教学内容要素妥善地组织成教学内容结构,使各种教学内容要素在动态的教学内容结构系统中产生合力,从而更有效地实现教学目标。教学内容进行组织编排的方式多种多样。泰勒曾经提出教学内容组织的三个基本准则:连续性、顺序性和整合性。[①]总结中学思想政治学科教学实践,教学内容组织大致包括两个维度:垂直组织和水平组织。无论是垂直组织还是水平组织,都要遵循学生身心发展阶段的顺序和学科知识逻辑演进的顺序。同时,要善于权衡每种编排方式的利弊,恰当选择,取长补短,综合运用。

5.教学内容的呈现

选择、编排好的教学内容的呈现,是教学内容设计的一个重要方面。教学内容的呈现要注意以下几点。

第一,教学内容情境化。创设生活化的教学情境,寓教学内容于教学情境之中,通过引导学生对教学情境的感知、体验,领悟其中蕴含的道理。

第二,教学内容案例化。以案例承载教学内容,通过案例的呈现,调动学生学习的积极主动性,借助对案例的分析,引发学生的思考和联想,掌握案例中所蕴含的道理。

第三,教学内容问题化。以问题的方式呈现教学内容,让学生在问题情境中,通过对问题的不断思考、探究,培育学生的核心素养。新课程改革注重培养学生的问题意识以及提出、分析、解决问题的能力。因此,以问题承载教学内容,通过提出问题、分析问题、解决问题,学生不仅可以得出结论,而且可以体验解决问题的过程和方法。

第四,教学内容活动化。新课程改革强调活动型教学,以活动承载教学内容,通过引导学生参与相应的活动,去体会和把握教学内容。这些呈现方式不是孤立的,而是可以并存的,如教学情境往往是生活化的情境和问题情境,随情境而来的往往是问题的提出和探究。活动设计也往往需要创设情境、关注生活、设置问题。因此,要注意研究各种呈现方式的特性,力求取长补短,综合运用。

五、中学思想政治课教学媒体设计

教学媒体是教学系统中的一个重要因素。教学媒体的发展会不同程度地影响着教学设计理论和实践的发展,教学媒体的更新推动着教学设计理论和实践的不断发展。如果没有教学媒体,在课堂教学中,学生和教师之间、学生和环境之间将难以实现交互,教师难以将教学内容传授给学生。要提高中学思想政治课教学要素的功能,优化教学资源的配置,提高教学效果与效率,就必须对教学媒体进行精心设计。

(一)中学思想政治课教学媒体的内涵

媒体,是指信息的载体和传递信息的工具。媒体的产生和发展经历了一个非常漫长的阶段,从原始社会的语言文字媒体阶段、古代社会的印刷媒体阶段发展到近现代的电子传播媒体阶段。当媒体承载教学信息并以传递为最终目的时,媒体就被称为教学媒

[①]　泰勒.课程与教学的基本原理[M].施良芳,译.北京:人民教育出版社,1994:67-68.

体。或者说,教学媒体就是直接加入教学活动,在教学活动中传递信息的手段。

社会发展到今天,教学媒体的数量在不断地增多,类型也是越来越多样。人们通常依据教学媒体作用于人的感觉器官和承载信息类型的特点,将其分为文本媒体、声音媒体、静态视觉媒体、动态图像、操作性媒体、数字化工具装备、人类媒体这七大类。[①]

就中学思想政治课常用教学媒体来说,主要有板书、活动挂图、投影仪、幻灯片、广播电视、计算机等。其中,板书是一种传统教学媒体,在今天仍然发挥着极为有效的作用。投影仪、幻灯片、广播、电视、计算机等则都属于中学思想政治课使用的现代教学媒体,具有信息容量大、多媒体化、智能化、虚拟化和网络化的典型特征。

(二)中学思想政治课教学媒体的选择依据

当今,中学思想政治课教学实践中,可以利用的现代教学媒体很多,而且不同类型的教学媒体有不同的功能。为了充分发挥现代教学媒体自身功能并更好地服务于教学,教师选择教学媒体时应注意以下几个方面的因素。

1.师生的实际

选择教学媒体时,需要考虑教师习惯于使用哪种教学媒体,是否了解所使用的教学媒体,对所使用的教学媒体持什么态度,是否能够掌控教学媒体等。同时需要重点考虑学生诸如年龄、兴趣、动机、经验、学习风格等个体差异,甚至要考虑学生数量以及学生生理缺陷等实际情况。

2.教学的条件

教学条件包括硬件和软件两个方面,硬件是满足教学活动正常运行的必要的设施性和资源性条件(人、财、物等),软件是实现教学活动优化运行,达到各项教学目标和要求的制度性和机制性条件,包括教学组织和教学机构设置、各种资源要素的配置及其管理方式和手段、教学规章制度和质量标准等。在选择教学媒体时,应当充分考虑现有的教学硬件和软件,考虑现有的教学条件下能够提供什么样的教学媒体条件,现有的教学媒体条件下具体需要使用什么样的教学软件。不顾学校实际教学条件,盲目攀比、盲目追求先进的做法是不可取的。

3.媒体的功能

目前,教育领域出现了越来越多的教学媒体,每一种教学媒体都有不同的功能与特性。具有不同功能的媒体应用在不同的教学环境下会产生不同的教学效果。加涅曾具体分析过各种教学媒体的功能,如表10-1所示。因此,选择教学媒体时,还要充分考虑教学媒体的功能。

表10-1 各种媒体的教学功能

功能	媒体						
	演示物体	口头传播	印刷媒体	静态媒体	移动图片	有声电影	教学机器
显示刺激	可以	有限	有限	可以	可以	可以	可以

---

① 侯德华.学校教学媒体的选择与应用策略[J].中共山西省直机关党校学报,2017(4):55.

功能	媒体						
	演示物体	口头传播	印刷媒体	静态媒体	移动图片	有声电影	教学机器
引导注意	不可以	可以	可以	不可以	不可以	可以	可以
提供示范	有限	可以	可以	有限	有限	可以	可以
外部提示	有限	可以	可以	有限	有限	可以	可以
引导思考	不可以	可以	可以	不可以	不可以	可以	可以
诱导迁移	有限	可以	有限	有限	有限	有限	有限
评估成绩	不可以	可以	可以	不可以	不可以	可以	可以
提供反馈	有限	可以	可以	不可以	有限	可以	可以

4.学习的结果

选择合适的教学媒体是为了能够快速有效地完成教学任务,获得良好的教学效果。这里的教学效果主要通过学生的学习结果来反映,而不同的学习结果需要不同的教学媒体与之相适应。因此,选择教学媒体时,还应当以学生的学习结果为依据。根据加涅的学习结果分类,结合各种媒体的特点,可以列出表10-2,说明针对不同的学习结果,可以选择哪些媒体,不可以选择哪些媒体,以此作为选择教学媒体的一个参照标准。

表10-2　根据学习结果选择媒体

学习结果	排除	选择
智力技能	排除没有交互能力的媒体,不要给阅读能力差的学生提供印刷资料	选择能够对学生的反应提供反馈的媒体;为阅读能力差的学生选择听觉和视觉媒体
认知策略	同上	同上
言语信息	不要使用没有言语信息而仅仅是一些实际设备或模拟装置的媒体;不要给阅读能力差的学生提供复杂的文章	选择能够呈现言语信息和细节的媒体;为阅读能力差的学生提供听觉媒体和图示媒体
态度	同上	选择能够呈现人类模型和模型信息的媒体,如仿制的模型
动作技能	不要选择不能呈现学习者的反应并对动作技能进行反馈的媒体	选择能够提供反馈信息和实际操作练习的媒体

5.教学的目标与内容

在课堂教学中,媒体与教学的目标、内容一起形成了"目标—内容—媒体"相互联系而又相互作用的教学要素。其中,起决定作用的因素是教学目标和教学内容,教学媒体则是受教学目标和教学内容的制约。基于此,媒体信息呈现时机的设计,首先应建立在对"目标—内容—媒体"这一三维立体关系的研究上,使媒体的呈现时机与教学目标、教学内容紧密地联系,成为有机的整体,并根据媒体的作用来合理设计安排其呈现时机,形成最优的课堂教学结构。这就有了"目标—内容—媒体"三维选择模型图(见图10-1)。根据这个模型,我们既可以根据教学内容和教学目标确定媒体的使用目标,又可以选择媒体的呈现时机。比如,某教学目标在于"理解",教学内容属于"概念",那么就可以选择侧重于创设情境的教学媒体。教学媒体的呈现时机应为中间阶段,图中以"▲"表示。

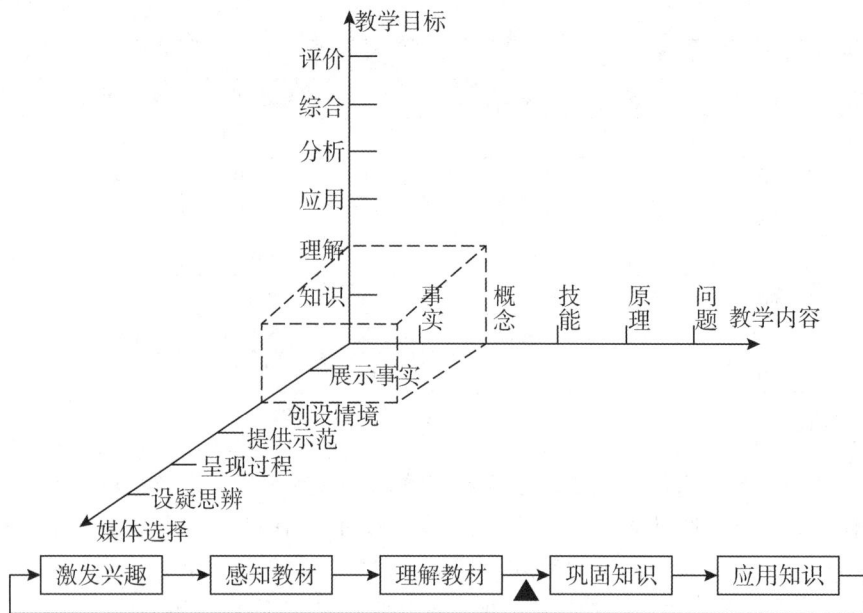

图 10-1 "目标—内容—媒体"三维选择模型

另外,为了保持学生注意的持久与稳定,使学生神经中枢处于兴奋状态,激起注意的第二次、第三次高峰,使学生能够快速感知,更好地记忆教学内容,发散思维,以获得教学的最佳效果,计算机媒体信息的呈现时机要么选择在注意的开端,要么选择在注意的低谷。

实际上,选择教学媒体需要考虑的因素还有很多。比如,罗米斯佐斯基(Romiszowski)就曾提出,影响教学媒体选择的因素主要有教学目标、教学方法、学习任务、学生、经济条件和教师的特征等(见图 10-2)。加涅等人则提出了物理因素、学习者、学习任务、学习环境、发展环境、经济、文化和实践因素等对选择教学媒体的影响。

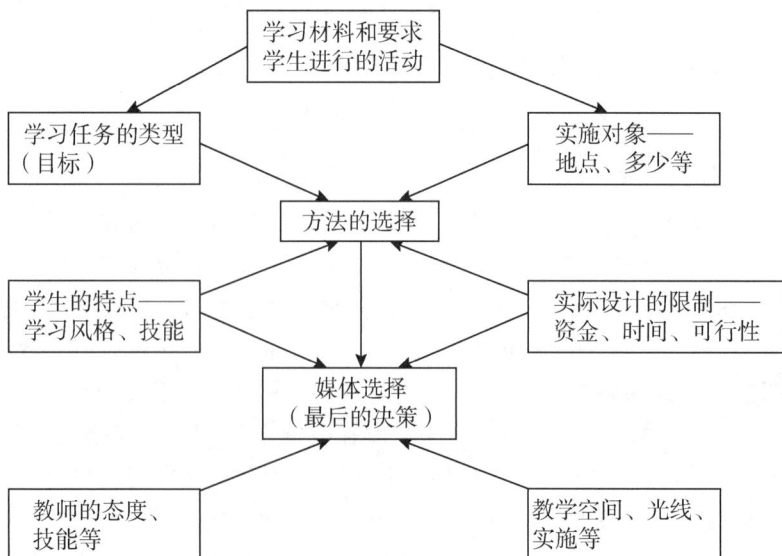

图 10-2 罗米斯佐斯基提出的影响教学媒体选择的因素

总之,找到适合不同教学环境特点的教学媒体,应扬长避短,最大可能地发挥教学媒体的作用,达到与其他教学因素的最优组合,才是教学媒体选择的真正意义所在。

(三)中学思想政治课教学媒体的应用策略

现代教学媒体的运用,大大提高了教学系统内部要素之间相互作用、相互联系的频率和强度,极大地提高了系统内部各要素之间信息传递和转化的效率,从而有利于从整体上提高教学系统的质量。在现代课堂教学中,提高课堂教学效果往往不只依赖于教师高水平的授课技能,还需要一定的教学媒体的辅助。中学思想政治课教师应当掌握教学媒体的应用策略。

1.创新课堂教学模式

现代教学媒体介入课堂教学的背景下,学生是信息加工的主体和知识意义的主动建构者;教师是教学过程的组织者、指导者,意义建构的帮助者、促进者。中学思想政治课教师应该积极促进课堂教学模式的转变,探索实施"以教师为主导、以学生为主体"的教学模式。比如,教师可利用多种媒体去设置一定的教学情境,让学生在教师的指导下采用发现、探究等方法进行学习,不断发现问题、分析问题和解决问题,直至达到掌握教学目标的要求。

2.实施远程教学方式

远程教育是指在现代教育理念指导下,利用先进的互联网网络和计算机技术,实时与非实时传递多媒体的音频、视频、数据等信息,进行实时与非实时可视的、交互式远程教育。"学习者中心"的教学设计涵盖了"教师支援的学习环境"与"学习者自我主导的学习环境"。这两种学习环境都包括"线上共同体"学生的"线上学习环境""混合型学习环境"。在新形势下,中学思想政治课教学为了发挥学生学习的主体性,在特定条件下需要开展远程教学。无线电、广播电视与计算机网络等教学媒体为实施远程教学提供了有利条件。

3.辅助学生自主学习

在现代教学媒体介入教学的背景下,教材提供的知识不再是学生知识的唯一来源,而是学生主动建构意义的对象之一;媒体也不再仅仅是帮助教师传授知识的手段,而是用来创设情境、进行协作学习、讨论交流,以及作为学生自主学习和协作式探索的认知工具与情感激励工具。现代教学媒体能够为学生的自主学习提供丰富的信息资源,能够作为学生自主学习的认知工具,辅助学生更好地进行自主学习。中学思想政治课教师应该根据课程标准的要求,根据实际情况,适时倡导自主学习方式。

4.辅助学生合作学习

中学思想政治课教学倡导合作学习。近年来,多媒体计算机技术的快速发展,特别是网络技术的开发与利用,为学生的合作学习创造了十分有利的环境与条件。一方面,通过计算机与网络,不同地点的学生可以实时或非实时地合作交流,为个人或小组取得最大化的学习成果提供保障与支持。另一方面,在计算机与网络的支持下,学生合作学习的深度与广度日趋扩大,具有较好的发展前景。

5.辅助学生探究学习

义务教育道德与法治新课标提出,要积极探索议题式、体验式、项目式等多种教学方法,引导学生开展自主探究与合作探究。①普通高中思想政治新课标也提出,教学要运用多种方式、方法,引导学生自主学习、合作学习和探究学习。②探究性学习过程中,师生的角色、教育内容的呈现方式、学生的学习方式、教师的教学方式等都会发生一定的变化。教学媒体对探究性学习每一阶段中的活动都具有十分重要的现实意义。

6.辅助学生创新学习

义务教育道德与法治新课标提出,坚持校内教育与校外教育相结合,强化学生的社会责任感,提高他们的实践创新能力。③普通高中思想政治新课标也提出,要通过问题情境的创设和社会实践活动的参与,促进学生转变学习方式,在合作学习和探究学习的过程中,培养创新精神,提高实践能力。④中学思想政治课教学要想获得较好的创新学习效果,学生不仅要秉持积极的学习态度,更重要的是要找到适合于自己的有效的学习方法。现代教学媒体是能够帮助学生掌握有效学习方法的重要工具,合理使用这些工具有助于学生将大脑调整到最有接受性和创造性的状态,实现真正的创新学习。

最后需要强调的是,在现代信息技术推动媒体发展"乱花渐欲迷人眼"的时代,教学媒体在教学实践中应用的范围越来越广泛,而且随着数字媒体技术的发展,媒体在教学情境创设、策略选择、过程控制、效果评价等方面发挥的作用越来越重要。但是,没有哪一种媒体能够成为教育领域的"万能媒体",教学设计如果一味地迎合新技术、新媒体的发展,就不是一种理智的做法。每一种教学媒体都有自身的发展规律和应用规律,在教学实践中各具优势也各有局限。作为教学设计者来说,更重要的是要研究不同教学媒体的特性和优缺点,掌握教学媒体整体的发展规律与应用规律,更好地为提高教学质量与教学效率服务。⑤

本讲小结

在现代教学环境下,教学过程的构成要素主要包括教师、学生、教学内容和教学媒体四个要素。中学思想政治课教师教学行为设计包括开展教学的行为设计、对待学生的行为设计、对待自身行为的设计等,其中开展教学的行为设计主要包括引发动机、引起兴趣、引导思维、指导方法、疏导思想、辅导功课等,对待学生的行为设计主要包括如何尊重学生、赏识学生的设计,教学反思设计则是教师在教学中对自己行为设计的最主要表现。

① 中华人民共和国教育部.义务教育道德与法治课程标准(2022年版)[M].北京师范大学出版社,2022:49.
② 中华人民共和国教育部.普通高中思想政治课程标准(2017年版2020年修订)[M].人民教育出版社,2023:41.
③ 中华人民共和国教育部.义务教育道德与法治课程标准(2022年版)[M].北京师范大学出版社,2022:3.
④ 中华人民共和国教育部.普通高中思想政治课程标准(2017年版2020年修订)[M].人民教育出版社,2023:3.
⑤ 任建.从教学媒体的演变看教学设计的发展历史[J].电化教育研究,2012(8):27.

学生的学习行为设计主要包括课堂听课、阅读思考、课堂讨论、角色扮演、练习巩固、复习检查、论文写作、社会实践等。中学思想政治课教学内容的设计包括教学内容的划分、分析、选择、呈现等方面的策略。中学思想政治课教学媒体的选择要依据师生的实际、教学的条件、媒体的功能、学习的结果，以及教学的目标与内容等。

课后思考

1.简述中学思想政治课教学过程的构成要素。

2.结合实际，谈谈中学思想政治课教师如何开展个性化辅导。

3.叶澜教授说过，一个教师写一辈子教案不一定成为名师，但如果写三年反思则有可能成为名师。谈谈该论断带给我们的启示。

第十讲　课后思考
参考答案

4.结合实际谈谈中学思想政治课教师应如何组织学生开展课堂讨论。

5.教学内容就是教材内容。请谈谈你对该观点的看法。

资源拓展

[1]胡田庚.中学思想政治教学设计与案例研究[M].北京:科学出版社,2012.

[2]泰勒.课程与教学的基本原理[M].施良芳,译.北京:人民教育出版社,1994.

[3]施良方.课程理论:课程的基础、原理与问题[M].北京:教育科学出版社,1996.

[4]李龙.教学过程设计[M].呼和浩特:内蒙古人民出版社,2000.

[5]杨志敏.议题式活动教学的五要素[J].思想政治课教学,2021(11):24-27.

[6]侯德华.学校教学媒体的选择与应用策略[J].中共山西省直机关党校学报,2017(4):59-62.

第十讲　教学课件

第十一讲

中学思想政治课教学环节设计

教学过程是一个特殊认识过程,是一个具有延续性和逻辑性的特殊认识过程。这个特殊的认识过程具有一定的环节、阶段、程序和结构。无论是课堂教学还是课外活动都是如此。对教学环节的不同理解与设计,就会导致以不同的方式处理教学实践中诸如教材、教学方法、教学组织形式等一系列问题,最终效果也会有所差异。因此,有效开展中学思想政治课教学设计与实施,着力提高中学思想政治课教学质量,必须合理、恰当地设计教学环节。

学习要点

1. 中学思想政治课教学环节的概念。
2. 中学思想政治课议题式教学的基本环节设计。
3. 中学思想政治课议题式教学评价设计。

教学过程是一个特殊认识过程,是一个具有延续性和逻辑性的特殊认识过程。同时,这个特殊认识过程又是一个具有一定环节、阶段、程序和结构的过程。中学思想政治教学设计与实施实际上就是将学与教的原理转化为教学材料和教学活动方案的系统化过程,只有将这些教与学的活动排列成一个合理的框架结构和施教程序,才能实现教学过程的科学化和最优化,获得最好的教学效果。因此,有理、有序、有度地推进中学思想政治教学活动,离不开合理、恰当的教学环节的"护航"。

一、中学思想政治课教学环节的概念

(一)教学环节概念的厘定

课堂教学环节,通常又称课的结构。教学究竟包括哪些环节或程序,这是一个看似简单却复杂的问题。古今中外的教育家都对它进行各种探索和解释。

从历史看,教育家们主要从三条轨道加以探索和解释:第一条轨道是在师生系统传授和学习书本知识的模式下探讨教学环节;第二条轨道是在教师辅导学生从活动中自主学习的模式下探讨教学环节;第三条轨道则是在介于第一条轨道和第二条轨道之间的模式下探讨教学环节。

在第一条轨道的发展进程中,近代以前的典型教学形式或环节是"讲—听—记(记录、记忆)—练"。近代以后,以夸美纽斯为代表,把观察引进教学过程,教学的一般进程为"观察—记忆—理解—练习"。苏联教学论根据马克思主义认识论原理,吸收历史成果,特别是乌申斯基的理论,总结教学实践的经验,为师生系统地传授和学习书本知识的教学模式,提出了堪称较前完备的结构,即"诱导学习动机—领会新教材(感知、理解)—巩固知识—运用知识—检查"。[①]

在第一条轨道的发展进程中,还有一些各有侧重、各有特点的具体变式。例如,赫尔巴特注重了思维和系统,提出了著名的教学形式或阶段,这就是"明了、联想、系统、方法"。裴斯泰洛齐注意到教学过程中的能力发展和训练环节。乌申斯基注意到感觉和理解的联系、知识和能力的联系,不再局限于把观察作为教学的起点,还把已知作为教学的起点。赞可夫不主张把巩固知识作为独立的环节。20世纪30年代,凯洛夫提出"五步程序法",即"组织教学、复习旧课、讲解新课、巩固新课、布置作业"。20世纪70年代,巴班斯基把教学过程分为六个基本环节,即"教师先对过程进行的系统所具有的特点进行研究,即研究学生(考虑学生的年龄、性别、学业水平)、学生集体、教学条件、教师本身的可能性等,在此基础上了解清楚教学的社会目的和任务,并使之具体化;考虑全班学生的特点,使教学内容具体化;教师根据已揭示的系统的特点,计划出教学手段,最优化地选择出教学活动的形式和方法;把教师教学的影响和学生的学习认知活动统一起来形成师生在教学上的相互影响;对知识、技能、技巧掌握情况进行日常检查和自我检查,随机应变地调整教学过程的进程;教师和学生分析教学过程一定阶段的结果,查明尚未解决的任务,供设计下一个周期过程时参考"[②]。

在第二条轨道的发展进程中,主要是在杜威的"从做中学"或"由做而学"指导下,从活动中自主学习的模式下探索教学环节。这种教学模式也有一个发展过程,并有许多变式。杜威提出的"设计教学法",就是要求学校在学生的有计划的活动中进行教学,其一般进程为"设置问题情境—确定问题或课题—拟定解决课题方案—执行计划—总结与评价"。与杜威的强调活动、强调学生自己在活动中学习的教学形式相似的模式,还有很多。早在19世纪70年代,欧洲兴起的"实验教学论"就提出"活动原则",根据这个原则,教学过程的程序为"感知—加工—表现"。另外,强调以学生兴趣为中心的德可乐利教学法,由师生定期订立学习"公约"或"合同"而去图书室、实验室或作业室个别学习的道尔顿制,20世纪20年代苏联通过组织"纪念十月革命节"活动等进行的"综合教学",我国20世纪70年代出现的"典型产品组织教学"等,都属于这一类型。

第三条发展轨道是介于上述两者之间的发展模式。20世纪50年代以来,世界范围内发生新的重大科学技术革命,对教学提出了更高的要求。于是,出现了既重视科学知识又重视学生自己学习的主张。其最典型的代表,就是美国布鲁纳的"教材结构化—发

---

①　王策三.教学论稿[M].北京:人民教育出版社,1985:132-133.

②　巴班斯基.教学过程最优化:一般教学论方面[M].张定璋,等译.北京:人民教育出版社,2007:14.

现学习"模式。这一主张既要求教材反映最新科学成果,反对把结论直接教给学生,要求学生利用教师和教材所提供的材料,亲自去发现结论和规律。在这种教学模式下的教学一般进程或环节是"明确结构,掌握课题,提供资料—建立假说,推测答案—验证(一次或多次)—做出结论"。与"教材结构化—发现学习"模式相似的或同类的模式还有一些。例如,20世纪50年代德国出现的"范例教学",其一般进程为"解释作为范例的个别事物—解释范例的类或属—掌握规律范畴—获得对自我或人类的理解"。20世纪六七十年代兴起的"暗示教学",其教学进程为"伸展活动—提出问题—表演"。

从上述讨论中可以看出,古往今来,产生、存在和发展了众多教学过程的环节、顺序、阶段的模式。据此,所谓课堂教学环节,就是指"教师在一定教育思想的指导下,为完成一定的教学目标,对构成教学的诸因素在时间、空间方面所设计的比较稳定的、简化的组合方式及其活动程序"[1]。我们对于既有的不同教学模式下的不同教学环节构成,要坚持辩证否定,既要肯定又要否定,反对把某一个教学模式或模式下的教学环节简单化、绝对化、单一化、凝固化。这是因为,作为特殊认识活动的教学过程,随着教学的内部、外部、主观、客观等条件的变化发展,其理念与实践也要随之变化发展。

(二)中学思想政治课教学环节概念的厘定

随着国内外教学过程理论与实践的发展,我国中学思想政治课教学过程理论与实践也在发展。在较长时期内,受到种种因素的影响,中学思想政治课往往以教师讲授为核心来安排教学环节,导致课堂教学结构流程单一、刻板,学生学习的主体性、能动性、独立性不强,学习效果和效率不高。在深化基础教育课程改革的背景下,一些中学思想政治课教师在实践中积极探索,提出了一些关于教学环节方面的看法,其中,代表性的观点如下。

"三环节"说,比如高凤玉老师提出,思想政治课教学的"三环节"教学法,即"学生读—教师讲—学生练"。[2]"四环节"说,比如路和平老师总结出高中思想政治课四环节,即"自主预习—交流展示—探究深化—达标测评"。[3]"五环节"说,比如郑雪珍老师尝试采用"先练后教"五环节教学模式,即"细读教材、完成填空、反馈点评—再读教材、分解课文、鼓励评价—整体把握、提炼问题、精讲解惑—总结归纳、互动拓展、升华情感—巩固训练、夯实基础、提升能力"[4];卢惠斌老师提出构建新知的五环节教学模式,即"创设情境—合作互动—信息提炼—创新反思—成果分享"[5];李爱民老师提出初中道德与法治课"五环节"多媒体教学结构,即"情境·问题—体验·探究—知识·观点—感悟·启示—践行·评价"。[6]"六环节"说,比如李树生老师尝试推进适应高中学生实际的"调查—质疑—释

① 陈永中.关于思想政治课教学结构革新的思考[J].基础教育研究,2011(6):38.
② 高凤玉.思想政治课教学的"三环节"教学法[J].赤峰教育学院学报,1999(4):96-97.
③ 路和平.高中思想政治课四环节教学模式的探索和实践[J].中学课程辅导(教师通讯),2016(8):86.
④ 郑雪珍.思想政治课"先练后教"五环节教学模式例谈[J].中小学德育,2012(12):42-43.
⑤ 卢惠斌.思想政治课教学构建新知五环节探微[J].江苏教育研究,2012(11):36-37.
⑥ 李爱民.论道德与法治课教学"五环节"实践的意义[C]//中国教育发展战略学会教育教学创新专业委员会.全国基础教育综合改革试验区教育教学水平提升项目会议论文集,2024:3.

疑—归纳—练习—评价"六环节教学模式[1]；武俊霞老师提出"自主合作探究"教学模式的六个教学环节，即"提出问题—学生自学—小组互助—分组展示—点拨提升—检测归纳"[2]；陈治春老师推行"自学质疑—交流展示—互动探究—精讲点拨—矫正反馈—迁移应用"六环节教学模式[3]。"七环节"说，比如许德辉老师提炼出"三步七环节"教学模式，即在教学过程中通过"教师引导—探究过程—检测提升"三个步骤，运用"目标引导—方法指导—分组自学—成果展示—合作探究—当堂检测—课后巩固"七个环节构建教学模式。[4]

这些基于不同教学理念、不同学情和课型的教学环节探索，对推动教学过程理论与实践的发展具有重要意义。但是，作为教学过程理论与实践的教学环节研究，应该在一定的教学理论指导下，着眼于教学过程的整体性，遵循有序性，寻求课堂教学的最优目标。教师既不能把教学环节设计局限于或者等同于讲授新课的环节设计，也不能超越课堂教学范畴，应该是课堂教学中具体的、可操作的、有效果的课堂教学环节。

鉴于此，我们认为，从一般意义上讲，中学思想政治课教学环节的设计应该是"导入新课—讲授新课—巩固新课—布置作业"等四个基本环节。按照这一模式设计与实施教学环节，比较符合我国的国情，能够在常态化教学中上出真正的好课。

导入新课，是指教师在组织教学后，以适当的方式，用简短的语言，从已有的知识导入新知识的过渡环节。其作用在于承上启下，由旧入新，搭起从旧课到新课的桥梁，把学生的注意力吸引到新的课题上来。它要求语言简练明确（简明性）、设计巧妙（巧妙性）、顺理成章（逻辑性）。由于这一环节用时短、语言少，有的教师不把它作为一个独立的环节，但这一传导过程，是每堂课必不可少的，不能把它看成可有可无的，应当给予足够的重视。如果教师一上讲台，就能以新颖别致、富有情趣的语言开讲，必然会"先声夺人"，牢牢吸引学生，使其"欲罢不能"，顺利进入上课新情境。

讲授新课，是指教师讲授新知识的环节。这是一堂课的中心环节和核心部分，直接关系到教学目标的实现和学生核心素养的培育。一堂课质量的高低，主要取决于这个环节设计与实施的优劣。在议题式教学范式下，这一部分又可以分为若干步骤（也有称之为"环节"），每个具体步骤或环节包括确定议题、创设情境、设置任务、开展活动、进行评价等。讲授新课，主要是讲清教学内容中的基本概念、基本原理、基本观点和基本问题，特别是要讲清已确定的教学重点、难点，并指导学生学会分析和解决实际问题的方法。在这个环节值得注意的是：条理要清楚，重点要突出，语言要生动，方法要得当，时间安排要合理。

巩固新课，是指教师讲完新课后，通过课堂小结、总结提问或课内练习等方式对新知识进行复习、巩固和提高的环节。其作用在于帮助学生及时巩固、消化、运用新知识，掌

① 李树生."六环节"教学模式在思想政治课中的运用[J].科技信息,2010(33):713.
② 武俊霞.高中思想政治课"自主 合作 探究"六环节教学模式探究[D].济南:山东师范大学,2011.
③ 陈治春.初中思想品德课"三案·六环节"教学模式运用研究[D].南充:西华师范大学,2015.
④ 许德辉."三步七环节"教学模式在高中思想政治课教学中的运用:以江西省赣州市××中学为例[D].赣州:赣南师范大学,2017.

握知识结构和脉络,同时检查教与学的效果。这一环节是带有总结性的教学环节,一般不宜占用很多时间,但也不能草草收场,更不应完全被挤掉。这个环节值得注意的是:要遵循巩固性、针对性、简明性、灵活性原则,应体现多维度、多形式,有深度、有创新,做到提纲挈领、全面准确、简明扼要。

布置作业,是指教师给学生布置课后练习或思考题的环节,其作用在于巩固课堂教学的内容,使学生在课后进一步巩固和应用新知识,培养学生独立思考的能力。布置作业值得注意的是:作业的内容与形式要与课堂教学内容与要求基本一致,作业量不宜多而要求精,对于难度较大的问题要给予必要的解释和提示。

以上各环节构成了中学思想政治课堂教学的完整过程。每个环节既相互独立,又相互联系。在教学实践中,为了把具体教学过程组织得更科学、更合理、更有效,教师除了要认真研究课堂教学类型和结构的基本理论之外,还必须根据教学目的、学生实际、教学内容、教学条件等创造性地灵活运用,不能把课堂教学的环节看成固定不变的公式,机械地照搬套用。

二、中学思想政治课议题式教学环节设计

(一)议题式教学环节

议题式教学是指以学生真实生活情境中具有开放性、指向性、思辨性、综合性、系列性的探究话题为抓手,以结构化的学科知识为支撑和主线,以提高学科核心素养为核心,通过学生参与社会实践、课上合作探究等方式,培养学生思维和能力的一种教学方法。新时代,中学思想政治新课程改革积极倡导议题式教学。义务教育道德与法治新课标明确提出:"要积极探索议题式、体验式、项目式等多种教学方法,引导学生参与体验,促进感悟与构建。要采取热点分析、角色扮演、情境体验、模拟活动等方式,引导学生开展自主探究与合作探究,让学生认识社会。"普通高中思想政治新课标也明确提出,要围绕议题,设计活动型学科课程教学、辨析式学习过程教学设计、综合性教学形式设计以及社会实践活动设计。可见,议题式教学是中学思想政治课程教学方式的重大变革,也是学生学习方式的变革,进一步探讨议题式教学环节对于优化课堂教学,对于提高教学质量和效率具有重要的现实意义。

关于中学思想政治课议题式教学环节问题,我国一线教师做了很多有益的探索,提出了不同的观点。比如,杨雯、孙智勇提出,议题式教学设计实施中的三个关键性环节是议题、情境、活动。[①]孙云龙认为,初中道德与法治议题式教学要以议题为引线、情境为载体、任务为途径、核心素养为目标,统筹好议题、任务、情境、评价等要素环节。[②]何燕林认为,议题式教学设计与实施要重点把握的四个要素环节是:议题、情境、活动、素养,其中,议题为线索,情境为切口,活动为载体,素养为旨归。[③]步翠岭老师则提出,议题、情境、任

① 杨雯,孙智勇.议题·情境·活动:也谈思政课议题式教学三要素[J].中学政治教学参考,2021(5):28-30.
② 孙云龙.初中道德与法治议题式教学要素探讨[J].课程教材教学研究,2024(6):32-35.
③ 何燕林.高中思想政治议题式教学实施的四要素例谈[J].福建教育,2020(19):55-57.

务、知识是议题式教学活动的四个关键要素环节。[①]刘喜如提出，议题式课堂教学"五要素"环节指目标、情境、议题、任务、活动。[②]

综合以上"三要素环节说""四要素环节说"和"五要素环节说"，我们认为，中学思想政治课议题式教学是以学生为中心，素养为导向、议题为纽带，创设议学情境，设置学科任务，开展议学活动并进行有效评价的教学方式。中学思想政治课议题式教学要围绕素养目标，把握好议题、情境、任务以及评价四个环节的设计。

（二）议题式教学环节设计

1.中学思想政治课议题式教学的议题设计

（1）中学思想政治课教学议题的界定

议题是议题式教学最具特色的构成要素。《现代汉语词典》对"议题"的解释为"会议讨论的题目"；在国外社会性科学议题（socio-scientific issues，SSI）教学中，议题是指与科学或科技相关的具有争议性的社会议题，它们开放、两难、结构不佳，通常没有固定的"正解"。普通高中思想政治新课标中，将"议题"表述为："既包含学科课程的具体内容，又展示价值判断的基本观点；又具备开放性、引领性、思辨性和体现出教学的重难点。"[③]这里的议题具有广义的性质，可把它界定为待议之题。在中学思想政治课教学中，"题"是中学思想政治课的教材内容，"议"是讨论书本知识和与学生生活实际相联系的具有一定思辨价值、富有"思想性""开放性""指引性"的观点。"议"是议题式教学的切入点，"题"则是其落脚点。

要想准确地把握中学思想政治课教学议题的内涵，还要注意议题和话题、问题的区别与联系。话题的来源很广，可以是日常聊天中感兴趣的东西、能够引起好奇心的点或是生活中遇到的困难和问题。围绕话题展开讨论，彼此之间表达各自不同的观点，通常表现为由兴而起、由兴而至，并没有对其进行深入思考和讨论。问题是指某件事情存在疑难或矛盾，一般要求对其进行思考和解释。而教学中的议题的显在内质是具有可议性，具有"议"的价值和必要。议题一定是话题或问题，而话题或问题不一定是议题。议题和话题、问题的联系在于，话题是引入和表现议题的"时事"内容，而问题是议题的呈现形式。

（2）中学思想政治课教学议题设计的依据

议题设计是议题式教学的核心，也是课堂架构的起点和向导。它要求根据新课标、新教材和学生实际情况，以及确立的教学目标，设计与学生生活经验相关、能够引发学生深入思考和讨论的话题。其确立的依据主要有以下几个方面。

依据教学目标。教学设计要依据课程目标，预设教学目标，教学目标就应该成为确

①　步翠岭.议题式教学的要素与初心[J].基础教育课程,2019(C1):27-32.

②　刘喜如.议题式教学"把握'五环节',串联'五要素'"的探索[J].福建基础教育研究,2020(8):85-87.

③　中华人民共和国教育部.普通高中思想政治课程标准(2017年版2020年修订)[M].北京:人民教育出版社,2023:43.

立有效教学议题的重要依据。也就是说,设计教学议题应具备导向性的特征,初中道德与法治教学议题的确立,要依据义务教育道德与法治新课标确立的"政治认同、道德修养、法治观念、健全人格、责任意识"等核心素养及其学段课程目标所设计的教学目标。高中教学议题的确立,则主要依据普通高中思想政治新课标确立的"政治认同、科学精神、法治意识、公共参与"等学科核心素养及其课程目标所设计的教学目标。

参照教学提示。教学议题的设计,除了依据教学目标,还可以参照课标提出的"教学提示",结合教学内容和教学实践,选择使用合适的选题。新课标在"课程内容"部分(初中在义务教育道德与法治新课标第四学段7—9年级,普通高中思想政治新课标在必修课程)的"教学提示"中都给予了议题提示。进行议题式教学设计时,虽然不能完全照搬硬抄课标中的"教学提示",但是课标中的这些"教学提示"可以成为教学议题设计的重要参考。比如,普通高中思想政治新课标在《中国特色社会主义》《经济与社会》《政治与法治》《哲学与文化》四个必修模块中提出了教学议题提示,这些议题大致可划分为描述类、因果类、措施类、辨析类等类型,表现形式有疑问式与陈述式。这些议题既是教学议题的提示,也是教学议题的范例,教师可以参考这些议题并进行议题分解(见表11-1)。

表11-1　普通高中思想政治必修模块议题示例

教学模块	教材内容	议题示例
必修1《中国特色社会主义》	社会主义从空想到科学、从理论到实践的发展	"怎样揭示人类社会发展的奥秘" "科学社会主义为什么科学" "不同国家、地区的历史各具特色,这是否有悖社会发展的一般进程"
	只有社会主义才能救中国	"社会主义为什么是近代中国历史发展的必然"
	只有中国特色社会主义才能发展中国	"中国为什么能"
	只有坚持和发展中国特色社会主义才能实现中华民族伟大复兴	"为什么要一脉相承、与时俱进"
必修2《经济与社会》	生产资料所有制与经济体制	"为什么要坚持'两个毫不动摇'" "为什么'两只手'优于'一只手'" "怎样保持国民经济平稳运行"
	经济发展与社会进步	"为什么发展必须以人民为中心" "如何建设现代化经济体系" "如何从收入分配中品味获得感"
必修3《政治与法治》	中国共产党的领导	"为什么中国共产党执政是历史和人民的选择" "怎样高扬永不褪色的旗帜" "如何理解依法执政"
	人民当家作主	"我们怎样当家作主" "怎样看人大代表的作用" "协商民主有什么优势" "我国各族人民怎样和睦相处"
	全面依法治国	"公民参与立法有什么意义、有哪些途径" "如何增强政府的公信力和执行力" "为什么说司法公正是社会公正的最后防线" "法治如何让生活更美好"

续表

教学模块	教材内容	议题示例
必修4《哲学与文化》	探索世界与把握规律	"哲学有什么用" "人的正确思想是从哪里来的" "为什么要具体问题具体分析" "为什么要一切以时间、地点和条件为转移"
	认识社会与价值选择	"人们为什么有不同的价值观" "面对价值冲突如何选择" "劳动对实现人生价值有何意义" "怎样才能内化于心、外化于行"
	文化传承与文化创新	"文化的力量有多大" "传统文化是包袱还是财富" "文化创新靠什么"

融合教学内容。中学思想政治教材是由教育部组织专家依据课程标准编写的,内容具有权威性、思想性、政治性、科学性、时代性和适切性。在设计教学议题时,要抓住教材的单元主题、框题、目题,注重联系社会实际和学生实际,创造性地使用教材,将价值判断与教材核心价值有机融合,形成可"议"的议题。

尊重学生实际。学生实际,即学情。学情是学生的学习态度、学习基础、学习习惯、学习能力、兴趣爱好、家庭环境、年龄特点、心理特点等各种因素的综合。学生是课堂的主体,也是议题式教学的"议者",确立教学议题,要把握好学情的客观性、规律性、复杂性、稳定性、可变性、突发性等特征。一般来说,基于学情设计的教学议题应该具有开放性,适合不同学生进行讨论与探究,否则,教学效果必定会大打折扣。

聚焦教学重难点。教学设计中确定的教学重点是教学中学生应该掌握的主要内容,教学难点是教学中学生感到难以理解、难以掌握的知识。能否采用有效教学方法突出教学重点、突破教学难点,关系到学生的学业质量高低,因此设计的教学议题应突出教学重点、突破教学难点。

(3)中学思想政治课教学议题设计的策略

精练核心议题。教学议题的设计应深入研读课程标准和教材,明确教学目标和重难点,把握学科知识的内在逻辑和联系,并在此基础上,提炼出能够体现大概念、具有统领性和迁移性的核心议题(主议题、总议题)。核心议题应具有一定的启发性和开放性,能够引发学生的深入思考和多元讨论,避免选择过于简单的议题,以免限制学生的创新思维和创新能力的发展。提炼出核心议题不仅可以激发学生的学习兴趣,还能帮助学生更好地认识世界、理解社会,培育核心素养。比如,在高中思想政治必修3《政治与法治》中"人民民主专政本质:人民当家作主"这一框题教学中,有的教师在综合分析的基础上,提炼出"今日中国当家作主为什么是人民""民主的考题、中国的答卷""领悟'中国式民主'的价值追求""什么是真正的民主""为什么要坚定不移走符合中国国情的民主发展之路""中国式民主如何实现人民当家作主""全过程人民民主为什么'好'"等核心议题。以此类推,我们在单元、模块教学中都可以设计涵盖一定范围的核心议题。

设计序列化分议题。序列化分议题是在核心议题(主议题、总议题)的基础上,将复杂的知识内容分解为若干个相互关联、层层递进的子议题。这些子议题围绕核心议题展开,逐步深入,形成一个完整的知识网络。教师要寻找学生思维的"最近发展区",通过设计序列问题,由浅入深地逐步培育学生高阶思维能力。[①]沈雪春老师认为,完整或理想的议题不仅要覆盖反映类的问题,而且要覆盖原因类和决策类的问题,即包括"是什么""为什么"和"怎么样"。[②]通过序列化分议题的设计,可以帮助学生逐步构建知识体系,推动深度学习进程。比如,在高中思想政治必修3《政治与法治》中"人民民主专政本质:人民当家作主"这一框题教学中,有的教师围绕"今日中国当家作主为什么是人民"这一核心议题,设计一系列相互关联、层层递进的分议题:"我们"是谁?由筹备会的任务引出人民当家作主;我们怎样当家作主?由议事会的任务得出人民如何当家作主;为什么一定是人民?由总结会的任务导出人民为什么当家作主。有的教师围绕"民主的考题、中国的答卷"这一总议题,层层深入、环环相扣地展现三个子议题:"出卷:如何跳出历史周期率""答卷:我们怎样当家作主""阅卷:为什么选择人民民主"。有的教师以"中国式民主如何实现人民当家作主"为总议题,下设"中国式民主为了谁""中国式民主何处新""中国式民主怎么守"三个子议题。还有的教师以"全过程人民民主为什么'好'"为总议题,用"全过程人民民主如何顺民意""全过程人民民主缘何为人民""全过程人民民主怎样显优势"三个子议题,引导学生开展丰富多彩的课堂活动。通过这些分议题的设置,引导学生深入理解"人民民主专政本质:人民当家作主"。

2.中学思想政治课议题式教学的情境设计

(1)中学思想政治课议题情境的界定

一般来说,情境是指在一定时间内各种情况的相对的或结合的境况,包括戏剧情境、规定情境、教学情境、社会情境等。而教学情境的"情",是指人的心理状态的外在表现,必须是基于学生的心理,强调师生之间的情感交流,否则学生不容易进入、不肯进入或不能进入教学情境。教学情境的"境",是指环境。因此,教学情境是指在教学过程中,教师根据教学目标、教学内容和学生实际,引入或创设的反映生活特点和生活状态、具有一定情感氛围的教学环境或境况。[③]

关于什么是议题式教学的议题情境,不同的学者有不同的见解。例如,李晓东认为,情境是基于议题而产生的,服务于议题的解决,议题式教学情境创设的基础是学生目前还没有掌握相关学科知识,通过创设熟悉场景,让学生在情境感受中引发学习的热情,在情境分析中使知识得以理解、实现思维锻炼和素养培育。[④]沈雪春认为,议题情境不仅起到辅助议题展开的作用,还承载"柔化、活化、羽化知识的任务"。[⑤]王德明认为,"议题"和"情境"之间的关系在一定意义上可以看作是"问题"和"话题"之间的关系,如果情境缺失

① 刘月霞,郭华.深度学习:走向核心素养[M].北京:教育科学出版社,2018:4.
② 沈雪春.议题式教学的层式架构[J].中学政治教学参考,2018(28):32.
③ 胡田庚.中学思想政治教学设计与案例研究[M].北京:科学出版社,2012:103.
④ 李晓东.教学情境与命题情境的区分及其意义:基于《普通高中思想政治课程标准》的文本分析[J].中国考试,2020(1):47-53.
⑤ 沈雪春,顾爱勤.议题式课堂教学设计·中国特色社会主义、经济与社会[M].西安:陕西师范大学出版社,2020:6.

就会使"议题"成为"伪探究",可想而知,情境对实现议题式课堂教学目标的价值显得尤为重要,因此情境应是完全基于议题来选择并且是结构化地呈现。[①]高永新、高兰青认为,议题式教学和情境是有紧密联系的,情境涵养核心素养,议题式教学则是为培育核心素养而提倡的主要教学方式,正所谓"无情境,不教学",因此情境是开展议题式教学最基本的前提。[②]

从以上学者对"议题式教学"和"情境创设"两者之间关系的理解来看,所谓议题情境,简单地说,就是服务于议题式教学的情境。

（2）中学思想政治课情境创设的意义

加涅认为,学习情境由外在于学习者和内在于学习者两部分组成,这些学习的内部和外部条件使得学习得以发生。学习者不是孤立的,学习发生的情境与学习内容、学习过程存在相互作用。教学设计者要想使学习得以发生,就必须仔细安排学习的这些内部和外部条件。[③]可见,中学思想政治课情境创设对于学习得以发生具有重要的意义。

第一,发展学生核心素养的重要载体。依据新时代新课标新课程的新理念与新要求,教学将以核心素养为指向,依据新的教学结构重组各种教学要素。比如,以记忆、理解为出发点的教学,将走向以问题解决为出发点的教学;以先学后用为特点的能力培养观念,将走向以做中学、用中学为导向的能力培养模式;以先零后整、碎片积累的组装式学习,将走向应用驱动且做且学的整体性学习;从更关注知识学习的系统性、准确性,将走向更关注观念领悟的深刻性、迁移性;从更看重学习的结果水平,将走向更看重学习的过程特点;等等。教学将坚持这样的原则:无情境就无教学。因此,在议题式教学的框架下,情境创设被视为培养学生核心素养的关键抓手和重要载体。

第二,激发思想政治学习兴趣的关键。在中学思想政治课程中实施传统的知识传授型教学形式,学生的学习兴趣往往受到制约。重视议题式教学视域下议题情境的创设,不仅有利于学生思想政治的学习,更加贴近学生的实际生活和社会现实,也将进一步激发学生对思想政治学科相关知识深入思考的兴趣。因此,重视议题式教学中情境创设,将是引发学生的好奇心和思辨欲望的重要推手,也是学生主动参与实际问题探讨的重要条件。突出情境创设的议题式教学方式,将会打破学生对思想政治学科的枯燥印象,有效培养学生主动学习的态度、习惯,从而有效地促进学生学科素养的发展。

第三,丰富学科课程资源的有效路径。情境创设为中学思想政治课议题式教学注入了更为丰富的资源。通过不同的情境创设,教师可以引入多样化的教学资源,这样的教学资源不仅能够满足学生不同层次和兴趣的需求,也能够提升中学思想政治课议题式教学的趣味性和实用性。因此,创设议题式教学情境,一方面,通过多样化的教学资源呈现,可以为学生提供更广泛、更深入的学习体验;另一方面,可以为中学思想政治课议题式教学的常态化开展,提供可持续发展的资源保障。

①　王德明.高中思想政治教学中"议题"设定的路径[J].基础教育课程,2020(24):37-42.
②　高永新,高兰青.对议题式教学的追问和思考[J].中学政治教学参考,2021(33):36-37.
③　加涅,等.教学设计原理(第五版修订)[M].王小明,等译.上海:华东师范大学出版社,2018:5.

（3）中学思想政治课议题情境创设的依据

通过精心设计议题情境,学生能够在接近真实世界的环境中运用所学知识,解决复杂问题,从而提高学业水平和学业质量。中学思想政治课议题情境创设的依据主要有以下几个方面。

第一,教学内容。教材是教学的依据。在情境创设中应注重"回归教材、回归基础知识"的设计导向,把依据教材为主确定的教学内容作为创设情境的依据之一。例如,普通高中思想政治选择性必修2第一课第一框"认真对待民事权利与义务",其教学目标是透视我国民事法律关系的基本概念及其构成要素,解析民法的基本原则。那么,在这一框议题情境创设中,围绕教材的内容及其确立的教学目标,选择现实生活中购物消费情境:初中生杨某14周岁,自作主张在商场花费2000元为自己买了一个金戒指,父母知道后以杨某不具备完全民事行为能力为由,要求商场退货退款。在呈现这一议题情境下,要求学生通过分析买卖双方的法律关系,进而选择自己是支持"杨某"父母的行为,还是反对"杨某"父母的行为,并说出支持或反对的理由。随后,教师设计议题链:①民事法律关系的主体是什么? ②民事法律关系的客体是什么? ③民事法律关系的内容是什么? 这个议题式情境创设及其议题活动,不仅会激发学生的情感共鸣与积极讨论,也有利于学生深刻领悟民事法律关系的构成以及应遵守的民法基本原则。

第二,学生经验。建构主义学习理论强调,学生已有的知识经验,这是学生主动建构新知识的重要基础。因此,中学思想政治课实施议题式教学的情境创设,要立足学生生活经验,选择不同的情境素材和实施不同的情境表现形式,从而激发学生对议题活动的积极参与和深刻思考。例如,在普通高中思想政治必修4第六课第二框"价值判断与价值选择"教学设计中,基于学生看待问题正处于感性认识向理性认识发展阶段,大多数学生对于"自觉站在最广大人民的立场上"的内容理解处于似而非似的状态,在议题式教学的情境创设中,采取"以小见大"的设计思路,先让学生以小组合作方式,各小组从互联网生活中选取相关情境,如拜金主义、享乐主义、躺平主义等价值观念,接着从事实判断、价值判断、价值选择的角度分析、总结小组的一致看法,随后教师邀请各小组上台分享本组选择的某一生活情境和看法,教师对各小组价值观点进行点评,并补充延展各小组正确价值观点,形成随机化、点对点的指导。随后教师再创设故事化情境如"铁面无私包青天""一瓶水在不同场景下售卖:生活场景2元一瓶、沙漠场景200元一瓶"等,引导学生对不同故事情境所体现的价值判断、价值选择特征以及影响进行讨论,并且以小组为单位进行交流讨论、小组之间以辩论形式和教师总结评述展开。通过创设递进式、结构性情境,先由学生自己查找熟悉的生活情境并且通过交流总结提炼自己的判断,然后在学生学习经验和思维活动基础上,教师再延展创设新的大议题情境,这样的设计有利于学生带着知识、经验走进议题情境,既增强了情境的吸引力,又提高了学生走进情境、分析情境和讨论情境的积极性。

第三,教学目标。中学思想政治课议题式教学是基于学科核心素养的培育展开的,因此情境的创设,要指向依据课程目标和学生实际而设计的教学目标,给学生以正确的价值导向。服务于这样的目标,情境的创设就需充分考虑到价值性和知识性的整合。比如,同样在普通高中思想政治必修第六课第二框"价值判断与价值选择"教学设计中,一位教师预设的教学目标指向"价值判断和价值选择"。执教者以甘肃马拉松意外事故为背景创设情境,在呈现出事件的原委后,将此事件中的几个疑点提出来让学生思考讨论:为何主办方在收到恶劣天气预警时未做出相应预案? 为何参赛人不按照马拉松的常规装备(冲锋衣等)参赛? 对事件有基本判断分析后,执教者进一步追问:"夺命马拉松"事件会浇灭马拉松热情吗? 如何避免"夺命马拉松"再度出现? 可以看到,一堂40分钟的课,教会了学生如何看待社会现象,如何做出理性选择。

第四,社会素材。培育学生的学科核心素养,需要以真实学习情境作为执行特定任务和运用学科内容的背景与依托。所谓真实,是指情境要反映社会发展,顺应时代要求。而在追求真实的同时,情境又必须有效服务于课堂,情境的创设必须体现真实性和有效性的统一。在中学思想政治课议题式教学情境创设中,教师需要从社会素材中挖掘不同的情境素材,以提高课堂教学的针对性、有效性和实效性。例如,近年来,随着我国居民收入的提高,我国汽车保有量呈现逐渐递增的趋势,在这一背景下关于居民出行停车难成为大家关注的话题。有的教师在普通高中思想政治必修3第六课第三框"基层群众自治"教学设计中,根据我国互联网高速发展所衍生的"互联网+停车"作为议题,来创设相关现实情境:闹市区无法停车,或出行一个小时,有半个小时在找停车位等生活场景复现,随后要求学生根据教师提供的情境和相关资料链接,来探究城市社区"互联网+停车"的解决方案。这样取材社会现实情境素材而设计的议题式教学情境,可以有效促使学生从理论知识转移到实践运用中,从而实现素养时代教学从注重考查记忆理解的结果到注重考查思维过程、探究过程和做事过程的发展水平的转变。①

(4)中学思想政治课议题情境优化的策略

无论是运用语言描绘的情境,还是通过实物、漫画、图片、图表、音乐、视频等形式呈现的情境,都要进行优化。优化议题情境是提高议题式教学质量的关键策略之一。它能够为学生提供有意义、引人入胜的学习体验,激发其主动探索和深度思考的兴趣,从而促进教学目标的实现及学业质量和学业水平的提高。优化议题情境,要注意以下几点。

第一,聚焦大背景、小情境。创设真实的议题情境,需要聚焦大背景,即紧跟时代脉搏,凸显时代价值。首先,把握时代主题,融入国家发展战略。议题的设计应紧密围绕国家发展战略、社会热点问题等宏观背景,引导学生关注国家大事,理解时代主题。例如,围绕"构建新发展格局"的议题,可以探讨中国经济在全球化背景下的新定位、新机遇与新挑战,让学生理解国家发展战略的深远意义。其次,融入社会热点,体现时代特征。社会热点问题是反映时代特征、激发公众关注的重要窗口。议题情境可以融入如科技创新、环境保护、文化传承等社会热点问题,让学生在讨论中感受时代的脉搏,思考个人与社会的关系。再次,强化价值引领,培养家国情怀。中学思想政治课不仅是知识的传授,更是价值观的塑造。在聚焦大背景时,应强化价值引领,通过议题情境的设计,引导学生树立正确的世界观、人生观和价值观,培养他们的家国情怀和社会责任感。

进行议题情境设置时,也需要具有针对性,聚焦小情境,即贴近学生生活,激发学习兴趣。首先,选取生活实例,增强情境的真实性。小情境的设计应贴近学生生活实际,选

---

① 吴子龙.议题式教学视域下高中政治情境创设策略研究[J].高考,2024(8):163-165.此处有修改.

取学生熟悉的生活实例作为议题素材。这样的情境能够让学生感受到知识的实用性和价值性,从而激发他们的学习兴趣和探究欲望。例如,在探讨"未成年人的隐私权"时,可以引入学生日常生活中的隐私权保护等话题,让学生在讨论中理解如何筑牢自我保护的防火墙。其次,注重情境的趣味性和互动性。为了吸引学生的注意力,提高课堂的参与度,小情境的设计还应注重趣味性和互动性。可以通过角色扮演、模拟辩论、小组讨论等形式,让学生在轻松愉快的氛围中学习知识、培养能力。例如,在讲授"民主决策"时,教师可以模拟社区事务的决策过程,让学生扮演不同角色参与讨论和决策,体验民主决策的实际操作。再次,引导学生反思与拓展。小情境不仅是为了激发学生的兴趣,更重要的是引导他们进行深入思考和拓展。教师可以通过提问等方式,鼓励学生从多个角度审视问题,提出自己的见解和解决方案,同时还可以引导学生将所学知识与现实生活相联系,进行知识的迁移和应用。

第二,聚焦深解读、高站位。深解读,即挖掘议题内涵,深化理解。对于每个议题,教师首先要进行全面的背景分析,了解其产生的历史背景、社会背景、政策背景等,这有助于学生理解议题的根源和复杂性。在背景分析的基础上,深入阐释议题的意义和价值,让学生明确学习该议题的重要性、必要性和可探究性。通过内容分解和结构梳理,可以将议题内容细化为若干个子议题或关键点,逐一进行深入剖析,对议题的结构进行梳理,明确各个部分之间的逻辑关系和内在联系。这有助于学生更好地理解议题的全貌和细节,构建完整的知识框架和思维体系。

高站位,即提升视角高度,拓宽视野。教师要将议题与国家发展战略、政策导向相结合,引导学生从国家层面来审视和思考问题。这有助于提升学生的思想政治素养和全局观念。同时,教师也要将议题置于国际背景下进行考察和分析,引导学生关注国际动态和全球趋势,这有助于拓宽学生的国际视野和跨文化交流能力。[①]

第三,聚焦独特性、启发性。真实学习情境还需要去同质化,要有鲜明个性。创设独特鲜明的学习情境,是中学思想政治课教学自身的内在要求。思想政治课教学内容十分丰富,教学形式多姿多彩,生活也异彩纷呈,学习情境的创设更应独特鲜明。创设独特鲜明的"真实"学习情境,需要教师能掌握学习情境的特质和要点,对所教的"这一课""这一框"有多维度、多层次的立体审视,能准确定位需要教什么、可以教什么,准确把握学习者需要学什么和如何学,能敏锐地发现学习情境设计的独特视角,既匠心独运又合情合理。必须摒弃人云亦云的陋习,做到不迷信名师,不迷信教参,不凑热闹,不走套路,才能让"每一课""每一框"的学习情境设计都能带给学习者不一样的新颖感受,才能调动起学习者的学习欲望,让他们自觉主动地进入真实的学习状态。

学习是发生在情境中的一种活动,学习者不是学习活动的边缘人,而是全程参与其中的主人。因此,教学议题情境要尊重学生的认知规律,保持一定的度,并具有一定的启发性。情境不在于多,而在于充分挖掘情境所负载的教学内涵,并且能够调动学生思维,为学生留有更广阔的思维空间。这样的情境才可以让学习者享有高品质的学习生活,才

---

① 齐淑芬.指向深度学习的高中思想政治课议题式教学策略[J].中国教师,2024(8):77-78.此处有修改.

能塑造出高品质的课堂文化。

总之,创设和优化出体现科学性、艺术性的议题情境,离不开教师的创造性。只有对"这一课""这一框"的学习情境既见解独到,又能积极调动起自己的生活经验和教学智慧,才能设计出让学习者喜闻乐见的学习情境。

3.中学思想政治课议题式教学的任务设计

学习情境中的任务是情境的核心内容,是学习者进入真实情境学习的动力源和驱动剂。义务教育道德与法治新课标在"评价建议"部分提出:"依据学业质量标准和学习内容的不同特点,综合考查学生面对真实问题情境,在完成学习任务过程中,展现出的核心素养达成情况,以检测课程目标实现的程度。"[①]普通高中思想政治新课标在"学业水平命题建议"部分提出,"根据完成任务的表现评价学科核心素养""制定任务导向型的学业水平命题框架"[②]。依据"教—学—评"一致性的要求,在议题式教学设计中必须进行学习任务的设计。

(1)中学思想政治课学习任务的界定

从教学策略来看,学习任务是从过去教学实践中总结出来的旨在克服传统教学弊端的教学范式,它贯通了杜威的"做中学"和克伯屈的"任务驱动"两种重要的学习理念。

任务概念的认知有两个层次:第一个层次是平面静态层次,即狭义上的任务。这一层次的任务是指向"做什么"。具体到教学中,这里的任务就是学科任务,是一种教师交给学生做的、学生需要完成的事情。第二个层次是立体动态层次,即广义上的任务。这一层次的任务包括任务的目标、内容、程序、情境、结果等要素,是这些要素的有机整合。具体到教学中,学科任务就是为了达到特定预期目标,教师在给出"做什么"的指令性、控制性的驱动信息的同时,驱使行为主体对所给信息进行理解、处理、探究等操作,经过认真思考,以解决相互关联的问题等方式履行指派的工作,以获得预期结果的指向性活动。它不仅关注"做什么",还要关注"怎么做""做成什么样"。

在教学中,学科任务的完成离不开学科活动。只有在真实情境与学科内容的融合背景下,通过学科任务驱使,学科活动才能表现关键行为,才能反映出核心素养。活动与任务一样都有广义和狭义之分。从字典中的意义来看,活动就是为某种目的而采取的行动。它通常是一个宽泛的概念,涵盖了人们在特定时间和空间中进行的各种行为或事件。它可以是比如旅行的物理活动;也可以是比如思考的精神活动;可以是一种娱乐和放松方式,也可以是一种社交和交流的契机。如前所述,广义上的任务被认为是一种活动。常见的说法有:任务是一种有意义的活动,任务是一种课堂活动,任务是学生为了实现一个目标而有目的地实施的活动等。这里的任务需要从目的、语境、过程、结果四个要素角度立体审视,由此,当取广义时,任务确实可归为活动中的一种。只不过任务比活动的限定性更多、内涵更丰富。

---

① 中华人民共和国教育部.义务教育道德与法治课程标准(2022年版)[M].北京:北京师范大学出版社,2022:54.

② 中华人民共和国教育部.普通高中思想政治课程标准(2017年版2020年修订)[M].北京:人民教育出版社,2020:49-50.

广义上的活动包括任务,故而可以在活动下划分任务系列。但是,实践中我们经常看到在任务系列下连接活动系列的做法。这种情况下的活动其实是狭义上的活动,特指那种有活动目标、活动步骤、活动内容、活动方式等的相对完整的强调操作性的独立活动。在教学中,这种活动是具体可见的反映人的直接经验的实践活动,如小组讨论、角色扮演等。由此,并非所有有助于达到总体目标的活动都能称之为活动。

狭义上的任务是指委派的工作、交派的事。狭义上的活动就是做事,这个做事的过程就是为完成交派的事而展开的活动过程。据此,狭义上的活动与狭义上的任务是两个并列要素,活动与执行任务密切相关,是任务驱动下为促进任务达成而开展的活动,活动是完成任务的途径。

教学实践中,要以学习任务驱动学习活动,学习活动必须以有效的学习任务为引领,同时每一次学习活动都要为完成任务做准备。①

(2)中学思想政治课学习任务设计策略

学习情境因包含着学习任务而表现得更为具体。有了学习任务,学习者一旦进入学习情境就会知道"我是谁""我要去哪里"。因此,真实学习情境的设计要以"任务"为根基,缺少了任务指向明确的学习情境,学习就缺少了内核与灵魂。为此,议题式教学的情境必须设计指向明确的任务。基于学科任务导向型评价框架,也为开展议题式教学设计指明了实践路径,应该在准确把握学科任务、评价情境、学科内容之间关系并在此基础上设计议题式教学中的学习任务。中学思想政治课学习任务设计策略主要包括以下几点。

第一,明晰预期行为表现。基于任务导向型评价框架,开展任务设计首先要思考的问题是"需要诱发哪些预期的关键行为表现"。由此观之,预期行为表现应与素养目标具有高度关联性和内在一致性。学科核心素养是一种将所学知识(学科内容)迁移、运用到真实情境中分析问题、解决问题的品质和能力,具有内隐性和不可直接测量的特点。但是,它会通过执行某(几)项任务外显某些行为表现特征。教师可以依据这些行为表现(主要是任务的完成质量)推断、评价学科核心素养发展水平。基于此,教师可从知识维度和认知过程维度预设评价目标,并依据 SOLO(structure of the observed learning outcome,可观察的学习结果的结构)分类理论刻画学生相应的关键行为表现,将之细化为真实反映当前任务活动背景指向的素养目标,真实反映不同水平学生在执行任务、解决问题过程中所展示的某种结果、表现及背后的思维特征和探究方式,以便观察学生怎么思考、有哪些表现、有什么样的关键特征等,将学生预期的关键行为表现分为不同等级,形成等级表,进而监控课堂教学活动,确保教学活动和评价活动一致,需要强调的是,教师预设的对应教学活动应至少体现"多点结构及以上水平"。例如,在初中道德与法治"延续文化血脉"教学中,基于逆向教学设计思路可设置三个评价目标:能够理解中华文化的主要特征和中国特色社会主义文化的形成;能够正确分析文化的价值,感受美德的力量并自觉践行;能够深刻理解文化的发展需要创新,坚定文化自信。基于上述三个评

① 张静.以任务驱动活动实现序列化与结构化:学习任务群"任务"与"活动"关系辩证[J].福建基础教育研究,2024(7):45.此处有修改.

价目标,教师可预先刻画学生相应的关键行为表现,形成等级表(见表11-2至表11-4)。

表11-2 评价目标1关键行为表现等级

评价目标	表现等级	关键行为表现描述	应然行为表现水平
能够理解中华文化的主要特征和中国特色社会主义文化的形成	前结构水平	不理解什么是文化,回答思路混乱	
	单点结构水平	能够列举出一些文化元素,但概括不出中华文化的主要特征	
	多点结构水平	能准确把握中华文化的主要特征,理解中国特色社会主义文化的形成	✓
	关联结构水平	能准确把握中华文化的主要特征,并能举例加以说明,概述中国特色社会主义文化的形成	
	抽象拓展水平	能准确把握中华文化的主要特征,并能举例说明并概括革命文化、社会主义先进文化等不同文化形态的主要特征	

表11-3 评价目标2关键行为表现等级

评价目标	表现等级	关键行为表现描述	应然行为表现水平
能够正确分析文化的价值,感受美德的力量并自觉践行	前结构水平	不懂什么是文化美德和价值,回答思路混乱	
	单点结构水平	能识别描述文化价值和美德的相关材料,不会归纳概括	
	多点结构水平	能对材料进行整合概括,从单一或两个角度简单分析文化的价值,从他人表现中感受美德的力量	
	关联结构水平	能对材料进行整合概括,从多角度正确分析概括文化的价值,以实际行动向先进人物学习	✓
	抽象拓展水平	能从多角度正确分析概括文化的价值,在日常生活中展现对中华文化的热烈情感和强烈认同,自觉宣扬中华文化,发展良好的道德行为	

表11-4 评价目标3关键行为表现等级

评价目标	表现等级	关键行为表现描述	应然行为表现水平
能够深刻理解文化的发展需要创新,坚定文化自信	前结构水平	不懂什么是文化的创新和发展	
	单点结构水平	能从单一角度列举推动文化发展的措施	
	多点结构水平	能从多个角度列举推动文化发展的措施	
	关联结构水平	能从推动文化发展的措施中概括"文化的发展需要创新",进而坚定文化自信	✓
	抽象拓展水平	能从推动文化发展的措施中概括"文化的发展需要创新",并结合自身经历阐述如何坚定文化自信	

第二,设计恰当学科任务。学科任务在评价框架中居于核心地位。学科任务是实现素养目标的载体,行为表现是在执行和完成任务过程中展现出来的。因此,每一个学科任务都必须有明确的指向性和针对性。一方面,要让学习者知道学习目标是什么,具体任务是什么,完成任务的关键在哪里,在一步步完成任务的过程中,终于知道"我怎样去那里";另一方面,要让学习者不仅能在情境的召唤下追求主动参与、完成任务,而且能通过情境互动进一步发现任务还可以是什么,还可以怎样完成任务。以学科任务导向型评价框架为指导的教学设计,要思考的第二个问题是"哪些学科任务能帮助我们获得这些预期行为表现"。学科任务实质上就是"需要解决的问题"。考试命题中设计的学科任务一般指向认知方面;课堂教学中创设的学科任务既可以是认知方面的,又可以是非认知方面的,尤其要考虑中学思想政治课这一活动型课程具有的"实施实践性"特征。为此,教师要遵循"解决问题"的思路设计并开展教学,恰当设置系列化的学科任务,采用任务驱动方式,在素养目标、行为表现与任务场景之间建立系统关联。要引发"多点结构水平"以上的行为表现,序列化的活动任务应具有方向性、目的性和综合性,也就是说,设计的"任务"必须反映课改精神,体现教材意图,突出教学核心价值,遵循教育教学规律和学习者身心发展规律;必须体现由浅入深、由易到难的原则,引导学生逐步深入议题;既要指向学习者应该做好的事,也需要学习者主动担起责任,有明确的执行目标;既要有一定的挑战性,又要有一定的启发性,能激发和促使学习者能动、独立地学习,不断从"边缘"走向"中心",从浅层认知走向深度认知。此外,还应注意学科任务类型的多样性。一般情况下,教师应设计两种及以上学科任务,根据学生在多个任务中的行为表现进行推断,只有综合分析学生在不同任务活动中的行为表现,才能比较准确地推断、评价学生某个学科核心素养要素的发展水平。

例如,在初中道德与法治"延续文化血脉"教学中,基于前述三个评价目标及预期关键行为表现,可创设对应的学科活动和任务(见表11-5)。从设计的学科任务可以看出,学科活动既有认知方面的,又有非认知方面的(如各小组课前通过文献查阅、实地考察等方式制作南沙文化介绍卡)。任务类型主要有三种,即辨识与判断、阐释与论证、探究与建构,可以帮助教师较好地、综合地观测和推断学生学科核心素养水平。

表11-5 指向引发关键行为表现的学科任务(类型)

预期行为表现	教学活动	教学任务	学科任务
1.能准确把握中华文化的主要特征,理解中国特色社会主义文化的形成	1.播放视频"穿越文化南沙",小组代表展示南沙文化介绍卡	1.结合视频和各小组展示的文化推介,概括中华文化的主要特征并分析三种文化形态之间的内在联系	辨识与判断
2.能对材料进行整合概括,从多角度正确分析和概括文化的价值,以实际行动向先进人物学习	2.探究"张梓康坚持还是放弃"的两难选择	2.坚持还是放弃?你如何看待张梓康的选择?请说明理由	阐释与论证
3.能从推动文化发展的措施中概括"文化的发展需要创新",进而坚定文化自信	3.探究如何推动麒麟舞再展风采	3.守住文化根脉,发展中华文化。在新时代,应如何推动麒麟舞更好发展,让麒麟舞再展风采	探究与建构

第三，创建适切评价情境。学科任务只有通过真实的学习情境，才能反映学科核心素养的表现特征。以学科任务导向型评价框架为指导的教学设计，要思考的第三个问题是"学科任务要引出预期的真实表现行为应该如何设置情境"。情境是学生构建知识、发展思维的"支架"，是表现学科核心素养的"舞台"。只有借助情境这个"舞台"，运用学科内容应对现实问题和挑战，才能展现应有的学科核心素养，反映学生正确的价值观、必备品格和关键能力。这里的情境特指教学情境，是基于真实背景并针对性建构的以问题或任务为中心的活动场景，在作用、功能、评价方式等方面与命题情境有着一定区别。设计情境的直接目的是引导学科任务的完成。教学情境立足未知、着眼新知，通过学生已有生活经验，将学生引入学科内容学习，并根据"学生在参与教学过程中对教学情境的分析过程"落实过程性评价。因此，情境设置是培育、观测和提高学科核心素养水平的重要环节。此外，"适切"要求情境类型具有多样性，能有效满足学科任务要求，蕴含的信息充分、完整、清晰。它不是一个简单的背景、引子或话题，而是与学科内容、学科任务紧密相关，让学生有很强的代入感或体验感。

例如，在初中道德与法治"延续文化血脉"教学中，对应前文所述的学科任务和预期的行为表现，可创设三个真实情境。情境1：视频"穿越文化南沙"讲述的是一部千年南沙文化传记，岭南文化、海洋文化、妈祖文化、水乡文化四大文化脉络在此交汇，塑造南沙独有的文化自信；各小组代表展示课前制作的南沙文化介绍卡，从起源、寓意、内容、发展过程等方面介绍黄阁麒麟舞、南沙妈祖信俗等文化载体，展现南沙文化之美。这一情境对应、匹配学科任务1。情境2：张梓康从小学就跟黄阁麒麟舞省级代表性传承人张炽垣学舞麒麟，一路走来并不容易。很多人说，舞麒麟是养不活自己的，还不如打工挣钱。看到有的师兄弟逐渐离开麒麟队，他的内心不断挣扎。大学毕业后，为了生计，他一度想放弃，最终在大伯的鼓励下重拾梦想，不让传统文化失传，将麒麟舞一代代传下去。这一情境对应、匹配学科任务2。情境3：麒麟舞作为一种民俗文化，若想完整地传承发展下去，必须有扎实的武术基础。当下，已经很少有人愿意花几年时间打基础。此外，麒麟舞传承人队伍老龄化问题严重，主要靠长者口授相传的方式，一定程度上阻碍了麒麟舞的发展。"如何让麒麟舞更好地发展"始终挂在张梓康心头。他尝试用更年轻的方式传播中华优秀传统文化，让麒麟舞走出祠堂、走向大众。这一情境对应、匹配学科任务3。这些情境发挥了组织教学内容的作用，有助于呈现相关学科核心概念，并据此开展富有成效的活动，符合教学逻辑展开要求，"能有效地支持、服务于学科核心素养的培育"。

第四，整合必备学科内容。学科内容是任务导向型评价框架中又一关键要素，在问题情境和学科任务中迁移、应用与印证，是核心素养得到有效培育的证据。应用评价框架指导、设计教学，要思考的第四个问题是"应该如何选择和整合学科知识"。当前，我们倡导以大概念为统领进行教学，强调学科知识要基于大概念进行整合，形成结构化知识。课堂教学中，学科内容的整合在深度、跨度、综合运用上与考试命题中的要求不一样，不过多强调大跨度和深度，侧重对知识的理解和掌握。学科核心素养是在学科学习过程中内化于心的学科知识沉淀，强调对学科内容的整体理解与把握，强调完成某(几)项任务需要学生整合学科观念、学科知识、学科方法，由此提供确认水平的证据。因此，学科内容不仅是形成和培育学科核心素养的基础，还是解决问题的工具，是评价学科核心素养发展水平的重要维度。

例如,在初中道德与法治"延续文化血脉"教学中,基于前述学科任务和情境,学生需要整合相关知识进行思考和应用。学科内容1:中华文化的主要特征,三种文化形态之间的内在联系。这一内容对应前述情境1和学科任务1。学科内容2:文化的价值和中华传统美德相关知识。这一内容对应前述情境2和学科任务2。学科内容3:文化的发展需要推动中华优秀传统文化创造性转化、创新性发展,要不忘本来、吸收外来、面向未来。这一内容对应前述情境3和学科任务3。学科核心素养及其水平只能基于具体情境、相关学科内容、特定任务活动并根据学生展现的行为表现进行推断。学生要能正确判断和建立情境、任务与学科内容之间的关联,灵活整合学科知识、技能、方法以解决任务,并将学科内容迁移、应用到任务解决中。从这个角度看,设计的三个情境、三项任务与学科知识是关联的,有助于对学生相关内容学习情况进行评价。①

三、中学思想政治课议题式教学评价设计

(一)中学思想政治课议题式教学评价的内涵与特征

1.中学思想政治课议题式教学评价的内涵

在汉语中,评价一般是指对一件事或人物进行判断、分析后的结论。教学评价是指依据教学目标对教学过程及结果进行价值判断并为教学决策服务的活动。中学思想政治课议题式教学评价则是指以中学思想政治课的评价理念为指导,以课程标准中提倡的评价建议为原则,结合议题式教学自身的教学目标,运用科学合理的评价手段对议题式教学过程及其结果做出的价值判断。根据这一内涵,中学思想政治课议题式教学评价主要包括教学理念、教学目标、教学过程、教学结果、评价手段等基本要素。

2.中学思想政治课议题式教学评价的特征

(1)评价情境的真实性

中学思想政治课教师在议题式教学设计与实施中要创建真实情境,从一定意义上说,中学思想政治课议题式教学就是一种真实的情境教学。在这一真实情境下,中学思想政治课议题式教学评价要关注师生之间的互动、学生的学习态度、学习效果等。比如在议题"新民主主义革命为什么能取得胜利?"中,教师要为学生创设一个真实的情境,教师通过语言或者播放视频的方式让学生感受真实的历史事件,而对这一真实的情境以及情境下学生表现的评价是真实的,具有一定的信度和效度。

(2)评价过程的活动性

中学思想政治课议题式教学围绕一个主题或议题,开展序列化的活动,让学生在思考、辩论、探究等活动中得出结论或意义。教学评价应及时掌握学生的活动动态,通过观察和记录,并对教学主体进行评价和反馈,适时引导,从而使教学活动的开展更规范、有序,让教师和学生在教学评价中获得发展。

① 杨小平,曾灵.学科任务导向型评价框架的教学应用[J].中学政治教学参考,2024(29):59-60.此处有修改.

（3）评价主体的多元性

中学思想政治课议题式教学评价的主体是多元的，可以是教师、学生、专家、管理者、家长等。对议题式教学中教师的教学、学生的表现、师生间的互动等方面进行评价，首先要坚持以教师为主，因为教师是教学的设计者和实施者，教师是评价主体的核心。其次，学生是学习的主体，学生对教学的优点与缺点最有发言权，教学评价离不开学生的评价。最后，专家、管理者、家长等评价主体来自不同方面并代表不同方面的利益，他们对教学的评价，有利于教学的改进。比如课程与教学专家对教学进行诊断性评价、学校或教育主管部门对教学进行总结性或结果性评价等，他们与教师、学生的过程性评价相结合，有利于促进教学的发展。

（4）评价范围的整体性

中学思想政治课议题式教学评价范围的整体性是指将过程和结果结合起来，特别是对教学活动的每一个环节的评价形成一个整体，既包括教师对议题的选择、情境创设、活动设计和序列化等的评价，也包括对学生活动参与次数、时间和活动表现等的评价。过程的整体性评价既可以全面评价课堂教学的真实情况，也有利于增强结果性评价的可靠性。

（二）中学思想政治课议题式教学的评价设计原则

1.目的性原则

目的性原则是指中学思想政治议题式教学评价在进行评价之前一定要确立一个评价目标，这个评价目标将贯穿议题式教学评价的全过程。新课程新课标指出，教学评价是为了以评促教、以评促学。议题式教学作为一种新的教学模式，教学目标是指向学生核心素养的培育，评价目标也应该是指向培育学生的核心素养。议题式教学评价主体、内容、指标、方法等，都要与预设的教学目标对比，看看是否实现了这个目标，在多大程度上实现了教学目标。

2.发展性原则

发展性原则是指中学思想政治课议题式教学评价在不完全否定选拔功能的基础上，更加突出评价的促进教学发展功能。学生在活动表现中得到准确的评价，从而知道了自己的缺点和短板，才能在此基础上获得进一步的改进和提高。通过学生的过程性评价和学习结果的反馈，促进教学反思并改进教学，从而使教师的教能够更好地服务于学生的学，真正实现"教—学—评"的一致性。

3.多样性原则

教学评价的多样化是由事物联系的多样性决定的，议题式教学过程中有着多样的教学联系，比如教师和学生、学生和学生、学生和知识等。议题式教学过程中学生的各种学习表现都是评价范畴，包括学生参与程度、思维程度、情绪表达和交往状态等。同时，教学评价的手段、方法、内容、环节等，也要具有多样性。

4.整体性原则

整体性原则是指在评价中学思想政治课议题式教学时，要尊重教学的整体性，要对教学各个方面进行整体性评价。议题式教学离不开教师、学生、教学环境等因素,进行议题式教学评价时要把握这些因素的联系,既要对教师教学进行评价,也要对学生的学习进行评价。对教师评价时,要从议题设置、议题情境、议题活动等方面进行整体评价;对学生学习活动的评价要全面反映学生搜集信息、探究信息、表达观点等方面素养。

(三)中学思想政治课议题式教学的评价设计策略

中学思想政治课议题式教学评价包括很多环节,比如课堂评价、作业评价、期末评价、学业水平考试等。其中,课堂评价又可以通过观察、提问、交流、记录等方式进行评价。根据以上的评价原则要求以及新课程、新课标对课堂教学的评价建议,编制具有一定信度和效度的课堂评价量表,是一种有效的评价方法。

1.议题式教学评价量表的设计

此部分重点介绍普通高中思想政治课议题式教学的三个评价量表,即议题式教学教师教学设计评价表、议题式教学学生活动表现评价表、议题式教学社会实践自我评价表的设计及其使用。

(1)议题式教学教师教学设计评价表

议题式教学教师教学设计评价量表围绕议题、情境、活动、评价等四个评价维度展开,在每一个维度下都设计了具体的评价指标,并给出了A、B、C、D四个评价等级。这一评价量表主要用于教师自评或者教师互评,高中思想政治课教师根据评价意见反思自己的议题式教学设计,提升自己的教学水平(见表11-6)。

表11-6 议题式教学教师教学设计评价表

班级:_____ 课题名称:_____ 授课教师:_____

评价维度	评价指标	评价等级			
		A	B	C	D
议题	聚焦教学目标和教学重难点,具有引领性、生活性和探究性				
情境	具有真实性、层次性,符合学生认知特点				
活动	具有目标性、主题性、主体性、参与性和趣味性				
评价	符合学生的实际,体现过程性、多样性				

注:不同的议题,评价指标不同;不同的教学方式,评价指标也有差异性。

(2)议题式教学学生活动表现评价表

议题式教学是活动型学科教学,要通过学生在议题式教学中的行为表现和完成任务情况来推测学生的核心素养水平。因此,专门设计针对学生学科核心素养行为表现的评价量表,一般采用"求同"取向与"求异"取向相结合的验证思路。这是一种有统一标准、无标准答案的评价,以基本观点为统一标准,在此前提下,采用多种活动方式,鼓励学生运用相关学科知识和方法,基于不同经验,运用不同视角,利用不同素材,表达不同见解,提出不同问题解决方案。评价者在进行评价时可以参照这些评价标准对学生在议题式教学中的表现做出评价(见表11-7)。

表 11-7　议题式教学学生活动表现评价表

班级：_____　课题：_____　授课教师：_____　学生：_____

学科核心素养	指标	等级			
		A	B	C	D
政治认同	活动目标明确恰当				
公共参与	积极参与资料的搜集、整理				
	与小组同学主动配合				
	搜集信息充分、恰当				
科学精神	流利地表达小组的观点，并能为主要观点提供例证				
政治认同	对议题的认识深刻、独到				

注：不同的议题，学科核心素养及其指标会有所不同；不同的学习方式，学科核心素养及其指标也具有差异性。

（3）议题式教学社会实践自我评价表

课堂教学是学科核心素养培育的主要组织形式，但是中学思想政治课核心素养的培育还要将学科内容与社会实际相结合。学生还可以议题为纽带，以活动任务为依托，通过志愿活动、社会调查、专题访谈、实地参观、职业体验等社会实践活动获得核心素养的发展。社会实践的评价不仅要评价有关学科内容的学习效果，还要评价学生在社会实践中表现出来的核心素养，可以学生的自我记录、自我小结为主，兼顾同伴、教师、家人、社区等的评价（见表 11-8）。

表 11-8　议题式教学社会实践自我评价表[①]

学生姓名：　　组别：　　日期：　　地点：　　活动议题：

环节 1	方式	任务目的	任务完成	遵守活动规则
			□是　□否	□是　□否
环节 2	方式	任务目的	任务完成	遵守活动规则
			□是　□否	□是　□否
环节 3	方式	任务目的	任务完成	遵守活动规则
			□是　□否	□是　□否
收获总结（不少于200字）				

注："任务完成"既包括任务完成也包括遵守规则完成，两项皆做到"完成"，在"是"前的□内打"√"，没有完成任何一项都属于"否"；"遵守活动规则"根据不同的实践内容在活动前制定，遵守在"是"前的□内打"√"，反之则在"否"前的"□"内打"√"。

---

①　任海霞.高中思想政治课议题式教学评价研究［D］.石家庄：河北师范大学，2020.此处有修改.

2.评价量表的操作策略

中学思想政治课议题式教学评价量表的有效设计和实施,要从实际出发,综合考虑评价的可行性、有效性和实效性,坚持自我评价与他人评价相结合、量化评价和质性评价相结合、"求同"取向与"求异"相结合、教学评价和评价反馈相结合。

(1)自我评价和他人评价相结合

教师、学生不仅仅是被评者,同时也是评价主体。自我评价包括自我诊断、自我审视、自我矫正和自我实现等。教师的教学评价、学生活动的表现评价和社会实践的自我评价等,都可以采用自评与他评相结合的方式。教师的他评可以来自同行、领导、专家等,学生的他评可以来自教师、同伴、家长等。

(2)量化评价与质性评价相结合

量化评价是通过直观的数字或等级对教与学的效果进行评价,它具有客观性、科学性,但也有重结果、轻过程等局限性。质性评价是对活动过程中的各种因素进行深度分析后作出的结论性评价,关注人与人之间的交流,灵活性强,但是过度依赖评价者,受限于评价者的专业素质,主观性大于客观性,也有一定的局限性。因此,要将量化评价和质性评价结合起来。议题式教学教师教学设计评价量表主要是量化评价,学生活动表现评价表也是等级性量化评价,也就是说等级与分值可以转换,社会实践活动自我评价表是比较典型的质性评价,要求学生用自己的话写出活动的收获和体验。量化评价可以有部分质性评价,质性评价也可以有部分量化评价。

(3)"求同"取向与"求异"取向相结合

议题式教学离不开活动任务,学习评价应专注于学科核心素养的行为表现,一般采用"求同"取向与"求异"取向相结合的验证思路。这是一种有标准、无标准答案的评价方式。即以基本观点为统一标准,在此前提下,采用多种活动方式,鼓励学生运用相关学科知识和技能,基于不同经验、运用不同视角、利用不同素材、表达不同观点、提出不同问题解决方案。既评价达成基本观点的过程,也评价实现教学设计的效果。

(4)教学评价和评价反馈相结合

教学评价主要是指衡量教师的教和学生的学是否已经达到教学预期目标,而评价反馈就是把教学评价结果以口头或书面的形式告知被评价的教师或学生。及时性、恰当性、描述性的反馈可以发挥正向激励作用,助力教学目标的实现,从而使课堂评价更加有效。议题式教学的教师教学设计评价量表和学生活动表现评价量表,如果是他评,就需要通过反馈让自己知道评价结果;社会实践活动自我评价量表的评价结果也需要反馈给教师或家长。[①]

① 任海霞.高中思想政治课议题式教学评价研究[D].石家庄:河北师范大学,2020.此处有改动.

案例11-1 道德与法治(七年级上册)"增强安全意识"议题式教学

一、导入新课

师:展示图片(安定中学早上上学秩序图)。

师:这正是同学们今天早晨上学时校门口的场景。透过这张温暖的照片,我们真切感受到安定中学保安对学生生命安全的呵护。和所有安定中学学子一样,709班小安同学就是其中的一位。

旁白:今天是安定中学的安全主题活动日,让我们来看看"安定中学709班小安同学的一天校园生活吧"。

二、新课讲授

旁白:小安走进校园,学校大屏幕上出现了这样两张滚动播放的PPT。

【议题开篇】先展示总议题,两个子议题。

PPT 1:同学们,早上好! 今天是我们安定中学的第一次安全主题活动日。各学科课堂将创设精彩的安全主题活动,请同学们带着解决安全议题的任务开启特别而精彩的一天吧!

总议题:树立正确的生命安全观——如何认识"增强安全意识"?

子议题1:如何从"要我安全"到"我们要安全、应安全"?

子议题2:如何从"要我安全"到"我们懂安全、能安全"?

PPT 2:今天,同学们课堂上关于"安全"主题的每一个回答都将被赋予不同的分数,同步计入个人及班级小组总分,结合课后作业得分,最终评选出各班的"最具安全感"小组和个人"安全大使"荣誉称号。由2名学科代表分别给小组、个人计分。

子议题1:如何从"要我安全"到"我们要安全、应安全"?

——知识关联:增强安全意识的重要性

旁白:小安看完大屏幕上的内容后,与同学们讨论着走向教室,准备上早读课。一进教室,同学们都纷纷疑惑地看着黑板上的几个大字:"寻根探源"交流会,此时班主任走了进来……

【早读课——议学情境】"寻根探源"交流会(言之有理加2分)

【议学任务】班主任:今天,我们上一节特别的早读课,请同学们分析议题,说说学校提出该议题有何用意? 可以通过哪些字词来表达其中的道理?

学生回答:……

【议学启示】班主任小结:该议题想告诉大家两点。第一,我要、我应、我懂、我能安全,说明安全很重要,安全是生命之本。第二,不仅是我要、我应、我懂、我能,更应该是我们要、我们应、我们懂、我们能,"我们"的背后想表达的是:不仅自己要重视安全,还应该让身边的人也一起重视安全。正如一句话所说的"人人为安全,安全为人人"。即议题要告诉我们增强安全意识的意义:生命安全是维系人的生命存在的条件和保障,也是我们创造和享受一切美好的前提。我们用心对待和做好事关安全的每一件事,既是对自己的生命安全负责,也是对家庭和社会负责。

旁白:早读课下课后,小安拿出了语文书背课文,第一节语文课上课铃响起来……

语文老师:同学们,刚才早读课上,班主任带着大家分析了议题的用意,感受到了生命安全的重要性。那么老师想问问大家:现实生活中,宣传生命安全理念的常见方式有什么?

学生回答:……

语文老师:是的,是安全宣传标语。一个好的安全宣传标语,绝不仅仅在于安全主题本身,更应该传导"以人为本"的理念,就像"安全就是幸福"这句就是非常好的一个安全标语。现在,请大家先进入"安全标语创作室"。

【语文课——议学情境一】"安全标语"创作室(每个加2分)

【议学任务】请同学们为新校园创作校园安全标语。要求:体现人文性、创造性、特殊性;标语范式:我为新校园的……

学生回答:……

语文老师:同学们的安全标语都很棒,建议大家课后积极向学校德育处提交自己的安全标语。

语文老师:同学们,透过各行各业的安全标语,我们能够感受到国人对于安全的重视,其实,我们中国人对于"安全"的理解不仅仅停留在生命安全、人身安全这个层面上,中国人对"安全"的理解比我们想象得更加有深度、广度、厚度。今天,老师要带领大家认识一种中国国学,这便是"安文化",欢迎大家走进"安文化"国学馆。

【语文课——"安文化"国学馆】

语文老师:同学们,让我们一同走进"安文化"国学馆,初步了解中国"安文化",请学生朗读……

语文老师:透过这两大价值观,我们能够感受到"安文化"不仅塑造了中华民族特有的生活方式和思维方式,也对构建和谐、稳定与可持续发展的人类社会提供了启示与借鉴。

【语文课——议学情境二】《爱安说》品读会

语文老师:"安文化"博大精深、源远流长,我们当代社会也有众多学者热衷研究"安文化"。今天,老师给大家推荐一篇文章,全文出现"安"字42次,这篇文章叫作《爱安说》。

语文老师:现在请所有同学一起朗读一遍全文。

【议学任务】请大家分享阅读感悟。

学生:《爱安说》一文的主旨是"安",提出了以"安"为中心的思想。作者通过以"安"为主题表达对生命、社会和人类的美好祝愿,阐述了安全、安定的价值和意义。以北京的"仁安、义安、礼安、智安、信安门"等地理名称,表达出"安"的多面性:不仅是空间上的,更是精神上的安定。"爱安如痴如醉,无为难安,传安无欲无求"展示出一种传播"安"的情怀,鞭策了社会上一些懒政无为者何以能安的警醒。同时展示了"爱安"的一种旷达、淡泊的人生态度。另外,文章中特别提到的"心安、神安、理安、意安、情安、利安人"表达了情理合一、事各有方的生活观,为人们的未来指明了一条光明的通衢。

学生:《爱安说》是一篇立意高远、思想深刻、内涵丰富的文章。这不仅是一篇表达了追求社会和谐、人民安定的文章,也是一篇具有现实意义的生活指南,它富有哲理性和人文情怀,描绘了我们想象中的幸福生活,为人们树立了良好的生活目标,值得推崇。

子议题2:如何从"要我安全"到"我懂安全、我能安全"?

——知识关联:学会如何增强安全意识

旁白:语文课后,小安和几位同学仍在谈论着《爱安说》,紧接着科学课上课的铃声响了……

科学老师:同学们,刚才在语文课上,你们为学校创作了很好很温暖的宣传标语。同学们,生活中的安全标语很常见,但是比安全标语更常见的是各类安全标志。我想问问大家,当你看到一些不认识的安全标志时,你会去求证其具体含义吗?今天的科学课想给大家科普一些关于安全标志的生活小常识,先让我们进入"安全标志知多少"的有奖竞答。

【科学课——议学情境】"安全标志知多少"有奖竞答

科学老师:我逐一出示4张图,看看大家是不是都知道它们的意思,请抢答!

学生回答:……

科学老师:安全标志大致分成四大类:禁止标志、警告标志、指令标志、提示标志四类,对应红、黄、蓝、绿四种颜色。红色为禁止标志,即"千万不能这么干;黄色为警告标志,即"小心点,不然容易出事";蓝色为指令标志,即"请按规矩做……";绿色为提示标志,即"不知道怎么办?跟我走吧!"。

【议学追问一】设置安全标志的意义是什么?

学生回答:……

科学老师:安全标志的存在意义在于警示我们要牢固树立安全意识,对那些可能会对自己或他人造成伤害的外在环境有所警觉和戒备,保护好我们的生活。

【议学追问二】如果没有这些安全标志的提示,你是否会注意到那些潜在的危险?

学生回答:……

科学老师:是的,没有这些安全标志的提示,我们很难察觉出一些潜在威胁安全的因素。我们科学课在上化学课程的时候,会做很多的化学实验。做化学实验课时,如果有不规范的操作可能会让我们处在潜在的危险中,例如说……

【议学启示】科学老师:其实,这些危险就存在我们身边,这些潜在危险或来自自然环境,或来自家庭、学校、社会场馆等,这就要求我们增强风险意识。我们要能够察觉潜在的威胁生命安全的因素,不因好奇去做一些危险的事情,也不盲目触碰一些危险的领域。远离危险,方能平安生活。

旁白:午饭后,小安与好朋友一起去新校园里寻找安全标志。回教室短暂午休后,下午第一节课道德与法治课开始了……

道法老师:同学们知道每年3月份最后一周的星期一是一个什么特殊的日子吗?

学生回答:……

道法老师:播放"全国中小学生安全教育日"视频,请同学们带着两个问题观看视频,并思考回答下列问题。

问题1:家长最担心孩子受到伤害的场所是什么?

问题2:视频中哪些数据阐明了安全教育的现实意义。

学生回答:……

道法老师:首先,家长最担心孩子受到伤害的地方排在第一的是学校,占比51.44%,我们不排除学校里有威胁孩子安全的外在物理环境,我想更多的是担心来自人为侵害带来的安全伤害。2024年有一个校园安全话题一直是社会热点话题,那就是预防校园欺凌,2024年的全国中小学生安全教育日的主题就是"预防学生欺凌,共创和谐校园"。同学们,让我们坚定勇敢地对校园欺凌说"不",不做残忍施暴者,不做冷漠旁观者。现在,我提议进行一个严肃而简单的承诺宣誓,让我们一起举起右手,紧握拳头,我郑重承诺:"杜绝校园欺凌,从我做起,严格规范言行,团结友爱互助,争做和合学子,构建安定校园。"其次,请用视频中的数据论证安全教育的现实意义。涉及青少年生活和学习的安全隐患有20多种,但是做好安全教育,增强安全意识,则80%的意外伤害可以避免。

道法老师:同学们,我们要想避免80%的意外伤害,除了需要上午科学老师告诉大家的风险意识外,还需要什么安全意识呢?

学生回答:……

道法老师:是的,就是规则意识。接下来,让我们进入"规则记心中"主题辩论赛。

【道法课——议学情境】"规则记心中"主题辩论

（老师担任评委，剩余小组分成正反两阵营。5分钟内，各组商议准备观点并陈词，派代表发言，老师根据发言给各组赋6～10分。要求：控制音量、有效记录、事例论证、精简发言）

【议学任务】辩题：安全规则是限制还是保护？

观点陈词过程（各选两组代表发言）。

道法老师：同学们，虽然时间有限，但大家都表达了自己的观点，非常精彩。

【议学追问一】出此辩题的真正意图是什么？

学生回答：……

【议学小结】道法老师：是的，大多数的辩题中正反方的观点看似是互斥的，但其本质上是统一的。就如这个辩题想告诉我们的道理是要树立规则意识。生活中的诸多"禁令"看似是对我们的限制，其实是对我们自由和生命安全的保障。我们要自觉遵守规则，对自身行为是否安全作出恰当评估，并及时纠正自己的不当行为，从而有效地保护我们的生命。

【议学追问二】现实生活中，我们青少年受到哪部专门法律的特殊保护？

学生回答：……

道法老师：是的，就是《中华人民共和国未成年人保护法》，这部专门性法律在家庭保护、学校保护、社会保护、网络保护、政府保护、司法保护等六个方面对未成年人保护作出了法律规定。

三、总结升华

旁白：道法课后，小安和同学们在阅读道法老师发放关于《中华人民共和国未成年人保护法》的课后资料。不一会儿，班会课的铃声响了……

班主任：今天，各学科的课堂很不一样，很精彩吧。相信同学们也在活动中解决了议题任务。让我们一起来进入今天"议题总结会"，总结今天的议题成果（开始逐步呈现板书）。

【班会课——议学情境】议题总结会

班主任：今天，学校活动的主题是"增强安全意识"，子议题1告诉我们增强生命安全的意义。安全与每个人息息相关，生命安全是前提，是保障。子议题2告诉我们要牢固树立安全意识，树立规则意识，增强风险意识。同时，语文老师还告诉我们，我们中华民族对和谐稳定社会的追求深受国学"安文化"的影响。

班主任：今天，学校丰富多彩的活动都围绕"安全"这个词展开，大家有没有注意到这个词是由"安"和"全"两个字组合而成的。最后问大家一个问题：你是如何理解"安"和"全"的关系？

学生回答：……

班主任：安和全从来都不是割裂的，两者是互为因果、辩证统一的。一方面，由安而全，心安、器安、用安，才能一切保全；另一方面，以全达安，全心、全意、全力、全员、全权、全责，才能一切保安。

四、布置作业

1. 课后领取安全荣誉证书。
2. 在教室内张贴设计的安全标语。
3. 排查一次家庭安全隐患。

（本节课教学设计由湖州市吴兴实验中学黄志勇老师提供）

[讨论与交流]结合该议题式教学过程的教学案例,从议题式教学环节理论角度谈谈黄老师的这节课堂教学带给我们的启示。

本讲小结

教学环节是指教师在一定教育思想的指导下,为完成一定的教学目标,对构成教学的诸因素在时间、空间方面所设计的比较稳定的、简化的组合方式及其活动程序。中学思想政治课议题式教学过程设计要围绕素养目标,把握好议题、情境、任务以及评价四个要素的设计。其中,议题设计要凝练核心议题并设计序列化的议题;情境设计应聚焦大背景、小情境,聚焦深解读、高站位,聚焦独特性、高雅性;任务设计需要明晰预期行为表现、设置恰当的学习任务、创设适切的评价情境以及整合必备的学科内容;评价设计包括很多环节,课堂评价也有很多方式,编制具有一定信度和效度的课堂评价量表,是一种有效的评价方法。

课后思考

1. 简述布鲁纳"教材结构化—发现学习"的教学环节。
2. 中学思想政治课开展议题式教学的主要环节有哪些?
3. 结合中学议题式教学案例,并运用教学环节的理论加以分析。

第十一讲
课后思考参考答案

资源拓展

[1]裴娣娜.教学论[M].北京:教育科学出版社,2007.

[2]杨小微,张天宝.教学论[M].北京:人民教育出版社,2019.

[3]沈雪春.议题式教学简论[M].西安:陕西师范大学出版社,2018.

[4]巴班斯基.教学过程最优化:一般教学论方面[M].张定璋,等译.北京:人民教育出版社,2007.

[5]白娟.议题式教学在高中思想政治教学中的有效运用[J].甘肃教育研究,2024(8):78-81.

[6]王福玲.议题式教学在高中思想政治教学中的应用研究[D].沈阳:沈阳师范大学,2024.

第十一讲　教学课件

第十二讲

中学思想政治课教学结构设计

　　教学过程的设计除了教学要素设计、教学环节设计之外，还要设计教学要素、环节之间在时间和空间上的相互联系和相互作用，即教学结构的设计。中学思想政治课教学结构是中学思想政治课有效教学实施的重要条件，也是把应然目标转化为实然目标的重要纽带。因此，探讨中学思想政治课教学结构设计的理论与实践，是中学思想政治课教师开展教学设计与实施时必须面对的重要问题。

学习要点

1. 中学思想政治课教学结构的概述。
2. 中学思想政治课教学结构设计的内容与要求。
3. 中学思想政治课常见课型的教学结构设计。
4. 中学思想政治课教学常见教学模式的设计。

　　任何教学过程都有结构。教学过程的要素、环节都按照一定的时间、空间逻辑组成一定的结构。特别是新时代基础教育课程为应对信息社会知识爆炸以及创新型国家创新人才培养等新挑战，加强了课程目标和课程知识的整合，促进了课程结构化。初中道德与法治课程和普通高中思想政治课程的目标与内容都呈现出程度不同的结构化特点。因此，中学思想政治课教学设计与实施必须做到"高观点、远前瞻"，加强教学结构化设计，进一步探讨中学思想政治课教学的目标结构、要素结构以及逻辑结构等内容，以进一步提高课堂教学的效果与效率。

一、中学思想政治课教学结构的概念

(一)教学结构概念的厘定

　　我国早期课堂教学结构深受赫尔巴特的"复习导入、教师讲解、课堂总结、布置作业"教学形式"四阶段理论"或"四环节"的影响，这一传统课堂教学的基本结构更多地注重提升教师的"教"；后期受杜威实用主义观点和日内瓦学派建构主义观点的影响,这一阶段的课堂教学结构突出学生的主体地位,如"课下自学—课上讨论"辅导式的课堂教学结构;现在的课堂教学结构吸收借鉴了西方的人本主义和对话理论,注重促进学生发展,提出构建以学为中心的课堂教学,发展学生的深度学习和高阶思维能力[①]。但是,我国主流观点认为,课堂教学结构应该在借鉴这些课堂教学结构优点的同时,克服这些教学结构的不足,坚持教师的主导与学生的主体相结合,建构符合育人规律和学生成长规律的课堂教学结构。

那么,究竟什么是教学结构? 对此,国内学者有不同的观点。钱加清认为,"课堂教学结构是指人们在探索课堂教学中形成的可供他人学习借鉴的课堂教学结构范型"[②]。冯磊、黄伟认为,"课堂教学结构可以概括为教学系统中各种组成要素在教学中的组合形式,以及各环节在教学中进行的顺序和时空安排"[③]。沈书生认为,"教学结构是指教师为了达成特定的教学目标,对于可能影响教学实现的各相关要素,如教学内容、活动方式、时间与空间分配等,进行系统组织与安排后所呈现出的表现形式"[④]。何克抗提出,"所谓教学结构是指在一定的教育思想、教学理论和学习理论指导下的、在某种环境中展开的教学活动进程的稳定结构形式,是教学系统四个组成要素(教师、学生、教材和教学媒体)相互联系、相互作用的具体体现"[⑤]。

基于此,我们认为,所谓教学结构是指教学设计者在一定的教与学的理论指导下,为实现教学目标而对教学要素和教学环节进行系统优化后呈现的稳定形式。由此可见,教学结构具有依附性、多态性、系统性、层次性和稳定性等特点。

(二)中学思想政治课教学结构概念的厘定

在新时代中学思想政治新课程改革的背景下,依据新课程的理念,课程注重促进学生核心素养的整体性发展,倡导以培育学生核心素养为导向的课堂教学。对此,一线教师对中学思想政治课教学结构作了积极的探索,比如,在初中道德与法治课教学实践中,王平静老师提出"点、线、链、面"教学结构[⑥];徐华老师提出"6+1"教学结构,其中,"6"即课堂教学的6个环节——导、思、议、展、评、检,"1"即课后迁移运用[⑦];郭一峰老师提出,以学案引导学生预习,教学活动开展合作探究学习,重点内容教师精讲点拨,当堂训练检测的教学结构的优化策略[⑧];等等。在高中思想政治课教学实践中,谢世君老师提出双主教学

① 何克抗.教学结构理论与教学深化改革(下)[J].电化教育研究,2007(8):22-27.
② 钱加清.语文课堂教学结构模式研究走向探寻[J].青岛教育学院学报,2000(4):13-15.
③ 冯磊,黄伟.课堂教学结构研究的进路与焦点综述[J].中小学课堂教学研究,2017(Z1):7-14.
④ 沈书生.从教学结构到学习结构:智慧学习设计方法取向[J].电化教育研究,2017,38(8):99-104.
⑤ 何克抗.教学结构理论与教学深化改革(上)[J].电化教育研究,2007(7):5-10.
⑥ 王平静."点、线、链、面"教学结构在初中道德与法治教学中的应用[J].教师,2021(17):57-58.
⑦ 徐华.浅谈初中《道德与法治》课的"6+1"教学结构[J].教育科学论坛,2020(22):78-80.
⑧ 郭一峰.初中道德与法治课高效课堂的构建策略:基于教学结构优化的探讨[J].文理导航(上旬),2017(6):98.

结构,即教师主导的多元化学习和学生主体的探究式学习[①];严宏亮老师提出"厘定教学内容—研制教学目标—创设真实情境—设置学习任务—开展多元活动—进行创造应用"的教学结构[②];等等。

以上都是教师从微观层面对中学思想政治课教学结构的探索,具有实践性、实用性等特点。我们认为,中学思想政治课教学结构应该包括教学目标结构、教学要素结构以及教学环节结构等。也就是说,中学思想政治课教学结构应该是由优化的目标结构、要素结构、环节结构(逻辑结构)组成的系统的稳定形式。

二、中学思想政治课的教学结构设计

(一)中学思想政治课教学结构设计的内容

从上述中学思想政治课教学结构概念的厘定中,可以看出中学思想政治课教学结构主要包括目标结构、要素结构、环节结构(逻辑结构)等内容。由于这些内容在前面相关内容中已经作了分析与探讨,在此仅作简单概述和必要补充。

1.中学思想政治课教学目标结构设计

如前所述,中学思想政治课教学总是依据一定的目标进行的,而教学目标不是单一的,而是一个由不同类型的目标构成的目标群。所谓中学思想政治课教学目标结构,就是构成中学思想政治课教学目标的要素以及这些要素之间的关系。

根据新时代中学思想政治新课程改革的要求,中学思想政治课教学目标设计应该按照素养目标进行。关于这个问题,我们已在前面第九讲"中学思想政治课教学目标设计"中系统讲述,在此不再赘述。

2.中学思想政治课教学内容结构设计

教学内容结构就是构成教学内容的各部分之间的有机联系和相互作用。如前所述,由于中学思想政治课教学内容具有综合性,教学内容涉及不同领域学科知识或不同性质的教学材料,把这些知识和材料按照一定的规律或逻辑组合起来,就需要进行科学设计。

3.中学思想政治课教学时间结构的设计

教学结构除了在空间布局上有一定的顺序外,在时间的延续上也有一定安排。也就是说,教学要素在运行过程中,每个环节、步骤实施所花费的时间都要进行预先分配。合理的时间配置,可以提高教学效率。比如,一节课堂教学45分钟或40分钟,在新课导入、新课教学、教学小结、练习巩固等环节运行中,每个环节配置多少时间,需要精心设计;新课教学的每个步骤、环节,如何根据教学需要进行时间分配,也需要科学设计。另外,社会实践教学时间一般在1个月或1周时间内,在准备阶段、确定课题阶段、选定调查对象或地点、拟定调查提纲、调查动员、调查实施、调查总结、调查检验等环节,同样需要进行时间安排与设计。

时间结构设计不合理就会引发一些问题。比如,课堂教学中,如果前紧后松,可能导

---

① 谢世君.融合信息技术的思想政治课双主教学结构[J].教育科学论坛,2019(28):73-74.
② 严宏亮.导向学科核心素养的思想政治教学结构[J].中学政治教学参考,2024(5):78-80.

致前半部分节奏过分紧张、后半部分无事可做的现象;如果前松后紧,可能导致前半部分浪费时间、后半部分因无法完成教学任务而草草收场的现象。另外,如果难易不分、主次不明,可能出现因时间配置不合理导致重点不突出、难点不突破的现象。

4.中学思想政治课程序结构设计

中学思想政治课教学程序结构,就是指教学活动的进程中,各个教学环节之间的有机联系和相互作用。如前所述,尽管课堂教学环节通常有新课导入、新课讲授、教学小结、练习巩固等,但是教学步骤、环节、程序,可谓千差万别、多种多样,并没有固定的模式。不同的教学结构,比如说,以教师为中心的教学结构、以学生为中心的教学结构以及"主导—主体"的教学结构,在教学程序结构设计上有所不同;另外,不同的课型,比如新课教学、复习课教学以及单元教学、项目化教学、主题教学、社会实践、翻转课堂等的教学程序结构也会有所差异。但是,无论选择何种教学模式,我们都应该遵循思想政治课育人规律和学生成长规律,根据课程理念、教学目标、教学内容、学生实际等方面的要求,按照一定的思路,设计有效的程序体系。

(二)中学思想政治课教学结构设计的要求

教学结构设计,旨在通过优化教学结构,解决组成教学各个部分的有效衔接问题,以提高教学效果与效率。如前所述,中学思想政治课不同类型的教学活动的教学结构会不尽相同。但是,提高中学思想政治课课堂教学的效果与效率,教学结构的设计应遵循以下基本要求。

1.厘清教学思路

教学思路,是指教师对课堂教学所酝酿、所设计的教学流程,即教学活动进行的基本线索。比如这节课从什么地方出发,由哪些基本环节构成,怎样一步一步往前走,要先勾勒出一个大致框架。另外,教学中每个教学环节的内容是什么,教学环节之间如何衔接等也需要事先设计。如果设计者的教学思路是教学目标、课程设置、教学形式、教学环节、时间安排等五个方面,那么教学结构就是按照这样的步骤衔接。进行周密的教学设计,形成一个合理的教学结构,教学过程才能脉络清晰、连贯一致。

2.安排教学时间

合理安排教学时间,是提高教学效率的必要条件。教学中要根据教学内容的广度、深度、难度和学生的认知水平,合理安排一节课的教学导入、新课教学、课堂小结、课堂检测等课堂教学环节的顺序和时间分配,即尽可能在较少的教学时间内完成规定的教学任务,但也不能为了节省时间而不顾及学生的学习承受能力。安排教学时间只是教师课前对教学时间进行的大体规划,并不意味着教学中只能机械地按照规划执行。教学对象是变化的人,教学进程中可能遇到来自各方面的影响,教学不可能完全按照教师的设想进行,教师在教学中要根据教学的实际情况,对课前规划的教学时间进行合理调控。

3.突出重点难点

所谓教学重点,是指整个教学内容中最关键、最核心、最具现实意义的部分。中学思想政治学科的教学重点既可以是知识上的重点,如关键性的概念、观点和原理等,也可以是思想上的重点,如学生中普遍存在的、带有倾向性的思想认识问题。所谓教学难点,是指由于学生认识水平的局限或者客观事物发展尚不充分,使学生难以理解的理论知识和难以接受的现实问题。教师对教学重点、难点应特别关注,在时间分配上给予保证,力求重点突出、难点突破。

4.体现教学节奏

教学节奏主要是指教学过程中的张弛快慢、动静疏密及其有规律性的变化。教学过程犹如一段音乐的演奏,伴随着主旋律,曲调抑扬顿挫,音节疏密相间,节奏明快和谐,才能牵动学生的注意力,促进教学任务的完成。因此,设计教学结构时,要注意教学节奏的规划。教学节奏的设计主要包括以下几个方面。

第一,语言节奏。主要表现为语音的高低起伏、语调的抑扬顿挫、语速的快慢变化、语句的断连疏密等。教师要根据教学的实际情况,设计教学的语言节奏。例如,阐述基本概念、原理和观点,语速要适当放慢,让学生听得明白;对一些结论性的内容,语音要高一些,让学生引起重视。另外,情境描述要轻快生动,抒情要真实感人,过渡要适当停顿,论证要清晰、明朗等。

第二,内容节奏。一个教学过程涉及的内容也许很多,不能平均使用力量,要分清主次,区别重点与非重点。一般来说,重点的内容,节奏可以放慢;非重点的内容,节奏可以加快。

第三,思维节奏。教学中师生的思维要做到张弛有度,疏密相间。张而不弛,密而不疏,学生思维长期处于亢奋状态,容易疲劳;弛而不张,疏而不密,不能很好地激发学生思维,学生注意力难以集中。

把握好教学节奏,首先是要认真备课。要求备课标、备教材、备学生、备教法和备作业,做好这"五备",教师上课就可以做到胸有成竹。其次是要厘清课堂教学流程。要熟悉一定的课堂教学流程,按流程有序推进,自然就能把握好课堂节奏。最后是要应变处理课堂突发事件。课堂上会有一些不确定因素干扰课堂节奏,必须学会应变,冷静处理,才能把握好课堂节奏。

三、中学思想政治课常见课型的教学结构设计

课型,即课堂教学的类型。依据不同的标准进行分类,中学思想政治课堂教学类型则不同。通常,依据课堂教学完成的教学任务或运用的教学方法,课堂教学分为单一课和综合课。单一课是指一堂课内主要完成一项教学任务或运用一种教学方法的课;综合课是指一节课内同时完成多项教学任务的课或运用多种教学方法的课。

不同的课型有不同的教学结构,同样的课型也可以在教学结构设计上各具特色。在此,我们仅以中学思想政治学科教学中常见的基本课型为准,对其教学结构的设计进行简要分析。

(一)新授课的教学结构设计

新授课的主要目的是使学生掌握新的概念、原理,形成新的观点。授新课关键是突出一个"新"字,针对新的教学内容,运用新的教学原理,运用新的教学方法,创设新的教

学情境,使学生构建新的知识、方法。尽管新授课的教学在教学结构上复杂多样,但是基本的教学环节和步骤值得我们关注。

1.引入课题,明确目标

引入课题就是通过一定的方法把学生带入与新授课教学内容相关的特定情境中,进入新课的学习;明确目标就是使学生了解学习的任务和通过学习要达到的学习目标。教师运用巧妙的方法引入课题,明确目标,有利于调动学生的学习积极性和主动性,激发学生的情感和兴趣,能够引发学生思考,建立新旧知识之间的联系,使学生更好地投入新知识的学习中。

2.启发引导,学习探究

启发引导就是教师在教学中要通过创设典型情境、设置学科任务、开展有效活动、运用恰当媒体、借助形象语言等方式启发学生的思维,引导学生进行学习探究。学习探究就是学生在教师的启发引导下,通过阅读、独立思考、小组研讨、分析归纳、抽象概括、角色扮演等自主探究活动,体验学习的过程,掌握学习的方法,获取学科知识,理解教材中的基本概念和基本原理。这一环节通常可以分成若干步骤进行,要注意两点:第一,充分发挥教师的组织指导作用。第二,充分调动学生参与教学活动。

3.归纳小结,巩固深化

归纳小结,巩固深化,就是引导学生对课堂所学的教学内容以及自己的学习收获进行简要的归纳总结,以进一步理解、巩固、深化所学的内容,实现教学目标。这一环节的主要任务就是系统归纳所学知识,巩固深化对知识的理解。归纳小结要注意以下几点:第一,将知识条理化、系统化,便于学生理解、记忆;第二,发现问题,引导学生及时再学,以求对知识的全面理解和把握;第三,尽量以学生为主进行归纳小结,教师做必要的补充和评价;第四,注意培养学生概括、归纳、综合等抽象思维能力和语言表达能力,提高学生的思想认识。

4.学用结合,检测评价

学用结合,检测评价,就是通过一定的课堂思考与练习活动,将学生的练习和教师的指导结合在一起,把知识的学习和运用有机地结合起来,及时练习,及时讲评,使学生所学的新知识得到强化,学科素养得到培养和提高。这一环节要特别注意两点:第一,精心设计练习思考题。作为课堂的练习与思考,应尽量与社会现实密切联系,设计或选用具有一定典型性、综合性、开放性、探究性的问题,不可过多、过杂。第二,教师要加强指导,要教给学生分析问题和解决问题的依据、方法和思路。

案例12-1　"坚持人民民主专政"教学设计

一、教材分析

本框是高中思想政治必修3《政治与法治》第二单元第四课第二框。

本单元围绕"人民当家作主",讲述有中国特色的政治制度和中国优势的民主形式,使人民当家作主落实到制度安排上,显现于国家政治生活和社会生活的实践中。

本框主要介绍民主与专政的关系、国家职能，是对第一框的补充和延伸，与第一框构成我国国体的知识体系。

本框分为"坚持民主与专政的统一"和"社会主义现代化建设的可靠保障"两目。第一目承接第一框的内容，先讲述发扬社会主义民主的意义，进而阐述我国国体是人民民主与专政的统一。第二目主要讲述国家职能，包括对内职能与对外职能，我国的国家职能与人民民主专政的国体相适应，能够为社会主义现代化建设提供可靠保障。

二、课标要求

列举宪法有关人民主体地位的规定，说明我国是人民民主专政的社会主义国家。

教学提示：要求学生了解实行人民民主专政的必要性，明确坚持民主与专政的统一，阐述国家对内、对外职能的内容，理解我国家职能与人民民主专政的国体相适应，为社会主义现代化建设提供可靠保障。

三、学情分析

本框授课面向高一学生。

在知识和能力储备上，学生在初中已学过国家安全的相关知识，为本框学习奠定了一定基础。

在经验准备上，高一学生对于政治生活的一些新闻应有所耳闻，具备一定的感性认识，但在理论学习和情感认同上还需要强化，需要感悟走中国特色社会主义政治发展道路的必然性，理解推进国家治理体系和治理能力现代化的重要性。

四、教学目标

1.理解我国国家政权担负的历史任务，明确人民民主专政的必要性，培育政治认同学科核心素养。

2.通过展示我国面对国家安全风险的应对行动，明确国家的对内职能和对外职能，支持国家履行职能，保障人民当家作主，树立总体国家安全观，主要培育科学精神学科核心素养。

3.通过撰写研学感悟，延伸研学作业，懂得并用实际行动维护国家安全，主要培育公共参与学科核心素养。

五、教学重点与难点

1.教学重点：国家职能。
2.教学难点：坚持民主与专政的统一。

六、教学方法

1.议题式教学法。
2.讲授法。

七、教学过程

总议题：从人民民主专政看中国人民的安全感从何而来？

(一)导入

【议学情境】

【议学活动】

同学们来猜一猜，图片上的这个人在做什么？

【教师总结】

让我来揭晓答案吧。

这里是中印边境，当时印军悍然越线挑衅。面对数倍于己的印军，我军边防团团长祁发宝张开双臂，挡在印军面前，以血肉之躯，守护脚下的每一寸国土。在这次激烈的斗争中，我军共有4名战士英勇牺牲，其中最小的一名战士只比同学们大几岁。

他们用自己的生命守卫国家安全，也让我们知道当今世界并不那么太平。维护国家安全不应该只是边防战士的责任，这个背影可以是我，可以是你，可以是我们每一个人。

今天，就让我们开展“国家安全青年行”主题研学活动，一起前往国家安全教育馆，从人民民主专政的角度探寻“中国人民的安全感从何而来？”

(二)授新

第一展厅：人民卫士

【子议题1】从“人民安全感”感悟为何坚持民主与专政的统一？

【议学情境】观看视频《中国军人》。

【议学活动】主题演讲：展“军人风采”。

小组合作，以“人民民主专政的坚强柱石”为主题，以第一人称视角撰写演讲稿，阐明对待人民和敌人的不同态度及其原因，并派代表上台演讲。

【学科知识】坚持民主与专政的统一。

【教师总结】

刚才两组代表的演讲点明了中国军人对待人民和敌人态度不同的原因。我国的国体是人民民主专政，本质是人民当家作主，我们对广大人民实行民主，对人民权利的保障让我们能够充满热情地投身于社会主义现代化建设。

同时,我们对极少数敌人实行专政,从而维护了国内正常社会秩序,抵御了国外敌对势力侵略和颠覆活动。我们只有坚持民主和专政的统一,才能真正保障人民当家作主,守护中国人民的安全感!

第二展厅:时代挑战

【子议题2】从"守护安全感"解读如何保障社会主义现代化建设?

【议学情境】学生的生活观察和新闻报道。

【议学活动】沙龙对话:亮"国家行动"。

1.结合生活观察和新闻报道,思考当今时代,我国现代化建设可能在哪些领域面临安全风险与挑战?请将关键词记录在词卡中,并贴到黑板上。

2.围绕本组提交的关键词,从国家职能的角度谈一谈"国家如何守护人民安全感",亮出国家行动。

【学科知识】国家职能。

【教师总结】

从同学们的分享中我们可以发现,国家安全涉及社会主义现代化建设的方方面面。任何一个领域出现安全问题,都有可能"牵一发而动全身",影响到国家和民族的发展,乃至每一个人的切身利益。我们要坚持总体国家安全观,以人民安全为宗旨,履行好维护国家稳定、促进社会发展的对内职能和防御外来侵略、保卫国家安全的对外职能,才能为社会主义现代化建设提供可靠保障,才能更好地守护人民安全感。

(三)小结

尾厅:青年心声

【总议题】从人民民主专政看中国人民的安全感从何而来?

【议学情境】

1.人民智库就我国人民"安全感"开展调查研究,89%的受访者认为当前我国社会总体安全状况已经"超出"或"达到预期",69%的受访者认为,与过去几年相比,现在的"安全感更强"。

2.呈现图片。

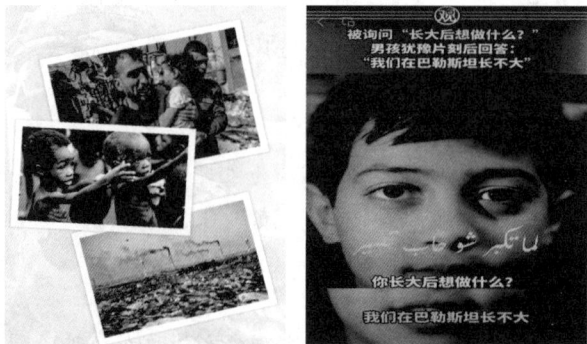

【议学活动】研学感悟:扬"自信底气"。

"中国人民的安全感从何而来?"请结合本次研学活动,用一句话分享你的感悟,并贴在展厅留言墙上。

【教师总结】

从同学们的留言中我们可以感受到,我们的安全感来自中国军人坚毅的背影,来自国家职能部门的可靠保障,更来自我们始终坚持以人民民主专政保障人民当家作主。所以才有了千千万万个安全感满满的小家,从而共同构筑起中国人民的安全大厦。

可见,我们不是生活在一个和平的时代,我们只是生活在一个和平的国家。当你觉得现世安稳,且行且歌,那是因为你背后是一个稳定而强大的国家!

(本案例由温州市第十四高级中学叶佳晨老师提供)

[讨论与交流]结合本案例,从中学思想政治课教学结构设计角度谈谈叶老师的教学设计带给我们的启示。

(二)复习课的教学结构设计

复习课是将已学过的知识巩固、深化,并进行概括和系统化的课型。这种课型往往是在一课或某一单元结束,期中或期末考试之前进行的。一般来说,复习课教学结构大体经历提出复习目标和要求、教师示范讲解、进行模拟训练、开展总结交流等阶段。

1.提出复习目标和要求

为什么要进行复习?复习要达到什么样的目标和要求?这是复习课首先要让学生明确的问题。复习目标和要求的设计,一般围绕以下几方面展开:第一,巩固所学知识,深化学生对知识的理解。第二,查漏补缺,完善知识系统。第三,进行知识归类,形成知识网络。第四,提高知识运用的能力,分析和解决问题的能力等。

2.教师示范讲解

围绕复习目标和要求,教师要进行一定的示范讲解,复习课的讲解不同于新授课,主要是集中于厘清知识线索,突出重点内容,解答疑难知识,提高综合能力。复习课讲解的设计要注意以下几点:第一,突出知识的系统性。教师要注意知识的整理,按照一定的标准和要求对所学知识进行总结,并使之条理化和系统化。第二,加强复习方法的指导。要引导学生恰当地运用分类比较、总结归纳、分析综合等方法,使知识得以深化,能力得以提高。事实上,复习课上重要的不是教师讲,不是教师将知识整理归类后交给学生,而是引导学生自己对知识进行整理,形成知识系统,尝试知识的迁移和运用。

3.进行模拟训练

对知识的系统复习,往往借助模拟训练来完成。模拟训练要注意以下几点:第一,精心设计训练题。模拟训练题的设计,要重基础、重薄弱环节、重解题思路和方法的训练、讲究效率。第二,训练题要注意针对性、典型性、代表性,训练要控量提质增效,切忌题海战术。

4.开展总结交流

模拟训练完成后,教师要及时组织学生进行交流,总结训练中暴露出来的问题,认真分析存在问题的原因,及时解决问题,最大限度地完善自己的薄弱环节。

(三)讲评课的教学结构设计

讲评课是在学生考试之后,对考试情况进行评讲的课。讲评课具体怎么进行,教学实践中有许多不同的经验和做法,大体上可以分以下几步开展。

1.整体评析

试卷讲评,首先要对考试的基本情况作简要介绍,如平均分、及格率、优秀率、最高分、最低分、分数段分布、答题中存在的主要问题等。教师评析时,要注意把握学生心理,用好激励手段。总体来看,评析要以赞扬、肯定为主基调,让学生都有成功感,都能获得良好的心理体验。基于此,评析时对成绩好、进步快的学生要予以表扬,鼓励其找准差距,再接再厉,再创佳绩;对学生答题中的优点要大加赞扬,如卷面整洁、解题规范、思路清晰、独到见解等;对成绩暂时落后的学生要善于从他们的试卷中捕捉闪光点,对他们在卷面上反映出的点滴进步加以肯定,激发他们的学习热情,使其增强学习信心,克服困难,奋起直追;对学生答题中存在的问题应该在提出善意批评的同时,饱含殷切期望,切忌讽刺、挖苦、嘲笑学生,挫伤学生的积极性和自尊心。

2.答题分析

答题分析主要从两方面进行:一是答题的基本情况,包括试卷题型,各题的得分率、满分率、分数段分布情况等,并给出有关试题的正确答案。二是答题中的典型错误、产生原因及其对策。比如,因综合运用知识的能力不强导致出错,教师讲评时应重点讲解题的思路、方法和技巧,加强思维和方法指导;因知识或能力有漏洞导致出错,教师讲评时应及时补充、完善,亡羊补牢;因粗心大意、审题不慎、答题随意导致出错,教师讲评中要教会学生审题,养成良好的答题习惯;因心理紧张导致出错,教师讲评时要提醒学生认真总结、吸取教训,培养"平时如考试、考试如平时"的良好应试心理素质。总之,教师讲评时要在找准病根的基础上对症下药,防止以后出现类似错误。

3.讲解点拨

在基本分析的基础上,教师结合试题及答题情况,进行讲解。教师讲解要突出重点,强调讲思路、讲方法、讲规律、讲变化。讲思路,就是要讲试题的特点、命题的思路和解题的思路;讲方法,就是讲解题的方法和技巧;讲规律,就是要注意归类分析,对某一类题目的解题方法进行概括和总结,形成相对固定的解题规律,真正使学生能够做到解一题、学一法、会一类、通一片,培养和提高学生举一反三、触类旁通的能力;讲变化,就是讲评中不能就题论题,要借题发挥,善于将原题进行变形,对某知识点从多角度、多侧面、多层次进行拓展分析,使学生将学到的某些原理、知识应用到学习新知识或解决新问题中去。

4.错题练习

教师对试卷中出错率较高的问题和知识点,要注意通过变换角度设计出有一定针对性的巩固性练习,通过反复强化,巩固讲评效果,以帮助学生真正巩固所学知识,掌握答题的方法和技巧。

5.总结反思

讲评后,教师要指导、督促学生进行总结反思,扩大讲评"战果",包括要求学生认真订正试卷;清理自己的失分点,分析出现错误的原因,写出对题意的理解、解答过程等;总结解题思路和方法技巧等。

(四)活动课的教学结构设计

中学思想政治课堂教学有理论课与活动课之分。理论课与活动课不是纯粹的,因为理论课中也有活动,而活动课中也有理论的分析,关键看是以理论知识教学为主还是以学生的活动为主。活动课的教学结构设计没有固定模式。一般来说,问题探究、角色扮演、策划设计等是比较典型的活动课教学形式。

1.问题探究式

问题探究式是基于问题展开,以讨论、辨析为主的活动方式。一般来说,问题探究式的具体实施步骤是提出问题、自主探究、相互交流、总结提高。

(1)提出问题

提出问题是教学的切入点。教师可以根据教学内容中的重点、难点、理论与实际的结合点等向学生提出探究的问题,也可以引导学生发现并提出需要探究的问题。在教学实践中,教师可以尝试以下几种提出问题的方式:第一,批判质疑法。就是不依赖已有的方法和答案,不轻易认同别人的观点,而通过自己独立思考、判断,提出自己独特的见解。第二,比较质疑法。中学思想政治课的许多内容具有很强的可比性,教学中可以抓住不同内容之间的可比点,引导学生产生联想,并由此提出问题。第三,因果质疑法。任何事物的原因与结果之间都有必然的联系,即有"果"必有"因",有"因"必有"果"。教师既可以从结论入手提出问题,也可以从条件入手进行质疑。

(2)自主探究

自主探究主要是针对提出的问题,采取一定的方式进行探究,寻求问题的解决方法。加强自主探究方法的指导应注意以下两点:第一,要注意对学生学法的指导;第二,要激励和引导学生积极参与探索。探究方式主要是个人探究和小组合作探究。小组合作探究的优点在于:第一,学生围绕问题进行研讨,可以激活原有的知识储存,在原有知识背景与当前信息之间搭建更多的联系;第二,小组研讨使所有学生都平等享有参与探索的机会;第三,学生可以依靠集体智慧来解决个体无法独立完成的问题。

(3)相互交流

在自主探究的基础上,将个人或小组对问题的基本看法和研究成果进行交流。在这一环节,要注意小组交流与班级交流相结合。小组交流主要以小组讨论的方式进行,旨在为每一位学生提供参与交流的机会。班级交流主要在小组交流的基础上,由各个小组推选代表在课堂上进行交流,进一步提供一次思想大碰撞、资源大交换的机会,使学生得到共同提高。在交流环节,教师主要做好组织协调工作,要尽量让学生畅所欲言,避免过早评价、过多评价,使得更多学生参与交流,使更多的思想和观点得以表达。

(4)总结提高

总结提高是问题探究的落脚点,也是巩固探究成果、升华理论和思想境界的重要一步。总结提高的着力点可以考虑以下三个方面:第一,对探究中形成的各种观点进行筛选、整理,并通过一定的方式展示其研究成果;第二,引导学生对自己的探究过程进行反思,反思自己学到了什么,在合作学习活动中的表现如何,使学生在反思的过程中明确知识目标、端正学习态度、改进学习的策略;第三,对课堂教学中衍生出来而又没有解决的新问题进行整理,鼓励学生对这些问题进行再探索。

2.角色扮演式

角色扮演活动是一种以学生发展为本、把创新精神的培养置于最重要地位的教学活动形式。这种活动有助于增强学生的学习能力,形成正确的态度、情感和价值观,培养学生团队协作精神、探究创新能力和合作能力。

(1)创设情境

角色扮演活动需要一定的情境支持,若仅仅让学生进入角色扮演的讨论,而不提供给他们讨论的焦点问题以及相关的材料,则是一种不足。假如没有一个特定的生活情境,没有必须立刻解决的问题,那么学生就不会把时间和精力投入自己所扮演的角色中去。创设的情境既可以是一定的环境情境如模拟法庭活动中的法庭场景,也可以是一定的材料情境,提供给学生一定的背景材料,为角色扮演活动进行铺垫。

(2)角色分工

在提供背景材料或生活情境的基础上,教师要使学生明确活动内容,进行角色分工。不同的角色扮演活动,有不同的角色设置和角色要求,教师在设置角色时一定要凸显角色的差距,调适角色冲突,以达到角色分工最优化。例如,一位教师组织了一次"关于水费价格调整"的模拟听证会活动,设置了以下角色(见表12-1)。

表12-1 关于水费价格调整的模拟听证会

角色		扮演同学
主持人		
听证会申请人	来自自来水生产企业的代表	
听证会参与人	人大代表	
	居民代表	
	政府有关部门代表	
	有关专家	
听证会记录人		

(3)角色活动

在角色分工并经过相应准备的基础上,学生开展角色扮演的实际活动。角色扮演活动的进程由一系列环节组成,不同的角色扮演活动,活动的进程也不一样。以模拟听证会活动为例,活动进程大体如下:宣布听证会开始,主持人致辞;主持人宣布听证会会场注意事项;主持人介绍听证会代表人员构成及产生办法;听证会申请人介绍方案;听证会各代表自由发言,并进行自由辩论;会议小结;代表审阅会议记录并签名。

(4)总结评价

角色扮演活动结束后,应及时总结评价。总结评价时教师可以对学生角色扮演中的表演艺术作适当的评价,但主要是对学生的角色认知与角色实践作出评价,更好地帮助学生找出角色差距、调适角色矛盾、掌握角色实践方法等。

3.策划设计式

策划设计式是基于一定的任务和内容,让学生自主策划一项活动、设计一定方案的活动课教学形式。这种活动课教学的基本结构大体由"确定主题—自主设计—相互交流—总结评价"等环节组成。

（1）确定主题

确定主题就是要明确策划设计的任务、内容。在中学思想政治课教学中,通常是教师提供一定的任务和背景材料,要求学生通过合作探究,设计一定的问题解决方案,或策划一定的相关活动。例如,在提供一定的环境材料的基础上,教师要求学生策划一个宣传环境保护活动方案;在提供某一企业现实材料的基础上,教师要求学生设计一个企业经营方案;等等。

（2）自主设计

自主设计就是学生根据自己的经验以及教学的基本要求,对相关背景材料进行深入细致的分析研究,按照要求进行策划设计。在自主设计过程中,教师要加强指导。这类活动课教学要在课堂上进行,但是有开放性特点,时间上可能延伸到跨课时或课余时间,在空间上可能延伸到课外,因此这一环节教师的引导、反馈、调控会直接影响活动效果的好坏。

（3）相互交流

在个人自主设计的基础上,要将个人的看法和成果进行交流。这一环节,可以采取小组交流与班级交流相结合的方式。小组交流旨在为每一名学生提供参与交流的机会,要求在认真准备的基础上,人人发表自己的看法;班级交流主要是在小组交流的基础上,由各个小组推选代表在课堂上进行交流,提供资源交换、思想碰撞的机会,使学生共同获得提高。

（4）总结评价

在交流的基础上,教师自己或引导学生对呈现的观点进行筛选、整理,得出一般性结论。同时,教师要引导学生对自己的探究过程进行反思,反思一下自己学到了什么、在合作学习活动中的表现如何等,使学生在学会反思的过程中明确知识目标、端正学习态度、改进学习策略。

四、中学思想政治课常见教学模式的设计

中学思想政治课教学过程的构成要素、教学环节多种多样,这些不同要素、环节相互联系、相互作用的方式不同,就会体现出不同的课堂教学结构,从而形成不同的教学运行模式。

(一)教学模式的厘定

1.教学模式的发展历程

在中外古代教育史上,出现过许多教育思想家,他们从不同的角度对教学进行探索性的研究,并将教学思想融入教学实践中,形成独特的教学模式。如孔子关于学习过程的探索被后人概括为"学—问—习—思—行";子思在《中庸》中曾提出"博学之—审问之—慎思之—明辨之—笃行之"的教学逻辑顺序;古希腊哲学家苏格拉底在教学实践中运用"产婆术",即通过"提问—交谈—争辩"的方式来发表自己的见解;柏拉图采取的教学过程是"对话—辩论—思考—善意";等等。这些思想至今还有价值,甚至有些还在实践中运用。但是,它们在教学目标、操作策略等方面还不清晰、不明确,没有形成独立体系,只是教学模式的萌芽阶段。

17世纪,夸美纽斯在《大教学论》中,系统阐述了他的教学思想和教学模式。他将"教育是顺应自然"作为开展教学活动的主要依据,"把一切事物教给所有人的全部艺术"作为他的教学模式的核心,其操作程序可以概括为"感知—理解—记忆—判断"。19世纪教育家赫尔巴特在心理学基础上创建了教学理论和教学模式,他把"只有按照儿童心理活动规律去组织教学,才能有效地传授知识"作为教学依据,由此形成基本符合人类的一般认知规律的教学程序,即"明了—联想—系统—方法"。此模式经赫尔巴特的弟子莱因的发展,成为著名的"预备—提示—联合—总结—应用"五步教学法。

杜威认为教学不是为未来生活做准备,而是为了解决现实问题。教学的核心目标是培养学生具有创造性的思维能力,教学主要是学习、组织、改造自己的经验,即在"做"中学。其教学程序为:真实情境—产生问题—占有资料—解决办法—经验想法。

近代教学模式虽成体系,但形式较单一,无论是国外还是国内,先是赫尔巴特的五步教学模式独领风骚,后来杜威的问题解决教学模式占主导地位。20世纪50年代以来,随着现代科技的迅猛发展,人类知识急剧增长和更新速度空前加快。无论是赫尔巴特的教学模式还是杜威的教学模式都无法适应时代的发展。学者们结合自己的理论研究、实践探索,创立了许多教学模式,其中影响较大的有以下几种模式。

(1)程序教学模式

美国心理学家斯金纳依据新行为主义的"学习就是通过'刺激、反应、强化'而形成行为"的学习理论创立了程序教学模式。程序教学模式的教学目标在于教给学习者某种具体的技能、观念或其他内部或外部的行为方式。教学过程中,教师把教学内容根据学习过程分解成许多小步骤,并按逻辑顺序排好。每一步都要事先做出解释,然后向学生提问,每个问题都要有正确的答案。学生回答后,教师提示正确答案,让学生确认正误,回答正确,方可进入下一步学习。

(2)概念获得模式

该模式依据认知心理学的观点,即强调学习是认知结构的组织和重新组织。但在如何组织学习者的认知机制上,这一派内部有不同的见解,奥苏贝尔强调通过有意义的言语学习来获得认知,而布鲁纳则强调通过发现学习来使学生形成概念。概念获得模式主要根据布鲁纳的观点来构建,他提倡发现教学法,是当代世界各国流行并比较广泛采用的教学模式。概念获得模式的教学目标是使学生通过体验所学的概念原理的形成过程来发展学生的归纳、推理等思维能力。这一模式的基本程序为:识别概念—形成概念—验证概念—分析思维策略。

（3）非指导性教学模式

该模式的倡导者是罗杰斯。他把人本主义心理学和存在主义哲学结合起来,在"以病人为中心"的心理治疗经验和理论的基础上创立了独特教学模式。其基本程序是:教师鼓励学生自由表达情感—学生提出问题—学生行动解决。在整个教学过程中,学生有充分的自由从事自己喜好的活动,有各自的学习目的,教师的任务是建立一个积极、接纳、无威胁的学习环境,促进学生的自我指导。

（4）多媒体网络教学模式

20世纪80年代以来计算机多媒体与网络技术的迅猛发展,为教学提供了新的设备和手段。国内外学者对此作了许多有益探索,比如CAI(computer aided instruction,计算机辅助教学)、ICAI(intelligence computer-assisted instruction,人工智能计算机辅助教学)、卫星电视、多媒体网络教学等,都是运用最新的技术手段来优化教学过程的典型模式。多媒体网络教学模式可以通过以下四种形式实施教学:自学模式、一对一的教学模式、一对多的教学模式、多对多的教学模式。

2.教学模式概念的厘定

虽然教学模式的思想很早就有,但是教学模式成为教育研究中的一个独立分支通常认为是从布鲁斯·乔伊斯等人的研究开始的。关于教学模式的界定,国内外不同学者有不同的看法。比如,布鲁斯·乔伊斯等在《教学模式(第八版)》中提出:"教学模式是一种媒介,教师和实习教师通过它获得多种成功的教学方法。教学模式不仅理论上具有较强的逻辑性,而且还有助于指导实践,它是专业化教学的基础。"[①]叶澜主张:"教学模式俗称大方法。它不仅是一种教学手段,而且是从教学原理、教学内容、教学目标和任务、教学过程直至教学组织形式的整体、系统的操作样式,这种操作样式是较为理论化的。"朱小蔓则认为:"教学模式是在一定教学理念支配下,对教育实践中逐步形成的、相对稳定的、较为系统而具有典型意义的教育体验,加以一定抽象化的把握所形成的特殊理论模式。"[②]

从这些界定中可以看出,一个完整的教学模式,是由理论基础、教学目标、操作程序、师生角色、教学策略、教学评价和实现条件构成的相互联系、相互作用的整体。作为结构框架,突出了教学模式从宏观上把握教学活动整体及各要素之间内部的关系和功能;作为活动程序则突出了教学模式的有序性和可操作性。其中,在一定理论指导下、需要完成的教学目标和内容、表现一定的教学活动序列及其方法策略这三个要素是基本要素,它们之间既有区别又相互联系,可以共同构成一个教学模式。

① 布鲁斯·乔伊斯,玛莎·韦尔,艾米莉·卡尔霍恩.教学模式[M].8版.兰英,等译.北京:中国人民大学出版社,2014:426.
② 何克抗,林君芬,张文兰.教学系统设计[M].北京:高等教育出版社,2006:111.

综上所述,我们认为,教学模式是指在一定的教学思想或教学理论指导下,并基于丰富的教学经验基础上建立起来的、较为稳定的教学活动结构框架和教学活动程序。

(二)中学思想政治课常见教学模式的设计

新时代,初中道德与法治新课程标准提出"力求构建综合性课程""注重案例教学""积极探索议题式、体验式、项目式等多种教学方法"等要求与建议。高中思想政治新课程标准提出"力求构建活动型学科课程""围绕议题,设计活动型学科课程教学""强化辨析,选择积极价值引领的学习路径""优化案例,采用情境创设的综合性教学形式"等要求与建议。基于此,情境教学、案例教学、探究教学、导学教学、讲授教学等将是中学思想政治课倡导的教学模式。

1.情境教学模式

情境教学模式是教师有意识、有目的地创设反映真实生活的情境,引起学生的情感体验,通过与教学主体的交往协作,实现教学目标的教学模式。情境教学实施的基本程序是情境创设—情境分析—情境回归。该教学模式的优点是强调实践性,促使学生在实际情境中积累经验,提高其分析和解决问题的能力,并且更容易激发学生学习的积极性。缺点是对教师教学设计的要求较高,需要花费较多时间和精力来准备教学材料。中学思想政治课教师可以通过语言描绘、教具触发、现代化教学手段再现、幽默夸张、思维推理等方式创设有意义的情境。

2.案例教学模式

案例教学是在一定的教学理论指导下,教师在教学过程中以身边或社会发生的事例为题材,引导学生运用所学的知识进行讨论与分析,从而激发学生主动参与学习活动的一种教学模式。案例在本质上是一种教育的两难情境,没有特定的解决之道,教师在教学中扮演着设计者和激励者的角色,鼓励学生积极参与讨论。这一模式的基本操作程序是:确定教学目标、选择和呈现案例、分析讨论案例、总结和评价。该教学模式的优势在于生动具体、直观易学,能够实现教学相长,调动学习主动性。缺点是研究和编制一个好的案例需要技能、经验和时间,对教师和学生的要求也比较高,而编制的案例往往不能满足所有学习需要。中学思想政治课选择案例教学模式时应注意案例的典型性、针对性、真实性、新颖性和可探讨性。

3.探究教学模式

探究教学是一种以学生为主体,以问题解决为中心,为学生提供合作学习和独立探究学习的环境,着重培养学生创造力和意志力的教学模式。该模式的基本程序是:创设问题情境、提出问题、形成假设、验证假设、总结提高。探究式教学的优点是能够激发学生的好奇心和学习兴趣,培养学生独立思考和解决问题的能力。缺点是可能需要较长的时间,对教师的专业素养要求较高,同时参与者的学科基础知识需要达到一定水平,以便能够进行有效的探究。中学思想政治课教学能否选择探究教学模式要依据具体的课题和学习者的实际情况而定。

4.导学教学模式

导学教学模式是一种教师指导与学生自学相结合的教学模式。它着眼于学生自学，注重落实学生的主体地位，同时学生的自学又是在教师指导下进行的，强调教师的主导作用。导学教学模式的基本程序是：自学、讨论、精讲、演练、小结。与传统教学相比，中学思想政治课教学运用导学教学模式有利于适应学生的个别差异，培养学生自学能力和习惯。

5.讲授教学模式

讲授教学模式是一种传统的教学模式，也是普遍采用的一种教学模式。它是指教师借助传统的直观教具，通过教学语言、文字板书等手段传授知识的教学模式。它的基本程序是：激发动机、导入新课—理解教材、讲授新课—总结归纳、巩固新课—检查运用、及时反馈。这种模式的特点是：教师发挥主导作用，能使学习者迅速有效地在单位时间内掌握较多信息，突出体现教学作为一种简约的认识过程的特性。但是，这种模式中学习者处于接受地位，不利于学生主体性的发挥。其实，如果教师能激发学生的积极性，使学生主动从自己原有知识结构中提取最有联系的知识来类化新知识，传授的内容是具有潜在意义的语言材料，并能与学生原有的认知结构建立实质性的联系，就可以克服这种模式的不足。中学思想政治课教师在教学设计与实施中，应努力让讲授教学模式在培育学生思想政治核心素养方面发挥独特的作用。

值得注意的是，课堂教学模式很多，没有一种教学模式能实现所有教学目标。那种认为存在唯一一种最佳教学模式的想法是不正确的。事实上，有多少设计者就有多少设计模型。不同类型的学习结果需要不同类型的教学。设计者无法设计完美的教学模式，只能使教学设计趋于完美。[1]没有完美的教学模式，只有趋于完美的教学模式。

随着新时代中学思想政治课教学改革与实践的深入，教学模式呈现出由归纳型向演绎型、由以"教"为主向重"学"为主以及日益现代化等趋势。实践证明，试图构建一种能够达到所有教学目标的最佳教学模式是不现实的。但是，如果掌握了全部教学模式，也就可以实现所有教学目标。

崔梦琦老师
展示课

资料卡 12-1　教学方法、教学方式、教学策略、教学模式[2]

1.教学方法是教师和学生为了实现共同的教学目标，完成共同的教学任务，在教学过程中运用的方式与手段的总称。首先它是指具体的教学方法，从属于教学方法论，是教学方法论的一个层面。教学方法论由教学方法指导思想、基本方法、具体方法、教学方式四个层面组成。

2.教学方式是构成教学方法的细节，是运用各种教学方法的技术。任何一种教学方

① 加涅,等.教学设计原理(第五版修订本)[M].王小明,等译.上海:华东师范大学出版社,2018:3-4.

② 何克抗,林君芬,张文兰.教学系统设计[M].北京:高等教育出版社,2006:111-114.

法都由一系列的教学方式组成,可以分解为多种教学方式;教学方法是一连串有目的的活动,能独立完成某项教学任务,而教学方式只被运用于教学方法中,并为促成教学方法所要完成的教学任务服务,其本身不能完成一项教学任务。

3.“模式”一词是英文 model 的汉译名词。model 还被译为“模型”“范式”“典型”等。一般指被研究对象在理论上的逻辑框架,是经验与理论之间的一种可操作性的知识系统,是再现现实的一种理论性的简化结构。教学模式是在一定教学思想或教学理论指导下建立起来的较为稳定的教学活动结构框架和教学活动程序。教学模式通常包括理论依据、教学目标、操作程序、实现条件、教学评价五个因素,这五个因素之间有规律的联系就形成教学模式的结构。

4.教学策略是实施教学过程的教学思想、方法模式、技术手段这三方面动因的简单集成,是教学思维对其三方面动因进行思维策略加工而形成的方法模式。教学策略是为实现某一教学目标而制定的、付之于教学过程实施的整体方案,它包括合理组织教学过程,选择具体的教学方法和材料,制定教师与学生所遵守的教学行为程序。

本讲小结

中学思想政治课教学结构应该是由优化的目标结构、要素结构、环节结构(逻辑结构)组成的系统的稳定形式。在中学思想政治课教学结构设计过程中,尤其要关注目标结构、内容结构和时间结构的设计。情境教学、探究教学、合作教学以及案例教学是新时代中学思想政治课常见的教学模式,教师在教学中要根据教学的具体情况,灵活选择和运用有效的教学模式。新授课、复习课、讲评课、活动课是中学思想政治课常见的课型,它们的教学结构各有特色,教师在教学结构设计中要把握它们的基本程序。

课后思考

1.中学思想政治课教学结构包括哪些方面的内容?

2.复习课的教学结构一般包括哪些基本阶段?

3.新时代中学思想政治课常见的教学模式有哪些?

4.结合本讲“坚持人民民主专政”教学设计案例,说明新授课教学结构及其设计策略。

第十二讲
课后思考参考答案

资源拓展

[1]胡田庚.中学思想政治教学设计与案例研究[M].北京:科学出版社,2012.

[2]崔同沛.改革课题教学结构的理论与实践[M].西安:陕西人民教育出版社,1990.

[3]赵文琪.道德与法治教材内容的结构化理解与教学实施例探[J].中小学德育,2024(4):59-61.

［4］吕立杰.加强知识整合,促进课程内容结构化［J］.人民教育,2022(9):24-26.

［5］任靖.思想政治课案例探究教学实效性的课堂观察［J］.思想政治课教学.2011(9):52-55.

［6］任靖."体验性学习"对提高思想政治课实效性的价值思考［J］.教学月刊(中学版下),2005(9):22-24.

第十二讲　教学课件

第十三讲

中学思想政治课教学实施设计

教学实施是课程设计、教学设计的实现环节。中学思想政治课教学实施是一个非常复杂的过程,其中课堂教学和课外活动是教学实施的两种组织形式。有效实施课堂教学和课外活动,离不开教学实施设计。做好教学实施设计,才能有效达成教学目标和课程目标。否则,"核心素养"只能是"表面素养",甚至是"水中花""镜中月"。因此,认识和把握中学思想政治课课堂教学地位、类型、模式及其要求,认识中学思想政治课课外活动的地位、形式与要求,掌握教学艺术等,都是中学思想政治课教学实施设计面临的重要课题。

学习要点

1. 中学思想政治课课堂教学的地位、模式与要求。
2. 中学思想政治课课外活动的形式、方法与要求。
3. 中学思想政治课教学艺术的含义、内容与方式。

教学实施是课程设计、教学设计的实现环节,也是教师专业成长的重要场域。在确立课程设计、教学设计的基础上,如何实施教学活动,或者说教师如何教、学生如何学,如何使教学达到预期目标,是教学设计要关心的重要问题。教学实施是一个复杂的过程,要借助一定的组织形式,组织其中的多个要素和多个环节,追求最优结构和最优目标。在此,主要从教学组织形式、教学艺术等方面探讨教学设施设计问题。

一、中学思想政治课的课堂教学设计

课堂教学是班级授课制的具体形式。从历史上看,自17世纪班级授课制产生以来,尽管其受到怀疑和抨击也没有退出历史舞台,迄今仍然是广大学校基本的教学组织形式。[①]中华人民共和国成立以来,我国一直把思想政治课作为必修课列入学校的教学计

---

① 王策三.教学论稿[M].2版.北京:人民教育出版社,2005:268.

划,把课堂教学作为中学思想政治教学的基本形式。[①]

(一)中学思想政治课教学的基本形式

1.课堂教学的含义及其地位

课堂教学又称班级授课制或班级教学,是把一定数量的学生按照年龄和知识程度编成固定的教学班,教师根据统一规定的课程、教学时间、教学地点对全班学生进行集体教学的一种组织形式。学生固定、教师固定、内容固定、时间固定、场所固定的课堂教学,以其固有的优势,成为学校教学的基本组织形式。

班级授课制或课堂教学经过夸美纽斯、赫尔巴特的发展到苏联教学论时期逐步完善,它提供了一个作为教学组织形式的完备形态,能够比较突出地体现教学的本质,但它也有一些局限性,比如,学生的基础条件不完全一致,他们的认识活动特点、接受能力、完成作业的速度各不相同,按班级授课制组织教学往往不利于顾及学生的个别差异,难以做到因材施教,不利于培养学生的主动探索精神和创造能力。[②]另外,班级授课制主要强调教师在课堂中进行教学活动,学生的主体性或独立性受到一定的限制,往往不利于发挥学生的主动精神等。为了克服这些不足,教师在组织课堂教学过程中,应该尊重个性化差异,重视因材施教,开展个性化指导。

2.中学思想政治课教学的基本形式

课堂教学是中学思想政治课教学的基本形式,这是基于课堂教学具有自身的优势,也是基于思想政治教育规律和人的发展规律的内在要求。为此,习近平指出:"在大中小学循序渐进、螺旋上升地开设思政课非常必要,是培养一代又一代社会主义建设者和接班人的重要保障。"[③]具体可以从以下几个方面理解。

课堂教学是完成中学思想政治课教学任务的基本途径。中学思想政治课的基本任务就是要用马克思主义的理论武装学生,提高学生的核心素养,即落实关键课程的立德树人根本任务。而课堂教学计划明确,时间有保证,课堂教学效率高,是实现中学思想政治课教学任务的有利形式和主阵地。离开了课堂教学这一主阵地、主渠道,中学思想政治课教学任务根本无法完成。

课堂教学是发挥中学思想政治课教学主体作用的基本形式。教学是师生主体的双边活动,教学过程中必须发挥教师的主导作用和学生的主体作用,才能提高课堂教学效果。实践证明,课堂教学就是发挥教师主导作用和学生主体作用的基本形式。因为教师的教和学生的学,大部分都是在课堂教学中进行的。在课堂教学中,教师为学生这个主体而教,学生在教师的指导下学习,自然而然,教与学、主导与主体在课堂教学中得到统一。

课堂教学是提高中学思想政治课学业质量的重要保障。为推动新时代思想政治课

①　胡田庚.新理念思想政治(品德)教学论[M].3版.北京:北京大学出版社,2019:132.

②　陈明芳,刘上福.谈班级授课制的局限和素质班的建立[J].黔东南民族师范高等专科学校学报,2003,21(2):88-89.

③　习近平:用新时代中国特色社会主义思想铸魂育人 贯彻党的教育方针落实立德树人根本任务　王沪宁出席[N].人民日报,2019-03-19(1).

内涵式发展,习近平作出了"八个相统一"的重要指示:"坚持政治性和学理性相统一;坚持价值性和知识性相统一;坚持建设性和批判性相统一;坚持理论性和实践性相统一;坚持统一性和多样性相统一;坚持主导性和主体性相统一;坚持灌输性和启发性相统一;坚持显性教育和隐性教育相统一。"①中学思想政治课教学必须以"八个相统一"为根本遵循,充分利用课堂教学有统一的教学要求、教学内容,教师、教学时间和地点有统一安排,有稳定的教学秩序,教学的计划性、目的性很强等优势,进一步推动思想政治课课堂教学内涵式发展。

课堂教学是中学思想政治课程开发的主要途径。课程开发要经过两个基本环节:一次开发,即课程专家制定课程计划、课程标准、课本教材等;二次开发,即教师和学生根据课程理论和实际情况对课程进行完善并在教学活动中予以实施,教师和学生是课程二次开发的主体,课堂教学是课程二次开发的主要途径。中学思想政治课课堂教学是中学思想政治课程二次开发的场域,通过中学思想政治课课堂教学实践可以进一步丰富学科课程理论。

课堂教学是开展中学思想政治课课外活动的前提和基础。课堂教学、课外活动都是教学的组织形式,两者是相互配合、相互促进的。但是,课堂教学是课外活动的前提与基础。这是因为,课外活动的开展需要课堂教学内容的指导,课外活动开展效果取决于课堂教学指导作用的发挥程度和水平。单靠课外活动无法达到预期的教学目的。

(二)中学思想政治课课堂教学的主要类型

课堂教学的类型也叫作课型,是依据一定的标准把课堂教学划分为若干种类。在教学实践中,比较常见的分类方法是依据课堂教学完成的教学任务和运用的教学方法不同,把课堂教学分为单一课和综合课两种。单一课是一节课完成一个教学任务或采用一种教学方法的课。综合课是一节课完成多项教学任务或采用多种教学方法的课。综合课是中学思想政治课教学中最常见的课型。

1.单一课

从完成任务角度看,单一课主要包括绪论课、新授课、复习课、讲评课等课型。

(1)绪论课

绪论课一般是在学期或课程开始时采用,主要任务是使学生了解本门课程的学习内容、目的、意义和方法,解决"学什么""为什么学""如何学"的问题,以端正学生学习态度,激发学生学习的兴趣和积极性。设计这类课程的难度较大,既要概述全书的基本内容,又不可能充分展开分析,容易使学生感到抽象、枯燥。这就要求教师熟悉课程标准和教材内容,把握教材内在联系和精神实质,了解学生的学习情况和学习需求,做到既能统筹全局、居高临下,又能深入浅出、富于启发。

(2)新授课

新授课是中学思想政治课最常用的一种课型。它是以教师传授新知识、学生学习新

---

① 习近平:用新时代中国特色社会主义思想铸魂育人 贯彻党的教育方针落实立德树人根本任务 王沪宁出席[N].人民日报,2019-03-19(1).

知识为主要任务,使学生掌握新的概念、原理、方法,形成新的观点与技能的课型。设计新授课的关键在于一个"新"字,"新"要做到以下几点:一是要做到内容科学,观点正确;二是新知识导入要自然,新知识的讲授要精当,新知识的巩固要及时;三是要根据学生的实际情况进行知识的传授,考虑到学生的认知结构和接受能力,教师要掌握好知识传授的深浅程度,做到循序渐进;四是不仅要传授新知识,更重要的是要以知识为基础进行能力的培养和思想品德的教育;五是要注意贯彻启发式教学,通过设计问题循循善诱地引导学生,或用多种直观教学手段,帮助学生理解和加深对所学内容的印象。[①]

（3）复习课

复习课往往是在一课、一单元新课学习结束,或期中、期末以及学考、选考等考试之前进行的。它是对已学过的知识进行系统化概括,以巩固、深化已学的知识的课型。中学思想政治课教师在设计复习课时,要依据一定的标准和目标要求,对所学的思想政治课内容进行分类比较、总结归纳,并使之系统化、条理化,以帮助学生提高学科核心素养。

（4）讲评课

讲评课通常是在书面作业或考试之后,对学生考察情况和试卷内容进行评讲的一种课型。教师设计讲评课时,应注意四个方面:第一,全面,即对考试情况作全面总结,包括全班考试成绩概况、最高分、最低分、平均分、优秀率、及格率、各分数段人数等。同时,也可与上次考试及平行班的考试情况进行比较。第二,普遍,即教师要对学生答卷中反映出来的带有普遍性的问题进行剖析。教师对普遍性问题应围绕考查知识、出题角度、失分原因等进行分析。第三,启发,即教师要启发学生思考错在哪里、为什么出错、如何避免再出错等问题,切忌教师把答案原原本本教给学生,让学生死记硬背。第四,鼓励,即教师在剖析学生答卷中存在的问题时,应注意爱护学生的积极性。

2.综合课

综合课与单一课是相对而言的,就是在一节课内完成两项以上教学任务或采用两种以上教学方法的课型。从完成任务看,一节课中可以包括复习检查旧知识、学习新知识、巩固新知识、进行练习等多项任务。从运用教学方法看,一节课可以运用讲授、讨论、演示、比较等多种教学方法。

综合课的基本特点主要有以下几个方面:第一是综合性,体现为多项教学任务或多种教学方法的综合。第二是层次性,即教学目标、教学方式、教学内容安排、教学步骤及时间分配的层次性。第三是立体性,即调动学生多方面的学习机能、教与学有机协调、纵向过程与横向结构相互交织,课堂教学呈现立体化。第四是灵活性,即综合课的基本结构是灵活多变的。教师设计综合课教学应注意:第一,认真备课,精心设计教学方案;第二,熟练而灵活运用多种教学方法;第三,充分调动学生的积极性、主动性和创造性;第四,组织教学应贯彻始终,使整个教学秩序井然。

（三）中学思想政治课课堂教学实施的基本要求

课堂教学设计与实施不仅要了解课堂教学的要素、环节和结构,还要掌握课堂教学

---

① 胡田庚.新理念思想政治(品德)教学论(第三版)[M].北京:北京大学出版社,2019:134.

的基本要求。中学思想政治课课堂教学实施的基本要求很多,既要符合课堂教学的一般要求,又要符合中学思想政治课堂教学的特殊要求。

1.具有明确、具体、恰当的教学目标

一堂成功的思想政治课,必须设计具有"灵魂"意义的课堂教学目标,而且教学目标必须是明确的、具体的、恰当的。明确、具体、恰当的教学目标,是指结合一堂课教学内容和学生的实际预设的学生核心素养目标切实可行。那种千篇一律"适用"于每节课的"教育目标"或"课程目标",对具体教学没有真正的指导意义。另外,教学目标应真正成为一堂课的灵魂,整个教学过程都围绕它进行,而不只是形式地出现在教案上。①

2.体现科学性与政治性、思想性的统一

中学思想政治课是落实立德树人根本任务的关键课程,是社会主义办学的显著标志,是事关我国教育事业的"底色",直接关系到"培养什么人""怎样培养人""为谁培养人"这个根本问题的铸魂工程。中学思想政治课教学设计与实施,要放在世界处于百年未有之大变局和中国处于实现"两个一百年"奋斗目标关键时期的大视野中来审视,要放在实现中华民族伟大复兴的中国梦这一千秋伟业的伟大进程中来思考。首先要保证其科学性。比如,马克思主义的基本概念、原理、观点的表述要准确,论证材料数据要真实可靠,联系实际要适当,讲解要条理清晰、逻辑严密等。同时,要突出政治性、思想性,实现科学性与政治性、思想性的统一。理直气壮地开好思政课的同时,守好社会主义国家意识形态安全的重要防线,教育引导学生形成正确的世界观、人生观、价值观,确保青年一代成为社会主义合格建设者和接班人。

3.突出教学重点,突破教学难点

突出重点、突破难点是衡量中学思想政治课好课的一个重要标志。教学设计与实施应突出教学重点,即应突出教材中最重要、最基本的理论知识,课堂教学时间分配应突出重点,教学内容的安排、案例的选择或事实论证都应围绕重点设计。突破教学难点,即突破学生必须掌握而又难以理解的知识或学生思想认识上所遇到的疑难问题。重点和难点既有联系又有区别,有些内容既是重点又是难点,有些内容是重点但不是难点,也有些内容不是重点却是难点。

4.调控课堂结构,追求美的享受

教学既是科学,又是艺术。课堂教学设计与实施做到结构完美,能给学生带来乐趣与享受,增强其感染力。实现教学结构的和谐优美,应处理好五对关系:第一,展与收。"展"即要开好头,导言要扣人心弦;"收"表示要结好尾,既要独立成章,又要浑然一体。美的课堂应有一个吸引人的如"凤头之美"的导入、坚实如"猪肚之富"的中部和令人回味如"豹尾之强"的结尾。第二,断与续。思想政治课教学是按照课时分别展开的,但其前后是有密切联系的,教学设计与实施,要"断"得开,"续"得上。第三,动与静。在教学中既要让学生安静地自学和听讲,又要引导学生积极动口、动手、动脑,使课堂教学在追求新知、追求真理的过程中达到"动"与"静"的和谐统一。第四,张与弛。美的课堂结构应

---

① 叶克华.从"苦学"到"乐学":思想品德课堂教学改革初探[J].成才之路,2010(16):30-31.

该张弛有度。张而不弛,容易使学生疲劳;弛而不张,不利于培养学生意志力和思维力。第五,师与生。教学中师与生之间的关系是心理相融、关系和谐的。教师应教态自然,举止庄重,平易待人,以理服人;学生应积极参与教学活动。师生应目标一致,共同探讨,教学相长,共同发展。

5.注重教法与学法选择,加强学法指导

教与学方法作为教学任务完成的手段、方式,是否科学、得当,直接关系到课堂教学效果的好坏和教学质量的高低。陶行知曾指出:"我以为好的先生不是教书,不是教学生,乃是教学生学,就是把教和学联络起来。"因此,中学思想政治课教学设计与实施,要灵活选择和运用教法与学法,尤其要以学定教,根据学法的需要选择教法,关注学习方法指导,教会学生学习。

> **案例13-1**　**"只有坚持和发展中国特色社会主义才能实现中华民族伟大复兴"教学设计**

一、教材分析

本框是高中思想政治必修1《中国特色社会主义》第四课"只有坚持和发展中国特色社会主义才能实现中华民族伟大复兴"第二框的内容。必修1依照理论逻辑、历史逻辑、实践逻辑的统一展开教材编排,第四课第二框承接第一框"中国特色社会主义进入新时代"的背景,进而阐述了今天中国人民比历史上任何时期都更接近、更有信心和能力实现中华民族伟大复兴,只有坚持党的领导,依靠人民群众的力量,才能实现新时代中国特色社会主义发展的战略目标。

二、学情分析

本节课上课对象是高一年级的学生,高一年级学生通过初中学习,加之浏览时事新闻、政治历史书籍,对近代中国境况、中国共产党的初心和使命等知识并不陌生,但大都是零散的、表面的认识,缺乏从政治视角宏观地梳理和把握中国梦的发展脉络。此外,这节课的授课对象是湖州市南浔高级中学高一(2)班的学生,因而在课程设计中既要融入一定的南浔区地域实际,又要适应高中生普遍认知需求。

三、教学目标

1.学生通过《东方杂志》"新年的梦想"征集活动,从与当时来稿的比较中形象地感知中国梦的诞生背景及其内涵意蕴,帮助学生架构个人梦与中国梦的关联,从而增强学生对中国梦的理解与认同。

2.学生通过参与"同心共绘中国梦"手抄报设计大赛、开展党员故事时事评论、报名建言圆桌会的活动,深刻理解中国梦的本质,认识和体悟到中国共产党人对于梦想一脉相承的求索,进而理解"四个伟大"及其辩证关系,深化对国家、政党的认同,提高其公共参与的积极性。

四、教学重点难点

教学重点:中国梦的本质。

教学难点:"四个伟大"及其辩证关系。

五、教学过程

主议题:复兴之路梦想同行。

教师开场:各位同学大家好,今天这节课我们要共同探究一个话题:"梦想"。

导入新课:展示《东方杂志》第30卷"新年的梦想"主编征梦信及封面。

教师过渡:1932年,《东方杂志》发起了一场征求"新年的梦想"活动,主编胡愈之在征梦信中写道"当时的整个中国都沦陷在了帝国主义的苦海中",但在这紧张的现实下,"我们至少还可以做一两个甜蜜的、舒适的梦"。我们熟悉的林语堂、巴金、茅盾等名人大家都写稿应征。征集成文后,杂志邀请丰子恺绘制了一幅漫画作为这期特刊的封面。请大家观察细节、静心思考,你觉得丰子恺为什么要这么画? 这幅作品有着怎样的寓意?

设计意图:以开放性的图片解读导入本框教学,能够让学生快速参与到课堂中,又能聚焦到本堂课的探究主题,自然引出环节一的梦想讨论并营造出近代中国深陷内忧外患的叙述氛围,带领学生回到历史之中,为中国梦的内涵理解做好铺垫。

(一)美梦不远——一个民族的矢志追寻

议学情境:《东方杂志》以"于1933年新年大家做一回好梦"为题向社会征文,旨在征求两个问题的答案:

(1)仁人志士梦想中的未来中国是怎样的?(请描写一个轮廓或叙述未来中国的某一方面。)

(2)仁人志士个人生活中有什么梦想?(这个梦想不一定是能实现的。)

【征"梦"片段】

洪业:全国的人有饭可吃,有衣可穿,有屋可住,有人可爱。

柳亚子:没有金钱,没有铁血,没有家庭,没有监狱;各尽所能,各取所需;一切平等,一切自由。

巴金:在众人的幸福中求得自己的幸福,不掠夺人,也不被人掠夺。

议学任务:如果身处1933年的中国,你会许下怎样的愿望?为什么?

议学活动:小组交流3分钟,然后各组派代表进行发言。

教师归纳提升:不管是当时的人们,还是现在的我们,都共同期待着中国摆脱近代的积贫积弱。我们深刻懂得:无强大之国家,便无自尊之个人。因此,近代以来最伟大的中国梦,就是要实现中华民族伟大复兴,这是我们每一个中华儿女的共同愿景。

设计意图:中国梦的诞生有其深刻特殊的历史逻辑和现实意蕴。在"美梦篇"中,学生通过杂志征稿问题返回历史现场,换位表达了对"中国梦""我的梦"的看法,对比当时知识分子的来稿,在提取共性的过程中具象理解中国梦指向复兴,是近代以来中华儿女的共同期盼。

教师过渡:朝着这样的梦想,中国一步一个脚印,在这场征梦活动的90多年后,中国的经济体量不断跃升、绝对贫困问题得到历史性解决,科技、医疗、教育等事业蓬勃发展。中国人民比历史上任何时期都更接近中国梦的目标。那中国梦到底是一个怎样的梦呢?

(二)大梦同圆——一个大国的雄健步履

议学情境:为献礼中华人民共和国成立75周年华诞,团市委拟面向全体学生开展手抄报设计大赛,主题为"同心共绘中国梦",要求:主题鲜明;结合实例;版式自定。

议学任务:围绕"中国梦"完成一份手抄报设计,并阐述设计思路。

议学活动:小组商议5分钟,然后各组派代表进行发言。

教师归纳提升:今天大家描绘的画卷中的许多愿景,其实需要一代代中国人的努力才能落地,可以说:"无自强之个人,便无强盛之国家"。从中,我们可以概括出中国梦的本质:国家富强、民族振兴、人民幸福。这种对国家、民族、人民的期待的共识就是"最大公约数",正是因为有了共识,我们才能心往一处想,劲往一处使,才会有凝聚力,也就是"最大同心圆"。

设计意图:"大梦篇"旨在明晰中国梦的本质。一方面,将1933年内忧外患的近代中国和当前新时代下的中国作对比,突出中国梦实现的"新时代"背景;另一方面,通过"同心共绘中国梦"的手抄报设计活动,让学生调动知识储备,在选用实例、提炼符号的过程中感受中国梦的斑斓,并引导学生从素材中概括出中国梦的本质,由具体到抽象。

教师过渡:而这些半径不同的圆有同一个圆心,我们都要紧密团结在党中央的周围。下面让我们再次架起历史望远镜,将时间拨转回1933年。结合课前梳理,你发现此时的中国共产党在干什么?从此时来看,他们的初心和使命是什么?

(三)追梦不怠——一个大党的如磐初心

教师过渡:其实中国共产党自诞生以来进行的一切奋斗、牺牲、创造,都是围绕着初心和使命进行的。那下面我们再进一步,尝试着立体、全面地去认识这个被历史和人民选择的政党。

议学情境:中国共产党的历史使命与行动价值围绕"中国共产党为什么能"这一问题提出以下论断。

论断	论据
①"经历过生死考验,付出过惨烈牺牲,但始终奋斗不止" ——一个为实现理想不懈奋斗的政党	
②"能够把亿万人民团结和凝聚起来" ——一个具有强大领导力和执政力的政党	
③"走在时代前列、保持青春活力" ——一个始终保持旺盛生机和活力的政党	

议学任务:请你以"时事评论员"的身份,搜集并运用党员故事,论证以上论断(任选其一),总字数控制在300字左右。

议学活动:小组商议3分钟,然后各组派代表进行发言。

教师归纳提升:从大家分享的故事中我们可以发现:首先,面对困难,共产党人选择了迎难而上。而进入新时代,中国仍面临着改革的深层次问题,国际处于新的动荡变革期。为了实现伟大梦想,我们仍需要以迎难而上的奋斗姿态,不断进行伟大斗争。其次,中国特色社会主义是一代代共产党人创立、完善、发展的。为了实现伟大梦想,我们仍需坚持和发展中国特色社会主义,推进中国特色社会主义伟大事业。最后,打最硬的铁,须是铁打的人,我们党时刻注重学习,善于总结经验,勇于自我革命,坚持自我更新、自我完善。因此,为了实现伟大梦想,我们仍需推进新的伟大工程,也就是党的建设。

设计意图:"追梦篇"是本节课的难点。一方面,通过回顾1933年的党史大事件,让学生感受中国共产党的初心与使命自成立以来一以贯之;另一方面,在中国共产党的历史使命与行动价值的论证过程中,以改革开放以来的党员故事作为论据,使学生形象地认识、表达身边党员的先锋模范作用,同时在"党员→政党→国家"的论证逻辑中,强化个体与国家的互动感,培养学生的政治认同。

教师过渡:追梦路上,有这样的政党领跑,相信在2035年我们一定能基本实现社会主义现代化,本世纪中叶,我们一定能建设富强民主文明和谐美丽的社会主义现代化强国。

教师总结:今天,在梦想的照耀下,我们共同重走了中国的昨天,描绘了中国的今天,而明天的中国,新征程任重道远! 最后,我想把《人民日报》中关于"梦想"的这句话送给明天的中国,也送给在座各位新时代的追梦人们:胸怀梦想的远征,从来不惧千山万水、无畏千难万险!

六、课后作业

在湖州"浙北再崛起""打造长三角新势力城市"的号召下,南浔正向着"接轨大上海、唱响双城记、走好共富路"的梦想奋力奔跑,全力吸引更多青年集聚南浔、梦创南浔。为倾听广大南浔青年发声,南浔区政府拟召开"倾听浔青声·建言圆桌会"。

本次圆桌会的讨论主题：

(1)如何打造好"水晶晶南浔"城市品牌？

(2)如何吸引更多青年来浔创新创业？

课后任务：作为在浔青年，请就讨论主题开展社会调查、研究性学习，提出你的"青春建言"。

七、板书设计

（本案例由湖州市第二中学吴琪老师提供）

[讨论与交流]结合吴琪老师的教学设计，从中学思想政治课课堂教学实施的基本要求角度谈谈该节课教学的特点。

二、中学思想政治的课外活动设计

课外活动由来已久，现代教育理论与实践都十分重视学生的课外活动。课堂教学是中学思想政治课教学的基本形式而不是唯一形式，课外活动则是中学思想政治课教学的辅助或补充基本形式。新时代，中学思想政治新课程倡导开展社会实践的教学方式。

(一)中学思想政治实施课外活动的意义

中学思想政治课外活动，是指在课堂教学之外，在教师有目的、有计划地组织下，学生自觉参加各种课外教育的一种教学活动。中学思想政治课外活动与课堂教学相互作用，相辅相成，围绕课程目标，形成"双向奔赴"，意义重大。

1.有利于巩固和深化课堂教学内容

课堂教学受到空间和时间的限制，因此学生的一些问题无法得到解决。但是，学生可以通过课外活动，根据课堂教学内容，通过阅读课外书籍，查找网上资料，参加兴趣小组，参与讨论或辩论等，广泛吸取新知识、新信息，从而扩大知识面，使课堂所学知识得以巩固、理解和深化。

2.有利于发挥学生学习的主体地位

在课堂教学中，学生主要在教师的指导下以获取间接经验为主，教学模式通常采用的是讲授—接受模式，该模式在一定程度上弱化了学生学习的主体地位。而在课外活动中，教师只是指导者，学生则是参加者和组织者。这样的活动中，学生成为主角，掌握了更多的学习和实践的主动权,有利于调动学生的积极性、主动性和创造性。

3.有利于贯彻理论联系实际的教学原则

学生在思想政治课课堂教学中学到的马克思主义基本知识、基本观点、基本原理,大多属于比较抽象的间接经验。而学生通过参加课外活动,亲自实践,亲身感受,既可以获得直接经验,又能做到理论联系实际。这样的活动有利于加深理解和掌握马克思主义基础知识、基本观点、基本原理,做到学用结合。

(二)中学思想政治课外活动的主要形式和基本原则

1.中学思想政治课外活动的主要形式

中学思想政治课外活动的形式多种多样,常见的主要有以下几种。

(1)课外阅读

课外阅读是指根据中学思想政治课教学的需要,组织学生在课外阅读课本以外的有关政治理论、党和国家的政策等读物的活动形式。课外阅读既可以单独进行,也可以由有关的读书小组来组织进行。课外阅读有利于巩固课堂教学的成果,扩大学生的知识面,开阔学生的视野。教师要帮助学生选择阅读书目,培养学生的阅读兴趣,养成良好的阅读习惯,指导学生掌握科学的阅读方法,提高阅读能力。

(2)专题讲座

专题讲座是根据本学科教学及学校思想政治教育工作的需要,通过组织学科专题讲座来实施教育的课外活动形式。专题讲座能扩大学生的知识面,活跃学校的学术气氛。教师在中学思想政治课教学中运用专题讲座时要明确专题讲座的必要性,注意专题讲座的针对性,突出专题讲座的学科性。

(3)知识竞赛

知识竞赛是根据中学思想政治课教学任务的需要,选择学生所关心的理论知识、时事新闻和生活知识,通过组织竞赛来实施教育的课外活动形式,如"国情知识竞赛""时事政治竞赛""法律知识竞赛"等。组织竞赛活动的目的是促进学生学科核心素养的提高,促进学生相互学习,合作进步,共同成长。竞赛活动要符合学生的竞争心理和年龄特点,发挥学生群体成员的积极参与作用,激发学生的学习兴趣和热情。

(4)小论文写作

撰写小论文是理论联系实际的重要形式。组织和指导学生写小论文,能培养和提高学生观察和分析问题的能力,促使学生关心国内外大事和身边小事,增强学生的社会意识和责任感,锻炼和提高他们的写作能力。[①]教师组织学生撰写小论文时,要给予课题的选择与确定、资料的收集与整理、论文的撰写与修改等方面的指导。

(5)社会实践

社会实践是增强思想政治课实效性的重要途径。学生通过参观访问、现场观察、志愿服务、生产劳动、研学旅游等方式走向社会,增进学生对国情、社情、民情的了解,拓宽

---

① 马述玉.新课标条件下的政治课教学[J].新课程,2009(6):54.

视野,提高能力,增强爱国情感,学以致用,知行合一。

此外,课外活动还有兴趣小组、演讲比赛、报告会、法庭旁听等多种形式。

2.中学思想政治课外活动的主要原则

组织课外活动应坚持以下主要原则。

(1)实践性

实践性是课外活动的基本特点。教师要坚持学用结合,引导学生亲身实践,学生通过实践活动,了解社会,了解生活,理解知识,提高能力,锻炼意志,升华觉悟。

(2)自主性

组织课外活动,教师给予适当的帮助和指导,要以学生为主体,让学生成为活动的主人,由学生自己管理、自己设计、自己动手。这有助于锻炼学生的组织能力,增强学生的社会责任感。

(3)探索性

组织课外活动时,要本着"课内打基础,课外求发展"的精神,鼓励学生在遵循科学规律的基础上,大胆质疑,运用马克思主义立场、观点、方法,去探求现实问题的正确答案。

(4)灵活性

组织课外活动时,要灵活机动,因地制宜,根据本地经济、政治、社会、生态、文化等实际状况,利用本地的有利条件。

三、中学思想政治课的教学艺术设计

教学既是科学,又是艺术。课堂教学和课外活动的实施,离不开教学艺术。讲究艺术设计的课堂教学和课外活动,才能取得最优教学效果,才能提高教学效率。

(一)中学思想政治课教学艺术特征

1.教学艺术的厘定

教学是一门艺术,古今中外的许多教育家早有论述。在国外,对教学艺术的探讨,最早可以追溯到古希腊苏格拉底的"产婆术"。捷克教育家夸美纽斯在《大教学论》中指出,"教学论就是教学的艺术",目的在于阐明"把一切事物教给一切人的艺术"。法国教育家卢梭在《爱弥儿》一书中写道:"教育的艺术是使学生喜欢你教的东西。"[1]英国罗素提出:"教育就是获得运用知识的艺术,这是一种很难传授的艺术。"[2]苏联教育家苏霍姆林斯基认为:"教学和教育过程有三个源泉:科学、技巧和艺术。"[3]

在我国,《学记》中记载了:"善歌者,使人继其声,善教者,使人继其志。""君子之教,喻也。……道而弗牵则和,强而弗抑则易,开而弗达则思。和易以思,可谓善喻矣。"等精辟论述。近代教育家俞子夷指出:"我们教学生,若没有科学的根据,好比盲人骑瞎

---

① 卢梭.爱弥儿[M].李平沤,译.北京:商务印书馆,1978:349.
② 转引自:华东师范大学教育系,杭州大学教育系编译.现代西方资产阶级教育思想流派论著选[M].北京:人民教育出版社,1980:114.
③ 苏霍姆林斯基.给教师的建议[M].杜殿坤,译.北京:教育科学出版社.1984:452.

马,实在危险。但是只知道科学的根据,而没有艺术的手腕处理一切,却又不能对付千态万状、千变万化的学生。"①

20世纪80年代以来,我国有诸多学者对教学艺术进行了界说,大致有技巧说、创造说、审美说、规律说、素养说、特征说、交流说、整体说等。比如,张武升认为:"教学艺术是使用富有审美价值的特殊的认识技艺进行的创造性教学活动。"②王北生主张:"教学艺术就是教师(在课堂上)遵照教学法则和美学尺度的要求,灵活运用语言、表情、图像、组织、调控等手段,充分发挥教学情感的功能,为确定最佳教学效果而实施的一套独具风格的创造性教学。"③李如密提出:"教学艺术乃是教师娴熟地运用综合的教学技能技巧,按照美的规律而进行的独创性教学实践活动。"④李森把教学艺术理解为:"教学艺术是教师在一定的教育思想指导下,通过综合运用教学技能技巧,遵循美的规律进行的创造性教学实践活动。"⑤

综合以上观点,我们认为,教学艺术就是教师在课堂上遵照教学法则和美学尺度的要求,灵活运用语言、表情、动作、心理活动、图像组织、调控等手段,充分发挥教学情感的功能,为取得最佳教学效果而实行的一套独具风格的创造性教学活动。教学艺术有广义和狭义之分。广义的教学艺术则是指一切教学活动中的艺术。而狭义的教学艺术就是指课堂教学艺术。我们通常所说的教学艺术,是指狭义的教学艺术。

2.中学思想政治课教学艺术的特征

根据以上分析,结合现代化教学理念、学科发展趋势和中学思想政治课程标准,我们认为,中学思想政治课教学艺术是中学思想政治课教师在一定的教育思想指导下,通过综合运用教学技能技巧,遵循美的规律进行的创造性教学实践活动。这种教学实践活动,既具有其他学科教学艺术的一般特征,又具有区别于其他学科教学艺术的特征。

(1)实践性

课堂是永恒的教学艺术实验室。真正意义上的教学艺术,只有在教学第一线进行实践探索的教师才能创造出来。苏霍姆林斯基曾指出:"实践教育学已达到熟练水平,并提到艺术高度的知识和能力。"这意味着教学艺术具有鲜明的实践性,脱离实践的闭门造车不可能形成真正的教学艺术。因为整个教学艺术过程都是与教学实践紧密联系不可分割的。⑥

(2)创造性

创造是教学艺术的生命,没有创造就没有教学艺术。日本教育家斋藤喜博认为:"教学若是真正创造性、探究性的,那么,它就会达到艺术般的高度,给人以艺术般的魅力,并且唯有借助这种教学,儿童也罢,教师也罢,才会满足,才会成长,才会获得自我发展。"巴

① 俞子夷.俞子夷教育论著选[M].北京:人民教育出版社,1991:75.
② 张武升.教学艺术论[M].上海:上海教育出版社,1993:14.
③ 王北生.教学艺术论[M].开封:河南大学出版社,1989:27.
④ 李如密.教学艺术论[M].济南:山东教育出版社,1995:85.
⑤ 李森.现代教学论纲要[M].北京:人民教育出版社,2005:257.
⑥ 陈晓端.当代教学理论与实践问题研究[M].北京:中国社会科学出版社,2007:198.

班斯基指出:"教育劳动的一个典型特点就是它不允许有千篇一律的现象。"①如果中学思想政治课教师没有创造性的教学智慧,那么教学艺术的产生是难以想象的。

（3）审美性

审美性是教学艺术存在的必要条件,没有它,就难称其为教学艺术。教学艺术美是内在美和外在美的统一,内在美主要是指教学本身的各要素具有科学美,其外在美主要指教学表达的形式美,将内在美与外在美有机地结合起来,教学艺术才能焕发出整体美。正如美国的克莱德·E.柯伦所说:"当教师更多地懂得美的素质怎样深入了人们的生活,当他们能够有意识地来完善、扩展这种美的体验方法时,他们也就踏上了教学艺术之路。"因此,具有审美性的中学思想政治课教学,才能发挥出更大的教育性,才能称得上是真正的教学艺术。

（4）情感性

积极情感是教学艺术中的催化剂。只有动情的教育,才能激发人的灵性,塑造人的灵魂。赞可夫说:"教学法一旦触及学生的情感和意志领域,触及学生的精神需要,这种教学法就会发挥高度有效的作用。"这就启示我们,只有具有丰富情感语言的教育者,才能发挥教学艺术的效益。艺术之所以动人,最重要的就是以情感人,动人心弦。艺术性的教学离不开丰富的情感,教师的真挚情感会给学生以强烈的感染,激起师生的情感共鸣,没有情感的教学不会激发学生的学习情绪。

（5）表演性

教师生动形象的表演,可以丰富学生的感知表象,促进学生的理解和思维。美国学者斯特拉·克特雷尔认为:"教学是一种独具特色的表演艺术。"教师在课堂教学中的行为,如衣着打扮、表情态度、身姿动作、口语板书等自我塑造的讲台形象,直接影响到课堂教学艺术的效果。当然,在中学思想政治课深化新课程改革的背景下,教师更应作为导演,多给学生创造性的表现机会,引导学生参与到教学艺术活动中来。

（二）中学思想政治课教学艺术的功能

教学艺术功能是指教学艺术在教学中的作用。中学思想政治课教学艺术与其他课程教学艺术的功能是一致的,有陶冶功能、转化功能、谐悦功能和整体功能。②

1.陶冶功能

陶冶功能,是指教学艺术能让学生在潜移默化中获得教育。教学艺术具有情理交织的特点和感染力强的审美形式,使之形成了鲜明的情境性和非理性因素,具有潜在的教育功能。没有教学艺术的教学,是枯燥的教学,是失败的教学。实践证明,具有教学艺术的思想政治课,会使学生的修养、涵养和品德在不知不觉中得到提高,会使学生的正确世界观、人生观和价值观在潜移默化中得以确立。

---

①　巴班斯基.论教育过程最优化[M].北京:教育科学出版社,1982:15.
②　李如密.教学艺术论[M].济南:山东教育出版社,1995:96-101.

2.转化功能

施教之功,贵在引导和激励。教学艺术能有效启发、调动学生的学习动机,激发学生的想象力、创造力。教学艺术水平高的教师会把良好的期待化作对学生的巨大激励力量,引导学生把知识转化为情感、意志和行为,促进学生的全面发展。中学思想政治课教学艺术有利于把思想政治学科中抽象的道理转化为学生的认知,并内化于心、外化于行。

3.谐悦功能

教学艺术能增强教学的趣味性,优化教学氛围,让学生感受到学习的愉悦。吉尔伯特·海特指出:"教学的最大乐趣之一,是来自你所说的都被听取了的时刻,这些听众不是一个个惹人生烦的恭维者,而是那些由你激活了的,又反过来启发你的人。"因此,中学思想政治课教师要善于运用机智幽默的语言、精辟独到的见解等教学艺术,提高教学效果。

4.整体功能

教学艺术是综合艺术,多方面的教学艺术作用于学生的感官,可以促进学生素养的发展。中学思想政治课教学艺术,如引人入胜的导入、含而不露的提问、抑扬顿挫的语言、简单明了的板书等,可以发挥教学艺术的整体功能,对学生产生潜移默化的影响。

(三)中学思想政治课教学艺术的设计

为增强中学思想政治课教学的有效性和实效性,落实立德树人根本任务,中学思想政治课教师必须重视语言设计、导入设计、提问设计、结尾设计、板书设计等课堂教学艺术设计,并将其作为职业生涯执着追求的目标。

1.语言艺术

师欲善其教,必先美其言。教学语言是开展课堂教学活动的重要工具和手段,是教学艺术的集中体现。苏霍姆林斯基说过,"教师的言语修养在很大程度上决定着学生在课堂上脑力劳动的效率"。马卡连柯认为,"同样的教学方法,因为语言不同,效果就可能差20倍""只有学会在脸色、姿态和声音的运用上能做出二十种风格韵调时,才能成为出色教师"。因此,中学思想政治课教师要重视教学语言艺术。

广义的教学语言包括教师在教学过程中运用的所有语言表达形式,即口头语言、体态语言、书面语言(板书)的总和;狭义的教学语言仅指教师的口头语言。教学语言是教学信息的载体,是教师完成教学任务的主要工具。教学语言艺术,是教师使用正确的语音、语义、合乎逻辑的语法结构的口头语言,对教材、问题等进行叙述、说明的行为方式。由此可见,教学语言的构成要素包括语音、语调、节奏、语速、响度、词汇、语法等。同样,教学语言技能和艺术包括清晰流畅、组织严密、提出问题、使用实例、强调重点、反馈强化等构成要素。

(1)课堂教学语言的基本功能

课堂教学语言除了具有一般语言的功能之外,还有与其他语言不同的功能。

教育性功能。教师的职业特点决定了教师的课堂语言对学生具有教育功能。这就要求教师首先做到言行一致,表里如一,兢兢业业,克己奉公,无私无畏,诚实勇敢。此外,教师的教学语言要文明优美,表达要辩证。

学科性功能。教学语言传递的是学科语言、专业术语。教师在教学中要正确使用专业术语,注意专业的特定内涵与外延,处理好通俗用语与专业术语的关系,应先用学科用语,再用通俗用语。为了讲解生动有趣,教师采用通俗用语时,应该优美而不失科学性。

科学性功能。语言科学是教学内容科学的重要保证。教师在教学中使用语言时要注重科学性,注意用语准确,合乎逻辑,比喻恰当,观点正确。

简明性功能。教师教学语言的简明性是由教育教学的特殊任务、特定的环境以及表达方式决定的。在有限时间内把特定的知识、方法传递给学生时需要简洁明快的语言,语言繁杂啰唆会影响学生接收教学信息,影响学生学习情绪,进而影响教学效果。

启发性功能。教师教学语言的启发性功能主要包括:一是能够对学生学习目的、意义有所启发,进一步激发学生的学习兴趣、热情和求知欲。二是启发学生联想、想象、分析、对比、归纳、演绎等思维能力。三是启发学生的情感和审美情趣。

可接受性功能。为较好完成教学任务,教师的教学语言应具有为学生所接受的效果。为此,教师在教学过程中,要注意语言的外部形式,应该做到声调适中,节奏合理。另外,教师要了解学生语言,用学生听得懂的语言教学。

(2)课堂教学语言艺术的原则与要求

教学语言是教学过程中的一种创造性艺术,需要经过二次转化才能形成,即把教材语言转化为教案语言,再把教案语言转化为教学语言。基于中学思想政治课教师教学语言的特点与功能,使用教学语言要符合一定的原则与要求。

科学准确,富于逻辑性。中学思想政治课教学语言的科学性有三方面的要求。第一,教师要用专业术语准确、精练地表达原理、观点、立场和方法,字斟句酌,传达教学信息。例如,在讲税收是国家财政收入的主要形式时,不能将"收税"说成是"收钱";"恢复行使主权"不能讲成"开始行使主权"等。第二,在运用材料和数据时要力求有可信的出处。无论是对事实的叙述和描绘,还是对概念、理论的解释与论证,都必须正确、真实、可靠,做到言之有理、言之有据,让学生无可辩驳,增强可信度和说服力。第三,语言规范、没有语病。逻辑性是中学思想政治课教学的精髓。教师上课时要思路清晰,层次分明,既突出重点、突破难点,又兼顾全面;应做到破题简洁明快,入题新颖独特、论题精辟深刻、联系实际合情合理,并且要讲究表述上的起承转合,遵循由表及里,由特殊到一般,从"是什么"到"为什么"再到"怎么样"的思路,层层推进;避免模棱两可、似是而非之词,避免言不及义的废话和不必要的重复,不说空话、套话,不说口头禅。

激疑引思,富于启发性。教学语言的启发性,就是在教学时用语言把学生的心灵点亮。课堂讲授,不仅是单纯地向学生灌输知识,还要注重培养和发展学生的思维能力和创新能力,通过教师的启发引导,使学生学会思考问题、分析问题和解决问题,在积极的思维中寻找答案。通过创设情境设置疑点,提出问题,培养学生由此及彼、由表及里、由因及果、由个别到一般地去思考和分析问题,提高学生分析归纳、逻辑演绎的能力,从而达到培养学生思维能力的目的。教师还应把握启发的火候,"不愤不启,不悱不发",只有在适当时机施教,才能充分发挥教学语言的启发作用。

通俗易懂,富有教育性。中学思想政治课的政治性和思想性决定了中学思想政治课教学语言的教育性。为此,教学语言要通俗易懂。中学思想政治课的概念、原理具有抽象性和概括性,教师要从不同的班级、不同的学生年龄特点、知识水平、接受能力、生活经历出发,联系实际,深入浅出地去引导学生领会、掌握和运用所学的概念和原理,做到"闲话不闲""笑语有意"。比如,可引用陆游的诗"古人学问无遗力,少壮工夫老始成。纸上得来终觉浅,绝知此事要躬行"说明实践是认识的基础,用"拔苗助长"说明客观规律性和主观能动性的关系,用"城门失火,殃及池鱼"说明事物是普遍联系的,用"火候不到水不开""细水滴得石头穿"说明事物由量变到质变等。

声情并茂,富于感染力。生动形象,是教师语言的最基本要求之一。声情并茂的语言可以将抽象的概念具体化,使深奥的理论通俗化,使学生产生如临其境、如见其人、如闻其声的感觉。因此,教师要用声情并茂的教学语言来表达积极的情感,感染学生,使学生保持积极、舒畅的学习心境,唤起学生学习的热情。中学思想政治课教学理论抽象,内容枯燥,要想让学生想听、愿听、乐听,教师必须把抽象的知识用形象生动的语言表达出来,使其通俗易懂,富于感染力。如教师可结合名言趣闻、社会热点,使学生在快乐中学习,增强课堂效果;可以声传情,感染学生,引起学生共鸣。

幽默诙谐,富于趣味性。中学思想政治课是一门综合性学科,理论性强,比较枯燥,这一特点决定了教师教学语言要具有趣味性。用幽默的方法说出严肃的道理比直截了当地提出更易为人所接受,幽默的语言是一种较高的语言境界,它有情趣,意味深长,既可以调节课堂气氛,激发学生学习兴趣,又可以启迪学生的智慧,提高思维质量。教师在教学中可用大众化的谚语、歇后语、比喻句等,充分发挥语言的直观功能,唤起学生丰富的想象,激发学生听课的热情。当然,教师教学语言不能为了趣味而趣味,要坚持趣味性与科学性、教育性的统一。

展示风格,富于个性。"言为心声""言如其人",每位教师讲课都应有自己的方式和习惯,教学语言要体现出教师的精神力量与个性特点,教学语言不能简单套用现成的语言,重复别人说的话,也不能是单纯知识的传声筒。感情丰富的教师可以形成以情动人的风格,逻辑严密的教师可以形成以理服人风格,性格外向的教师可以形成灵活机智的风格,性格内向的教师可以形成严肃庄重的风格。教学语言的个性化应成为中学思想政治课教师的自觉追求。

2.导入艺术

导入是一堂课的开场白,是课堂教学过程的首要环节。常言道,良好的开端等于成功的一半。英国教育家罗素认为,"一切学科本质应该从心智启迪开始。教学导入应当是引火线、冲击波、兴奋剂,要有撩人心智、激人思维的功效"。因此,精心设计课堂教学导入,是取得良好教学效果的重要前提。

(1)导入的原则

针对性。教学活动是一种目的性很强的活动,新课教学导入必须目的明确、针对性强。导入设计要针对教学目标、教学内容和学生实际,直指教学主题和新内容的学习,符合学生需求,调动学生的学习兴趣。中学思想政治课教学导入切忌空求形式,离题万里。

时代性。教学导入要能够激发学生学习兴趣,吸引学生的注意力,就必须具有时代性、新颖性,中学思想政治课教学导入的情境设计要紧跟时代的步伐,做到贴近时代、贴近社会、贴近生活,引导学生观察社会现象、思考社会现实问题。否则,导入难以起到激发学习兴趣、引人入胜的作用。

趣味性。兴趣是最好的老师。研究表明,学生对所学的内容越感兴趣,学习时越轻松愉快,学习的效率就越高。因此,中学思想政治课教师设计导入时要尽量选择幽默风趣、形象生动、新鲜活泼的内容,讲究语言艺术,以使课题一开始就扣人心弦,吸引学生的注意力,调剂课堂教学的气氛和节奏,激发学生的思维。

简洁性。课堂导入只是为了引入课题,不是教学过程的主体,因此设计时要力求简洁明快、内容精当、要求具体,力求用最少的语言、最短的时间,迅速集中学生注意力,建立新旧知识联系,转入新课教学主题。切忌冗长啰唆、拖沓、喧宾夺主,转移学生注意力。

(2)导入的技巧

温故知新。温故知新导入是根据新旧知识的内在逻辑联系,寻找联结点,通过对旧知识进行复习、提问、练习等活动,为新知识的学习做好铺垫的一种导入方法。

案例13-2　"师生交往"教学导入

教师:在社会生活中,人与人之间存在着各种各样的关系。我们在前面的学习中,学到了以"我"为中心的人际关系。作为学生,我们在学校中不仅要与同学团结互助,建立友善的同伴关系;同时,我们还面临着如何与老师交往的问题。我们应该如何与老师相处?如何做才算是真正的尊重老师呢?带着这些问题,我们开始本节课的学习。

故事事例导入。就是根据教材内容,运用历史典故、名人轶事、寓言故事、电影故事或生活中的典型事例的形象描述导入新课。

案例13-3　"尊重他人"教学导入

教师:同学们听说过"六尺巷"的故事吗?清代宰相张英和叶侍郎比邻而居,两人同在京城为官。叶家修墙院占了张家三尺地面,张老夫人为此修书送到京城。张英作诗回复:"千里修书只为墙,让他三尺又何妨。万里长城今犹在,不见当年秦始皇。"张老夫人接信后立即令家丁将院墙让出三尺。叶家见状,觉得张家有权有势,却不仗势欺人,被宰相尊重他人的行为所感动,于是也效仿张家向后退让了三尺地基,便形成一条六尺宽的巷道,乡里人称之为"六尺巷"。同学们设想一下:如果张家和叶家互不相让可能导致什么后果呢?

学生:吵架,邻里不和,甚至是成为仇家。

教师:那么这个故事带给我们什么启示呢?

学生:……

教师:对,我们要学会尊重他人。因为尊重他人,我们的社会和人生才能变得更加美好。这节课我们一起来学习新课"尊重他人"。

设疑导入。设疑导入是巧设带有启发性的悬念和疑难问题,创设学生的认知冲突,给学生造成一种神秘感,唤起学生的好奇心和求知欲的一种方法。

案例13-4 "运动的规律性"教学导入

教师:请同学们判断下列命题属于规律的有哪些?

(1)水往低处流;

(2)花开花落;

(3)种豆得豆,种瓜得瓜;

(4)太阳东升西落;

(5)叶落归根。

学生:这些都不是规律。

教师:它们都不是规律,那是什么呢? 哲学中讲的规律又是什么? 通过这一节课的学习就可以弄清这些问题了。

新闻导入。运用新近的国内外时事热点新闻导入,使教学贴近生活、贴近学生实际,具有新鲜、真实等特点,既可以引起学生的学习兴趣,又可以激发学生思维,提高学生对复杂社会生活的判断、选择和分析的能力。

案例13-5 "坚持创新、协调、绿色、开放、共享发展"教学导入

教师:《每日经济新闻》中有一篇报道,题目是"1斤种子可买一辆法拉利"。我国水稻育种技术世界领先,但在蔬菜种子领域仍存在"卡脖子"问题。胡萝卜、菠菜等消费量大的蔬菜,种子进口依赖度超90%。当前,胡萝卜及菠菜种子,进口与国产价差可以达3～5倍,更高端的樱桃番茄种子,可达到8元/粒,一克4000元,是当下黄金价格的10倍,业内人士调侃称:"1斤种子可买一辆低配版法拉利。"

教师带领学生观看相关新闻视频。

教师:是什么因素导致了"法拉利"现象的出现? 我国如何解决蔬菜种子领域仍存在的"卡脖子"问题? 通过本节课的学习,我们可以解决这些问题。

导入的方法、类型和具体形式多种多样,并无固定模式。比如,教学实践中还有直接导入、直观导入、情境导入、引文导入、音乐导入、激情导入等艺术形式。教师应精心设计和巧妙、灵活运用。

3.提问艺术

提问是教学过程的重要组成部分。它是教师为了实现预期的教学目的,根据教学内容与学生的实际情况创设问题情境,引导学生主动思考和参与对话,培养学生的思维能力,了解学生学习状态的一种教学行为。提问可以检测学生掌握知识的情况,强化学习效果;可以集中学生注意力,诱导学生思维;可以活跃课堂气氛,增进师生感情;可以反馈

教学信息,调节教学进程。因此,中学思想政治课教师应重视和掌握提问艺术。

(1)课堂提问的原则

提问是优化课堂教学过程和学生思维流程的关键。提高课堂教学效率,提问是其中重要的一环,课堂教学提问必须坚持重要原则,符合基本要求。

目的性与简洁性的统一。提问要围绕教学目标,做到目的明确,对提什么问题、何时提问、提问哪些学生、学生会怎么答等,都要根据教学目标精心设计,切忌盲目、随意发问。提问要语言简短,语速平缓,吐字清晰,一语中的,切忌语句啰唆,抓不住中心。

适度性与有效性的统一。提问要把握"度",难易适中,符合学生"最近发展区"。问题太浅,索然无味,难以引起学生兴趣,会导致无效提问;问题太难,高不可攀,望而生畏,不能叩开学生思维的大门,还会挫伤学生的积极性,也会导致无效提问。因此提问时尽量避免"是不是""好不好""对不对"等无效提问。问题难度应略高于学生原有的认知水平,给学生造成一种求知的需求,把学生的注意、记忆、思维活动引入最佳状态,实现提问的有效性。

启发性与生成性的统一。启发性是课堂提问的灵魂。提问要具有疑问性、分散性和开放性,能引起学生的探索活动,促进学生的思维发展,避免使用判断性提问。引导要符合学生的身心特点,对学生的回答多给予正面引导。同时,要注意问题的生成性,在教学过程中要根据学生的回答,有针对性地在学生的答案中寻找新的问题,进一步引申提问,形成追问。

全体性与灵活性的统一。提问要面向全体同学,让每个学生都能有机会思考并从回答中受益。要先提后问,让全班学生思考,寻找答题机会。另外,提问要灵活多变,包括问法的灵活和答法的灵活。教师要根据教学的实际需要灵活选用递进式、比较式、聚合式、辐射式等不同提问方式和不同的教学内容,还要根据学生的情况灵活处理学生的不同回答。

(2)提问的类型与方法

提问的类型与方法很多,总结布鲁姆(也译为布卢姆)认知领域教学目标分类的理论和中学思想政治课教学实践经验,常见的提问类型和方法主要有以下几种。

记忆型提问。记忆型提问要求学生回忆或再现学过的概念、原理、观点、理论等基本知识,以考查学生记忆的准确性和熟悉程度。在记忆型提问中,提问常用的行为动词主要有回忆、说出、复述、描述、列举等。在温故知新的导入中,通过提问回顾与本节课有密切联系的旧知识,引入新课讲授,既可以使学生巩固已学知识,又可进一步探索知识间的内在联系,达到承前启后的效果。也可用在新课讲授过程中,在讲某一新知识时,先让学生回顾与新知识相关联的旧知识,目的是让学生弄清新旧知识的关系。在课堂巩固复习环节,让学生回顾本节课讲授的主要内容,可以检查学生的学习情况和教学效果。

理解型提问。理解型提问要求学生对学过的知识进行内化处理后,用自己的语言对所学知识进行回忆、解释、概括、比较和说明。它有利于学生在新知识和已有的知识经验之间建立联系,从而使学生能够将记忆类的信息运用到新的环境中。理解型提问的主要行为动词有解释、比较、归纳、概括、说明、举例、总结等。例如比较股份有限公司与有限责任公司的异同;谈谈你对中华民族精神内涵的理解;说明在市场调节下加强宏观调控的必要性。

应用型提问。应用型提问要求学生选择运用所学的政治学科的基本概念、基本原理、基本观点等知识去分析某种现象,或是解读社会发展和个人成长中的现实问题。常用的行为动词有应用、运用、解决等。例如,结合材料,运用新发展理念的相关知识,分析国家电网是如何贯彻新发展理念助力"绿色亚运"的;结合材料,运用中国特色社会主义的相关知识,说明中国式现代化与西方式现代化的不同。

分析型提问。分析型提问要求学生在弄清知识之间的内在联系之后,分析某现象的动因、理由或原因,分析所给材料的具体情况,得出结论,作出推论,发现规律。分析型提问对学生掌握知识和发展思维能力有重要的作用。常用的提问动词有比较分析、证明、论证等。例如,结合材料,分析我国为什么要坚持公有制的主体地位?结合材料,说明我国政府为什么要依法行政?结合材料,说明我国为什么要把弘扬和培育民族精神作为文化建设的重要任务?

评价型提问。评价型提问要求学生运用准则与标准对某种现象、思想、行为、观念作出价值判断。这些问题没有单一的正确答案,但学生对自己的看法和选择必须有充分的理由。通常应做的一是作出判断,二是提出看法,形成自己的价值观。对评价型提问的回答,是一种高级的思维形式。常用的行为动词有判断、评价、对……提出你的看法。例如,结合材料,运用中国特色社会主义中的知识,以"在历史前进的逻辑中前进"为主题撰写一篇短评。

创新型提问。为培养学生的创新思维能力,创新型提问通过发挥学生想象力,进行创造性的思考,得出独特的答案。常用的行为动词有探寻、探索、发展、制定、拟定、灵活运用。例如,为保护你家乡的传统文化,请你出谋划策;为抑制蔬菜价格的过快增长,请向当地政府部门提出几点合理化的建议等。

4.结尾艺术

结尾艺术,是指教师在完成一节教学内容时,艺术性结束教学任务的教学行为方式。明朝人谢榛在《四溟诗话》中写道"凡起句当如爆竹,骤响易彻;结句当如撞钟,清音有余"。[1]中学思想政治课教学是一个整体,不仅要有"虎头",还要有"豹尾"。一个精彩的小结,可以照应开头,使人振奋,余音绕梁,不绝于耳。因此,课堂教学切忌"虎头蛇尾"。

(1)结尾的基本原则

结尾艺术是教师在教学实践中摸索和总结出来的,同时它也有其自身的基本要求和基本原则。实践证明,课堂小结必须遵循以下基本原则。

思想性。中学思想政治课的学科性质决定了其对学生形成思想政治素养有导向作用,因此课堂小结应具有政治性、思想性。教师在完成教材基础知识讲授的基础上巧妙点拨,使学生能从内心深处形成一种认识、具有一种情感、树立一个信念、热爱一种事物、坚持一个观点、追求一个目标……从而达到思想政治教育的目的。

适度性。结课时间一般控制在3～5分钟,以精练的语言紧扣教学中心,梳理知识、总

---

① 转引自:尹均生.中国写作学大辞典(第一卷)[M].北京:中国检察出版社,1998:172.

结要点、形成知识网络,使教学主题得以提炼升华,使学生对课堂所学知识有一个清晰、完整且主题鲜明的认识。要坚持适度原则,切忌烦琐冗长、拖泥带水;但也不能太短,否则会给人蜻蜓点水、草率了结的印象。

呼应性。写文章要注意首尾呼应、结构完整,课堂教学也是如此。结课要照应开头,紧扣课堂导入提出的问题,使课堂教学做到善始善终,给学生一个完整的感觉,不能有头无尾。

迁延性。结课涉及的内容不能只局限于课堂本身,还要注意课内外知识的互动迁延以及各学科间的联系与沟通,这样有助于拓宽学生的知识面,培养分析问题和解决问题的能力。同时,教师要有意给学生留出思考的余地,以激发他们的学习兴趣,培养创造性思维能力。

(2)课堂结尾的基本方式

课堂结尾的方式很多,归纳起来,其基本方式有以下几种。

总结式。总结式是教师或学生用准确简洁的语言,提纲挈领地把整节课的主要内容和知识结构加以梳理总结并概括归纳的结尾形式。这种方式,有利于帮助学生理清知识脉络,区分易混点,突出重难点,促使学生加深对所学知识的理解和记忆,培养学生的综合概括能力。这种小结方式要避免教学内容的机械重复。

案例13-6　"运动的规律性"课堂结尾

学完本节课,我们要坚持一个观点:世界上的一切事物都是处于运动变化之中的。认识两个特点:物质运动的规律具有客观性、普遍性;理解三对关系:物质与运动的关系,运动与静止的关系,尊重客观规律与发挥主观能动性的关系。掌握四点要求:如何做到一切从实际出发、实事求是。

悬念式。悬念式结课是指教师在结课时通过巧设疑问,提出后面将要学习的内容,从而引起学生新的思考和求知欲的结尾方式。这种方式往往会使学生产生"欲知后事如何"的探究欲望以及"且听下回分解"的学习期待,为上好下一节课作铺垫。

案例13-7　"从原始社会到奴隶社会"结尾设计

通过本节课的学习,我们知道私有制不是从来就有的,它是生产力发展的产物。那么,私有制产生后,又会造成什么后果呢? 请大家课后预习下节课要学习的内容并思考教材后面的问题。

图解式。就是教师以图解、图示、表格等形式对所学内容进行概括总结的结尾方式。这种形式揭示出知识点间的逻辑关系,厘清其内在联系,突出重点,便于学生理解、记忆,有利于培养学生分析、综合、比较、概括等思维能力。

案例 13-8 "调解与仲裁"结尾设计

这节课我们学习了"调解与仲裁",请大家依据下表对"调解"作简要小结。

调解的类型		主持调解的主体	调解协议的法律效力
诉讼调解		人民法院	人民法院根据调解协议制作的调解书,在当事人签收后与判决书具有同等法律效力
诉外调解	人民调解	人民调解委员会	经人民调解委员会调解达成的调解协议,具有法律约束力,当事人应当按照约定履行
	行政调解	国家行政机关	经行政机关调解达成的调解协议,具有法律约束力,当事人应当按照约定履行
	仲裁调解	仲裁委员会	调解达成协议的,仲裁庭应当制作调解书或者根据协议的结果制作裁决书。调解书与裁决书具有同等法律效力

迁延式。结课时把课内学习的知识迁移到与现实、时政的关联上,引导学生用所学知识分析社会的生活现象,培养学生的应用能力,同时可以激发学生学习的兴趣。

案例 13-9 "科学的宏观调控"结尾设计

通过本节课的学习,我们知道了国家宏观调控的必要性、含义、目标和常用手段等内容。那么,面对经济下行的压力,假如你是本市政府领导,你可以制定哪些具体的措施来刺激经济回暖向好?

呼应式。呼应式是指教师在结课时解答导入时提出的问题,使课堂达到首尾相顾、完整统一的一种课堂小结方式。这种结课方式具有点题性、呼应性、统一性、完整性四大特点。学生带着疑问听课,当新课结束进行小结时,疑惑就迎刃而解了。

案例 13-10 "法治政府"结尾设计

导入:教师给学生介绍这样一则真实事件:2024年春节假期即将来临,深圳交警安排充足警力在全市主要道路开展巡逻,对各大商圈和景区等开展秩序管控。有一次,一名执法人员查到一个市民骑电瓶车没有戴安全帽,但并没有处罚该市民。那么,该执法人员的做法是否正确呢?通过本节课的学习,大家就有答案了。

小结:通过这节课的学习,大家是否明白了刚上课时给大家提出的问题,市民骑电瓶车没有戴安全帽,从行政执法的角度,处罚是合理的,但是政府及其工作人员在严格执法的同时,还要公正文明执法,规范自由裁量权。深圳交警对轻微违法采取人性化措施,也是符合法治政府的要求的。

结课有法,但无定法,贵在得法。中学思想政治课小结的方式还有很多,如激励鼓励式、画龙点睛式、师生对话式、竞赛抢答式、比较区别式、练习检测式等。教师应积极贯彻

"以学生为主体"的理念,在具体课堂中结合教材内容、学生的特点以及教师自身的教学风格灵活使用,做到因课而异、因材施教。

5.板书艺术

板书是教师为完成教学任务,根据教学需要在黑板上以文字或其他符号传递教学信息的形式。教师恰当使用教学板书,有利于体现教学意图、厘清教学思路、突出教学重点、强化直观形象、集中学生注意力、提高教学质量。因此,中学思想政治课教师在教学设计与实施中应该注重对板书艺术的研究与运用。

(1)板书的基本原则

板书是提高教学效果的有效手段,板书设计一般应遵循以下基本原则。

计划性。在备课时要对板书进行通盘考虑、精心设计。板书有哪些内容,板书的内容写在什么位置,正副板书如何搭配,采用哪一种形式进行板书等都要做好充分的计划和准备。切忌随心所欲,毫无章法。

科学性。板书是一种书面传播方式,比口头讲解要求更高。板书的内容表达要观点准确、用词恰当,纲目标号要统一、形式要恰当,图示、图表要线条整齐、规范美观。切忌出现知识错误或混乱。

简洁性。板书要字斟句酌,做到主次分明、条理清晰、详略得当、提纲挈领、简洁明了,内容提纲化、条理化,重点突出,能起到画龙点睛、指点引路的作用。切忌面面俱到、主次不分。

直观性。对于中学生来说,板书要尽量遵循直观性原则,利用简单的符号、图形、数字等方式来形象生动地展示教学思路和重点,以帮助学生加深对教材内容的理解和记忆。

启发性。板书要有一定的创造性,注重通过合理的结构揭示知识之间的内在逻辑关系,构建知识的整体框架,以引发学生的积极思考,使学生能从板书上受到一定的启发。

(2)板书的主要形式

板书的形式或类型,多种多样。中学思想政治课教师在教学实践中创造了丰富的板书形式或类型。通常情况下,主要有以下几种形式或类型。

观点式。观点式板书也称为处方式板书,就是指依据教材内容与逻辑,按照教学进程,用文字简明扼要表达教学内容与逻辑关系的一种板书形式。这种形式提纲挈领,简明扼要,层次清楚,关系分明,条理清晰。

案例13-11　"家的意味"板书设计

一、生命的居所
　　(一)"家"的含义
　　(二)家庭关系
二、中国人的"家"
　　(一)中国人心目中的"家"
　　(二)中国家庭文化中的"家"

归纳式。归纳式板书是指从众多的概念、论点中总结概括出一般性结论的板书形式。

案例 13-12 "世界的物质性"的板书设计

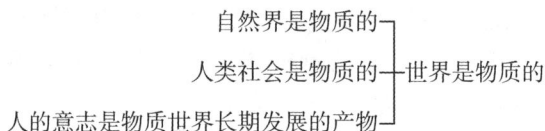

自然界是物质的
人类社会是物质的 —— 世界是物质的
人的意志是物质世界长期发展的产物

演绎式。演绎式板书是把一个概念或原理派生出的几个层次的论点,按其知识内在的联系组成知识结构体系的板书形式。

案例 13-13 "更好发挥政府作用"的板书设计

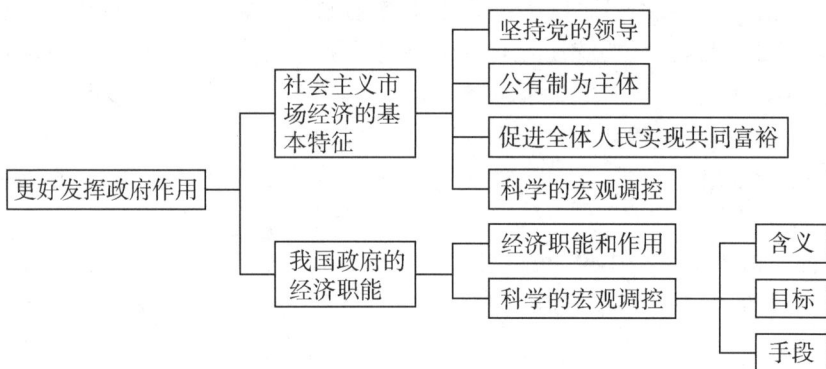

更好发挥政府作用
- 社会主义市场经济的基本特征
  - 坚持党的领导
  - 公有制为主体
  - 促进全体人民实现共同富裕
  - 科学的宏观调控
- 我国政府的经济职能
  - 经济职能和作用
  - 科学的宏观调控
    - 含义
    - 目标
    - 手段

线索式。线索式板书有时也称为推导式,是指教师按事物本身发展的方向、过程或探索的途径与过程,用线条、符号、文字把它们的前因后果、来龙去脉揭示出来,以帮助学生系统、完整地理解和把握知识的一种板书形式。

案例 13-14 "原始社会的解体和阶级社会的演进"的板书设计

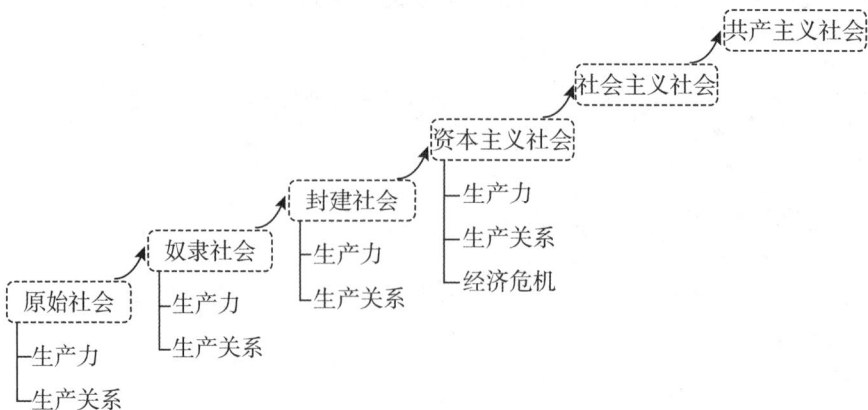

共产主义社会
社会主义社会
资本主义社会
- 生产力
- 生产关系
- 经济危机
封建社会
- 生产力
- 生产关系
奴隶社会
- 生产力
- 生产关系
原始社会
- 生产力
- 生产关系

表格式。表格式板书是指教师用表格组成的以文字表述为主的板书形式。

案例 13-15　"基层群众自治制度"的板书设计

自治类型		村民自治	城市居民自治
自治组织	名称	村民委员会	居民委员会
	性质	基层群众自治组织	
内容	选举		
	协商		
	决策		
	管理		
	监督		

图示式。图示式板书是教师利用文字和各种图示符号组成的一种板书形式。

案例 13-16　"概念的外延"板书设计

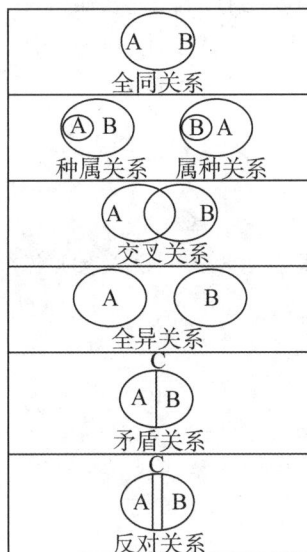

图解式。图解式板书是指教师通过文字和各种符号组成的简单图案,从而形象地展现教学内容的板书形式。

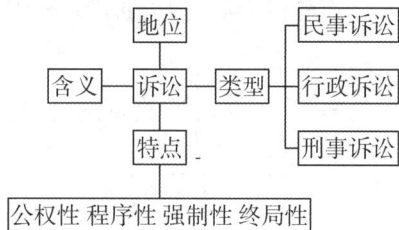

除了上述几种板书形式外,中学思想政治课教学的板书形式还有很多,如图画式、分化式、辐射式等,教师在教学实践中,应根据教学内容、学生实际以及自身的特长灵活恰当选用。

在教学实践中,教学艺术还有很多其他方面的内容,如组织教学艺术、讲课艺术、举例艺术、启发艺术、幽默艺术、激励艺术、高潮艺术、命题艺术等,这需要教师在教学中不断研究和探索。

本讲小结

中学思想政治课教学实施主要由课堂教学和课外活动两种组织形式构成。课堂教学设计要具有明确、具体、恰当的教学目标,体现科学性与政治性、思想性的统一,突出教学重点、突破教学难点,调控课堂结构、追求美的享受,同时要注重教法与学法选择,加强学法指导。课外活动设计应坚持实践性、自主性、探索性、灵活性等原则。提高中学思想政治课教学实施的有效性,必须重视语言设计、导入设计、提问设计、课堂小结设计、板书设计等,并掌握这些教学艺术的基本原则与要求。

课后思考

1.简述中学思想政治课常见的教学模式及其操作要求。

2.中学思想政治课教学实施设计应注意哪些基本要求?

3.选择高中思想政治必修2中任一框题的教学内容,尝试进行导入、提问、板书、小结等设计。

第十三讲
课后思考参考答案

资源拓展

［1］吴霞.教学的艺术［M］.北京:知识出版社,2020.

［2］任靖.知行统一为取向的实效教学模式初探［J］.思想政治课教学,2008(5):22-24.

［3］任靖.高中生心目中的思想政治课［J］.思想政治课教学,2006(7):52-54.

［4］蒋向东.提升高中思想政治课亲和力的教学策略［J］.广西教育,2024(23):32-35.

［5］崔丽华.中学思想政治课采用案例教学模式探究［D］.北京:首都师范大学,2004.

［6］陈芳欣.国赛一等奖芳欣的市级公开课《时代的主题》教学分享与反思［EB/OL］.(2023-11-21)［2024-06-28］.https://mp.weixin.qq.com/s/RmKCQVupohxekmuDI6JsmA.

第十三讲　教学课件

第十四讲

中学思想政治课说课方案设计

教学设计与教学实施后,常常会开展说课活动。说课是一项新兴的教学研究活动,说课设计是提高教学效果和教师专业素养的重要手段和必要途径。那么,究竟什么是说课? 说课有哪些功能? 如何才能说好课? 这些问题都是中学思想政治课教师要思考和面对的问题。本讲将围绕说课设计问题,探讨中学思想政治课说课的概念、类型、意义、内容以及设计基本要求等内容。

学习要点

1. 中学思想政治课说课的概念与类型。
2. 中学思想政治课说课的意义与内容。
3. 中学思想政治课说课设计的基本要求。

说课,是基础教育教学研究的新形式,是基础教育教学改革的新经验,是提高教师专业素养的新途径。实践证明,说课不仅能反映出教师的准备情况以及教学设计实施效果,而且能直接体现出教师的综合素质和专业素养。为此,中学思想政治课教师应该重视说课设计。

一、中学思想政治课说课的概述

(一)中学思想政治课说课的内涵

关于如何界定说课的概念,国内学者提出了不同的看法。其中,代表性的观点有:第一,"说课,即上课前由教师从教材、教法、学法、教学程序等方面进行讲述"[①]。这一观点明确了说课的主体、内容与方式。第二,"所谓说课,就是教师口头表述具体课题的教学设想及其理论根据"[②]。这一说法比较简洁,指出了说课人员、说课方式、说课内容。第

---

① 伍利民.教学研究的一种好形式:说课和评说课[J].小学教学研究,1993(1):39-40.
② 王晨.简论"说课"[J].教学与管理,1993(5):26-28.

三,说课"是在教师备课的基础上,授课教师面对评委、教师和其他听众,系统地谈自己的教学设计及其理论根据,然后由听者评说,达到互相交流、共同提高的目的"①。这种表述讲明了说课条件、说课听众、说课要求、说课内容、说课评价、说课目的等。第四,"说课,是教师面对同行和其他听众,针对具体课题,采用讲述的方式,分析教材和学情,系统或部分地介绍教学设计及其根据的教学研究形式"②。这种表述,是在第三种的基础上作了一些修改,进一步明确了说课特点是说教学设计的根据。第五,"说课是教师向同行讲述具体课题教学设计及其根据的教学研究形式"③。这一表述,是对第四种表述的修改,进一步明确了说课性质是一种"教学研究形式"。

综上所述,我们认为,说课就是教师以教育教学理论为指导,在精心备课的基础上,面对同行、领导或教学研究人员,主要用口头语言和有关的辅助手段阐述某一学科课程或某一具体课题的教学设计(或教学得失),并与听者一起就课程目标的达成、教学流程的安排、重点难点的把握及教学效果与质量的评价等方面进行预测或反思,共同研讨进一步改进和优化教学设计的教学研究过程。

由此可见,把握说课的内涵,要注意:第一,说课主要以口头语言述说、阐述、解说等形式表达出来,即"说"的形式。第二,说课面对的是同行、专家、领导,强调说者与听者的双向互动,共同研讨。第三,说课是对教学设计的阐述。第四,说课重点解决的是"教什么""怎么教""为什么这样教"三个问题。第五,说课是一种理论与实际紧密结合的教学研究活动。

基于以上认识,我们认为,中学思想政治课说课,就是中学思想政治课教师在备课的基础上在课前或课后运用口头语言向同行、专家、领导系统阐述如何以教育教学理论为指导,依据课程标准和教材以及学生实际情况进行教学设计的一种教学研究活动,是教师在制定教学方案后讲述"教什么""怎么教""为什么这样教",然后由听者进行评说,以达到相互交流、共同提高的目的。

(二)中学思想政治课说课的类型

1.按说课的时间分类

说课可以在课前进行,也可以在课后进行,以此为依据,说课可以分为课前说课和课后说课。课前说课在课堂教学之前进行,是教师在教学准备的基础上,把自己课堂教学流程梳理一遍,预演教学环节、预判教学效果的活动。课后说课在课堂教学之后进行,是教师在课堂教学实践的基础上,对课堂教学流程和环节进行复原、整理,并进行反思与评价的活动。课后说课往往还要结合自己上课的感受,包括怎样进行备课和教学中实际是怎样处理的、做了哪些改变和调整、调整的意图和效果等。

2.按说课的目的分类

说课有各种不同的目的,以此为依据,可以将说课分为研究性说课、示范性说课、评比性说课、检查性说课等。

---

① ② ③ 转引自:雷树福.说课概念辨析[J].康定民族师范高等专科学校学报,2007(5):92-95.

研究性说课是为了对有关问题进行研究探讨而进行的教研性说课。通常是以教研组或年级备课组为单位,以集体备课的形式进行的。研究性说课先由一位教师事先准备,然后对组内教师进行解说,之后由听课教师评议,讨论研究,发现问题,探究解决问题的方案。说课的内容形式多样,可以是一堂完整的课,也可以是一两个重要问题。这种说课有利于加强教师之间的交流与合作,变个人智慧为集体智慧,提高教师的业务素质和研究能力。

示范性说课是为了给学习者(尤其是一些新教师)提供学习机会而组织的具有一定的指导与导向功能的说课。这种说课,一般是在培训、交流、观摩、访问中进行,主要是选择优秀教师代表向听课教师说课,再由说课教师将说课的内容实践到课堂教学中,以发挥示范和引导作用,最后由教研人员或其他教师对该教师的说课及课堂教学进行评价。示范性说课集备课、说课、上课、评课为一体,使听课教师在听说课、看上课、听评课中得到提高。

评比性说课一般是指在一定规模的教学技能比赛中进行的说课。要求参赛教师按指定的教学内容、在规定时间内自己写出说课稿,然后进行说课,最后由评委评出比赛名次。尽管评比性说课的目的是比赛,但给了参赛教师展示自己的机会,给了教师一个交流切磋的平台,可以让教师通过这一活动,相互学习,共同提高。

检查性说课是针对上级教育教学管理部门、教学研究机构或学校的检查而进行的说课。通过检查性说课,可以了解说课教师的教学思想、教学观念以及教学形式、方法、手段等方面的情况,参与检查的专家也可以指出说课教师存在的问题,分析其中的原因,帮助教师更好地发展。

此外,按照说课的层次分,说课还可以分为说一节课、说一个教学单元、说一本书等三个层次。

(三)中学思想政治课说课的特点

1.灵活性

灵活性是指说课时间、地点、内容、形式、听课人员、参加人数等具有一定的可塑性,不受严格的限制,可以机动灵活,简便易操作。

2.理论性

说课要解决三个问题,即"教什么""怎样教"和"为什么要这样教",其核心就是"说"清"为什么要这样教"。这就需要说课教师把感性认识上升到理性认识,具备一定的教育教学理论,能够从理论高度去把握教学规律。

3.科学性

说课重在说"理",必须严格遵循教学规律和教学原则。因此,教师在说课时要以科学理论(教育学、心理学等理论)为指导,用科学的方法解决教学中的矛盾和问题,以力求教学准确无误。

4.交流性

说课是一项教研活动。无论是说课者,还是同行、教研人员或专家评委,都会在说课中通过交流教学经验、切磋教学技艺,受到启迪,获得提高。

(四)中学思想政治课说课与备课、上课、评课

1.说课与备课

说课与备课两者的联系表现在:备课是教师在研读课程标准、吃透教材、了解学生实际的基础上写出教案的过程。备课是说课的前提和基础,说课既源于备课,又高于备课,是备课的深化、扩展与完善。从内容上看,说课与备课所针对的教学内容是一致的;从任务上看,备课是课前准备,课前说课也是为教学做准备,课后说课则是为以后更好地上课做准备;从要求上看,备课和说课都要研究课程标准、吃透教材、了解学生、选择教法、设计教学过程等。

两者的区别表现在:第一,对象不同。说课的对象主要是教育工作者,包括同行、教研人员和专家评委等,它有一定的经验介绍和交流性质,对说课者的理论要求比较高。备课的对象是学生,对教师的要求是能通俗易懂地向学生"传道、授业、解惑",并不需要向学生说明与教学目标相关的理论知识。第二,解决的问题不同。备课是要解决"教什么""怎样教"的问题,而说课除了要解决"教什么""怎样教"的问题外,更重要的是要说清"为什么要这样教"。第三,目的不同。备课的最终目的是促使教师优化教学设计,提高课堂教学效益和效率。而说课的最终目的是帮助教师认识教学规律,提高教学技能与技艺,进一步提高备课能力和教学水平。

2.说课与上课

说课与上课也是紧密相连的,但又各有特点。两者的联系表现在:说课是对课堂教学方案的说明,上课是对课堂教学方案的实施,两者都能反映教师的教学设计、语言、教态等教学基本功。一般来说,从说课的成功,可以预见教师上课的成功。因为说课"说"出了教学方案的设计及其理论依据,使上课更具有科学性、针对性,避免盲目性和随意性;而上课实践经验的积累,又为提高说课水平奠定了基础。

两者的区别表现在:第一,对象不同。上课的对象是学生,而说课的对象是同行、教研人员、专家评委等。第二,性质、目的不同。上课是一种教学活动,其目的是向学生传授科学文化知识,培养学生的各种能力,进行思想品德教育,提高学生的整体素质。而说课是一种教研活动,目的在于提高说课者教育教学理论水平,使其在具体教学过程中有更明确的教学目标、更实在的教学内容、更科学的教学方法、更明显的教学效果。第三,内容不同。说课要"说"清"教什么""怎么教""为什么要这样教"和"学什么""怎么学""为什么要这样学"等一系列"是什么""为什么""怎么样"的问题,说课重在说"理"。上课是完成教学目标和教学任务的施教行为与指导学生学习的操作过程的统一,无须向学生说明为什么要这样教学的理由。第四,评价标准不同。上课效果的好坏,以学生的学习效果为评价标准,着重评价课堂教学的效果。说课重在评价教师掌握教材、设计教学方案、应用教学理论以及展示教学基本功等,说课质量的高低,以教师整体素质水平为评价标准。第五,时间不同。说课的时间一般为10~15分钟,而上课的时间则为40分钟或45分钟。

3.说课与评课

大多"说课"是课后进行的,任课教师说完后,听课者要加以评论,即所谓"评课"。

不同的课,应从不同角度出发来评价,比如新教师的课,主要看课堂教学的规范和教学基本功掌握得怎么样;新秀课、观摩课、优质课的评比,要在基本功的基础上观察有无突出的亮点、闪光点;专家教师的课和示范课,则要在前两者的基础上判断其是否形成了相对稳定的个人教学风格。

评课原则上以鼓励为主,可按以下方面展开。第一,课堂教学的基本功怎么样,包括语言、教态、板书、媒体运用等。第二,突出的优点有哪些,要善于发现,充分肯定。第三,存在的问题主要是什么,做到既不掩饰回避,又着眼发展,明确方向。第四,总的建议,结合教师课堂教学的表现,进行综合评价,提出实事求是的建议。微观方面,要结合课堂教学的细节,尽量给出可操作的具体的教学建议;宏观方面,要指出教师发展和努力的方向,结合教师自身的条件和特质,量体裁衣,打造个性化的专业发展短期计划和中长远教学生涯规划。

评课要避免两种倾向:一是只见树木不见森林,只注意具体的细枝末节,把握不住总的方向;二是隔靴搔痒,泛泛而论,起不到诊断分析和提高的作用。新时代,课堂教学的评课应强调和关注如下几点:第一,学生的参与度,这是学习方式与教学方式变革的关键;第二,信息技术与课堂教学的整合,这是时代发展的趋势;第三,深入挖掘教材的能力,这是教师教学水平持续发展的保证。

二、中学思想政治课说课的功能

说课是为了提高课堂教学效率而在教师之间进行的思想碰撞和智慧交流。通过说课,教师能高屋建瓴地把握教材,预设学生学习中的问题与困惑,反馈教学中的得失,选择适宜的教学方法。因此,说课具有重要的功能。

(一)实效性功能

传统的教研活动一般停留在上几节课,再请几个人评课,教研实效低下。通过说课,让授课教师说怎样教,说为什么这样教;让听课教师明白应该怎样去教,为什么要这样教,这样的教研活动的主题更明确,重点更突出,有利于提高教学的有效性和实效性。

(二)效率性功能

有目的的教学,既追求课堂教学的效果,又追求课堂教学的效率。从总体上看,教师通过说课,可以厘清教学思路,明确如何进行时间分配、媒体使用、重点突出、难点突破等,有利于提高课堂教学效率。

(三)质量性功能

一般来说,大多数教师备课只是简单地准备"教什么、怎样教",很少有人会去想"为什么要这样教",这导致备课质量不高。而通过说课活动,可以进一步引导教师更多地思考为什么要这样设计教学,进而有利于提高教师备课、上课的质量。

(四)素质性功能

说课要求教师具备一定的理论素养,这就会促使教师不断学习教育教学理论。同时,说课要求教师用语言把自己的教学思路及设想表达出来,这就有利于提高教师的语言组织能力、表达能力等。长期坚持说课,能促进教师由经验型向理论型、科研型、专家型转变。

三、中学思想政治课说课设计的要求

说课是教师在备课的基础上,向同行或专家系统阐述一节课的教学设计及其依据的教学研究活动。以下是说课设计的基本要求。

说课示范

(一)保证科学性

科学准确是说课设计最基本的要求。这种科学性主要表现在教材分析正确,学情分析客观,教学目标确定恰当,教法学法选择合理,教学过程设计具有可操作性等。

(二)突出创新性

说课设计是教师在备课、授课、反思的基础上进行的,是对以往经验的总结以及教学思想的展示。说课设计中,教师要立足自己的教学特长、教学风格,把握教学改革的方向,吸收并运用教学改革中的新信息、新思维,探索出新的教学思路和方法。

(三)彰显说理性

说课设计的显著特点在于说理,既要说出是什么,更要说出为什么,教学设想要有充分的理论和实践依据,有比较深刻的理性思考和实践基础。

(四)体现简洁性

说课涉及的内容很多,说课设计要尽量做到清晰简洁,逻辑严密,用精练准确的话语表达深刻丰富的内容。同时,在说课设计过程中要力求清晰有序。

此外,说课还要求内容完整、逻辑清晰、把控得当、表现大方、手段恰当等。

资料卡14-1　中学思想政治课说课基本框架

各位领导、专家、评委,大家好!

我是_____。今天我说课的课题是"×××"。根据新课标的理念,对于本节课,我将以"教什么,怎样教,为什么这样教"为思路,从教材分析、教学目标分析、重难点分析、教法学法分析、教学过程分析、说课设计理由、教学反思等方面展开。

一、教材分析

"×××"是人教版教材×××必修×第×单元第×个框题。在此之前,学生们已经学习了×××,这为过渡到本框题的学习起到了铺垫的作用。因此,本框题在×××中具有不容忽视的重要地位。

本框题前面承接本教材的×××部分内容,后面是本教材的×××部分内容,所以学好这个框题会为学好以后的×××打下牢固的理论基础,而且它在整个教材中也起到了承上启下的作用。本框题包含的×××理论知识,是以后×××学习中不可缺少的部分。

二、教学目标分析

根据本教材的结构和内容分析,结合××年级学生的认知结构及其心理特征,我制定了以下的教学目标……

三、重难点分析

本着×××新课程标准,在吃透教材内容的基础上,我确定了以下的教学重点和难点。

教学重点:×××。重点的依据:×××。

教学难点:×××。难点的依据:×××。

为了讲清教材的重难点,使学生能够达到本框题设定的教学目标,我再从教法和学法上谈谈……

四、教法学法分析

我们都知道×××是一门培养人的×××能力的重要学科。因此,在教学过程中,不仅要使学生"知其然",还要使学生"知其所以然"。我们在以师生既为主体,又为客体的原则下,展现获取理论知识、解决实际问题方法的思维过程。

考虑到×年级学生的现状,我主要采取学生参与活动的教学方法,让学生真正地参与活动,并且在活动中得到认识和体验,产生践行的愿望。培养学生将课堂教学和自己的行动结合起来,充分引导学生全面地看待发生在身边的现象,发展学生的思辨能力,注重学生的心理状况。

当然教师自身也是非常重要的教学资源。教师本人应该通过课堂教学感染和激励学生,充分调动起学生参与活动的积极性,激发学生对解决实际问题的渴望,并且要培养学生以理论联系实际的能力,从而达到最佳的教学效果。同时也体现了课改的精神。

基于本框题的特点,我主要采用了以下的教学方法……

我在教学过程中特别重视学法的指导。让学生从机械的"学答"向"学问"转变,从"学会"向"会学"转变,成为真正的学习的主人。这节课在指导学生的学习方法和培养学生的学习能力方面主要采取以下方法:思考评价法、分析归纳法、自主探究法、总结反思法。

我重点来谈谈这一堂课的教学过程……

五、教学过程分析

在这节课的教学过程中,我注重突出重点,条理清晰,紧凑合理。各项活动的安排也注重互动、交流,最大限度地调动学生参与课堂的积极性、主动性。

1.导入新课(2～3分钟)。由上节课学过的知识和教材开头的情境设置导入新课。

导语设计的依据:一是概括了旧知识,引出新知识,温故而知新,使学生能够知道新知识和旧知识之间的联系。二是使学生明确本节课要讲述的内容,以激发学生的求知欲望。这是政治教学中非常重要的一个环节。

2.讲授新课(35分钟)。在讲授新课的过程中,我突出教材的重点,明确地分析教材的难点。根据教材的特点、学生的实际、教师的特长,以及教学设备的情况,我选择了多媒体的教学手段。这些教学手段的运用可以使抽象的知识具体化,枯燥的知识生动化,乏味的知识兴趣化。我还重视教材中的疑问,适当对题目进行引申,使它的作用更加突出,有利于学生对知识的串联、积累、加工,从而达到举一反三的效果。

3.课堂小结(2～3分钟)。课堂小结,可以把课堂传授的知识尽快地转化为学生的素质;简单扼要的课堂小结,可使学生更深刻地理解×××理论在实际生活中的应用,并且逐渐地培养学生具有良好的个性。

4.板书设计。我比较注重直观、系统的板书设计,还及时地体现教材中的知识点,以便于学生能够理解掌握。我的板书设计是:×××。

5.布置作业。针对×年级学生素质的差异,我进行了分层训练,这样做既可以使学生掌握基础知识,又可以使学有余力的学生有所提高。我布置的课堂作业是:×××。

六、说本课设计理由

1.对教材内容的处理。根据新课程标准的要求、知识的跨度、学生的认知水平,我上课时对教材的内容有增有减。

2.教学策略的选用。

(1)运用了模拟活动,强化学生的生活体验。教材这部分知识所对应×××现象,学生具有了一定的生活体验,但是缺乏对这种体验的深入思考,因此在进一步强化这种体验的过程中进行了思考和认知,使知识从学生的生活体验中来,从学生的思考探究中来,有助于提高学生的兴趣,有助于充分调动学生现有的知识,培养学生的各种能力,也有助于实现理论知识与实际生活的交融。

(2)组织学生探究知识并形成新的知识。我从学生的生活体验入手,运用案例等形式创设情境呈现问题,使学生在自主探索、合作交流的过程中,发现问题、分析问题、解决问题,在问题的分析与解决中主动构建知识。在引导学生思考、体验问题的过程中,可以使学生逐步学会分析、解决问题的方法。这样做既有利于发展学生的理解、分析、概括、想象等创新思维能力,又有利于学生表达、动手、协作等实践能力的提高,促进学生全面发展,力求实现教学过程与教学结果并重,知识与能力并重的目标。也正是由于这些认识来自学生自身的体验,因此学生不仅"懂"了,而且"信"了。从内心上认同这些观点,进而能够主动地内化为自己的情感、态度、价值观,并融入实践活动中去,有助于实现知、行、信的统一。

七、教学反思

各位领导、老师们,本节课我根据×年级学生的心理特征及其认知规律,采用直观教学和活动探究的教学方法,以"教师为主导,学生为主体",教师的"导"立足于学生的

"学",以学法为重心,放手让学生自主探索学习,主动参与到知识形成的整个思维过程中,力求使学生在积极、愉快的课堂氛围中提高自己的认识水平,从而达到预期的教学效果。

我的说课完毕,谢谢!

四、中学思想政治课说课的内容设计

说课的内容是指说什么的问题,它是说课的核心部分。说课内容的完整性以及对内容的处理,反映了说课者的说课技能、知识水平和学科教学的专业素质,也关系到说课的质量。说课的内容设计一般包括以下几个方面。

(一)说教材

说教材,是在认真阅读教材的基础上,对教材的内容、地位、作用、重难点等进行恰当分析说明。教材是教学的主要材料,教师只有对教材理解透彻,才能进行合理的教学设计,制定出可行的教学方案。

说教材,力求做到精确、简练,切忌啰唆。为此,说教材的设计通常可以从以下两方面入手。第一,说课题及教材简介,包括课题名、教材版本、使用年级、单元课框题。第二,分析教材地位,即分析本课题内容在教材体系中的地位,可以从结构、内容、教育意义等方面进行,其中,分析内容结构主要介绍本课题内容编排的顺序及原因,教师不仅要从微观上弄清楚各知识点的内涵和外延,更重要的是要深刻理解各知识点之间的联系,把握知识的结构体系和逻辑关系。

(二)说学情

说学情,即分析学生的学习情况。学情是教学的重要依据,教学目标的确立、教学重点难点的确定、教学策略的选择、课堂训练的设计等,都应根据学情而定。

学情分析要客观、准确。说学情的设计大体可以从以下两个方面着手。第一,学生学习本课题内容的已有基础,包括通过以往的学习获得的知识基础,通过以往的生活实践获得的生活体验,与所学课题有关的能力条件、思想状况等。第二,学生学习本课题内容的现有困难,包括课题内容本身过深过难而导致的理解上的困难,学生知识基础、生活经验、能力水平等不够所带来的认识上的困难,各种因素造成的思想上的困难等。

(三)说目标

说目标,就是分析本课题教学要达到的预期结果。教学目标是对学生学习结果的规定,教师应在认真研究课程标准和教材,分析学生认知水平、生理心理特点的基础上,确定本课题的教学目标。

说教学目标的设计应注意目标的完整性,目标的陈述必须从学生的角度出发,行为的主体必须是学生,目标应该围绕"学生在学习之后,能干些什么"或者"学生将是什么样的"来描述,必须描述所期望的教学成果。

(四)说重点、难点

说重点、难点,就是教师对教学重点、难点的确定情况进行分析和解说。教学重点、难点的确定直接影响到教学过程中教学情境的创设、学习任务的确定、学习活动的开展以及课堂评价等方面的教学设计与实施。

在说课设计中,对这一方面的设计一般可以从以下两方面着手。第一,教学重点、难点所在,即教学重点、难点是什么,要明确提出。第二,教学重点、难点的确定依据。为什么这些是重点、难点?重点"重"在哪?难点"难"在哪?要提出自己的想法和理由。确定教学重点、难点的依据一般可以从教学内容、课标要求、学生实际、理论层次、对学生的作用等方面去思考。

(五)说方法

说方法,是指说教法、学法。教师应说出"怎么教""怎么学"的办法以及"为什么这样教""为什么这样学"的根据,具体要做到以下几个方面。

第一,说课设计重点要明确这节课的教学采用哪些教学方法,如情境教学法、案例教学法、实践活动法、探究讨论法等。无论运用什么教法,都要根据教学内容、学生实际、教学条件以及教师本人的特长等来确定。第二,说出采取教法所依据的教学原理或原则、学生的年龄特点和认知规律。第三,从学法来看,设计重点要分析学生适宜采用什么样的学习方法,如"学习方法的选择""学习方法的指导""学习习惯的培养"等。

(六)说板书

说板书,主要说清楚板书设计及设计意图。一般来说,设计意图是板书内容和形式的依据及其意义。比如,可以从教学内容、学生特征、教学空间、重难点等方面说板书设计的依据,可以从利于巩固新知、便于理解记忆等方面说板书的意义。

(七)说作业

为了配合学生对新知识的学习和巩固,尤其是对教学重难点的把握,教师往往会设计一些不同形式的练习题和训练题,要求学生在课堂上或课后完成。对此,教师在说课设计中要明确有什么样的练习和训练安排,以及安排这些练习和训练是出于什么样的考虑等。

(八)说过程

说过程,是教师说课设计的主体,也是说课的重点。通过对教学过程设计的解说,才能让他人了解说课教师的教学安排及其是否科学合理,也让他人了解说课教师的教学思想、教学方法、教学手段、教学风格等。

教学过程一般由引入新课、新课教学、教学小结等环节构成,说教学过程的设计可以从这些方面展开。第一,教学结构。教学结构要有过渡自然的教学环节、清晰的教学思路、一脉相承的线索、逐步推进的层次等。说课设计要把教学的基本环节、思路等说清楚,对每一个教学环节教什么、怎样教、为什么这样教等问题做简明扼要的交代。第二,互动环节安排。在说课设计中,要把师生之间的互动说清楚,哪个环节能够激发学生的兴趣,采用什么方法激发学生的探索热情,如何提出问题并将问题引向深入,引导学生思考等。第三,重难点处理。说课设计要明确突出重点和突破难点的方法,并分析如何运用这些方法解决问题。

(九)说反思

课前说课要说教学预测,即说课者课前对教学设计可能产生的教学效果的预测,主要是对学生参与教学活动的主动性、深广度的估计,学生达成教学目标状况的估计。课后说课则应写教学反思,就是教师以自己的教学活动作为反思对象,对自己的教学行为,以及由此产生的结果进行审视和分析。

说反思可从以下几个方面进行:教学目标是否以促进学生的发展为根本宗旨;教学内容是否合理科学;教学方法是否恰当;教学过程是否符合新课程理念等。

说课设计虽然没有固定格式,但是说课不是宣读教案或教学设计,也不是课堂教学的浓缩,应着重说清教学过程的基本思路及其理论依据。说课过程不宜面面俱到,要有主次,对重点、难点的处理,教学过程、学法指导等应该详说,而对教学目标、教法、媒体运用、实践安排等可以略说。教师在说课中要体现出创造性、新颖性,突出自己的特色和亮点。

说课的底层逻辑

案例14-1 学为中心 素养导向
——"实现中华民族伟大复兴的中国梦"说课案

一个理念

课程标准指出,高中思想政治课程是一门以培育社会主义核心价值观为目的,帮助学生确立正确的政治方向、提高思想政治学科核心素养、增强社会理解和参与能力的综合性、活动型学科课程。学生的活动体验(思维活动)是思想政治学科核心素养发展的重要途径。因此,教学设计需要考虑"学科内容如何活动化"、如何关注学生学习、如何开展学习活动、如何落实学科核心素养等问题。

二种视角

教什么?学什么?怎么教?怎么学?

学习目标:

1.政治认同:分享身边的党员故事,认同党员所做"小事"中的"伟大",进而理解"四个伟大"及其辩证关系,更加坚定党的领导,对中国梦的实现充满信心。

2.科学精神:通过探究与分享,明确中国梦的本质以及实现中国梦的途径。

3.公共参与:通过"在湖州看见美丽中国",帮助学生架构个人梦与中国梦的关联,鼓励学生从身边小事做起,为美丽湖州建设贡献力量,增强其社会责任感、提高参与公共事务的积极性。

重点:中国梦的本质。

难点:"四个伟大"及其辩证关系。

三个环节

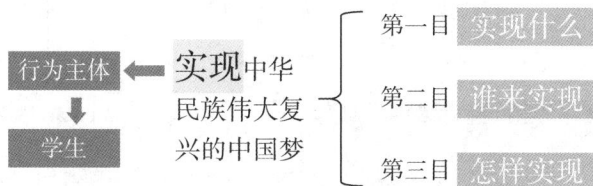

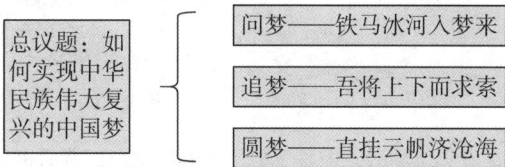

四个要素

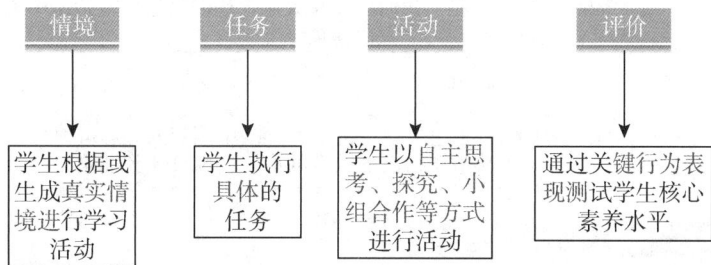

环节1:问梦——铁马冰河入梦来 导入:歌词《最初的梦想》(课前播放)

情境	任务	活动
陆游: 夜阑卧听风吹雨,铁马冰河入梦来。 龚自珍: 我劝天公重抖擞,不拘一格降人才。	你的梦想是什么?陆游或者龚自珍的梦想是什么?我们的梦想与他们的梦想有关系吗?为什么?	各小组交流讨论,小组代表发言

评价

水平	学生关键行为表现
水平1	能够简单谈论自己及古人的梦想实现的可能性
水平2	能够谈论梦想实现的可能性,并分析原因
水平3	能够对比谈论古今梦想实现的可能性,总结根本原因
水平4	能够条理清晰地分析原因,表达古今时代背景的差别

设计意图:明晰梦想与时代的关系,清楚我们今天要实现的是伟大复兴的中国梦。这是近代以来无数仁人志士共同的梦想,也是中国共产党人孜孜以求的梦想。

情境	任务	活动	评价
中国梦是绚丽多彩的，而我们每一个人手中都有一只画笔，可以为中国梦涂上我们想要的颜色……	如果让你为中国梦上色，你会选取哪一种颜色？为什么？	小组讨论，组内交流观点，并派代表进行发言	

颜色	原因	共性	本质
红	经济、民生等事业攀升；吉祥喜庆……	最大公约数 最大同心圆	国家富强 民族振兴 人民幸福
蓝	海洋经济；和平；朴实……		
绿	生态环境；美丽中国；可持续发展……		
黄	土地；劳动；生机……		

水平	学生关键行为表现
水平1	能够简单说出选取什么颜色
水平2	能够具体阐述选取该颜色的理由
水平3	能够条理清楚地对选取理由进行阐述，多点、多角度
水平4	能够结合国家时政、社会热点等事例，条理清楚地对选取理由进行阐述

学科核心素养达成的水平评估表(政治认同、科学精神)

共识
中国梦是五彩斑斓的，但是看似不一样的颜色的背后也有共同的基础——我们对自己所生活的这片土地的期许，这种共识就是"最大公约数"，因为有了共识，我们才能心往一处想，劲往一处使，才会有凝聚力，也就是"最大同心圆"。由此，我们可以从大家上述的描述中概括出中国梦的本质：国家富强、民族振兴、人民幸福

设计意图
通过"我"为中国梦上色的学生活动，感受中国梦的五彩斑斓与每一个人息息相关，引导学生从中概括出中国梦的本质，由具体到抽象，突出重点

环节2：追梦——吾将上下而求索

情景	任务	活动	评价
自从1840年以来，中华民族陷入了较长一段时期的内忧外患之中，列强环伺，民生凋敝……李鸿章说这是"三千年未有之变局"，不同阶级的代表人物，面对中华民族所面临的时代困局，先后提出了自己的社会理想和解决方案	完成下列表格，近代以来中国人的梦想(课前)	组内交流分享并完善表格，小组代表发言	

代表人物	阶级	社会理念	所做的努力
曾国藩、李鸿章	地主阶级洋务派	解除内忧外患，实现富国强兵，以维护清朝统治——洋务运动	创办新式企业、开创报刊、培育新式人才、选派留学生、架设电报、修建铁路
康有为、梁启超	资产阶级维新派	倡导学习西方，提倡科学文化，改革政治、教育制度，发展农、工、商业等的资产阶级改良活动——戊戌变法	改革政府机构，裁撤几官，任用维新人士；开办新式学堂吸引人才，翻译西方书籍，传播新思想；训练新式陆军海军，乡试考试废除八股文
孙中山、黄兴	资产阶级革命派	中国同盟会——驱除鞑虏，恢复中华，创立民国，平均地权	创立兴中会、中国同盟会；积极发动多次武装起义，辛亥革命推翻了统治中国几千年的君主专制制度，建立起共和政体，推动思想解放
李大钊、陈独秀	无产阶级	实现共产主义社会，每个人的自由发展是一切人自由发展的条件	新民主主义革命；中国共产党诞生

维度	等级
积极参与资料搜集、整理	
与小组同学主动配合	
搜集信息充分、精当	
流利表达小组观点	
对理想变化及成败结果认识深刻、独到	

学生自评评价表

结论　由这条探索之路可以看出，无数的仁人志士们也用他们手中的画笔、绘画着他们的梦想，为中国梦增添了几分历史韵味，所以中国梦不仅仅是五彩斑斓的，这些色彩也是浓厚的。追梦之路长漫漫，在不断探索中我们失败过，好在我们能够及时吸取经验教训，找到了一条适合中国发展的道路，找到了能够带领我们走向复兴的政党——中国共产党，他是我们逐梦路上的领跑者！

设计意图　通过学生搜集信息进行探究，从历史角度感悟中国梦的历史积淀，并形成对中国共产党在逐梦路上领跑地位的认同

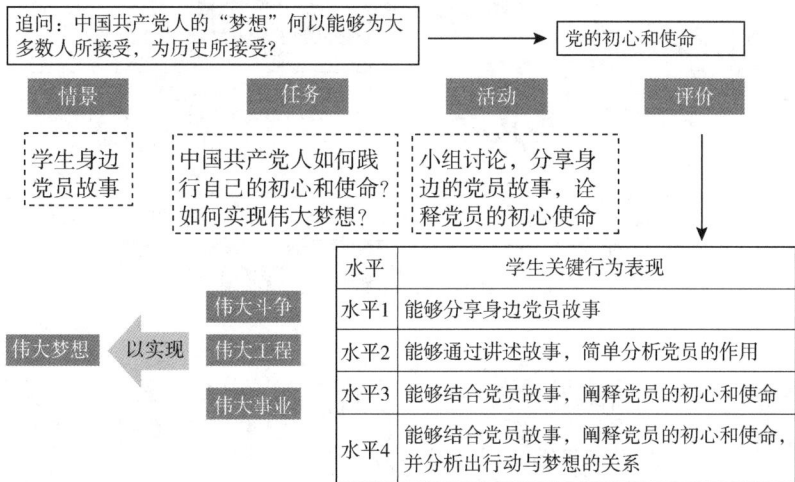

追问：中国共产党人的"梦想"何以能够为大多数人所接受，为历史所接受？　→　党的初心和使命

情景	任务	活动	评价
学生身边党员故事	中国共产党人如何践行自己的初心和使命？如何实现伟大梦想？	小组讨论，分享身边的党员故事，诠释党员的初心使命	

伟大梦想　←以实现　伟大斗争　伟大工程　伟大事业

水平	学生关键行为表现
水平1	能够分享身边党员故事
水平2	能够通过讲述故事，简单分析党员的作用
水平3	能够结合党员故事，阐释党员的初心和使命
水平4	能够结合党员故事，阐释党员的初心和使命，并分析出行动与梦想的关系

学科核心素养达成的水平评估表(科学精神、政治认同)

结论　从大家分享的故事中我们可以发现，党员们在面对困难时都选择了迎难而上，这是一种斗争精神；他们坚守岗位、无私奉献、发挥先锋模范作用，打造了一支自身过硬的队伍；他们这样做其实就是在践行中国特色社会主义思想，就是在发展中国特色社会主义、推进中国特色社会主义伟大事业。总结而言，进行伟大斗争、推进党的建设新的伟大工程、推进中国特色社会主义伟大事业都是为了实现伟大梦想

设计意图　通过身边的真实情境，使学生发现、认可身边党员的先锋模范作用，认同党在追梦路上的领导作用；与学生交流对话中帮助学生理解掌握"四个伟大"的内涵及其之间的关系，将抽象知识具体化，突破难点

追梦路上的领跑者是中国共产党。中国共产党结合中国的具体国情，提出要分两步走建成社会主义现代化强国：第一个阶段基本实现社会主义现代化；第二个阶段建成富强民主文明和谐美丽的社会主义现代化强国。践行两步走战略，各地都在努力，湖州也不例外

| 情景 | 任务 | 活动 | 评价 |

情景：《在湖州看见美丽中国》（视频）

任务：要让更多的人在湖州看见美丽中国，湖州还要在哪些方面更加努力？作为湖州人，我们应该如何贡献自己的力量？

活动：小组讨论，总结组内问题及对策，小组代表发言

在湖州 IN HUZHOU 看见美丽中国 SEE BEAUTIFUL CHINA

维度	等级
积极参与组内讨论	
提出问题真实具体、对策有针对性	
能分角度阐述观点	
流利表达组内观点	
对个人梦与家国梦有深刻认识	

学生自评评价表

结论：为实现中国梦，党提出了分两步走战略，各地应积极响应与践行。作为一名湖州人，我们也可以针对湖州存在的问题，贡献自己的力量，让更多人在湖州看见美丽中国。我们是逐梦路上的主力军

设计意图：通过分析湖州存在的问题，思考"我"能作出的贡献，使学生具象化理解"分两步走战略"的践行以及青年人对于梦想实现的作用，培养学生的政治认同和公共参与核心素养

环节3：圆梦——直挂云帆济沧海

| 情境 | 任务 | 活动 | 评价 |

情境：在中国共产党的带领下，我们一起走在实现中国梦的路上，站起来、富起来、强起来……2023年我国顶住外部压力、克服内部困难、国民经济回升向好，全年国内生产总值1260582亿元，主要预期目标圆满实现，全面建设社会主义现代化国家迈出坚实步伐。

每一代人有每一代人的可爱，每一代人也有每一代人的苦恼。其实从来没有哪一代人是轻松的，但却有那么一代人足够幸运，可以用自己的奋斗见证伟大——我们咬紧牙负重前行，是因为我们正是这被历史选中的一代。
——摘自《你最牛的背景，是今天的中国》

任务：未来的中国会如何？吾辈青年又当如何？大家对于家国梦、个人梦的实现有信心吗？做好准备了吗？

活动：自主思考与感受

大胆做梦
勇敢追梦
成功圆梦

板书设计

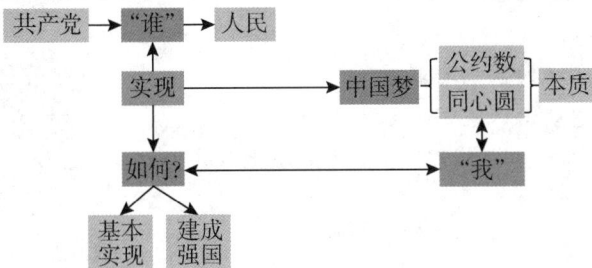

教学反思

学为中心　素养导向

▲ "学为中心"指以学生的学习为中心，新课改价值取向从强调知识、技能传授转向促进学生能力素养发展，教师的角色由讲授者转向学习活动的设计者、学习方法的指导者、学习过程的调控者、学习活动的组织者和评价参与者。

▲ 以学习为中心的教学是与"活动型学科课程"实施的理念相契合的。

▲ 本课是对"学为中心"教学路径的一次有益尝试。

一个理念 --- 二种视角 --- 三个环节 --- 四个要素

（本说课案例由湖州市第二中学王兰兰提供）

[讨论与交流]根据中学思想政治课说课的要求，对该说课案例进行评析。

本讲小结

中学思想政治课说课，是指中学思想政治课教师在备课的基础上于课前或课后运用口头语言向同行、专家、领导系统阐述如何以教育教学理论为指导，依据课程标准和教材以及学生实际情况进行教学设计的一种教学研究活动。这种活动与备课、上课、评课既有联系又有区别，具有灵活性、科学性、交流性等特点，具有增强实效、提高质量、促进素质等功能。说课设计要符合坚持科学性、突出创新性，体现理论联系实际等要求，内容设计主要包括说教材、说学情、说目标、说重难点、说教学过程、说板书设计以及说教学反思等方面。

课后思考

1.谈谈说课与上课的区别与联系。

2.简述中学思想政治课说课的基本要求。

3.选择一节模拟教学实训课,并在此基础上开展说课设计。

第十四讲
课后思考参考答案

资源拓展

[1]吕爽.说课[M].长春:东北师范大学出版社,2016.

[2]林显国.说课艺术[M].北京:中国林业出版社,2000.

[3]罗越媚.中学政治课教学设计与说课稿选编[M].广州:暨南大学出版社,2020.

[4]焦旭召,李利华.初中道德与法治高效精准说课的策略[J].中学政治教学参考,2021(42):76-77.

[5]陶永华,崔梦琦.高中思想政治说课案例及评析[J].新课程研究(下旬刊),2012(10):126-129.

第十四讲　教学课件

第十五讲

中学思想政治课教学评价设计

　　教学设计与实施者都希望知道自己的教学设计与实施是否满足了学生发展的需要,或者说,他们都想知道自己的教学系统设计与实施在实现其教学目标的意义上是否达到积极效果。这就意味着教学设计与实施既要解决设计与实施"何为""如何"的问题,还要关注设计与实施得"怎样"的问题。教学实践强调"教—学—评"一致性,作为检验、促进教学质量的重要手段的教学评价,对教学的导向、诊断、激励和改善都具有重要意义。因此,中学思想政治课教学评价设计问题也就成为中学思想政治课教师关注和探讨的理论与实践问题。

学习要点

1.中学思想政治课教学评价的内涵。

2.中学思想政治课教学评价的过程设计。

3.中学思想政治课教学评价的标准设计。

4.中学思想政治课教学评价的方法设计。

　　有目的、有意义的学习结果的有效性评价是有效教学设计与实施的终点。研究教与学效果的检测与评价问题的理论与实践,也就成为教学设计与实施的有机组成部分。那么,通过什么方式获取教师和学生的反馈信息,用什么样的标准和方法检测和评价教师的教和学生的学的效果,这些都需要进行科学设计。本讲探讨的主要问题包括中学思想政治教学评价的含义、类型、程序、标准和方法等。

一、中学思想政治课教学评价的概述

(一)中学思想政治课教学评价的界定

1.教学评价的界定

　　教学评价的定义是一个颇有争议的问题。这主要与不同时期人们对评价的理解不同有关。如有"课程评价之父"之美誉的泰勒把教学评价过程的实质看作是"一个确定课程与教学计划实际达到教学目标的程度的过程"[①];克龙巴赫提出,评价是"为做出关于教育方案的决策,搜集和使用信息"[②];加涅把评价定义为"做决策而对资料进行收集与分析"[③]。而其后的评价专家们则大多数认为评价应是作出价值判断的过程,如美国教育评价标准联合委员会1981年对评价的定义就是:对某些现象(方案、设计或者内容)的价值如优缺点的系统调查。[④]

当前,国内学术界提到"评价",大多把它与"判断""价值"等概念联系起来。比如,陈玉琨认为:"从本质上说,评价是一种价值判断活动,是对客体是否满足主体需要的判断。"[⑤]关于教学评价内涵的界定,有的学者将教学评价等同于学生评价,认为教学评价是教学中对学生知识、技能、情感、价值观等方面学习与发展的评价[⑥];有学者认为教学评价是指对教师教学工作,特别是课堂教学的评价[⑦];但是,大多数学者认为教学评价同时涵盖对学生的评价和对教师教学的评价[⑧]。

教学评价涉及教学目标、教学过程、教学方法、教学内容、授课质量、学习条件等多个领域。我们认为,教学评价是指依据一定教学原理和教学目标,制定科学的评价标准,运用有效可行的评价手段和方法,对教学过程及其结果进行测量并予以价值判断。

2.中学思想政治课教学评价的界定

中学思想政治课作为一门为实现立德树人根本任务的关键课程,其课程性质决定了中学思想政治课教学评价既有教学评价的共性,又有区别于其他学科教学评价的特点。

我们认为,中学思想政治课教学评价是指根据中学思想政治课程标准,运用有效可行的评价手段和方法,对中学思想政治课教学活动及其效果进行测量并予以价值判断。据此,我们可以看出中学思想政治教学评价大体上包括四个基本要素。

第一,评价对象。中学思想政治课教学活动及其效果是教学评价的对象。对这一对象的评价要建立在对有关信息收集、整理、分析的基础之上。否则,评价就成为无源之水、无本之木。

第二,评价标准。中学思想政治课程标准已经确立了课程目标、学业质量标准以及教学评价建议等内容,教师可以据此确立教学目标。其中,对课程目标及其学业质量标准的理解和把握是科学合理评价的关键。

第三,评价手段和方法。评价过程需要收集信息,作出评价结论,这些都离不开切实可行的评价手段和方法。

第四,价值判断。价值判断是中学思想政治课教学评价的根本,这就需要评价主体

① 泰勒.课程与教学的基本原理[M].施良方,译.北京:人民教育出版社,1994.
② 瞿葆奎.教育学文集教学评价[M].北京:人民教育出版社,1989:164.
③ 加涅,等.教学设计原理[M].王小明,等译.上海:华东师范大学出版社,1999:258.
④ 张华.课程与教学论[M].上海:上海教育出版社,2000:372.
⑤ 陈玉琨.课程改革与课程评价[M].北京:教育科学出版社,2001:137.
⑥ 易凌峰.多元教学评价的发展与趋势[J].课程·教材·教法,1999(11):11-13.
⑦ 叶澜,吴亚萍.改革课堂教学与课堂教学评价改革:"新基础教育"课堂教学改革的理论与实践探索之三[J].教育研究,2003,24(8):42-49.
⑧ 田汉族.第三代教学评价理论交往:发展性教学评价研究[J].湖南师范大学教育科学学报,2002(3):21-27.

力求做到对被评价者进行科学、合理的判断。

(二)中学思想政治课教学评价的类型

教学评价的类型,是指依据一定的标准而划分出的教学评价的种类。教学评价的类型很多,从不同的角度和标准可以划分出不同的评价类型。中学思想政治课教学评价主要有以下几种划分标准和类型。

1.评价对象:对教师教的评价和对学生学的评价

对教师教的评价主要是指对教师实施教学情况进行的评价,如对教师的课堂教学、教学思想、教学态度、教学能力、职业修养、课后辅导等方面的评价。对学生学的评价主要是对学生的学习过程和学习结果进行评价,如对学生的学习行为表现、学业成绩等方面的平时考查和定期考试等。

2.评价基准:相对评价、绝对评价和自身评价

相对评价是指以评价对象的整体水平为参照系数,由评价对象的具体情况来确定评价标准,然后利用这个标准来评定每个评价对象在整体中的相对位置的评价方式。绝对评价是指以课程标准为基准,在评价对象群体之外确定一个客观标准,然后将每一个评价对象的发展状况与这一客观标准相比较,以判断其达到程度,该评价不受评价对象群体状况和水平的影响。自身评价既不在被评价群体之内确立基准,也不在群体之外确立基准,而是将被评价者个体的过去和现在进行比较,或是将其若干方面进行比较。

3.评价功能:诊断性评价、形成性评价和终结性评价

诊断性评价也称为前置评价,是指正常教学活动开始前对学生学习在认知、能力和情感态度价值观方面的学习情况而进行的"摸底"评估。形成性评价是对教学过程中学生的学习表现、学习成绩等方面发展状况作出的及时评价,是为及时反馈、调整和改进教学工作,使教学效果更好而进行的评价。终结性评价又称为事后评价,是在教学活动告一段落后,为了解教学活动的最终效果而进行的评价,其目的是检验学生的学业是否最终达到教学目标的要求。

4.评价方法:定性评价和定量评价

定性评价是对评价作"质"的分析,运用分析与综合、比较与分类、归纳与演绎等逻辑分析方法,对评价所获得的数据资料进行思维加工,分析的结果是描述性材料,能逼真地反映教学现实,从而弥补量化评价方法的不足。定量评价是从量的角度出发,运用统计分析、多元分析等数学方法对教学过程各要素所进行的数量分析和评判,总结出规律性的结论,统计分析的结果比较客观、精确、可靠,但它不能测量出许多难以量化的内容。

(三)中学思想政治课教学评价的原则

在"教—学—评"一致性原则下,中学思想政治课教学评价是衡量、提升教学质量的重要方式和手段,具有诊断、激励和改善等功能,应该符合基本要求,遵循以下主要原则。

1.发展性原则

所谓发展性评价,是指在以人为本的思想指导下,关注学生发展、教师素质提高和教学实践改进的一种形成性评价。①发展性原则是中学思想政治课教学评价中最重要的原则,它体现了基础教育新课程深化改革背景下的教学评价理念。坚持发展性原则主要有以下几点要求。

第一,坚持素养导向。以学生思想政治核心素养发展水平为评价对象,围绕课程学业质量标准,对学生核心素养发展水平进行全面、综合评价,促进学生全面发展。

第二,关注形成性评价和诊断性评价。根据不同学生的学习基础和个性特征,确立学生增值性评价标准,通过评价实现不同层次学生都能在原有基础上获得发展。

第三,强化过程性评价和表现性评价。根据中学思想政治课教学实践性、体验性等特点,对学生学习过程中的典型行为和态度特征进行全面评价,激发学生内在的发展需要。

2.全面性原则

全面性原则是指在进行教学评价时,要对构成教学活动的不同方面进行多角度、全方位的评价,切忌以点带面,以偏概全。贯彻全面性评价原则,主要有以下几点要求。

第一,评价内容要全面。评价指标体系既要关注结果评价,也要关注过程评价。例如对学生的学习评价,要看关键行为反映的学科核心素养整体情况;对教师的课堂教学评价,要通过教学目标、教学内容、教学方法、教学过程、教学效果等方面进行整体评价。

第二,评价信息要全面。无论是对教师的评价还是对学生的评价,都要听取多方面的意见,收集各方面的信息,为分析判断评价信息和作出正确价值判断提供客观依据。

第三,评价手段和方法要全面。要利用多种评价手段和方法,把定性评价与定量评价结合起来,把分数评价、等级评价和语言评价结合起来。

3.客观性原则

客观性原则是指教学评价必须坚持实事求是的态度,做到公正、公平,能够给教师的教和学生的学以真实的价值判断,而不能凭主观臆断或掺杂个人感情色彩。坚持客观性原则要符合以下几点要求。

第一,评价标准客观,不带随意性。

第二,评价方法客观,不带偶然性。

第三,评价态度客观,不带主观性。

4.科学性原则

科学性原则就是指教学评价应做到科学化,即评价目标、评价标准、评价程序、评价手段等环节的科学化。坚持科学性原则要符合以下几点要求。

第一,坚持实事求是的科学态度。对教师的教学和学生的学习评价,要以其行为表现和发展为事实依据,不得主观臆断和弄虚作假。

第二,确立科学的评价目标。要本着以评促教、以评促学的原则,制定出教师和学生的具体评价目标,并对评价目标进行科学排列,使评价目标得以优化。

第三,制定科学的评价体系。要从教与学相统一的角度出发,经过调查研究,以教学目标体系为依据,确立综合衡量教与学的统一评价指标体系。

---

① 杨学良,蔡莉.关于发展性教学评价的理论研究[J].教育探索,2006(7):45.此处有改动.

第四,设计科学的评价程序。从制订评价计划、进行调查了解、收集资料、分析整理资料到作出评价结论和进行信息反馈,都应精心安排与设计。

第五,运用科学的评价方法。开展教学评价要把形成性评价与终结性评价、定量评价与定性评价结合起来,既要看发展结果,又要看其努力程度。

5.可行性原则

可行性原则是指教学评价要具有可操作性,切实可行。贯彻可行性原则,要符合以下几点要求。

第一,评价标准和指标体系的制定要从实际出发。既要符合课程标准的统一要求,又要充分体现学生发展实际。评价标准的水平要求要适中,评价指标体系既要全面完整,又要简明具体,使评价项目能看得见、想得到、抓得住。

第二,评价的组织实施及其方法要力求简单高效。否则,复杂的评价组织和实施方式、方法将使人感到疲劳与厌倦,进而降低评价效率。

二、中学思想政治课教学评价程序的设计

中学思想政治课教学评价程序是由若干环节和步骤组成的复杂过程。尽管基于不同层次、不同性质、不同模式的评价会有所不同,但一般都是按照制订评价计划(确定评价目的、设计评价指标体系)、实施评价计划(收集分析信息、进行价值判断)和产生评价报告(处理评价结果)三个阶段或环节开展教学评价。

(一)确定评价目的

确定评价目的,即解决"为什么而评价"的问题。确定评价目的是设计和实施中学思想政治课教学评价的首要环节。评价目的的确定直接影响评价方案的设计,决定在评价过程中评价指标体系的设计、评价方法与手段的选择,以及评价者应该收集和获取哪些评价信息,用什么技术和手段来处理评价信息等。

不同的评价活动具有不同的目的。在实际教学评价中,评价的目的可能是一个也可能是多个。传统的中学思想政治课教学评价主要是为了对评价对象与评价指标的适应程度作出区分和认定。新课程评价的根本目的是促进教师对教学的反思与提高,即通过评价为中学思想政治教学提供有效的诊断和反馈,改进教学策略,以促进学生更好地发展。

(二)设计评价指标体系

在确定评价目的的基础上,要确立评价指标体系来解决"评价什么"的问题。中学思想政治课教学评价指标体系是指对所确定的思想政治课教学评价目的进行分析,将目的分解成若干个行为化的、可测量的评价指标,并形成一个有机联系的整体,主要反映评价的内容指标和评价的权重系数或等级安排。设计评价指标体系应该明确其设计依据和基本要求。

1.设计评价指标体系的依据

设计中学思想政治课教学评价指标体系,应依据中学思想政治课的课程性质、课程理念、课程内容、学业质量的基本追求和基本原则,结合不同评价目的和评价对象的实际情况来进行。如果评价是为了促进学生发展,评价指标体系的设计就应该以质性指标为主,用质性指标统整量化指标;如果评价的目的是鉴定水平或选拔淘汰,评价指标的设计就应该以量化指标为主,以确保其客观性、公正性。另外,评价对象不同,评价的内容和指标体系也会不同,比如教学评价和学生评价就要设计不同的评价指标体系。

2.设计评价指标体系的基本要求

中学思想政治课教学评价指标体系的设计,应符合以下基本要求。

第一,指标应具有代表性、关键性特征,能够起到标志和区分教学水平和教学效果的作用。

第二,指标应尽可能具象化、可观测,从而减少评价中可能出现的主观臆断,提高评价的可信度。

第三,各指标应相对独立,既不能重叠,又要有一定的内在相关性。

第四,指标权重得当,根据各个评价指标在学科知识体系、生活实践以及学生学科核心素养发展中的地位和作用赋予适当的权重。

(三)收集分析信息

明确中学思想政治课教学评价的目的,设计好评价的指标体系之后,就要通过系统收集证据来说明。对照评价指标体系收集、分析、解释这些证据的方法总称为评价方法。①这是回答"如何评价"的问题,也是作出科学的评价结论的必要条件和基础性工作。

对教师的教学评价,主要收集体现教师的教育思想、业务素质、教学态度、教学方法和效果、教学成绩、是否爱护和尊重学生、能否对学生的学习给予有效指导等方面的信息资料,以及教师自评和来自同行、学生、领导与家长等相关人员的评价信息资料。

对学生的学业评价,主要收集两部分的信息资料:一是表明学生中学思想政治课学习状况和思想政治素质的相关资料信息,如学生的作业、测验、研究性学习报告、小论文、问卷调查表、综合探究过程记录等;二是来自各方面对上述指标的评价,如教师给学生的等级、分数、评语、改进意见以及学生的自我评价记录、同伴的观察记录与评价和家长或其他社会成员的评价信息资料。

为保证评价信息的全面性、可靠性和有效性,收集评价信息资料应注意以下几点。

第一,尽量多渠道收集信息,扩大信息的来源。

第二,结合评价目的和内容有针对性地收集信息。

第三,注意质性评价信息的收集,带有评语的原始资料比单纯的分数、等级更重要。

第四,收集的信息既要涵盖评价对象发展的优势领域,也要涵盖评价对象发展的不足领域。

---

① 加涅,等.教学设计原理(第五版修订本)[M].王小明,等译.上海:华东师范大学出版社,2018:342.

在收集信息资料的基础上,应根据预设评价指标体系的内容对获取的资料进行编码和归类整理。能否对评价资料进行科学的归类,直接影响评价结果的信度和效度。

(四)进行价值判断

这一阶段主要是在收集、整理、分析信息资料的基础上,依据价值事实和评价标准,对中学思想政治教与学的情况作出结论性的价值判断。这就需要评议评分,即对定性评价资料的评议和对定量测评资料的评分。这是回答"评价得如何"的问题,也是中学思想政治课教学评价的关键性工作。

评议评分的价值判断可以是等级判定,如合格、不合格或优、良、中、差等形式,也可以是分数评定、综合评价意见等形式。在对定性资料进行评议时,要理清资料的时间顺序,并尽可能再现当时情境,能全面客观地反映评价对象当时的状态、水平和发展状况,力求符合其个性特征;对定量测评资料进行评分,必须严格按照已设计好的评价指标体系。

(五)处理评价结果

分析和处理评价结果是中学思想政治课教学评价活动的最后一个阶段,它将直接关系到评价作用能否充分发挥和发挥得如何。这一阶段主要是做好以下几个方面的工作:

第一,形成综合判断。形成综合判断就是从总体上对教师的教学和学生的学习情况形成定性或定量的综合评价意见或评价报告。在形成综合判断时,要将正式与非正式、定性描述与定量描述有机结合起来,评价语言多采用激励性的语言,从而使评价对象真切地感受到评价是一种真实的、人性化的关怀。

第二,分析诊断原因。为了更好地帮助评价对象认识发展中的问题并提出改进策略,在形成综合判断的基础上还需要细致分析评价过程中得到的信息,全面系统地评议评价对象在教学上的优缺点及其形成原因,以帮助他们更清楚地认识自身所存在的问题并找出问题的症结所在,从而有针对性地加以改正,促进评价对象更好地发展。

第三,估计评价质量。全部评价工作结束以后,评价者有必要根据评价中所遇到的问题和评价结果对本次评价活动的质量进行估计。对评价活动质量的评估,有利于教师发现评价方案中尚且存在的问题,为进一步修改评价方案提供科学依据。

第四,反馈评价信息。对于中学思想政治课教学评价活动所获得的信息需要及时进行反馈,一般需要进行多方面的反馈:一是将评价信息反馈给学生,帮助他们有针对性地改进学习和核心素养发展中存在的不足之处,促进学生各方面的良性发展;二是反馈给教师,引导教师自身发展以及教师同行之间相互借鉴、相互促进、共同发展;三是反馈给有关领导部门,为上级做出科学决策提供重要依据;四是在必要的时候反馈给家长和有关社会人士,让他们对教学工作有更多的了解,并给予更多的关注、支持和配合。

三、中学思想政治课教学评价标准的设计

教学评价涉及价值观念、学习态度、过程表现、学业成就等多方面,贯穿教学的各个环节,且教学评价的种类很多,因此不同类型的教学评价,其评价设计的内容和形式上会

有所不同。在此,从教与学的角度对教学评价的标准进行分析。

(一)教师课堂教学评价标准设计

对教师的教学方案或课堂教学的评价,可以从教学内容分析、学习者特征分析、教学策略选择、教学资源和教学手段设计、教学过程设计、学习评价设计等方面进行衡量。但是,从教师发展性评价角度看,好的课堂教学应具备完整性、规范性、可行性、创新性等特征。

1.教学目标全面具体

教学目标是课堂教学质量评价的重要指标。教学目标应包含三个方面的内容:课程标准规定的学生应具有的核心素养;学生的主体性发展,即学生对学习的选择性和对社会的适应性以及创造性思维能力的发展;各个层次的学生都能获得创造或成功的心理体验,感受到课堂生活的乐趣和愉悦。

2.教学内容科学合理

教学是教师对教材进行二次开发的过程,教学内容应既基于教材又不拘泥于教材。好的课堂教学内容应具备以下四个特征:正确理解并根据学生的实际水平和特点创造性地使用教材,合理确定重难点,让学生掌握扎实的基础知识和学科基本结构,并反映现代科学技术和学术新成果;教学内容具有挑战性,能激发学生的学习兴趣和求知欲望,能引导学生积极参与、积极思考;重视教学内容的文化内涵,体现科学性和人文性的融合;关注和体现教学的实践性,培养学生理论联系实际的能力。

3.教学过程科学高效

教学过程科学高效主要表现在六个方面:要求教学思路清晰,教学结构紧凑,过渡自然,环环相扣;教学紧紧围绕教学目标展开,重点突出,突破难点;尊重学生主体地位,创设宽松、民主的课堂氛围,师生关系融洽;精心设计教学活动,调动学生积极思考,引导学生参与教学,各项教学技能运用恰当,教学手段运用得体;教学方法、手段围绕教学目标,为实现教学目标服务;激发学生学习兴趣,引导学生进行自主、合作、探究学习。

4.专业素养全面规范

教师的专业素养主要表现在四个方面:课堂驾驭能力,能较好地对课堂教学进行组织、管理和监控,根据课堂上不同的情况调节课堂教学节奏,调整课堂教学内容与教学结构,合理分配教学时间等;实践操作能力,教师能够灵活运用现代教学媒体资源,体现教育性、科学性、技术性、艺术性和经济性等;语言表达能力,教学语言规范、精练、简明、生动,板书设计合理,字迹清楚规范;人格特征,教师应具有热情、真诚、民主、平等以及换位思考等品质。

一节好课的评价标准很多,评价标准的设计也没有固定模式。教育主管部门、教研机构、学校可以结合本地、本校的实际,制定各具特色的切实可行的课堂教学评价标准。但是,归根结底,好课的评价标准就是实现了课堂教学目标,促进了学生的发展。

案例15-1 某中学思想政治课堂教学评价量表

项目	评价内容	评价标准	分值
上课	教学目标	目标设置明确,符合课标要求和学生实际	8
	教学内容	重点内容讲解明白,教学难点处理恰当,关注学生已有知识和经验,注重学生能力培养,强调课堂交流互动,知识阐释正确	12
	教学方法	按新课标的教学理念处理教学内容以及教与学、知识与能力的关系,较好落实教学目标;突出自主、探究、合作等学习方式,体现多元化学习方法;实现有效师生互动	10
	教学过程	教学整体安排合理,环节紧凑,层次清晰;创造性使用教材;教学特色突出;恰当使用多媒体课件辅助教学,教学演示规范	24
	教学素质	教态自然亲切、仪表举止得体,注重目光交流,教学语言规范准确、生动简洁	8
	教学效果	按时完成教学任务,教学目标达成度高	10
	教学创新	教学过程富有创意;能创造性地使用教材;教学方法灵活多样,有突出的教学特色	12
板书	内容匹配	反映教学设计意图,突出重点、难点,能调动学生主动性和积极性	4
	构图	构思巧妙,富有创意,构图自然,形象直观,教学辅助作用显著	8
	书写	书写快速流畅,字形大小适度,清楚整洁,美观大方,规范正确	4
合计			100

[**讨论与交流**]分析上述教师课堂教学评价量表设计的特点。

在教育的漫漫征程中,什么样的课才能称之为一堂真正的好课?这是每一位教师不断思索与追寻的问题。400多年前,夸美纽斯就说过,好的教学是迅捷、愉悦和彻底的,是都能做到的。虽然说任何课都有其价值,但是真正的好课与一般的好课是不同的,不同点在于它具有特殊的价值。评价真正好课仅靠一般好课的标准是不够的,应该高于一般好课的标准。具体地说,真正好课应该关注以下几方面的指标:

第一,示范性。一堂好课应该是具有较强示范性的课。也就是说,好课对广大教师具有普遍示范、学习推广的价值。例如,体现出先进的教育教学理念,教学策划、组织具有较高的科学性、艺术性,上课时潇洒自如,教学设计新颖独特,课堂安排合理有效,教学体现出扎实的教学基本功,教师个性特长得到有效发挥,教学既体现学科教学要求又适合学生发展需求等。

第二,创新性。一堂好课应该是有创新、有亮点的课。在教学实践中,我们会发现,如果一堂课有一个环节做得好、有创意,那么就可能会对学生产生深远的影响,甚至令学生终生难忘。相反,有的课一堂课下来,没什么值得挑剔的地方,教学目标明确、教程安排合理、适时运用媒体、提问精简恰当、渗透学法指导、注重能力培养、板书相当精美、教态亲切自然……但细细品味,似乎过于平淡,没有什么令人感觉特别精彩、经典的印记。

第三,主体性。好课应该是让学生成为学习主体的课。教是服务于学,而不是服务于教,教师应该关注学生,引导学生参与课堂活动。比如说,基于情境、基于案例、基于问题的教学设计,往往有利于发挥教师的引导作用和学生的主体作用。然而,现实教学中,有些教师却往往习惯于自己唱"主角",学生当"配角",期望学生按照自己设计的课去思考。教师唱主角的课,再精彩也称不上好课。

第四,实效性。好课应该是既有效率又有收获的课。高效的课不是追求热闹的课,而是追求有内容、很充实的课。通过教学,每名学生都能在原有基础上有所提高,学生能够学有所得(知识与技能)、学有所思(过程与方法)、学有所感(情感态度与价值观)、学有所用(行为与习惯)。

第五,常态性。好课应该是既真实又值得反思的课。只要是真实的课,就是有缺憾、值得探讨、有待完善的课。参加评比的优质课之所以饱受争议,虚假不真实、表演色彩浓厚是其中的主要原因之一。因此,我们倡导常态课向优质课学习,优质课向常态课靠拢。①

资料卡15-1　一堂好课的六个基本要素②

1.清晰有效的教学目标

(1)起点清晰。即教学中所要培养的学生学科核心素养的知识起点在哪里。教学目标还必须建立在切实把握学生学情的基础之上。余文森教授说过,"教学是通过知识的学习来提升人的素养的一种教育活动""教学活动离不开知识,教学活动对知识具有绝对的依赖性"。知识起点不清,教学目标自然难明。

(2)指向清晰。指向清晰往小了说,包括横向的素养维度,即教学主要培养哪种核心素养;也包括纵向的素养高度,即学生素养所要达到的具体水平。指向清晰往大了说,还应包括我们到底想让学生成为怎样的人的大问题。既有宏观的方向,也有微观的刻画,这样的目标才是指向清晰的目标。

(3)路径清晰。对具体的学生、具体的教学而言,哪一条路径最合适,需要我们精心设计和选择。路径清晰中最关键的是,要清晰学生在教学过程中做什么(解决什么任务)、如何做(运用什么知识、采用什么方法等),以及在做的过程中学生能经历什么。

(4)效果清晰。一个好的教学目标,必然是可评可测的。这里的效果清晰,可以从三个角度加以衡量。

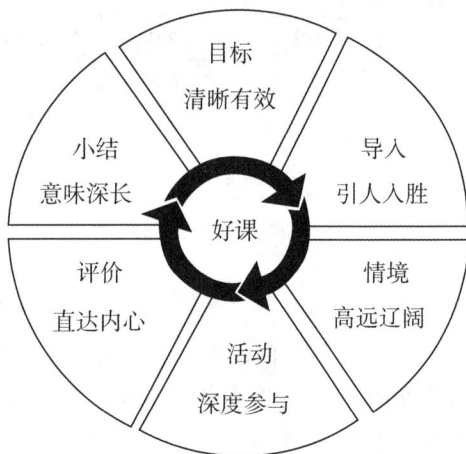

---

① 胡田庚.中学思想政治教学设计与案例研究[M].北京:科学出版社,2012:216.此处有修改.
② 王国芳.一堂好课的六个基本要素[J].教师博览,2024(5):28-32.

一是结果清晰,教学目标即教学活动所预期的学习结果明确。

二是表现清晰,即教学所要达到的目标能在学生的学习过程或结果中通过学生的相应行为表现出来,并据此进行检测和评价,而不是一个虚无缥缈的概念或名词。

三是表述清晰,即作为教学设计重要组成部分的教学目标,其文字表达即叙写必须清楚而不模糊,让人看得懂、看得明白。

2.引人入胜的课堂导入

良好的开端是成功的一半,一堂好课离不开一个精彩的导入。具体可从四个方面来看。

(1)内容指导。一节课的教学,通常不能以硬生生地"我们今天这节课来学习××"开头,而需要以一个导入自然地带出新课的教学内容。导入不能导而无物。无论是复习旧知引出新知的以旧导新,还是用课外情境导入教学内容的以外导内;无论是开门见山的直奔主题式导入,还是曲径通幽的迂回包抄式导入……共同的追求就是要引出本节课的教学内容,为接下来的新课教学奠定基础。

(2)思维指导。教学内容的背后是人的思维指导,内容指导的背后是学生的思维指导。与内容指导相比,思维指导是更高级、更深层、更隐蔽的指导。思维指导的实质是处理好内容与思维之间的关系:内容指导一旦脱离思维,就会显得机械、呆板;思维指导离开内容也会陷于虚无、乏力之窘境。一个未能激活学生思维的导入,肯定算不上理想的导入。

(3)情感指导。思维指导侧重的是学生的智力因素,而情感指导则是在非智力因素层面下功夫。学生情感的激发,包括对学习的情感、对学科的情感,是情感指导的重要构成部分。良好的情感指导,能为新课的学习提供强大的动力支持。

(4)状态指导。所谓状态指导,是指新课导入最终是要引导学生进入良好的学习状态。如果说内容、思维、情感指导侧重的是导入的具体方面,状态指导则侧重于导入的整体;如果说内容、思维、情感指导侧重的是导入的具体途径或者手段,状态指导则侧重于导入的最终目的和落脚点。

3.高远辽阔的课堂情境

教学需要联结社会、关注现实。新课标背景下,指向学科核心素养的课堂教学非常强调真实情境的创设,因为"学科内容也只有与具体的问题情境相融合,才能体现出它的素养意义,反映学生真实的价值观、品格和能力"。好的课堂需要有高远辽阔的情境。

(1)内容关联。凸显学科价值情境是为教学内容服务的,教学情境创设的最基本要求是与教学内容构成内在关联。情境要内蕴学科内容,学科内容要内生于教学情境。情境创设首先要抓住两个关键词,一个是"关联",与学科内容无关联的情境,自然不是好的情境;另一个是"强",情境与内容之间隔山隔水、费尽口舌才能勉强扯上关系的情境,就缺少强关联性,也不是好的情境。

(2)任务意识。凸显教学价值情境在课堂教学中的作用,不仅取决于情境自身的学科价值,更取决于基于情境的任务设计。再好的情境,如果没有配以精心的任务设计,就不可能有学生会参与活动,也就难以在教学过程中充分发挥其教学价值。因此,任务设计是将情境的学科价值转化为教学价值的关键所在。任务设计的效果,决定了情境创设所能达到的高度、深度和宽度。

(3)导向正确。凸显育人价值一个正面的情境,如果"导"的方向不对,可能给学生带来不利影响;一个负面的情境,如果"导"的方向正确,也可能对学生产生积极的教育作用。好的情境,一定是导向正确,凸显育人价值的,这也是情境创设的底线要求。

(4)视野拓展。凸显生命价值教学情境自然要服务于教学,但好的情境绝不止于教学。教学中的情境,链接知识与生活,联结课堂与社会,既是学生学习知识、发展能力、提升素养的重要载体和媒介,又是学生观察世界、了解社会的窗口和途径。好的情境,一方面能拓宽学生视野,让他们见之更广、思之更深、谋之更远,从而让有限的生命更丰富;另一方面,让学生在其中养成理论联系实际的正确态度、学科学习结合现实生活的良好习惯,从而激发学生的生命自觉。这是教学情境中更为宝贵的生命价值。

4.深度参与的课堂活动

所谓一堂好课,归根结底就是好在学生的学习活动的开展上。怎样的活动才是好的活动?好的活动又好在哪里? 四个字:深度参与。具体要在"通"字上着力,通则深,深则活。

(1)融通思维与实践。一般而言,学生的学习活动包括思维活动和实践活动。学生在学习活动中的参与深度,首先表现在思维的深刻性和实践的深入性上,即无论思维还是实践,都要避免流于形式、为活动而活动,而要力求深度、着眼实效。更表现在思维活动与实践活动的融通上。实际上,思维活动与实践活动并不是截然分开的,思维活动的背后一定有社会实践的支撑,否则思维活动就会流于空洞;而社会实践活动的背后也一定有思维的参与,没有思维参与的社会实践活动是机械的、低效甚至无效的。学生深度参与的学习活动一定是在思维与实践之间双向融通、能够来回切换的。这也符合马克思主义认识论的原理,认识总是在实践、认识、再实践、再认识的过程中不断深化的。

(2)联通输入与输出。从学生参与的深度来说,一个好的活动一定是一个从信息输入开始、经过信息加工、最后信息输出的完整过程。因此,考察课堂教学中的活动深度,首先应该看学生在输入环节的表现,输入了什么,是怎样输入的;其次应该看加工环节的表现,即学生是如何加工的,获得了怎样的成果;最后要看输出环节的表现,在活动中学生最后输出了什么,是如何输出的。一堂好课,至少应该有一个这样的联通输入与输出的活动。

(3)贯通目标与效果。学生学习活动一头连着教学目标,一头连着教学效果。一个没有具体教学目标或者不重视教学目标的活动,学生是难以深度参与的;一个没有形成一定结果或者不重视其结果的活动,也是谈不上学生深度参与的。一个真正好的、学生深度参与的活动,一定是能将教学目标和教学效果有效贯通的。反之,一个与目标和效果相脱节的活动,就只是一个机械的、浅层次的、为活动而活动的活动。

(4)沟通内在与外部。这里的内在与外部,主要包括两个层面:一是就活动的主体而言,是指通过活动能够有效沟通学生自我与外部世界,即通过活动要让学生进行"跟自己的交往与对话""跟他人的交往与对话"和"跟世界的交往与对话"。二是就活动的客体而言,是指通过活动能够有效沟通课内与课外、知识世界与生活世界。沟通学生与他人、沟通课内与课外,正是活动的功能所在,也是学习活动的深层价值所在。就教学而言,应该是"无沟通,不活动"。

5.直抵内心的教学评价

新课标强调"教—学—评"一致性,一堂好课自然离不开好的评价。不同的人可能会有不同的评价角度,会形成不同的看法,但有一点应该是共性的:好的评价要能直抵学生的内心深处。

(1)内容上有"根":基于表现。教学评价不是空洞的赞扬或批评,也不是抽象的点评或结论。聚焦学生真实表现的评价,才是有"根"的评价,是基于证据的评价。它令人信服,所以易为学生内心所认同,更能拨动学生的心弦,从而长出更美的素养之花。

(2)价值上有"增":素养发展。有效的评价既是教和学的"催化剂",能为教增效,为学赋能;又是教和学的"金手指",不仅能点教成"金",不断优化教,提升教师素养,也能点学成"金",不断改善学,发展学生素养。价值上有"增"的评价,更能让学生心悦诚服。

(3)过程上有"融":润物无声。教育贵在无痕,评价也是一样。真正高水平、高质量的教学评价,应力求将评价巧妙地融入教学过程当中,看上去不是在评价,但实际上评价已蕴含其中;看上去没有评价,但实际上评价又无处不在。不评而评,润物无声,化评价于无形,才更能深入学生的内心深处。

(4)效果上有"见":看见成长。如何才能让学生看得见成长?这就需要评得明白,切中肯綮而非不着边际,语言清晰而不模棱两可。评价到底能让学生看见什么?是通过评价让学生看见自己的优点与不足,让学生看清自己的进步与瓶颈,还是让学生认识自己的现状与目标,或者是让学生反思自己的行为和观念等。这其实牵涉到具体的目标问题。有所见,才能有所悟,让学生看见自己的成长,才更能发挥评价的引领和激励功能。

6.意蕴深长的课堂小结

一堂好课,离不开一个好的课堂小结。好的课堂小结有以下四种境界。

(1)水到渠成之顺。课堂小结是前面课堂教学的自然延续,一个好的课堂小结应该是水到渠成、顺理成章的事。一忌生硬突兀,造成课堂小结在内容上与前面的教学内容相脱节,甚至出现课堂小结和教学内容完全成为"两张皮"的现象。二忌人为拔高,造成课堂小结在教学立意或者情感升华上与教学过程相割裂,给人一种"喊口号"或"假大空"的感觉。

(2)画龙点睛之妙。好的课堂小结,应该是画龙点睛的一笔,能为整个课堂教学增添亮色。一忌简单重复,课堂小结不能只是前面教学内容的简化版,纯粹的内容复述式小结,充其量只是一次"温故",但不能"出新",尚在"画龙"而非"点睛"。二忌画蛇添足,课堂小结不能忘了目标,弄巧成拙,非但起不到"点睛"的功效,反倒成为课堂教学的败笔。

(3)余音绕梁之味。好的课堂小结应该能带来回响,引人回味、耐人寻味,形成课已尽而意无穷的念想。一忌语言索然,语言是思想的载体,也是展现教学魅力的重要形式,索然无味的语言是不可能带来余音绕梁的效果的。二忌内容空洞,课堂小结的吸引力,归根结底来自内容的丰盈及由此带来的智慧的润泽,从而让课堂教学引发学生的共情、共鸣,让学生沉浸在教学的美好中流连忘返。

(4)海阔天空之境。好的课堂小结要能为学生开启一个更大的天地,引领学生进入一个更宏大的知识世界,或者是一个更广阔的生活世界,又或者是一个更丰富的内心世界,是要"让学生带着问题走进课堂,带着更多的问题离开课堂"。一忌就课论课,跳不出学科知识的桎梏,拓展不了生活的宽度,升华不了情感的高度,也体会不到思维的深度。二忌急功近利,小结围着考试转、盯着分数上,忘了活生生的学生及其成长,以致课堂越来越小、教学越来越死板。人无完人,课也一样,一堂课也难面面俱到。当一堂课有几个方面甚至某一个方面特别精彩时,它也是一堂好课。

(二)学生课堂学习评价标准设计

从学生发展性评价的角度看,一堂好课,学生应具备以下特征或样态。

第一,学习热情高涨。学生的具体样态应该是注意力集中、情绪饱满、兴趣浓厚、积极性和主动性增强。

第二,学习活动精彩纷呈。学生的具体样态应该表现为积极参与教学、思维活跃、讨论热烈、发言踊跃、体验学习过程。

第三,学习效果显著。具体表现为课标规定或教学设计的教学目标初步达成,学生素养在原有的基础上又有不同程度的发展。

学习评价通常是指对学生学习过程中的学习行为的评价。一节思想政治课学生学得如何? 评价的基本标准无疑是课堂教学目标。也就是说,学生学得好不好,基本的衡量标准就是看根据课程核心素养预期的教学目标是否达到、在多大程度上达到。因此,设计切实可行的课程与教学目标是学习评价的重要保障。

新时代,中学思想政治学科的课程与教学目标是核心素养或学科核心素养,关于核心素养或学科核心素养,我们已经在前面进行了比较系统的分析,在此不再赘述。根据中学新的课程标准所提出的评价建议,课堂学习评价标准的设计要注意以下几点。

第一,评价对象:面向全体学生。课堂学习评价作为教学的一种工具,其最终目的是促进学生的全面发展。"以评促学"是核心素养导向的课堂学习评价的基本原则之一,因此学习评价要让学生能够通过学习评价发现自己的特长、不足和潜能,不断改进学习,从而实现学生核心素养的发展。

第二,评价内容:聚焦初中学生道德与法治核心素养或高中学生的思想政治学科核心素养。教学目标应围绕课程规定的素养目标或学科核心素养,根据课程内容要求、学业要求和学业质量标准进行设计,并据此对学生课堂学习目标达成情况进行全面、综合的评价。

第三,评价方式:聚焦学生关键行为表现。通过观察、提问、交流、记录等方式,了解学生在合作探究、交流展示、实践反思等过程中的学习进程、行为表现,分析、把握学生的价值观念、学习态度、学习体验、学习困难,并给予必要的指导。

第四,评价反馈:坚持鼓励为主。对学生的学习评价要本着鼓励为主的原则,通过即时性、生成性、针对性的学习评价,激发学生的积极性,同时指出存在的问题,帮助学生改进学习。

案例15-2 "充分发挥市场在资源中的决定性作用——'共享单车'市场问题知多少?"课堂学习评价案例[①]

一、评价目标

（一）学会查找资料，通过参与"共享单车——市场问题知多少?"的调查活动，学会制定调查目标、调查计划，学会调查分工、调查实施、整合资料、撰写报告等。

（二）通过课下调查和资料收集，全面准确地分析当前共享单车市场存在的问题，培育学生的公共参与素养。

（三）运用思想政治学科内容，分析当前共享单车市场存在问题的原因，学会透过现象看本质，培育学生的科学精神。

二、评价任务

（一）制定调查计划和组内分工，分小组展开调查。

（二）确定访谈对象，拟定访谈提纲，确定开展调查的步骤。

（三）收集、整理共享单车市场的调查资料，分析共享单车生产销售现状。

（四）整合访谈与调查结果，分析共享单车市场中存在的问题。

（五）运用学科知识分析共享单车市场存在问题的原因。

（六）小组制作PPT展示各组成果，并相互点评。

三、评价规则

评价规则见"共享单车市场问题知多少"调查活动评价量表。

评价任务	分值	评价要求				评分		
		优秀	良好	合格	不合格	自评	互评	师评
调查计划	10	制订详细、清晰的计划，小组分工合理有序且各成员满意	制订详细、清晰的计划，小组分工有序，大部分成员满意	制订详细的计划，小组分工比较合理，但仍有部分成员不满意	制订计划，但不够全面、清晰。小组分工不太合理			
访谈设计	10	访谈对象明确且多样，涉及多个年龄段、多种工作群体。访谈提纲因人而异，条理清晰	访谈对象明确，按年龄段分类访谈，访谈提纲全面	访谈对象明确，访谈提纲比较全面，漏一两个关键问题	访谈对象比较明确，但是涉及群体类型单一，且访谈提纲不太合理			

---

① 李晓燕.核心素养视阈下高中思想政治课堂学习评价优化研究[D].扬州:扬州大学,2019.此处有修改.

续表

评价任务	分值	评价要求				评分		
		优秀	良好	合格	不合格	自评	互评	师评
资料收集	20	通过网络技术收集共享单车市场发展现状,了解共享单车主要生产销售公司发展现状。资料形式多样,包括视频、图片等	网络资料收集比较全面,掌握了共享单车市场的总体发展情况。形式以图片为主	资料收集数量较少,难以把握整体发展状况。且资料形式单一	资料收集数量少,对共享单车市场了解不全面,资料多以数据和文字为主			
分析问题	20	整合分析资料和访谈结果,从市场、企业、个人角度分析共享单车目前存在的问题,萌生主动参与社会治理的思想且付诸行动	整合材料的基础上全面分析了共享单车发展中存在的问题,但没有清晰划分主体,产生了主动参与市场治理的想法	整合材料后比较全面分析现存问题,但是不够有条理,思路有些混乱,且只从三个角度中的一个角度进行分析,没有诱发出公共参与的意识	对资料进行了简单整合后罗列了几个问题,逻辑混乱且不够全面,对于公共参与素养了解不够			
原因分析	20	提前学习教材中关于市场的弊端,运用学科术语和条理清晰的逻辑思维分析了市场的弊端,并且举例说明	提前学习课本的基础上运用学科术语和思维对市场弊端进行分析,但并未举例说明	未预习教材的情况下解读市场中存在的弊端,只分析了其中两个弊端,且未使用学科术语	未提前预习教材,分析过程中忽视了学科术语和思维的运用,未能指出市场存在的弊端			
成果展示	20	制作精美的PPT课件展示小组成果,内容丰富,形式多样,多用表格和数据展示调查结果,形象生动,小组成员各司其职,分工明确	制作比较精美的PPT课件,内容全面,形式多样。小组成员相互配合,顺利完成展示	制作比较美观的PPT课件,展示内容比较全面但是形式单一,小组成员分工不合理	制作普通形式PPT课件,内容不够全面清晰,且缺乏数据和图片支撑,小组配合不够			

四、评价总结

师生共同评选"最佳小组",对该小组优点开展交流分享,激励其他小组成员继续努力。针对各小组在任务完成过程中存在的问题进行分析,采取小组自评、他组互评以及教师评价方式,全面进行评价总结与反馈。针对各小组存在的问题,采用描述性反馈方式,引导学生明确不足及改进方向。教师要明晰教学组织过程中存在的问题,进行自我反思或听取学生建议,改进教学策略,提升教学质量。

[讨论与交流]指出本案例的优点及其值得改进的地方,并说明理由。

四、中学思想政治课教学评价方法的设计

在教学评价实践中,对中学思想政治课教学的形成性、发展性、结果性评价的方法很多。为了便于分析说明,我们同样从教师教和学生学的角度进行设计。

(一)中学思想政治课教师教学评价方法设计

对教师教的评价方法逐渐趋于多样化、综合化,比如有的通过让教师提交教学方案、开设公开课、参加学科测试、提交书面报告、撰写教学反思等方法对教师教学加以评价,也有的通过学生座谈、填写问卷等对教师教学进行评价。但是,比较常见的是听课评价和量表评价。

1.听课评价

听课评价即通过听课评价教师的课堂教学,也就是听课结束之后对执教教师课堂教学的得失、成败进行评议的一种活动。听课评价既可以对一堂课进行整体评价,也可以对一堂课的教学片段进行评价。

整体评价就是对教师所讲授的一堂课进行全面系统的评析,如教学理念是否先进、教材处理是否得当、教学结构是否完整、教学思路是否清晰、教法选择是否恰当、学法指导是否到位、重难点是否突出、师生关系是否融洽、教学效果是否良好等整体评价会使授课教师对自己的课堂教学有一个系统认识,以总结经验,发扬优点,克服不足,更好地改革教学。但由于时间有限,内容很多,整体评价容易泛泛而谈,难以深入。

片段评价是对一堂课的某个片段进行有针对性的评析。例如,可以就教师的导入、讲授、提问、小结或学生的自学、讨论等活动,以及教学理念、师生关系、教法选择、学法指导、教材处理、媒体运用等某个方面或几个方面进行评价。片段评价不能整体反映课堂教学的全貌,但对相关环节和方面的评析更深入透彻,能够更好地明确授课教师在课堂教学某些方面的特色和问题。

在实际评课中,整体评价和片段评价往往结合进行。尤其是一些有组织的观摩课、研讨课,往往预先确定有中心发言人,先由中心发言人进行整体评价,其他听课者大多只是进行片段评价。作为随堂听课交流评价,无论是着眼于整体,还是着眼于片段,基本上是围绕以下两个方面进行。第一,课堂教学的特点和闪光点;第二,教学中存在的问题以及建设性意见或合理性建议。

资料卡 15-2　一堂好课的五个基本要求[①]

1.扎实。即好课应该是有意义的课,学生学到了知识,锻炼了能力,并在此过程中产生了良好的、积极的情感体验,同时激发了进一步学习的强烈需求。

2.充实。即好课应该是有效率的课。这里的效率是面对全体学生的效率,如果没有效率,或者只是对少数学生有效率,就不能算是一堂好课。

3.丰实。即好课应该是有生成性的课。这样的课不完全是预设的结果,应该有师生

---

① 叶澜.好课的基本要求[N].中国教师报.2013-09-11(1).

之间真实的情感、智慧、思维、能力的表现,既有资源的生成,又有过程的生成。

4.平实。即好课应该是常态下的课。公开课容易出的毛病是准备过度,这样教师很辛苦,学生很兴奋,上课变成背课、表演课。要淡化上公开课的意识,强调上研究课。

5.真实。即好课应该是有待完善的课。这种课是真实的、不粉饰的,是值得反思的、需要去重建的。真实的课总是有缺憾的,如果是"十全十美"的课,那么这堂课就可能是假课。

评课是一种能力,也是一种艺术。然而,当前中学思想政治课评课除了标准不一外,因顾及被评课教师的面子,客套话、捧场话居多,对问题与缺点只是"蜻蜓点水"的现象时有发生,这样的评课活动只能是流于形式。因此,随堂听课评价设计要注意以下几个问题。

第一,要在认真听课的基础上进行设计。对评课进行设计前,必须听课,认真收集相关材料,并对材料进行细致整理和分析。听课时往往会发现一些问题或经验,要对这些看起来似乎是孤立的问题或经验加以仔细地分析研究,揭示其背后的原因,发现它们之间的本质联系,形成一定的理性认识。

第二,评课稿要坚持实事求是的态度。仔细观察授课教师的课堂教学行为和学生在课堂教学中的反应,这是评课的主要事实依据;评课设计中采用的一些测评数据,必须是真实可靠的;对授课教师的评价必须真实反映授课教师现有的教学业务水平,没有凭主观臆断或掺杂个人的感情色彩,更不存在人为拔高或随意贬低现象。

第三,评课设计要立足教师的发展。评课不是为了就一堂课教学的好坏、教师教学能力和教学水平的高低下结论,也不是为了给授课教师挑毛病,而是为了总结出教学成功的经验和失败的教训,探索教学规律,促进教师的发展和教学质量的提高。因此,在设计评课稿时,要结合新课改、新课标和新教材的精神,本着鼓励性为主的原则,肯定授课教师教学中的闪光点,对出现的问题,要帮助其分析原因,并提出改进的建议。

第四,评课设计要讲究技巧。要本着关心爱护的态度,让授课教师知道并快乐地接受评课意见。设计评课稿必须讲究技巧,如语言的组织、发言的分寸、评价的方法和火候等都要细细掂量;评课的语言要做到简洁明快、通俗易懂,语气要平和谦虚,避免说教的口吻;在对授课教师教学中存在的缺点和不足进行分析时,要委婉含蓄;提出教学建议时,应站在授课教师的角度来考虑问题,并尽量使用商量的语气。

案例15-3 "创新改变生活"评课稿

2024年9月12日下午,观摩了马老师的道德与法治九年级上册"创新改变生活"的教学。这是一堂彰显初中道德与法治新课程理念的好课,主要有以下几点值得学习和借鉴。

第一,在新课导入环节中,马老师让学生展示班级自发制作的地球仪和防止用眼疲劳的"5米"阅读仪器,由于实例贴近生活、贴近实际、贴近学生,以小见大,能快速地引导学生进入本节课的学习主题——创新,并引起了学生的讨论,激发了学生的学习兴趣,调动了学生的积极性。

第二,在新课讲授过程中,马老师引用了典型素材,包括19岁刘上自制火箭、蒸汽机车的发明、深圳经济特区的转变,以及生活中商品标识"made in China"与"made by China"的区别等,激发了学生的好奇心,也引发了学生的疑问。学生在感受生活中体验到创新以及创新带来的惊喜,进而领会到创新对个人、对社会的意义,最后升华到创新与国家发展战略之间的关系,培育了学生的政治认同和责任意识。整节课,目标明确,思路清晰,层层推进,轻松自然。

第三,在新课讲授过程中,马老师为了让学生理解创新对于个人意义,让学生寻找生活中创新的例子,并与学生交流,学生参与度高。这就把学习还给了学生,体现了以学生为本的教学理念。马老师还给足学生做笔记的时间,要求学生在书本重要内容旁批注课堂用到的实例,这种注重学生的笔头落实、注重教学实效性的做法,有助于学生在后期复盘时快速回忆,准确理解教材内容。

第四,在教学艺术与风格上,马老师教学语言抑扬顿挫,感染力强,节奏紧凑,能够有效吸引学生注意力。板书设计呈现"鱼骨式"框架,并把前两节课的内容贯穿其中,结构清晰,体现了"大单元"教学观念,增强了学生记忆效果。

当然,本节课也有一些值得进一步探讨的地方。比如,本节课选用的实例非常丰富,实例之间略显分散,这可能会导致学生思维跳跃,不能很好地与教学进度同步,不易抓住学习主旨和学习重点。如果能够精练、整合实例,采用议题式教学或一案到底式教学,效果可能会更好。

（湖州师范学院马克思主义学院张亦佳提供）

[讨论与交流]结合该评课稿,说明为什么这是一堂彰显初中道德与法治新课程改革理念的好课。

2.量表评价

量表评价法是根据设计的等级评价量表来对课堂教学进行评价的方法。可见,评价量表是量表评价法的基础,评价量表的设计是量表评价法的核心,而评价量表的核心又在于评价指标体系的确定。一般来说,评价量表的设计大体有以下几个步骤。

（1）明确评价的基本点

明确评价的基本点即要明确为什么评、评什么、谁来评这三方面的问题。第一,明确为什么评,即评价的目的。明确评价目的,是进行评价量表设计的出发点。评价目的不同,评价量表的基本内容架构、指标体系等设计会有很多不同的特点。例如,评价的目的是了解课堂教学的基本环节是否完整,那么评价体系的重点将会放在课堂教学的基本环节上;如果评价的目的是了解课堂教学中师生的互动,那么评价体系中关注更多的将是有关互动的环节;如果评价目的是了解学生的学习状况,那么评价体系的设计就要围绕学生的学习状况而展开。第二,明确评什么,即要明确评价的基本内容,也就是评价指标。这一点将在下面作具体分析。第三,要明确谁来评,即要明确评价的主体。一般来说,对教师的课堂教学进行评价,可以是学生评,也可以是同行评、领导评、专家评、家长评等。针对不同的评价主体,在评价量表设计上要体现出差异。

(2)设计评价指标体系

课堂教学评价指标就是评价的基本内容,即具体的、行为化的、可测量或可观察的评价内容。课堂教学评价指标体系是由表征评价对象各方面特性及其相互联系的多个指标所构成的具有内在结构的有机整体。评价指标体系的设计可以从以下几方面展开。

第一,依据一定标准确立评价的指标体系。评价指标体系大体包括评价指标、评价要素(有的也称为一级指标、二级指标)等层次。确立课堂教学评价体系的评价指标没有固定的模式,一般可以从以下三种角度进行设计。

角度一:按课堂教学的基本要素进行设计。课堂教学的基本要素包括教学目标、教学内容、教学方法和教学过程等,课堂教学评价也可以按这些基本要素分别进行划分。

角度二:按关注的重点问题或方面进行设计。例如,把教学评价的基本指标确定为教学目标、重难点处理、教学媒体和方法运用、教师素养、教学效果等。这样设计的教学评价指标体现出评价指标体系的设计者对课堂教学某些方面的重点关注。

角度三:按照课堂教学中的具体行为进行设计。课堂教学主要是师生共同活动的过程,课堂教学评价指标也可以按照教师的行为和学生的行为两个基本指标去展开。比如,在教师行为方面,强调要不断激发和引导学生的学习需要,营造和谐、民主、活跃的课堂教学气氛,注重学生的差异,激发学生的思考和参与热情,给学生提供更多思考和参与的时间和空间等;在学生行为方面,强调要能够积极主动地参与到教学中去,能提出学习和研究的问题,师生间有多向交流,有自己的收获与体验等。

第二,根据评价指标分解评价要素。在明确评价指标的基础上,要对每一评价指标进行分解,形成具体的评价要素。评价要素是评价指标的具体化,能够反映评价指标的基本要求,也能够体现教学评价的具体内容和要求。例如,教学目标作为一项课堂教学评价的指标,通常可以依据课标和教材的要求确定教学目标,目标符合学生的身心特点且明确、具体、针对性强,关注学科核心素养的培育等具体的评价要素。又如,围绕教学方法和手段运用评价指标,可以设置根据教学目标、教学内容和学生实际灵活运用多样的教学方法,注意情境创设且善于调动学生学习积极性,开展学法指导且善于引导学生自主学习、合作学习和探究学习,能够正确利用语言、文字、电子等媒体开展综合化教学等评价要素。

第三,确定评价指标和评价要素的权重。课堂教学评价指标体系由多项指标组成,需要用权重来体现各项指标在指标体系中的地位和作用。权重越大,重要性程度越高。值得注意的是,并不是所有的评价量表都需要设计权重,比如诊断性评价、形成性评价,出发点是发现问题,改进教学,可以淡化权重,甚至不设计权重。

第四,设计综合评价的方式。整体上看,量表评价是一种定量评价,它具有客观化、标准化、精确化、简便化等特征。但是,随着中学思想政治课改革的深化,坚持定量评价与定性评价相结合则是教学评价改革发展的基本趋势。中学思想政治课堂教学评价量表的设计,可以考虑在设计量化指标和权重的同时,设计一些定性化的意见栏目,直接对评价对象做出定性结论的价值判断。例如,案例15-4"课堂教学评价量表"体现了定性评价与定量评价的结合。

案例15-4　课堂教学评价量表[①]

评价指标	评价要素	评价等级		
		A	B	C
教学目标	教学目标依据课程标准和教材的要求确定			
	教学目标要符合学生的心理特征和认知水平			
	教学目标明确且具体,重点突出			
	教学目标关注知识、能力及情感态度与价值观三个维度			
教学内容	教学内容正确、无知识性错误和疏漏			
	教学内容容量合理,难度适中			
	联系学生生活、社会实际,典型材料新颖、恰当			
教学方法和手段	灵活运用适当的、多样的教学方法			
	善于启发诱导,注意情境创设,调动学生学习积极性			
	根据学生实际指导学法,善于引导学生自主学习、合作学习和探究学习,激发学生的学习兴趣			
	能够正确而充分地利用多种教学手段进行辅助教学			
教学过程	教学思路清晰,每个环节都紧紧围绕既定的教学任务与目标			
	课堂结构合理,教学步骤清楚,活动转换自如			
	课堂组织、调控能力强,能很好地驾驭课堂			
	注意调动学生参与教学活动,课堂气氛和谐			
	时间利用得当,圆满完成教学任务			
教师素养	语言、板书、教态等教师基本功扎实,教学技能运用得当			
	具有真诚、热情、民主、公平等教师专业品质			
	善于沟通,与学生平等交流			
学生表现	精力集中,情绪饱满,学习积极性和主动性强			
	思维积极,讨论热烈,发言踊跃,积极参与教学			
	目标达成度高,学生在原有基础上都有不同程度的提高			
总评等级				
总评意见	教学的特点和优点		改进意见	

[①]　胡田庚.中学思想政治教学设计与案例研究[M].北京:科学出版社,2012:223.

（二）中学思想政治课学习评价方法设计

1.发展性学习评价

新时代,中学思想政治课学习倡导发展性评价。发展性学习评价,不是强调甄别与选拔功能的终结性评价,而是更加注重以生为本,以发展学生核心素养或学科核心素养为宗旨,以期促进学生能够更好、更全面地发展的一种评价方式。义务教育道德与法治新课标提出,要围绕发展学生核心素养,改进结果评价,强化过程评价,探索增值评价,坚持学生自我评价、教师评价、同伴评价、家长评价和社区评价相结合,借助信息技术探索和优化纸笔测试、学生成长记录袋、日常行为表现记录卡等定性和定量多种评价方式。普通高中思想政治新课标提出,要紧紧围绕学科核心素养形成和发展,建立激励学生不断进步的发展性评价机制,注重学生学习、劳动和社会实践的行为表现,采用多种评价方式,综合学生的理论思维能力、政治认同度、价值判断力、法治素养和社会参与能力等,全面反映学生思想政治学科核心素养的发展状况。

需要指出的是,注重发展性评价,并不是否定终结性评价,而是应将终结性评价与发展性评价科学有效地结合起来,建立促进学生学科核心素养发展的评价机制。在此,以高中思想政治学科政治认同素养课程目标的发展性评价为例,说明发展性评价方法的设计。

所谓政治认同,就是社会成员在一定的政治生活和政治发展中所产生的情感上的认同感和归属感。我国公民的政治认同,就是拥护中国共产党的领导,坚持和发展中国特色社会主义,认同中华人民共和国、中华民族、中华文化并弘扬和践行社会主义核心价值观。基于政治认同素养的发展性评价方法的设计,不仅是评价高中生该素养发展情况的需要,还是发挥评价的以评促学、以评促教功能的需要,有利于促进学生政治认同素养的形成与发展,使其知信行达到统一。

第一,高中生政治认同素养课程目标发展性评价的指标划分。"学科知识的积累,是造就学科素养的条件;学科素养的形成,是学科知识积淀的结果。"[①]如前所述,中学思想政治学科核心素养的培育离不开学科内容。因此,可以将知识识记、知识内化和知识外化确定为政治认同素养发展的评价指标。

知识识记是学生理解并掌握思想政治学科知识的基础,也是达到政治认同的前提条件。知识识记指的是学生能通过学习熟识和掌握政治认同所涉及的政治发展历程、内涵、基本理论等知识,即指向政治认同的"知"。知识内化源于对知识的"知",学习者根据教师创设的教学情境,运用引证、举例和比较等方法将对知识的"知"积极、合理、有效地转化为个体意识,激发个体政治情感和政治态度,"把外在的政治观点内化为思想观点",这里的知识内化直指政治认同的"信"。知识外化是政治认同的外在行为表现,是指受教育者将政治知识识记并内化于心后,通过参加校内外社会实践,感受我国政治制度的科学性和优越性、认同并坚持党的领导、坚定"四个自信"和践行社会主义核心价值观,强化其对中国特色社会主义的坚决拥护,唯有如此,才能达到真正意义上的政治"认同",才能

---

① 朱明光.关于思想政治学科核心素养的思考[J].思想政治课教学,2016(1):5.

够使受教育者自身的"知""信""行"达到有效统一。

第二,基于高中生政治认同素养课程目标进行发展性评价的框架设计。首先,要设计高中生政治认同素养发展目标及权值分配。目标①(权值分配占30%):认同走中国特色社会主义道路是历史的必然,坚信中国特色社会主义是国家富强、民族振兴、人民幸福的根本保障,坚定中国特色社会主义道路自信、理论自信、制度自信、文化自信。目标②(权值分配占40%):拥护党的领导,领会中国特色社会主义最本质的特征是中国共产党领导,中国特色社会主义制度的最大优势是中国共产党领导,党是最高政治领导力量。目标③(权值分配占30%):明确社会主义核心价值观是公民最基本的价值标准,自觉践行社会主义核心价值观,树立共产主义远大理想和中国特色社会主义共同理想。

为使评价更加科学有效、突出学生小组合作学习的成效以及体现评价的公平性和客观性,本研究在命题者的评价权值分配上设为:教师他评占50%、学生小组互评占30%、学生自评占20%。

需要注意的是,知识识记由教师根据作业、课堂问答、练习等形式直接评分(不计算权重)。知识内化根据学生平时课堂参与度、小组合作情况、分析问题与解决问题等方面的表现,由教师、小组成员和学生本人等多个主体共同评价。该评分在计算时需分别代入命题者评价权重。知识外化依照学生校内外实践活动的参与度、创新能力、实践能力等,由他评、互评和自评共同参与评价。该评分在计算时同样要分别代入命题者的评价权重。

据此,可以构建针对高中生政治认同素养课程目标发展性评价的框架(见案例15-5)。

案例15-5 高中生政治认同素养课程目标的发展性评价[①]

班级: 考生姓名: 命题者身份(教师、小组成员、学生本人):

教学目标	权重	总分	评价指标	评价指标内容	评价指标所占分值	评分
目标①	30%	30	知识识记	掌握近代中国的性质、基本国情和历史任务;明确中国特色社会主义的发展历程及其所蕴含的思想内涵;阐述中国梦的本质	9	

① 赵慧,逯原.基于高中生政治认同素养的发展性评价框架的设计[J].文教资料,2024(1):112.此处有修改.

续表

教学目标	权重	总分	评价指标	评价指标内容	评价指标所占分值	评分
目标①	30%	30	知识内化	能根据教师创设的教学情境,正确引用走中国特色社会主义道路的成功事例进行阐释;能利用中国近现代史的具体事例论述只有社会主义才能救中国;能对比世界各国发展历程,说明只有中国化时代化的马克思主义才能救中国;能结合中国共产党带领中华儿女勠力同心的百年奋斗历程及取得的四个伟大成就,阐发中国特色社会主义道路、理论、制度、文化的价值意蕴	12	
			知识外化	能始终坚持中国共产党的领导,认同党是中国特色社会主义事业的领导核心,认同伟大祖国、中华民族、中华优秀传统文化、中国共产党和中国特色社会主义;高举中国特色社会主义伟大旗帜,坚定"四个自信"	9	
目标②	40%	40	知识识记	能表述马克思列宁主义、毛泽东思想、邓小平理论、"三个代表"重要思想、科学发展观、习近平新时代中国特色社会主义思想;明确马克思主义中国化最新成果,并结合改革开放实践,阐述马克思主义中国化最新成果的时代特征	12	
			知识内化	能结合具体事例,分析中国特色社会主义制度的显著优势;能对照西方主要国家,说明中国决不能照搬其政治制度模式;着眼于中国共产党的先进性和纯洁性,阐述全面从严治党的意义	16	
			知识外化	坚决拥护党的领导,维护宪法尊严和权威,坚定走中国特色社会主义法治道路	12	
目标③	30%	30	知识识记	熟知社会主义核心价值观的内容	9	
			知识内化	能通过引证,表述社会主义核心价值观所蕴含的当代中国精神和中华优秀传统文化	12	
			知识外化	积极参与社会实践,主动培育和践行社会主义核心价值观,做到知信行统一,立志做有担当的新时代青年	9	
评价得分						
其他		考生在学习过程中展现出的优点: 考生在学习过程中需要改进的方面:				
说明		发展优秀≥90%;90%>发展良好≥80%;80%>发展一般≥70%;70%>发展较弱≥60%;发展较差<60%				

第二,评价计算方法。政治认同素养发展性评价采用的计算公式如下:评价指标发展水平=该课程各个目标对应评价指标实际得分之和/支撑该课程目标对应评价指标分值之和×100%。通过发展性评价,命题者可以及时根据知识识记、内化、外化评价所占百分比的情况,知悉学生政治认同素养的形成与发展情况,以便在今后的教学中有针对性地就稍显薄弱环节进行探讨。这种评价方式有利于探寻政治认同素养培育和发展行之有效的教与学的方法,使考生的政治认同达到知信行的有效统一。

发展性评价既能成为合理地判断学生"学"的效果的标尺,也能作为提升教学质量的"助推器"。[①]高中思想政治其他方面的学科素养以及初中学生核心素养的发展性评价,也可以参照此设计方法进行评价设计。

需要强调的是,初中道德与法治学科核心素养和高中思想政治学科核心素养的学习评价,往往需要完成全部学段内容学习后,才能评价出真实水平。在平时的课堂学习评价或作业评价、阶段检测中,教师要根据不同的学习方式采用不同形式的学习评价,比如高中思想政治课活动型教学、辨析式学习、综合性学习以及社会实践等方式,就需要具体设计评价指标以及评价等级或权重系数。

2.终结性评价方法设计

中学思想政治学习终结性评价的主要形式是学业水平考试,包括合格性学业水平考试和等级性学业水平考试。合格性考试,如初中、高中学业水平考试,是为了鉴别学生是否达到国家规定的课程标准的要求。等级性考试是选拔性考试,如中考、高考等。学业水平考试的常用方法是纸笔考试。

(1)中学思想政治学科考试常见的题型

在中学思想政治学业水平纸笔考试中,常见的题型是单项选择题和非选择题两大类。

单项选择题是现代笔试考试的主要题型之一,目的是检验学生的核心素养或学科核心素养。题干设问多种多样,选项往往迷惑性较强。单项选择题的特点是:评分标准统一、客观、准确,不受评卷人主观因素的影响;易于采用计算机阅卷,提高评价速度,降低考试成本。但这类试题无法考核学生的组织能力、表达能力等高阶素养。

非选择题也称为主观题或综合题。简答题、辨析题、论述题、综合探究题等,就是常见的非选择题。非选择题的特点是:答题有一定的自由发挥空间,评分难以做到完全客观一致,容易受主观因素影响。但这类试题可以考查学生获得信息、调用知识、分析说明等高阶素养。

(2)中学思想政治学科试题设计的基本要求

新时代,义务教育道德与法治新课标和普通高中思想政治新课标都增加了学业质量标准和考试命题建议,在此基础上明确提出了素养立意的命题思想。这一变化有着重要的理论意义和实践意义,它将对我国中学思想政治学科的学业评价工作尤其是考试命题工作产生重要影响。为此,要注意以下几个主要原则。

---

①　赵慧,逯原.基于高中生政治认同素养的发展性评价框架的设计[J].文教资料,2024(1):113. 此处有修改.

科学性原则。科学性是试题试卷设计的首要要求。科学性主要表现在:第一,试题试卷设计依据科学。课程标准和教材是教学的依据,也是教学评价的依据,中学思想政治学科试题试卷设计要反映课程标准和教材要求,不能有偏题怪题,也不应该降低应有的标准。试题内容要尽量既在情理之中,又在意料之外。第二,试题内容科学。试题不能有知识性的错误,不能与本学科的概念、原理、观点相悖,试题答案的设置也不能存在歧义。第三,试题表述科学。试题表述要做到语言规范、简洁精练、题意明确、思路清楚、逻辑严密,不出现模棱两可、不明题意的情况。

情境性原则。依据新课标的新理念与新要求,不论是客观性测试还是主观性测试,都要坚持无应用情境就无知识测试的原则。也就是说要求减少裸考知识现象,让测评发生在知识处于生成状态或应用状态的情境之中,考点必须"生长"在产生知识或应用知识的"土壤"之中。为此,试题情境要力求新颖,尽量做到运用新材料,创设新情境,设计新问题,避免使用过时材料和陈题。当然,在日常命题中要求老师在有限时间内做到一份试卷题题原创是不现实的,但是可以采取改编方式。改编试题的方法很多,如改编情境材料、设问角度、知识范围、考查目标、试题题型等。为此,教师平时要注意新材料、新案例的收集和整理。

整体性原则。素养立意导向的命题将通过大任务来承载大观念,以主题、活动、项目等任务的实施来实现对原理、法则、态度等大观念的掌握。命题改革的方向将从碎片化、点状式测试走向整体性、结构化测试。为此,整体性原则主要体现在:第一,考查"素养"目标的整体性。初中道德与法治以及高中思想政治学科的核心素养以及课程目标都有明确的界定。用来检测学生学业质量的试题,要体现课程标准规定的学业质量的要求,学生通过试题的解答,能够真实反映学生的学业水平。第二,题量和测试水平的整体性。编制试卷要根据考试性质与要求以及考试时间等从整体上恰当确定试题试卷的分量和测试水平,不能凭借个人的兴趣爱好和主观想象。第三,试卷结构的整体性。试卷试题的编排应坚持由小到大、由易到难、起点低终点高的原则,具有一定梯度。

开放性原则。素养立意导向的命题要从直接的知识传授走向直面真实生活的探究,在问题解决过程中培养学生的批判性思维、实践能力和创新精神。因为学生所面对的社会、自然、人生等学习对象本身就是多元的、不确定的和开放的,试题也应该有一定的开放性和综合性,注重考查学生提出问题、形成问题解决方案和评价问题解决结论的素养。也就是说,不仅要考查学生是否会解决他人给予的问题,更要考查学生能否自己发现和提出问题;不仅要考查学生是否会用所学方法解决问题,更要考查学生能否形成自己的问题解决方案或方法;不仅要考查学生是否知晓和能否应用已学知识,更要考查学生能否审视、追问、评价、改进已学知识;不仅要考查学生的知识与能力状况,更要考查学生对知识与能力的态度与期待。

适度性原则。对试卷质量的评价,通常用试卷的难度、区分度、信度、效度等指标来衡量。因此,命题设计要把握一定的度。第一,难度。难度是指试题试卷的难易程度,或说测验的难易程度,常以试题的通过率或难度系数作为评价难度的指标。不同性质的考试和不同层次的学生,难度应有所不同。试题试卷要面向全体学生,难度不宜过大,一般以中等难度试题为主,适当设计容易的和难度较大的试题,以适应不同程度的学生。第二,信度。信度主要是指测量结果的可靠性、一致性和稳定性,即测验结果是否反映了被测者的稳定性、一贯性的真实特征。如果一次考试的结果准确,误差小,成绩与考生的真实水平一致,那么试题试卷的信度就大,考试的分数就可靠。第三,效度。效度是考试能够测试出它所要测试的东西的程度,即测试结果与测试目标的符合程度。效度高的试题试卷,能够较准确地测试出学生掌握和运用所学知识的真实度。试题试卷内容过难或过易,甚至出现超纲、文字表达错误等现象,都会影响效度。第四,区分度。区分度是指试题试卷能够把不同水平学生区别开来的程度。选拔性考试的试题试卷要求区分度高,以便能够真正选拔出优秀的学生;而常规考试,如单元考试、期中考试、期末考试等,对区分度要求相对较低。

(3)中学思想政治试题设计的基本程序

合理的程序和步骤是编制一份高质量试卷的重要保证。一般来说,设计和编制一份高质量的试题试卷,要经过以下几个基本程序和步骤。

明确考试的性质和目的。不同性质和目的的考试,考试内容范围、时间限制、难易程度、试题形式等方面会有所不同,试卷及命题的要求也会不一样。因此,设计试卷前必须明确考试性质和目的。

编制考试纲要。考试纲要是一个总体方案,主要是对考试的有关内容和事项作出一些原则性的规定。它主要包括考试的内容、范围、时限、题型、题量、试卷结构等。

编制命题多维细目表。多维细目表是命题规划的重要工具。传统的学科本位命题框架是基于知识、能力的双向细目表,而素养导向的测评考试要求超越双向细目表,采用多维细目表。多维细目表是根据课标要求,按照命题流程,在明确考试性质和目标的基础上,命制试题、组合试卷、评价试卷的分析框架或设计方案,是命题的蓝图、施工图,是将课程标准尤其是学业质量标准具体化、转化和细化的工具。多维细目表通常由题型结构、情境来源、课程内容、核心素养目标、任务类别、预测难度、区分度等多个细目构成。[①]如案例15-6是2024年某地区初中学业水平考试多维细目表摘选,表15-7是一份2023年某省高中思想政治等级性学业水平考试试题的多维细目表摘选。

---

① 戴慧.道德与法治学业水平考试命题多维细目表的关键要素分析[J].中小学德育,2004(8):51-55.

案例15-6　2024年某地区初中学业水平考试多维细目表(摘选)

题号	来源	题型	分值	学习主题	学习内容	辨识与判断	阐释与论证	探究与建构	A	B	C	政治认同	道德修养	法治观念	健全人格	责任意识	预测难度
17(1)	新质生产力(市政府工作报告);发展新质生产力的意义、科学内涵(时事报告,2024年第4期第20页)	综合探究题	6	国情教育、生命安全与健康教育	推动高质量发展,知道统筹推进经济建设、政治建设、文化建设、社会建设、生态文明建设的"五位一体"总体布局。树立亲社会能力,在团队中加强合作意识。树立正确的人生观和价值观,追求生命高度,成就幸福人生,以实现中华民族伟大复兴为己任,树立"劳动光荣、创造伟大"的观念,坚定为实现远大理想而奋斗的信念	√	√			√		√				√	0.50
17(2)	什么是高质量发展?怎样推动高质量发展?(时事报告,2023年第5期第20页);新质生产力要避免的误区等(时事,第4期第8页)		6				√	√		√		√	√			√	0.55
17(3)	学生撰写"关于中学生科学素养培养的调研报告"(教育部等十八部门联合印发《关于加强新时代中小学科学教育工作的意见》、党中央提出大兴调查研究之风)		5				√	√		√		√	√			√	0.70

案例15-7　2023年某省高中思想政治等级性学业水平考试试题多维细目表(摘选)

题号	考查载体		考查内容			学业水平	试题分值	难度评估
	情境类型	情境内容	核心素养	学科任务	学科内容			
1	一般情境	中国共产党对中国式现代化的探索	政治认同	解释与论证	中国式现代化	水平1	3	0.88
3	一般情境	企业职工基本养老保险基金"一本账"基本形成	科学精神	辨析与评价	养老保险	水平2	3	0.73
5	一般情境	2019—2022年中国实际使用外资情况	科学精神	描述与分类	利用外资、对外开放	水平2	3	0.61
9	一般情境	某法院加强涉侨审判工作,健全海外联络等工作机制	法治意识	解释与论证	全面依法治国、公正司法	水平1	3	0.67
12	一般情境	沉寂多年的自行车再次引发民众的消费热潮	科学精神	解释与论证	意识的作用、社会意识	水平2	4	0.67
14	一般情境	中国与上海合作组织各成员国一道,不断拓展合作新空间	政治认同	辨析与评价	中国与国际组织	水平1	6	0.66
15	一般情境	劳动合同的订立与解除	法治意识	描述与分类	劳动合同	水平2	7	0.62
16	一般情境	对跳高比赛的结果进行推理	科学精神	描述与分类	逻辑思维的基本要求	水平2	8	0.61
17(1)	复杂情境	预制菜产业发展	科学精神 政治认同	解释与论证	企业经营	水平3	7	0.52
17(2)	复杂情境	甲乙合同纠纷	法治意识	解释与论证	劳动仲裁、违约处理	水平3	7	0.46

续表

题号	考查载体		考查内容			学业水平	试题分值	难度评估
	情境类型	情境内容	核心素养	学科任务	学科内容			
20(1)	复杂情境	有人认为,随着数字时代的发展,社交化阅读将取代传统阅读	科学精神	辨析与评价	矛盾的普遍性和特殊性辩证关系原理	水平3	8	0.43
20(2)	复杂情境	阅读会出现"变"与"不变"的现象	科学精神、政治认同	解释与论证	文化传承与文化创新	水平3	8	0.55
20(3)	复杂情境	思维方法和具体做法相对应	科学精神、公共参与	预测与选择	创新思维方法	水平3	6	0.54
合计							100	0.65

编制和筛选试题。试题编制完成以后,还要审查、修改、筛选。要对照命题双向细目表,审查所编试题是否符合双向细目表所确定的目标、内容和比例。对已确定下来的题目,要从科学性、逻辑性、独立性以及语言表达等方面作最后的审定。

拼配试卷。试题选定后,还要编排、组卷。编排试卷,要把握好试卷的整体结构。一般来说,试卷的基本结构是客观题在前,主观题在后;容易的题在前,较难的题在后,形成梯度。总体上看,试题排列要符合教材逻辑和学生的认知规律,按照从易到难的顺序编排。

拟定参考答案和评分细则。参考答案和评分细则是评卷的依据。核心素养导向的测评,部分试题不同于以往的以"趋同"为取向的"标准化评价",是一种以"求同"为取向的"差别式"评价。这就要注意,拟定的参考答案除了要做到语言精练、准确无误之外,还要注意开放性和实践性;评分细则要具体明确、便于操作,分数分配、给分标准应尽量合理。

(4)中学思想政治学科主要题型的设计技巧

与传统以学科知识为导向的考试评价不同,在核心素养导向的考试中,情境是素养的主要载体,学生的核心素养水平就是在学科真实情境中通过分析问题、解决问题展现出来的。与这种理念相匹配,选择题和材料分析题就成为必然的选择。

选择题是当前中学思想政治考试中最常见的一种客观性试题。选择题多种多样,每一种选择题都有不同的特点,在设计中也有不尽相同的要求。从答题要求看,选择题主要有单项选择题、多项选择题、不定项选择题等具体形式,为了便于评卷,这些不同类型的选择题大都演变为单项选择题,即在选择题的若干个备选答案中,只有一个答案是正确的或最符合题意的,要求考生把该答案选出来。随着单项选择题这一传统题型日趋完善、成熟,直接以考查学生对教材基础知识简单识记的直白式单项选择题越来越少,更多的是围绕教材主干知识创设形式多样的情境材料,以灵活巧妙的设问方式,使学生在解题过程中达到学以致用的目的。

选择题的类型很多,依据不同的分类标准,选择题有不同的类型。依据试题材料情境的创设形式设计角度,选择题分为文字类、图表类、漫画类等;依据试题的设问方式设计角度,选择题分为概括信息类、警示启示类、角度指向类、因果关系类、逻辑推导类等;依据试题答案要点的选项设计角度,选择题分为观点比较类、组合设计类、图示关系类、现象佐证类等。

中学思想政治学科考试中选择题大体有四个构成要素:指令性语言、试题材料、题干、题肢。

指令性语言通常写在总题号的后面,所有选择题的前面,比如,单项选择题:在下列各题给出的四个选项中,只有一项是符合题目要求的。

选择题多为材料式的选择题,即以材料引导的形式出现。因此,材料的选用和设计至关重要。材料设计主要有以下几种类型。第一,实例材料。材料一般是近期国际国内经济、政治和社会生活中所发生的重大热点问题。这类选择题的材料具有时代性、创新性和综合性等特点,目的是考查学生提取有效信息,进行科学、合理地判断、推理、归纳、预测、分析并解决问题的应用能力和综合认识及评价能力。第二,引文材料。材料一般是引用马克思主义经典著作中的原文、名人名言、党和国家领导人的重要讲话或指示、新闻媒体中的重要文章或国际国内社会生活中有一定倾向性的观点。这些引文材料要么是重大的理论问题,要么是当前社会生活中的热点问题。第三,图表材料。随着科学技术的发展和社会需要的提高,社会科学的传播媒体大量地使用数据和图表来表现环境、资源、产业以及其他事物发展过程等信息。这些图表也常常出现在中学思想政治的考题中。第四,漫画材料。一般是给出一格或多格漫画,有的是图文结合,题干以简单的文字提出问题,要求从选项中做出选择。无论采用何种类型的材料,都要保证材料的权威性,杜绝政治性和科学性错误,同时要充分考虑城乡学生的实际,增强材料的真实性、典型性和适切性。

题干(联结点)的设计。题干是对考生提出的问题,考生作答时,应依据题干(联结点)提出问题的规定性,从备选答案中选出自己认为符合题意的正确答案。题干的设计要注意以下几点:第一,主题明确。每个试题都要围绕一个中心内容或主题设计。题干本身包含一个明确的问题,这个问题即使在没有选项的情况下,它也有意义。而选项是对题干的补充,每个选项不能各自构成互不相干的命题。第二,力求精练、准确、清楚。题干既要包含解答试题所必需的要素,准确表达问题,又要尽量避免过多的叙述或不必要的修饰语。与题干无关的材料应该删去,这样有助于更清楚地表述问题,也减少读题所需的时间。第三,题干要尽量避免使用否定结构。用肯定的表达方式易于被应试者所理解,而否定结构往往会给应试者带来阅读上的困难,容易使学生漏看否定式中用到的"不""至少""错误""不正确"之类的词,导致答题错误。如果一定要使用否定结构,应该把试题中的否定词明显地标记出来,可在文字下面加着重号和其他标记。

题肢(选项)的设计。题肢即选项,是指题干后面可供选择的答案。一般有4个供选选项,有正确的,也有错误的。其中有一个或一个以上的选项是正确的或符合题意的,其余的选项是起干扰作用的"迷惑答案",或叫干扰项。题肢的设计要注意以下几点。第一,具有迷惑性。题肢中的干扰项要具有较强的干扰性,似是而非,貌真似假,对确认正确选项能够真正起到干扰作用。迷惑性是选择题质量高低的关键,好的选择题不仅科学性、思想性强,也具有较强的迷惑性。第二,避免暗示正确答案。例如,选项要避免使用一些特殊的限定词,正确的选项要避免使用"可能""一般""往往""通常"等具有提示性的词语,干扰项要避免使用"永远""所有""决不""总是"等具有提示性的词语,这些词语容易给应试者提供作答的线索。再如,所有的选项在语法上应该与题干保持一致并且没有语法错误,设计试题时不能只留心题干与正确选项之间的搭配和表述,而忽视与干扰项的搭配。另外,四个选项之间也不能相互提醒。第三,正确答案出现的位置应随机排列。整张试卷中各题正确选项出现的位置要大致均衡,避免有明显的位置趋势,以减少应试者猜测得分的可能性。例如,一张试卷有20道选择题,备选项为A、B、C、D四个选项,那么A、B、C、D四个正确选项的试题数都应该为5个左右。

案例 15-8　图表类选择题

下表为2021—2023年浙江省城乡居民人均可支配收入构成情况

项目	城镇居民			农村居民		
	2021年	2022年	2023年	2021年	2022年	2023年
工资性收入/%	56.1	55.7	55.3	60.8	60.4	59.1
经营净收入/%	14.1	14.4	14.4	24.2	24.4	25.6
财产净收入/%	14.3	14.6	14.5	3.1	3.1	3.1
转移净收入/%	15.5	15.3	15.8	11.9	12.1	12.2

注:2021年、2022年、2023年城乡收入比分别为1.94、1.90、1.86。

数据来源:《2023年浙江统计年鉴》《2023年浙江省国民经济和社会发展统计公报》。

由以上材料可知,2021—2023年浙江省(　　　)。

①城镇居民非工资性收入结构比农村居民更为均衡

②居民通过按劳分配方式获得的收入占比逐年下降

③城乡居民收入差距状况有所改善

④农村居民财产净收入不断增长

A.①③　　　　B.①④　　　　C.②③　　　　D.②④

(来源:2024年6月浙江省普通高校招生选考科目考试思想政治试题第8题)

[讨论与交流]结合该选择题的设计,谈谈图表类选择题的命制要遵循哪些策略。

案例15-9　漫画类选择题

漫画《最大的危险——没有人提醒你有危险》(作者：郑辛遥)蕴含了深刻的哲理。下列选项中符合题意的是(　　)

①兼听则明,偏信则暗

②物必先腐,而后虫生

③生于忧患,死于安乐

④见微知著,睹始见终

A.①②　　　　B.①④　　　　C.②③　　　　D.③④

(来源：2023年6月浙江省普通高校招生选考科目考试思想政治试题第18题)

[**讨论与交流**]结合该选择题的设计,谈谈漫画类选择题的设计要注意哪些问题。

根据新时代中学思想政治课的性质和特点,为了真实测试学生的核心素养或学科核心素养发展水平,学业水平考试(合格性、等级性)非选择题的形式较多,但是都要按照学科任务导向型核心素养评价体系命题。

学科任务导向型核心素养评价体系,在理念上不同于基于布鲁姆教育目标分类学的学业质量评价方式。布鲁姆的六大教育目标——知道、理解、应用、分析、综合、评价,依次代表越来越高的水平要求,这实际上是以任务的类型来区分学业质量水平,如"应用"意味着比"理解"更高的要求和水平。而在学科任务导向型核心素养评价体系中,各学科任务之间不存在这种纵向垂直或水平层级关系,而是通过被评价者完成同一项任务的质量来度量核心素养的发展水平。它强调的是同一个任务之间有着水平上的质性差异,而不是不同任务之间有着水平上的质性差异。它不会认为"评价"就比"理解"更高级,而是认为即便是评价,也会有低质量的、低水平层级的,反映着较低的核心素养发展水平;即便是对事物的观察和描述,也可以是非常高难度的,反映着非常高的核心素养发展水平。[①]

根据学科任务导向型核心素养评价体系,任何学生核心素养或学科核心素养的评价框架都应该由四个关键要素构成,即关键行为表现、学科任务、评价情境、学科内容。这个评价框架通过"学科任务、评价情境、学科内容"的有机整合,借助于任务的完成质量来观察、推断学生学科核心素养发展水平。确切把握核心素养或学科核心素养与关键行为表现、学科任务、评价情境、学科内容之间的关系,是把握中学思想政治学业水平考试命题框架的基础。

第一,要明晰核心素养只能通过可观测的行为表现特征群(组)加以推断。对于考生来说,唯有借助于各种具体学科任务的执行,才能外显学科核心素养水平,并由此证明学科知识内容是否转化为可迁移到真实问题情境中的学科核心素养。因此,恰当设置学科

---

① 陈友芳.道德与法治学业质量标准的基本特征与功能实现[J].思想政治课教学,2022(7):8.

任务活动,是评价学科核心素养发展水平的"桥梁"。学科核心素养的行为表现和学科任务活动之间的关系并不是一一对应的,同一项任务活动可以反映多个学科核心素养要素及其水平,同一个学科核心素养要素及其水平也可以通过不同的任务活动反映出来。

第二,要把握评价情境对展示核心素养的意义。评价情境是表现核心素养的"舞台",学科内容只有与具体情境相融合,才能真实体现出它的核心素养价值;学科任务只有依托具体情境才能诱发核心素养的表现特征。考生只有借助这个舞台,运用学科内容应对各种复杂的、不确定的问题和挑战,才能表现出自己的核心素养。因此,巧妙、恰当地设置评价情境,是评价核心素养水平不可或缺的维度。命题者应该认识到,核心素养的表现与情境之间的关系是复杂的,同一个情境可以展现出不同素养要素或同一个素养要素的不同维度;同一个素养要素及其水平也可以通过不同的情境表现出来。

第三,要着眼于核心素养的整合性特征。对于考生来说,其核心素养是在(跨)学科学习过程中内化于心的学科知识内容的沉淀,是运用学科思维、技能与方法在分析问题、解决问题时展现出来的具有学科特色的关键能力与必备品格。整合化的或结构化的学科内容,既是形成和培育核心素养的基础,又是评价核心素养发展水平的重要维度。命题者应该认识到,各个学科核心素养要素都是该学科各课程模块共同作用的结果,不能以为某个核心素养要素对应着某个课程模块,每个课程模块对培养每个核心素养要素均是不可或缺的,每个具体的核心素养要素都是(跨)学科整合性培养的结果。

第四,要明确四个基本维度在核心素养评价中的功能定位和制约关系。核心素养要素是评价的起点与依归,学科内容是验证核心素养水平的工具,评价情境是展现核心素养水平的"舞台",学科任务是将内在的核心素养水平外显为可观测行为表现特征的"桥梁"。

核心素养的评价,就是要实现关键行为表现、学科任务、评价情境、学科内容之间的融洽与契合。不同的素养要素对学科任务、评价情境、学科内容有一定的选择约束;同时,学科任务、评价情境、学科内容之间也存在彼此制约的关系。清晰地认识这种约束、制约关系,并且在不违背这种约束、制约关系的前提下设计测试题目,是实现让考生"说真话"的关键。

在这个评价框架中,学科任务对命题者推断考生的核心素养发展水平具有导向作用,命题者能否获得考生预期的行为表现特征,主要就看学科任务的选取是否合理,学科任务的设置是否巧妙。因此,这个评价框架是学科任务导向型核心素养评价框架。在这个框架中,命题者实质上就是以行为表现中所体现出来的学科任务完成质量来评价核心素养发展水平或学业质量的。

使用学科任务导向型核心素养评价体系开展命题,要解决好以下几个方面的具体问题。

第一,合理划分思想政治学科任务的类型及其难度等影响因素。

学科任务可以从不同角度进行分类,如从任务的难易、任务的内容、任务的性质、任务的表现、任务的功能、任务的结果等多个维度进行分类。在中学思想政治核心素养评价中,合理选择学科任务的分类维度对获得预期行为表现和测试效果有着重要的影响。中学思想政治核心素养评价应该依照任务的内容来区分和确定学科任务,进而在测试中针对不同核心素养,筛选和设定不同的学科任务,以恰当的任务类型诱导出相关的关键行为表现。

基于学科性质和育人价值的不同,不同学科的学科任务会存在差异。中学思想政治学科旨在提升公民的社会生活参与能力,引领其正确的政治方向。科学地设计试题,科学地评价学生的学业质量,必须了解和分析这些学科任务的内涵及影响任务难度的因素。

初中道德与法治课程确定了三项学科任务:辨识与判断、阐释与论证、探究与建构。

辨识与判断是指对于有关道德与法治和中国特色社会主义建设实践过程中的具体问题和事物,识别与判断其是非真假美丑等性质、概括其本质,它着重回答"是什么、应该是什么"的问题。影响辨识与判断难度的因素主要有:学生对情境及其分析的维度是否熟悉,情境本身的新颖程度与不确定程度,是否要求学生从多维度展开分析。

阐释与论证是指对于真实社会生活情境中的事物或问题,运用学科技能与方法分析原因,探究不同变量之间的关系,运用实证材料或理论原理对探究结论进行合乎逻辑与科学要求的论证和检验,它着重回答"为什么"问题。影响阐释与论证难度的主要因素有:学生对情境是否熟悉,情境本身的新颖程度与不确定程度,要求学生解释的材料和数据的类型,学生对学科方法的掌握程度,影响变量的多少,学生对论证与检验方式的掌握程度。

探究与建构是指能够结合具体情况和逻辑推理、创新思维等方法提出解决问题的思路、对策和方法,并能够选择出符合具体情境的合理方案,如提出合理可行的问题解决建议,它着重回答"怎么做"问题。影响探究与建构难度的主要因素有:学生对情境是否熟悉,情境本身的新颖程度与不确定程度,决策目标的复杂程度与相互关系(如目标之间的冲突程度),决策面临的约束条件的多少,学生对分析方法的掌握程度。

高中思想政治学科确定了四项基本学科任务:描述与分类、解释与论证、预测与选择、辨析与评价。

描述与分类要求学生能够按照某个维度对真实社会生活情境中的事物或问题的性质、特征、表现进行描述、比较和分类。它回答"是什么"的问题。影响这一任务难度的主要因素有:情境本身的复杂程度与不确定程度,是否要求学生以多种维度展开分析。

解释与论证要求学生对于真实社会生活情境中的事物或问题,运用学科技能与方法分析原因,探究不同变量之间的关系,运用理论和实证材料对探究结论进行合乎逻辑与科学要求的论证和检验。它回答"为什么"的问题。影响这一任务难度的主要因素有:学生对情境是否熟悉,情境本身的复杂程度与不确定程度,要求学生解释的材料和数据的类型,学生对学科方法的掌握程度,情境中变量的多少,以及学生对论证与检验方式的掌握程度。

预测与选择要求学生能够结合具体的社会生活情境,运用科学的方法和原理对行为、问题的结果或影响进行分析与预测,根据约束条件和决策目标设计出合理可行的方案,比较不同方案的优劣、利弊并进行合理选择。它回答了"怎样做"的问题。影响这一任务难度的主要因素有:学生对情境是否熟悉,情境本身的复杂程度与不确定程度,决策目标的复杂程度与相互关系(如目标之间的冲突程度),决策面临的约束条件的多少,学生对分析方法的掌握程度等。

辨析与评价要求考生能够结合具体的社会生活情境,根据某个维度对事物的作用、价值与功能进行分析和评价,辨识事物之间的关系,合理运用相关理论和方法,对不同观点与立场、不同利益诉求进行辨析、辩护与辩驳。它告诉我们"应该怎样做"。影响这一任务难度的主要因素有:学生对情境是否熟悉,情境本身的复杂程度与不确定程度,矛盾与冲突的复杂程度,是否要求学生从多种维度展开分析。

不同学科任务适合诱发不同素养要素的行为表现,命题中一项技术性和艺术性兼顾的工作就是如何针对不同素养的不同行为表现,合理选择学科任务,巧妙设置评价情境。

不同于传统的学科知识本位的评价,学科核心素养及基于它的学业质量标准不是指学生对学科内容本身的熟悉程度、理解程度,而是指向其在真实生活情境中运用学科知识分析问题、解决问题的能力和品格,是一种将课堂所学知识迁移到真实生活情境的能力与品格。通过学科任务的完成质量衡量学科核心素养应该充分反映三个方面的内容:一是要考虑问题情境的复杂程度与新颖程度;二是相关学科内容的结构化程度与综合运用程度;三是学科观念、思维方式的发展程度与综合运用程度。这三个方面内容是为不同学科任务的完成质量建构评价指标的基本原则和依据。

初中道德与法治没有将学生核心素养及其学业质量水平进行等级划分,而高中思想政治学科则将核心素养及其学业质量水平分为4个层级,其中,1、2级水平是学业水平合格性考试的要求,1、2、3级水平是学业水平等级性考试(高考)的要求,4级水平是高校自主选拔学生的考试要求。在此基础上,将学科任务完成质量也分为4个水平层级,并根据学科任务完成质量的三大基本原则或依据构建了具体的评价指标体系。表15-1至表15-4是高中思想政治学科任务评价指标体系。

表15-1 描述与分类任务完成质量的评价指标

指标系列	水平1	水平2	水平3	水平4
系列1	常见的简单情境	新的简单情境	常见的复杂情境	新的复杂情境
系列2	能够准确表述关于社会生活的某个基本原理以及党和国家的基本路线方针政策等	能够用典型事例阐释这些基本原理和路线方针政策	知道原理赖以成立的前提条件或知道制定路线方针政策的背景或必要性	理解结构化的,而不是孤立零散的;而且可能是具有创造性的
系列3	能够用最主要、最常见的维度进行描述、比较和分类	能够运用多个主要维度进行描述、比较和分类	能够运用多个维度(包括非主要维度)进行描述、比较、分类	能够根据任务情境的要求和特点,选择适合的、恰当的维度进行描述、比较和分类

表15-2　解释与论证任务完成质量的评价指标

指标系列	水平1	水平2	水平3	水平4
系列1	常见的简单情境	新的简单情境	常见的复杂情境	新的复杂情境
系列2	能够正确运用某种学科技能进行探究	能够正确运用多种学科技能进行探究	能够恰当选择用于探究的学科技能与方法	能够创造性运用或综合运用学科技能进行探究，并且会对探究结论、探究技能和方法进行验证
系列3	能够运用典型事实材料对已有的原理、结论或自己的探究结论进行实证	能够运用学科原理对已有的原理、结论或自己的探究结论进行理论论证	能够选择恰当的论证方式	能够创造性运用或综合运用论证方式，并且对论证方式进行反思、检验

表15-3　预测与选择任务完成质量的评价指标

指标系列	水平1	水平2	水平3	水平4
系列1	常见的简单情境	新的简单情境	常见的复杂情境	新的复杂情境
系列2	能够设计出一个可行的方案	能够设计出多个可行的方案	能够设计出多个可行的方案，并且理解主要方案的优缺点	能够对每个方案进行优劣利弊比较，并确定最佳方案
系列3	对方案的结果或影响，能够从最主要、最常见的维度进行预测	对方案的结果或影响，能够从多个维度进行预测	对方案的结果或影响，能够从多个维度（包括非主要的）进行预测	能够根据任务情境的要求和特点，选择合适的、恰当的维度进行预测
系列4	能够正确运用一种学科知识和方法对方案合理性进行论证	能够正确运用多种学科知识和方法对方案合理性进行论证	能够运用恰当的学科知识和方法对方案合理性进行论证	能够创造性或综合性运用学科知识和方法对方案合理性、可行性进行论证，而且能够加以反思、检验

表15-4　辨析与评价任务完成质量的评价指标

指标系列	水平1	水平2	水平3	水平4
系列1	常见的简单情境	新的简单情境	常见的复杂情境	新的复杂情境
系列2	能够正确运用某一学科的方法进行辨析	能够正确运用多个学科的方法进行辨析	能够选择恰当的用于辨析的学科方法和技能	能够创造性运用或综合运用学科技能和方法，并且会对辨析结论、所运用的科技方法进行反思、验证
系列3	能够运用典型事实材料对辨析和评价的结论进行验证	能够运用学科原理对辨析和评价的结论进行验证	能够选择恰当的论证方法	能够创造性运用或综合运用论证方法，并且对论证方法进行反思、验证
系列4	能够运用最主要的、最常见的维度进行评价	能够运用多个最主要的维度进行评价	能够运用多个维度（包括非主要维度）进行评价	能够根据任务情境的要求和特点，选择合适的、恰当的维度进行评价

这些学科任务的完成质量反映了五种基本能力：①维度的运用力。根据学科核心素养的发展水平，从用一个维度(视角)进行分析到能从多个维度(视角)进行分析，从只能用常见的、熟悉的维度进行分析到能够从不常见、不熟悉的维度进行分析，从只能用给定的(常见)维度进行分析到自己能够选择合适的维度进行分析，都体现着学科核心素养水平的不同。②学科内容的理解力。无论是解释世界还是实践应用，都要很好地理解和掌握学科知识。理解力是评价学科任务完成质量的重要能力指标。③学科内容的应用力。学生学习思想政治课程的基本目的之一是运用学科知识解决实践问题，以更好地参与社会实践。因此，学科知识的应用能力也是评价学科任务完成质量的基本能力指标。④命题或方案的论证力。无论是认识、解释世界还是实践应用，均要论证原理、探究结论或方案是否科学合理或是否合理可行。⑤方案的设计与选择力。在应用思想政治学科知识与方法解决各种公共与非公共的实践问题时，不仅要有效应用学科内容，还要能够根据决策目标与约束条件设计并选择出合理可行的解决方案。

根据学科任务导向型评价体系的指导思想，中学思想政治学科核心素养发展水平是在任务情境载体中考查出来的。因此，中学思想政治学科核心素养的试题是基于任务情境的试题，即依托新颖程度和复杂程度不等的真实、典型、适切情境进行测试。

情境是否新颖是基于高中生的生活经验及理解能力而言的，即该情境对他们而言是否熟悉，是否常见，是否能够被理解。学科核心素养最重要体现的是学生能综合运用所学的知识去解决新颖问题，因此测试思想政治学科核心素养的试题应该是新颖的情境题。

针对情境的复杂程度和思想政治学科的特点，在其他条件不变的情况下，可以从如下七个方面考虑：①情境涉及的行为主体越多、活动类型越多，情境一般越复杂；②主体之间的相互作用越强烈，情境一般越复杂；③决策要实现的目标越多，情境一般越复杂；④影响决策及其结果的因素越多，情境一般越复杂；⑤情境的不确定性越大，情境一般越复杂；⑥观点立场或价值观、利益越多样，且之间的冲突越大，情境一般越复杂；⑦情境所蕴含的价值、功能、作用越丰富多样，情境一般越复杂。

依托复杂、新颖的情境测试思想政治学科核心素养发展水平，其实就是考查学生在情境中分析问题、解决问题的能力。这说明迁移能力是思想政治学科素养的基本体现，同时也说明要对情境进行结构化处理。①

案例15-10　非选择题示例1

A社区打算实施垃圾分类，可是在垃圾箱选址、投放时间等问题上，居民、居委会、物业公司意见不一，社区党支部在走访居民后，召集居民代表、居委会负责人、物业公司代表进行协商，让各方充分发表意见、提出建议，在此基础上形成共识，并就垃圾分类相关事项作出决定，公之于众，并征得居民同意，在各方共同努力下，垃圾分类落到实处，得到居民好评，"有事好商量，众人的事众人商量"，协商民主在基层治理中有用、管用、好用。

① 韩震,朱明光.普通高中思想政治课程标准解读[M].北京:高等教育出版社,2020:171-181.此处有修改.

结合材料,运用《政治与法治》相关知识,阐述在基层治理中实行协商民主的意义。

（来源:2023年6月浙江省普通高校招生选考科目考试思想政治试题第29(1)题）

[**讨论与交流**]结合该试题,从学科任务导向型核心素养评价体系角度谈谈你的看法。

案例15-11　非选择题示例2

跨国公司既是经济全球化的重要载体,又是国际政治中一支不可忽视的力量。

材料一:学者X指出,冷战后跨国公司迅猛发展的30年,是全球经济联系最为紧密的30年,也是国际社会最为和平的30年。近年来,曾在俄乌两地牟得暴利的能源产业巨头,频繁穿梭于莫斯科、基辅之间,成了和平使者。

材料二:学者Y认为,当今世界并不安宁,丛林法则仍有市场。国际冲突背后往往隐藏着跨国公司攫取利益的身影。为了紧俏的石油资源,美国能源巨头们多次促成白宫武装介入海湾地区;还是为了石油,美国美孚石油公司和英荷壳牌公司各自站在玻利维亚和巴拉圭两国背后,深度参与了一场持续3年的战争。

你所在的班级将举行一场辩论赛,辩题为"跨国公司促进世界和平/跨国公司阻碍世界和平"。请你选择一方立场,结合材料(可不局限于材料),运用《当代国际政治与经济》中的相关知识,写一篇立论陈词。

要求:(1)知识和素材运用恰当,论证路径清晰。

(2)观点明确,逻辑严密,条理清晰,表达流畅,300字以内。

（来源:2024年1月浙江省普通高校招生选考科目考试思想政治试题第29题）

[**讨论与交流**]结合该试题,从指向核心素养的高中思想政治课评价要求角度谈谈你的看法。

需要说明的是,不应基于本讲在本教材中被安置在最后一讲而认为对教学评价的安排就应放在最后一步。事实上正相反,评价设计是本教材每一讲中描述过的教学设计的原理。

本讲小结

中学思想政治教学评价是指根据中学思想政治课程标准确立的课程目标、学业质量标准以及教师确立的教学目标,运用切实可行的评价方法和手段,对中学思想政治教学活动及其效果进行全面测量和价值判断。中学思想政治课教学评价程序主要包括确定评价目的、设计评价指标体系、分析评价信息、进行价值评价、处理评价信息等环节。对教师的教学评价主要有听课评价和量表评价。对学生的学习评价要坚持过程性评价与终结性评价相结合,过程性评价主要是发展性评价,终结性评价主要是学业水平考试,学业水平纸笔测试的命题要遵循科学性、整体性、新颖性、适度性等原则,构建学科任务导向型核心素养评价体系。

课后思考

1.结合听课实例,撰写评课稿。

2.结合一份高考或中考试卷,拟定一份多维细目表。

3.结合高考试题或中考试题的实例,说明应如何进行学科任务导向型核心素养评价。

第十五讲
课后思考参考答案

资源拓展

[1]李慧燕.教学评价[M].北京:北京师范大学出版社,2013.

[2]任靖.学科任务完成质量评价:原则、路径与标准[J].思想政治课教学,2019(9):78-81.

[3]任靖.中学思想政治课学习评价的探析[J].安徽教育学院学报,2005(2):129-130.

[4]任靖.程序性知识学习评价的诉求与路径[J].思想政治课教学,2013(12):78-80.

[5]任靖.生成性政治试题的特点与生成性教学策略[J].思想政治课教学,2010(5):30-33.

[7]郭毅红.高中思想政治教学发展性评价建设路径[J].天津教育,2023(20):71-73.

[6]陈华强.基于高中思想政治学科核心素养的课堂学习评价研究[D].桂林:广西师范大学,2022.

第十五讲　教学课件